Mobilization, Factionalization and Destruction Of the Mass Movements in the Cultural Revolution: A Social Movement Perspective

Joshua H Zhang
Phillip F Monte
James D Wright

文革群众运动的动员、分裂与灭亡

——以社会运动学视角

乔晞华、Phillip Monte、James Wright 著

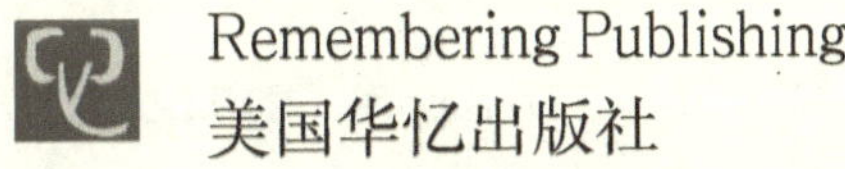

Remembering Publishing
美国华忆出版社

Mobilization, Factionalization and Destruction of the Mass Movements in the Cultural Revolution: A Social Movement Perspective

Joshua H Zhang, Phillip F Monte, James D Wright

ISBN：978-1-951135-50-8（P-平装本）
978-1-951135-51-5（E-电子本）
LCCN：2020 906 459

Remembering Publishing, LLC
9600 S IH-35, C600
Austin, TX 78748
RememPub@gmail.com

书　　名：**文革群众运动的动员、分裂和灭亡**
——以社会运动学视角
著　　者：乔晞华、Phillip Monte、James Wright
封面设计：孤星工作室
出　　版：美国华忆出版社 奥斯汀・得克萨斯州
版　　次：2020 年 6 月第一版（简体）
字　　数：290 千字

目 录

序 言

十年文革等同于十年动乱，十年梦魇。可是发动者还是万众景仰的“英明领袖”；党还是“伟大、光荣、正确的”的党；领导写作“五.一六”通知，举手赞同发动文革并发誓永不翻案的领导人反倒成了受害者，甚至还要用文革方式加害别人。一个国家与一个党的罪错，就这样利用政治“替罪羊”的审判方式，轻而易举地算在几个人和红卫兵群众的身上了。难道这就是官方刻意营造的一种历史记忆？这样的历史距离客观公正又有多远？又怎么可能正确地总结历史教训？现在不是天天说要尊重历史、还原历史吗？历史本身，尤其是亿万民众所亲历过的文革史，不应该是一个任人宰割的羔羊。我相信，通过众多文革亲历者的回忆及海内外学者的不断挖掘、研究，文革历史的真相定会逐渐显现出本来的面貌。

美国知名社会学教授 James Wright、华人学者乔晞华博士和美国学者 Philip Monte 博士合作，运用西方社会学理论，研究和阐述文革，正在做一件非常有意义的事情。

聂元梓

2019 年 6 月 19 日

（聂元梓，生于 1921 年，1938 年加入共产党，1963 年调入北京大学，文革开始时是北京大学哲学系党总支书记。文革中，聂元梓因张贴被誉为“第一张马列主义大字报”而声名大震，成为红卫兵运动的第一号领袖。）

省思，从文革群众运动的失败开始

轰轰烈烈的文革群众运动以失败而告终。群众运动是被自己的内讧打败的。认真地总结文革中群众运动失败的教训，对于未来的中国社会运动不无益处。被歪曲的文革群众运动史，使我们不能正确地理解文革群众运动与其他中国社会运动之间的联系。文革后的多次社会运动，依然继续在犯先驱们同样的错误。我们希望本书能为中国未来的社会运动提供启示和借鉴。

在本书的撰写过程过，得到严家祺、宋永毅、徐友渔、胡平、周泽浩、何蜀等先生的热心帮助和指教，在此表示衷心的感谢。

在研究过程中，我们进行了关于文革中民众参与群众运动情况的问卷调查。得到启之（吴迪）、阎淮、谭加诺（阿陀）、王虹等先生，以及许多不知名的朋友的大力帮助。在此我们表示由衷的感谢。

特别要感谢的是北京大学的王复兴先生和清华大学的孙怒涛先生。他们既是文革研究者又是文革亲历者，对我们研究北京大学和清华大学的文革群众运动给予了巨大的帮助和启发。

王立嘉先生主动为我们的中文版进行了文字修改，使拙作增色不少，在此表示诚挚的感谢。

本书有中文繁体、中文简体、英文三个版本。考虑到语言和读者的差别，中英文版略有差异。尤其是第一篇，为了适合西方读者，英文版做了适当的简化。本书的中文繁体版于 2019 年由美国世界华语出版社出版。出版以后，我们收到一些学者对书中的个别错误提出的批评。我们在 2020 年 5 月由美国华忆出版的英文版进行了纠正，并增加和更新了一些内容。此次的中文简体版与英文同步，也进行了修改。

在本书的写作中，James Wright 教授因心脏病不幸去世。本书的另外两位作者是教授 90 年代初在美国 Tulane（杜兰）大学时的研究生。本书是我们师生三人合作的结晶。愿 Wright 教授在天之灵因本书的顺利出版感到欣慰，愿教授安息！

作者 于美国得克萨斯州

2020 年 5 月

绪论

无产阶级文化大革命（简称“文革”）是中国近代史上的重大事件，对中国产生了巨大的影响。这一影响直到50多年后的今天仍然可以感受到。可以说，一个人要想了解今日的中国，就不能不了解文革。当年，文革使中国的经济濒于崩溃，陷入贫困落后的境地。今日的中国成为世界经济巨头之一，中国今日的成功之路是穿越文革而来的。

正如著名文革研究学者严家祺所说，文革还没有成为历史。文革之所以长期在国内外引起广泛和持续的注意和讨论，有四大原因：第一是这场所谓文化革命，既包含着无数苦难和血泪，也使当时成千上万的青少年沉溺于摧毁旧秩序的狂欢中。时过50多年，当文革的苦难被淡忘后，参与全国“横扫一切牛鬼蛇神”、“大鸣大放大字报大串联”的情景，革命样板戏的声音，还萦绕在当时的青少年、现在进入老年一代人的心头。

第二，这场所谓文化革命，在对毛泽东的个人崇拜登峰造极后，在文革最后一年，爆发了一场与文革在政治上相反的运动——一场以悼念周恩来为名、实质上是抗议毛泽东专制独裁的民主运动，这就是当代中国历史上的第一次天安门运动。

这场所谓的文化大革命，之所以引起广泛注意的第三个原因是，文革是中国历史的转折点。经历文革苦难的中国，文革结束后发生了一场与文革在经济上相反的运动，这就是邓小平和充满人性的两位共产党总书记胡耀邦、赵紫阳推动的局部“非毛化”和改革开放。没有文革就没有改革开放。正是改革开放，把一个传统的农业经济中国，转变为经济现代化的中国。

时隔半个多世纪，文革之所以没有完全成为历史，还有一个最重要的原因，就是“非毛化”只做了一半，文革的旧账没有清算完。文革中的一些重要人物，从刘少奇、林彪、周恩来、江青到聂元梓、孙蓬一；一些重大事件，如《571 工程纪要》，还没有得到实事求是的评价，毛泽东在文革中和文革前的罪行还没有得到清算。而且，近几年来，中国又出现了要给毛泽东文革翻案的苗头，文革的幽灵又在中国上空徘徊。[①]

本书是我们 2018 年出版的《Violence, Periodization and Definition of the Cultural Revolution》(Zhang and Wright, 2018) 一书的续集。在那本书中，我们对文革的暴力、定义和分期进行了讨论。本书讨论文革中的群众运动，离不开这三个问题。文革的定义和分期一直存在着争议。因对文革有不同的定义，相应地就有了不同的分期。在众多派别中，具有代表性的有四个大派别。它们可分为两大阵营，即“十年阵营”和“三年阵营”。

“十年阵营”中的第一派是“内乱说”。这是中共十一届六中全会定的基调。为了维护中共统治的合法性，邓小平主持审议并通过了《关于建国以来党的若干历史问题的决议》(以下简称《决议》)。《决议》对文革的定义如下：文革“是一场由领导者错误发动，被反革命集团利用，给党、国家和各族人民带来严重灾难的内乱”。关于责任的问题，《决议》指出：对于文革这一全局性的、长时间的左倾严重错误，毛“负有主要责任”。毛发动文革的这些左倾错误论点，明显地脱离了作为马列主义普遍原理和中国革命具体实践相结合的毛思想的轨道。

《决议》把文革分为三个时期：(1) 从文革开始到九大；(2)

[①] 本段落是严家祺先生应作者之邀特地为本书写的。严家祺，1942 年生，中国社会科学院政治学研究所首任所长，曾在赵紫阳的政治改革办公室工作。1986 年与高皋合写并出版了《文化大革命十年史》，已出版增订版英文日文版，其他着作有《首脑论》、《霸权论》、《普遍进化论》、《联邦中国构想》、《国家首脑终身制》。曾任密西根大学、纽约哥伦比亚大学访问学者，现居美国。

九大到十大；（3）十大到1976年。第一阶段中，几乎所有的各级党政机关失去了权力，由此产生动乱，不得不依靠军队来维持秩序。九大的召开，加强了林彪和“四人帮”在党内的地位。第二阶段中，林彪集团企图篡夺党和国家的权力。这一阴谋被粉碎。周在毛的支持下主持中央的日常工作，各方面有所好转。十大的路线继续了九大的错误，同时加强了“四人帮”的实力。第三阶段中，“四人帮”发动批林批孔运动，把矛头指向周。因为周身体的原因，在毛的支持下，邓取代周主持中央的日常工作，局势有了明显的好转。但是毛不能容忍邓对文革的否定，又一次罢了他的官。毛去世后，中央粉碎了“四人帮”，结束了灾难性的文革。总而言之，《决议》把文革定义为“灾难性的内乱”，以林彪集团和“四人帮”集团的兴衰为标志，分为三个阶段。

国内的学者对《决议》把文革定义为“内乱”并不满意。金春明（1988）指出，“内乱”在中文里是个中性词，指一种社会现象，不能明确表述该现象的性质和特点。“内乱”可以是强大的蕃镇向封建最高统治者皇帝夺权，可以是最高统治者家族内部的权力之争，也可以是农民起义造封建统治者反的革命斗争。虽然文革与历史上的“内乱”有某些相似之处，但是本质上是不同的。《决议》中的“内乱”有两个形容词加以修饰和补充：“由领导者错误发动的”和“被反革命集团利用的”。但是不能回答一个关键的问题，即领导者为什么发动文革？

因此，国内的学者把文革定义为“一场复杂的政治运动”。这是“十年阵营”中的另一个派别。根据该派的定义（金春明，1995），文革是“由党和国家的最高领导人亲自发动和领导的，以‘无产阶级专政下继续革命理论’为指导思想的，以所谓走资派和反动学术权威为革命对象的，采取‘四大’方法动员亿万群众参与的，以反修防修巩固红色江山为神圣目标的一场矛盾错综复杂的大规模的长时期的特殊政治运动。”这就是人们后来常说的“一个文革说”。

该学说把文革分为五个阶段（何蜀，2013）：（1）文革发动阶段（1965 年 11 月到 1966 年 12 月），（2）高潮阶段（1967 年 1 月至 1968 年），（3）趋于稳定和林彪事件阶段（1969 年 4 月到 1971 年 9 月），（4）批林批孔阶段（1971 年 9 月到 1974 年 12 月），（5）反击右倾翻案风和文革结束（1975 年 1 月到 1976 年 10 月）。

Chan 等人（1992）对中共的“内乱说”提出尖锐的批评。他们认为“内乱说”是对历史的严重歪曲，是毛与温和派、保守派对手（特别是邓及其追随者）长期斗争中的胜利者对历史的描述。历史从来都是由胜利者书写的，中共的《决议》也不例外。这是邓及其追随者在巩固了他们在党政军地位后做的一次努力。

在这些学者看来，《决议》将文革定义为一场“权力斗争”，是邓及其盟友同毛及其追随者之间围绕着权力的斗争。这是一场十年的斗争。在此期间，毛的对手受到迫害、摧残甚至致死。《决议》忽略了广大民众（特别是红卫兵和造反派）在这场斗争中所起的作用。在邓氏框架中，广大民众的作用充其量是被动的，在中共高层的权力斗争中只是无足轻重的棋子而已。

他们用“社会冲突说”来定义文革。这是“三年阵营”中的一个学派。在这一观点下，民众占据了文革的中心舞台。文革中，民众分裂成对立的派别：保守派和造反派；造反派又进一步分裂成敌对的派别。每一个派别都有来自不同社会阶层的成员。在文革的前三年中，这些派别之间为了夺取权力进行激烈的斗争。在此期间，中国陷入内战，伤亡数百万。所以不是“内乱”，不是运动，更不是权力斗争，而是你死我活的为控制中国的阶级斗争。

许多西方学者（如 Chan et al., 1980; Lee, 1978; White, 1989）发现，区分派别的明显因素是民众的阶级背景。这些阶级背景和标签，是中共 1949 年建政后强加在百姓头上的。每一个中国人都被分为三大类中的一类：红五类、黑五类或灰五类[①]。这些标签决定了人们的社会地位、教育机会、政治前途、事业前景。换言之，决定了人们的整个未来。

Chan 等人(1992)调查了广州中学红卫兵的派别与家庭背景之间的关系，发现出身不好的人倾向于参加造反派（“红旗派”），出身好的人倾向于参加保守派（“东风派”）。简言之，“社会冲突说”把文革描写成是为期三年的民众反抗中共及其同盟（保守派）的群众运动；文革结束的标志是九大的召开。

深受“社会冲突说”影响的中国学者提出了“两个文革说”。这是“三年阵营”中的第二个学派，与“社会冲突说”大同小异。王希哲（1981）最先提出“人民文革”的观点。他认为在文革中，“伴随着毛泽东的每一步胜利，都是人民对他的认识的进一步加深和抵抗的进一步加强。经过了 1966 年至 1971 年感性认识的积累，经过了 1971 年至 1975 年比较理性认识的积累，终于在 1976 年 4 月 3 日爆发了人民自己的文化大革命。”

对毛来说，文革是为了清洗中央、省市政府机构里的走资派。而在众多的群众运动中却存在着“人民文革”，迫使毛及其军政界内的追随者不得不镇压民众以维持国家的稳定。“两个文革说”认为，清洗敌人和镇压民众是文革中的两大要素。“人民文革”是中国人民进行的抗争，是为了结束政治歧视和压迫，要求纠正社会不公和分裂，追求基本权力的保护（包括人权），代表了民众反抗中共统治制度。因此，“人民文革”也可以理解为是文革中的抵抗运动。

按照郑义（1993）的说法，第一个文革是“毛的文革”，主动自觉地利用群众运动来打乱共产党，以清除威胁他地位的高级同僚。他不怕天下大乱，他自信有控制大局的能力。第二个文革可称为“人民的文革”：被动地不自觉地利用毛泽东的威望，来打倒直接压

---

① 介于红五类与黑五类之间的民众。

迫他们的贪官污吏，以争得起码的民主权利。两个文革为了各自的目标相互利用，同时又相互冲突斗争。“毛文革”持续了十年，“人民文革”仅持续了三年（从 1966 年到 1968 年）。文革中成立的群众组织，被毛依靠军队的帮助强行解散了。“人民文革”以那些敢于挑战中共统治的造反派被抓捕、判刑甚至死刑而告终。

“内乱说”被广大中国的民众所接受，包括大多数知识分子。西方学者一边倒地认同“社会冲突说”，把文革看成是一个大规模的为期三年的群众运动。当然，近年来有些西方学者也开始接受文革是十年的看法。“社会冲突说”与“一个文革说”的重要区别，是三年和十年的分期问题。前者视文革为一个独立的社会运动，不应该与后七年的党的运动混淆在一起。对这些西方学者来说，区分中共的镇压、迫害与民众造反运动的最佳途径，是把文革定义为三年。

“一个文革说”与“两个文革说”争论的焦点，是“人民文革”是否存在的问题，即是否存在着一个独立于“毛文革”的“人民文革”。支持“两个文革说”的学者大多是当年的造反派。这些学者与参与上世纪 70 年代学潮的西方学者一样，有着类似的经历。他们的一个重要的特征是，对把抗议的民众描述为“暴民”持否定态度。在他们看来，“人民文革”不是“乌合之众”的非理性爆发，而是一个具有明确目标和策略的政治运动。

“两个文革说”的支持者通过他们自身的经历和使命感，从正面来描述文革的群众运动。这些曾经的造反派试图把群众运动与文革后发生的民主运动联系起来，认为文革中的群众运动是文革后民主运动的前奏，民主运动是文革群众运动的继续。

“一个文革说”的学者，对“两个文革说”学者的前造反派身份持鄙视态度。中共竭尽全力抹黑当年的造反派，使得民众与曾经的造反派保持距离。在文革定义的争议中，不仅有学术的因素，还带有政治色彩。我们则以中立的立场分析关于文革定义的争论中各派存在的问题和缺陷，并对文革的定义和分期提出自己的观点。

“内乱说”把文革定义为以邓为首的被迫害的领导人与以毛为首的极左派之间进行的一场权力斗争。在为期十年的内乱中，坚持正确路线的老干部受到残害、清洗，有的甚至被整死。他们在毛死后终于“拨乱反正”，“挽救”了党和国家。在该版本的文革定义中，没有亿万民众的身影，没有提到在文革中影响巨大的红卫兵运动和群众运动。在邓以及追随者的眼里，民众在权力斗争中只是工具和棋子，民众不可能理解党内的权力斗争。中共的“内乱说”把民众描述成无知、非理性、无意识的群氓，根本没有必要在文革的官方史书中写上一笔。

事实与“内乱说”大相径庭。文革中，民众分裂成敌对的派别，陷入激烈的斗争。这些派别可以基本分为三大阵营：激进派、温和派、保守派。这些派别分裂的根源是社会冲突。工人、农民和广大民众积累了多年来对政府的不满。当机会来临时，民众趁机造反，发泄不满。由于这一现实对中共十分不利，使他们十分尴尬，所以中共的“内乱说”有意回避之，尽量缩小民众在文革中的作用。“内乱说”故意把具有造反精神的民众与林彪、“四人帮”混淆在一起。造反派从毛、林和“四人帮”的受害者变成了他们的同伙，成了十恶不赦的恶魔。这就混淆了民众激进派与党内激进派的区别。同时，“内乱说”把邓及其追随者打扮成文革的主要受害者（Chan, 1992）。

事实上，文革的最大受害者是黑五类。他们在文革的一系列运动中始终是被打击的对象，甚至连造反派也对他们避而远之，生怕受到牵连。三年的群众运动过去后，造反派相继倒台，所受的迫害不亚于所谓的走资派和资产阶级反动权威，众多的造反派被枪杀或判刑。如南京王金事件运动的首领查全华因言获罪，被军管会于1969年底枪决。查全华并未参与过“打、砸、抢”；他很早就淡出运动，潜心研究马列主义。但是，当局仍未放过他（十多年后终获平反）。总之，“内乱说”掩盖了黑五类和造反派在文革中受到的迫害，而且这一现象至今仍在继续。

更重要的是，“内乱说”把保守派和党的各级领导在文革中的罪责一笔勾消。造反派被描绘成为双手沾满鲜血的恶棍和流氓，文革中所有的坏事和恶事都被转稼到造反派身上。如果有人在文革中受到迫害，那都是造反派干的。事实上，保守派和党的干部在群众运动结束后不久就重掌权力，对民众犯下许多不可饶恕的罪恶，这些人的罪责却没有引起足够的注意。

被歪曲的文革群众运动史，也使得我们不能正确理解文革群众运动与后来的民主运动之间的联系。在“内乱说”的影响下，造反派与流氓成为同义词，造反派受到民运人士的抵制和排斥。这些民运人士没有从造反派身上汲取教训。持不同政见的中国学生运动，更不愿将文革群众运动与后来的民主运动联系起来。

这一错误的后果是令人痛心的。尽管中国的民运人士鄙视造反派，可是他们却依然在犯先驱们同样的错误：不包容、不妥协、无休止地争权夺利，最后走上自毁的道路。在文革中，造反派好歹还造就出一批叱咤风云的领袖人物，领导数万、数十万甚至上百万的民众进行抗争。今天的中国民运队伍却是一盘散沙，毫无战斗力，比当年的造反派还不如。这正应了美国哲学家桑塔亚那（Santayana）的一句名言：“忘记过去，必将重蹈覆辙。”

“一个文革说”的学者把文革定义为一场复杂的政治运动，他们驳斥“两个文革说”的论点是：“人民文革说”是否能够成立的关键，“要看是否存在着所谓的反抗共产暴政的人民起义”。该派学者认为，在这方面，“两个文革说”并没有也不可能提供有说服力的证据。在群众组织身上找不到一丝反抗所谓“暴政”的影子，更不用说有任何“反共”的味道。文革中的造反派的目标既非改朝换代，也非推翻国家政权和打倒共产党（金春明，1998）；即使有反官僚的因素，也只是反官僚不反皇帝，连古代的造反者都不如（徐友渔，1999）。总之，“两个文革说”的致命问题是“只反贪官不反皇帝”（郑仲兵等，2004）。

显然，“一个文革说”的学者在这里采取了双重标准。如果说“人民文革说”的成立需要建筑在造反派提出推翻共产党政权的基础之上，那么“毛文革”反的是哪个政权、哪个“皇帝”呢？

社会运动学把社会运动分为四类。其中一个重要而又常见的类别是“改革运动”。“改革运动”的矛头并不指向现行的制度，只是对现有体制进行局部的改革。运动的目标是改革社会的某些不合理部分，并非企图推翻整个现行体制。按照“一个文革说”学者的标准，中国的1976年的四.五运动、1989年的民主运动也不能成为独立的社会运动，因为它们只反对“四人帮”、只是请愿要求民主化，并没有把矛头直接指向中共的政权和现行的体制。

既然文革中根本没有“一个文革说”学者所指的那种“革命”（无论是“人民文革”还是“毛文革”），为什么他们对属于“改革运动”的文革群众运动与党的运动的迥然不同的性质视而不见呢？这是因为，“一个文革说”是建筑在一个错误的理论框架下的学说。

按照“一个文革说”的观点，亿万群众卷入文革的原因，是由于林彪和“四人帮”的蛊惑挑唆，是不明真相（席宣、金春明，2005）。徐贲（2010）认为，毛对各种各样的群众始终牢牢地维持着全面控制，毛展现了巨大的蛊惑天才。尽管造反派的行为动机中包含了反官僚的因素，但是这种逆反的作用有限。有学者明确地指出，民众不辨真伪，失去个性，没有推理能力，变成了乌合之众（王克明、宋小明，2014）。陈子明（2014）则更明确地提出，造反派是“疯子”，逍遥派是“傻子”。

认为民众智力低下，是疯子、傻子的说法是有理论根据的。这个理论就是“乌合之众论”，它的代表人物是勒庞（LeBon），代表作是1895年发表的《乌合之众》。遗憾的是，“乌合之众论”早在上世纪的70年代就已经被“不名誉地开除出”了社会运动学的研究领域（Kurzman, 2004），已成“死老虎”。建筑在已经被摒弃的“乌合之众论”理论框架下的“一个文革说”，也就不攻自破了。我们华人学界没有必要再重复西方学界60年前所批判的“民众非理性”的老路（乔晞华，2018）。

大多数华人学者认同“一个文革说”的另一个原因，是语言问题。在英语中，政党的运动与民众的运动是两个不同的单词，前者是Campaign，后者是Movement。在中文中，两种不同性质的运动都用“运动”一词表达，所以常被混淆。

西方学者（Lee, 1978; Chan, 1992; Chan et al., 1980）在分析文革群众运动时，运用了“社会冲突论”的理论。这是马克思主义的理论。马克思主义虽然没有提出专门的社会运动理论，但是马克思主义本身就是一个关于社会运动的理论（Cox and Nilsen, 2005）。

马克思主义的基本观点是：无产阶级和资产阶级之间的矛盾是不可调和的。只要资产阶级掌握权力一天，工人阶级的工作和生活条件就不可能真正得到改善。该理论的核心是，社会的不平等必将导致革命运动的爆发，阶级利益是社会运动的核心（Edwards, 2014）。

由于受“必然性”的影响，认同“社会冲突论”的学者往往把文革中的矛盾归咎于集团利益的冲突。家庭出身问题成为突出的矛盾，保守派由出身好的人组成，造反派中出身不好的占多数（Lee, 1978）。阶级背景的对立，转化成红卫兵和造反派的派别（Chan et al. 1980）。

文革中暴露出来的社会矛盾并非一朝一夕产生。为什么文革前17年这些矛盾并没有导致民众大规模的反抗？因为结构条件并不能自动导致民众的反抗（McAdam, 1982）。在这方面，“资源动员论”显示出优越性。该理论认为，运动的发起不仅需要存在的社会矛盾和冲突，还需要社会资源。“政治过程论”强调不仅需要民众的反叛意识，还需要政治机会。民众有了额外的机会，运动才能发动起来。“新社会运动理论”强调后物质主义的价值追求，跳出了过去的经济范围。虽然文革中曾经出现过一些“经济主义”运动，但是民众关心的更多的是政治问题。

由于“社会冲突论”存在的缺陷（Porta and Diani, 2006），该理论的运用受到了限制（Morris and Herring, 1987）。以阶级斗争为基础的“社会冲突论”在上世纪 70 年代开始失去往日的威力（Habermas, 1987），退出了历史舞台。

“社会冲突说”的另一个问题是其分期问题。“内乱说”把文革作为十年一起否定，是出于政治考虑。邓小平很“策略地”把三年造反和不受欢迎的七年镇压混合起来（Chan, 1992），使造反派成了文革罪孽的两个最重要的集体记忆之一：上层是林彪、“四人帮”，下层是造反派。造反派成了诬陷、阴谋和暴力的代名词。当局将文革定为十年，使得许多人把造反派诞生前和群众组织已经解散后受迫害的账也算到了造反派头上（宋永毅，2006）。在各种复旧风、翻案风、平反风、昭雪风中，当局为过去遗留下来的问题和不公正找到一个容量巨大的替罪羊（喜东，1996）。“文革三年说”可以撇清当局对造反派的妖魔化。至少文革后七年，自上而下的由高层发起的整人运动（如“一打三反”之类），这些迫害账不能算在造反派头上。

然而，这种因噎废食的作法忽视了群众运动和党的运动之间的联系。中国是一个专制国家，不同于西方社会的民主国家。生活在或者曾经生活在中国的华人有切身体会。除了文革初期毛为了打败政敌的特殊情况，执政党对群众运动一直视为洪水猛兽。持“两个文革说”者也不得不承认，没有“毛文革”就没有“人民文革”（刘国凯，2006a，2006b），两个文革的关系是相互利用（郑义，

1996)，相互交错（刘国凯，1997）。正如 Unger（2007）所说，文革不是要么“人民文革”要么“毛文革”的问题。

为了防止文革结束后秋后算账遭报复，造反派开始时几乎无一例外地寻求官方的正式承认。“上海工总司”试图通过让市委领导露面的方式得到官方的承认。结果市委抓住造反派的软肋，宣布“三不”：不参加、不承认、不支持。毛深夜召见首都五大学生领袖，标志着文革群众组织的止歇。但是群众组织的消失，并不意味着其人心、影响力和战斗力的消失。群众组织消失的同时，各地的革命委员会（简称“革委会”）相继成立，有一些造反派得以进入新的政权机构。当时还存在一个合法组织专门收留造反派成员，这就是“革命工人代表大会”（简称“工代会”）。有些省的造反派利用这一活动平台，在批林批孔运动中东山再起，与保守派做最后的抗争。尽管群众组织在形式上没有了，但是造反派人还在，思想还在，斗争还在继续。

中国是一党天下的专制国家，与西方民主国家有着诸多不同。最重要的一个差别是群众运动的生存条件。中共历来实行禁言禁党的政治高压政策，对社会实行严密控制。草根的社会运动在中国大陆基本上没有生存空间，无法有效地向民众传播自己的主张。自下而上的草根运动的兴起和发展壮大几乎不可能，自发和自主的社会改革运动几乎没有存在的可能性。文革中的群众运动虽然有其独立性，应该与党的运动区别对待，但是群众运动并不像西方国家里的民主运动那样享受真正的自主权，并不完全独立。

由于忽略了以上这些区别，不少西方学者未能正确地理解文革和群众运动之间的关系。西方学者一边倒地持文革三年的观点，是因为在西方国家，不以推翻现行政权的社会运动司空见惯、习以为常。深受“社会冲突说”影响，持“两个文革说”的中国学者，提出“人民文革”作为一种妥协和让步（喜东，1996）。这是因为中国学者经历过文革，对中共及其体制有更深刻的体会。

尽管“一个文革说”存在严重的缺陷，但并不意味着“两个文革说”正确。“两个文革说”的问题与“一个文革说”一样，问题也出在理论框架上。该学说基于一个已经过时的理论——“社会冲突论”。

“两个文革说”的另一问题是其错误的定位。该派学者认为，文革中的群众运动，是一个利用皇帝打倒贪官污吏，争取自身权力，不自觉的、带有民主色彩的“人民起义”和“人民革命”。面对“一个文革说”极力否定“人民文革”的存在，“两个文革说”的学者只好牵强附会，把文革中民众的“改革运动”硬说成是“革命运动”。

在这个问题上，“一个文革说”和“两个文革说”均犯了一个低级错误。即忽视社会运动学中对社会运动的分类，没有意识到“只反贪官不反皇帝”的群众运动有其合法地位。如果持“两个文革说”的学者在一开始就旗帜鲜明地提出，文革中民众的群众行为是社会运动中常见的“改革运动”，他们就会理直气壮得多。“起义说”和“革命说”过于激进，缺乏令人信服的的证据，被“一个文革说”抓住了把柄。“真理向前一步是谬误”的说法，用在“两个文革说”上再合适不过。

文革涉及全中国的亿万民众和中共的各层官僚。文革不是“内乱”，不是革命，也不是“一个”运动，而是一场为谋取利益的斗争，是诸多决策主体根据掌握的信息和对自身能力的认知，做出有利于自身利益的决策的一场经济和政治斗争。现代数学中的博弈论是应用数学的一个重要分支。这是关于多个决策主体之间行为具有相互作用时，做出决策的一种行为理论。当相互发生作用的当事人之间，有一个具有约束力的协定，博弈属于合作博弈。反之，博弈是非合作博弈。按照参与人对其他参与人的了解程度，博弈又分为完全信息博弈和不完全信息博弈。完全信息博弈是指在博弈过程中，每一位参与人了解其他参与人的特征、策略及收益的准确信息。如果对其他参与人的情况了解得不够准确，博弈属于不完全信息博弈。

文革就是一场不完全信息的博弈。中共的保守派和温和派对毛的目的并不清楚。毛对中共的保守派尤其防备，保守派因对毛的意图不甚明了，以至于在文革一开始处处被动，几乎全军覆没。同样，民众对毛的意图也不甚理解，所以迟迟不敢有所动作。毛不得不千方百计动员民众起来造反，以达到他的目的。

文革的前三年，激进派和温和派联合起来对付保守派，保守派无情地打压民众的激进派。当保守派垮台以后，民众的激进派与温和派发生分裂，打派仗（刘国凯，1997）。毛通过军队，依靠“三支两军”的方式控制群众组织，用文革中的新文官入主军队，制衡军队中的保守派，用民众反对保守派（朱嘉明，1996）。毛泽东依靠小将，不靠谱；依靠老将，不放心；依靠军队，不可靠；依靠工人，又不行。于是像走马灯，恶性循环，他自己也收不了场（叶永烈，1995）。保守派失势以后，党内的激进派分裂，林彪集团倒台是激进派内部分裂的结果。与此同时，民众的激进派受到残酷的整治。

文革的后七年，是党内的激进派、温和派与保守派之间的斗争，最终以激进派彻底失败而告终。文革是一场混战，六个集团没有固定的同盟，没有长久的共同利益，没有真心的合作，各打各的算盘，是一场非合作式的博弈。

我们对文革的定义是：为期十年的文革是中国现代史上的重要事件。文革中，党内和党外各自的激进派、温和派和保守派六个集团之间和集团内部，进行了一场不完全信息的非合作式的博弈。文革以保守派失势开始，以激进派完败告终（乔晞华，2015; Zhang and Wright, 2018）。我们提出的文革定义，可以简称为“博弈说”。

我们对四派观点学说的批评，并不意味着对它们完全否定。“博弈说”事实上汲取了各派观点的合理成份。“博弈说”不仅包括了“内乱说”中的权力斗争，包含了“社会冲突说”和“两个文革说”的民众为自身利益进行的抗争，还包含了“一个文革说”中所暗指的一系列清洗运动。文革实质上是党内外各自的激进派、温和派和保守派六个集团之间和集团内部的一场搏杀和斗争。忽略这些复杂斗争的任何一个方面，都将导致我们不能正确地认识文革。

从目前文革研究的状况来看，定量研究的论著和致力于定量研究的学者为数不多。正如有位学者说的，国内过去关于文革的研究多重于定性分析缺少定量分析（卜伟华，2009），不能不说是个遗憾。更令人忧虑的是，有些学者试图把定性研究的结果和发现推及整个文革。

我们（乔晞华，2015; Zhang and Wright, 2018）采用定量分析方法，对文革中群众运动的归属进行了分析。具体方法是，对建政以来中共曾进行的各种政治运动、文革后中国曾出现过几次大的民主运动以及文革中的几个大的群众运动，运用聚类分析法（Cluster Analysis）和隐类别分析法（Latent Class Analysis）进行分类。我们采用以下七个定量指标：运动的目的、运动的自主性、运动的自发性、中共对运动的政策、运动的对象、运动的结果和运动的性质。

我们得到的各运动的分类如下：第一类运动是土改运动、镇反运动、三反五反运动、反右运动、四清运动、二月镇反、一打三反运动、清查五.一六运动、批林批孔运动、批邓反击右倾翻案风运动、反资产阶级自由化运动、取缔法轮功运动。第二类运动是抗美援朝运动、人民公社运动、大跃进运动、学雷锋运动、学大寨运动、学大庆运动、学习解放军运动、上山下乡运动、五讲四美运动、三讲运动、三个代表运动、科学发展观运动、和谐社会运动、保持先进性运动、社会主义荣辱观运动、创先争优运动、群众路线运动。第三类运动是文革群众运动、王金事件运动、全红总运动、1976 年四.五运动、西单民主墙运动、1986 年民主运动、1989 年民主运动、美国黑人人权运动。

第一类运动显然属于“斗争运动”，或者叫做“整人运动”。第二类运动属于“思想教育和生产建设运动”。第三类运动具有民主运动的性质。美国的黑人人权运动作为参考放入模型中。“全红总运动”要求提高改善临时工和合同工的地位和待遇，与党的整人运动、思想教育和生产建设运动风马牛不相及。文革的群众运动属于第三类，即民主运动。这一结果说明，文革中亿万民众参加的群众运动，与其他中共领导的运动有着明显的、本质性的区别。

造反派们没有把改朝换代作为他们的目标，也没有把推翻国家政权和打倒共产党作为运动的宗旨。按照金春明的说法，造反派是“在伟大领袖圈定的范围内活动”，造反的对象仅仅是所谓的“党内走资本主义道路的当权派”和“反革命修正主义路线”（金春明，1998）。但是，造反派的矛头不再是以往党的运动中的平民百姓和“贱民”，而是共产党的干部，这是不争的事实。

从社会运动的七个指标上看，文革的群众运动与党的两种运动有着巨大的差别：从运动的目的（是否改革社会不合理现象），运动的组织形式或自主性（是否经过层层党组织的严密控制），运动的自发性（是否成立草根组织），运动的对象（是否矛头向下），运动的性质（是否整治百姓和“贱民”），以及运动中积极分子的命运等诸多方面，群众运动与党的运动有天壤之别，却与中国历次出现的民主运动和美国的人权运动相似。忽略这些特点，就不能客观地理解文革中的群众运动。

文革中的群众运动与历次的民主运动同为一类，说明文革中的群众运动与中国的民主运动有着千丝万缕的关系。正像有人提出的，“我们发现了一个很神奇的连接：当年的造反派，与今天的民主派有着必然的逻辑联系。”当年的造反派怀抱民主的理想，响应毛的号召投身文革，成为造反派骨干。他们现在继续当年的主张，回到当年“人民文革”的立场，开始推进当今中国的民主（刘仰，2011）。可以说，文革后中国出现的数次大规模的民主运动，是文革中群众运动的继续，文革中的群众运动是这些民主运动的前奏。

该书还采用假设检验的方法，对文革的定期进行讨论。从建政以来党的运动可以了解中共的政策，并可对文革进行分期。文革前的“斗争运动”占总运动数量的38%，文革后则只占18%，仅是文革前的约二分之一，文革前三年与后七年的比例是各时期中最高的。假设检验结果告诉我们，文革前、文革中和文革后几个时期的“斗争运动”出现不同频率并非出于偶然，出现显著差别有其客观原因。文革前17年和文革十年，斗争运动比文革后要多得多。“前30年”和“后30年”的说法在此得到证明。

检验进一步说明，文革应为十年，前三年与后七年中，中共的整人政策并未发生变化，仍以整人或阶级斗争为其主要政策。假设检验还说明，文革前与文革十年期间也有显著差异，即文革中整人更加厉害。文革前17年是文革的前奏，文革是文革前17年的继续，也在此得到证实。最后的假设检验还说明，文革后与文革时期有着显著的差别，不可混为一谈。文革后的整人运动，比文革时期和文革前要少得多。中共自文革结束后调整了政策，基本结束了整人运动，其显著性在此得到证实。

中共建政以来年代分期的定量分析表明，文革期间中共的政策并没有发生变化。尽管毛为了打败他的政敌，给了百姓暂时的民主和自由，但是中共的政策没有因此发生根本性的变化。毛在清洗了他的政敌后，很快又恢复了他以往的方针和政策。所以从中共政策的角度出发，文革的前三年和后七年同属一个时期。尽管文革的前三年发生了轰轰烈烈的全国几亿人参加的群众运动，中国人民在短暂的时间内享受到自由结社自由言论，但并没有改变中共政权的性质，也没有改变国家机器的性质。对于广大的百姓来说，没有发生根本性的变化。

文革应该定位于十年；从中共执行的政策来看，文革前的 17 年与文革的十也可以视为一体。也就是说，文革是文革前 17 年的继续，文革前 17 年是文革的前奏。这也是为什么 MacFarquhar 能够写出三本洋洋洒洒的巨著，从文革前的历史中寻找文革起源。正像有的学者说的，文革不是平地生风的，是 1957 年以来以阶级斗争为纲的各项政治运动的总汇和最高潮。正是连绵不断的政治运动，为文革作了充分的政治、理论和思想准备。从某种意义上说，没有那些政治运动的不断发展和恶性循环就没有文革（金春明，1998）。

在这本书里，我们沿着前一本书的思路分析文革中的群众运动。本书分为两篇：第一篇是典型省份的文革情况的简述，第二篇是文革中群众运动的动员、群众组织的出现、分裂和灭亡。第一篇有 12 章，介绍具有典型意义的 12 个省市自治区和解放军的文革群众运动。

第 1 章是关于北京的文革。北京是中国的政治、文化和科技中心，也是中国高等院校的集中地。学生的红卫兵运动在北京的群众运动中占据主导地位。这一章重点介绍北京大学（简称“北大”）和清华大学（简称“清华”）的红卫兵运动。北京大学的聂元梓等人贴出了全国第一张大字报，标志着文革群众运动的开始，可以说北京大学是文革群众运动的发源地。清华大学是北京大学的近邻，发生在清华大学的武斗是导致文革群众运动终止的原因。这两所大学，分别标志着文革群众运动的兴起和灭亡，在文革史上占有极其重要的地位。

第 2 章记述上海的文革群众运动。与北京学生当道的情况成鲜明对照，上海的工人运动在当地发挥了举足轻重的作用。上海是工人集中的城市，是中国的经济重心和工业中心。上海的“工人革命造反总司令部”（简称“工总司”）是全国规模最大、影响最深、持续时间最长的群众组织。它控制上海局势长达十年，上海“工总司”

在上海和全国的文革进程中有着无可比拟的地位和影响。上海是全国为数不多的造反派一统天下的省市之一。北京和上海是中央直接控制的直辖市，与其他各省有着明显的区别。

第 3 章讲述天津的群众运动。天津当时是中国的第三个中央直辖市（当时的中国只有三个直辖市），是中国北方最大的沿海开放城市，在全国具有重要的政治地位。天津没有像北京和上海那样由中央直接控制，但作为北京的近邻，天津的文革进程受到“中央文化大革命小组”（以下简称“中央文革”）成员陈伯达和江青等人的控制，属于中央间接控制的区域。因其特殊的地位，天津在全国的文革中具有其特殊性。

第 4 章介绍的是湖南省的群众运动。湖南的工人在文革中显示了强大的力量，其力量大到中央不能无视的地步。北京的学生运动过于强大，工人运动相形见绌。上海的工人运动过于强大，学生运动失去了独立发展的空间。湖南省的工人运动与学生运动结合为一体，在充分发挥学生组织作用的基础上，以产业工人为主体实现当地的大联合。工人运动和学生运动的相结合，能发挥知识分子的先锋引导作用和工人阶级的巨大能量，湖南的群众运动具有重要的代表性。在第四章的末尾，还简单地论述了与湖南省邻近的湖北省的群众运动。这是因为，两个省不仅在地理位置上相近，而且文革运动的进展也颇为相似。

第 5 章讨论江苏省的群众运动。与湖南省相似，江苏省的工人运动与学生运动相结合，也发挥了巨大作用。在中共建政以前，省会南京曾是国民党政府的首都，在中国占据非常重要的地位。江苏的群众运动以南京为中心，而南京大学始终是南京市和江苏省群众运动的风向标。南京大学群众运动的兴起，在时间上仅次于北京大学，在全国占据领先地位。第四章和第五章中介绍的湖南、湖北和江苏三个省有一个共同的特点：三个省的保守派均在 1967 年上半年基本垮台，造反派取得了决定性的胜利。然而出人意料的是，造反派还未来得及庆祝胜利，就立即分裂成势不两立的敌对派别。两派很快卷入残酷的武斗，自相残杀，两败俱伤，直至最后的灭亡。

第 6 章简述黑龙江省的群众运动。该省是在地理位置上最北端和最东端的一个省。黑龙江省曾是中国重要的装备制造业、能源工业与农业基地，在全国占据较重要的地位。黑龙江是早期造反的省之一。文革开始时，身为黑龙江省委第一书记兼省军区第一政委的潘复生公开支持造反，成为该省的第一任省革委会主任。黑龙江也是全国较早成立革委会的省之一。然而黑龙江的形势并未稳定，很快出现反复，造反干部潘复生被撤换。作为早期造反省份之一的黑龙江省，在文革中具有一定的代表性。

第 7 章讲述的是内蒙古自治区的群众运动。内蒙古文革的重要标志，是 1967 年 2 月 5 日军队开枪打死学生的事件。内蒙军区杀害学生的枪声惊动了中央。中央公开表态支持内蒙的造反派组织，强令保守派组织解散。内蒙军区和保守派进行了顽强的抗争，数千名军人到北京告状，不满中央的决定。最后中央不得不采取强硬措施，压制了军人的抗命。内蒙成为造反派一派当权的省之一。

第 8 章记述的是西藏的群众运动。由于相对封闭的自然环境以及民族和宗教的特殊性，西藏地区的群众运动既有全国的一般特征，也有边疆地方的特点。西藏地区的动荡时间相对内地较短一些，文革的进展较之内地也晚一个节拍。西藏的文革围绕保守派和造反派的斗争进行。军方暗中支持保守派，曾于 1967 年 6 月 7 日开枪打死驻扎在大昭寺的十多名造反派。此事惊动了中央，军队不得不道歉认错。西藏还发生过两起涉及少数民族的武斗事件。造反派（多为少数民族）受到军人的镇压，武斗事件演变为民族事件。两个事件目前被称为“反革命暴乱事件”。造反派领袖则认为，当年发生的暴力事件是群众组织之间的武斗。西藏由于其特殊性，派性斗争演变成民族斗争，在中国的内地省是不多见的。

第 9 章记叙的是云南的群众运动。云南是中国最西南方的一个省，属于边远地区。由于自然环境的制约和历史原因，云南的政治和经济发展比较滞后。在边远地区省中，云南具有一定的代表性。当保守派垮台之后，云南省的造反派在夺权问题上发生了分裂。造反派的头头们当初冲破压力挺身造反时，也许并未想到能够夺权掌天下。当造反派真正开始夺权时，他们的野心和权欲被诱发出来，整个云南陷入武斗，武器也从冷兵器发展到现代化的热兵器。双方背后有省委和军区高层插手。驻云南的野战军谎报军情，诬告其中的一派企图叛国，该派受到毁灭性打击。文革期间，云南还发生了知青大逃亡事件。成千上万的支援云南的外地知青试图逃回城市，终被政府用金钱收买的农民所镇压。只是到了文革结束后的 1978 和 1979 年，云南的知青再次闹事才得以脱离苦海，回到阔别多年的城市。

第 10 章记载的是青海省的群众运动。文革中的青海省因“二.二三事件”闻名全国，因此青海的群众运动具有一定的代表意义。1967 年 1 月，省军区司令刘贤权主持召开省军区常委会，通过了支持造反派的方针，并上报兰州军区、中共中央和中央军委（即“中共中央军事委员会”简称）。省军区副司令赵永夫和多数干部不接受这个决定，他们夺了司令的权。2 月 23 日，赵永夫调集军队围住造反派，下令向造反派开枪，造成了 347 人伤亡，其中 169 人死亡。这就是震惊全国的青海“二.二三事件”。中央宣布支持造反派。原来支持赵永夫的一派群众被清查。青海的造反派自此占据优势，直到文革结束。1976 年文革结束后，赵永夫很快获释。169 人死亡案也不了了之。

第 11 章介绍新疆维吾尔自治区的群众运动。新疆是中国西北部的一个省级自治区，是中国陆地面积最大的省级行政区，境内居住着 19 个民族的群众。新疆尽管属于边远地区，但是其政治和经济在全国占有特殊的地位。与其他省市自治区不同，新疆的文革不仅以其省会乌鲁木齐市为中心，也以“新疆生产建设兵团”（简称“建设兵团”）为另一个中心。1967 年 1 月 26 日，新疆发生石河子“一.二六血案”。部队打死 26 人，打伤 74 人。中央为保持边疆稳定，将事件定性为“双方武装冲突”。该血案对新疆的局势影响深远，该案直到文革结束后的 1978 年底才重新定性。新疆文革中动乱的根源在于两个基本问题：一是生产建设兵团问题，二是民族问题。这是其他省所没有的。

第 12 章介绍军队的文革情况。文革初期，空军与海军领导层发生激烈的斗争，在中央高层的介入下风波得以平息。但是矛盾依然存在，为日后军内政治派系的演变和斗争埋下了伏笔。1966 年总参谋部的“八.二五事件”导致贺龙的倒台。1966 年 8 月，总参谋部的一些部和局贴出大字报，矛头对准代总长杨成武，杨一时成为众矢之的。由于毛认为总参谋部炮打杨成武事件的背后责任人是贺龙，所以贺龙也涉及此案。该事件成了贺龙倒台的导火索。1967 年，军内发生“五.一三”冲击三军演出事件。毛在这场造反派与保守派的斗争中，竟然支持了保守派。毛因为担心失去对军队的控制，在 1967 年 4 月间定下一个秘而不宣的方针：通过北京军区的稳定，以稳定全军；通过军队的稳定，以稳定全国。“五.一三”事件是军队稳定的始发点，在军队文革中具有极其重要的意义。相对于地方的文革，军队相对稳定些。这是因为军队是中共政权的支柱。军队如果真正失控，对中共肯定是灾难性的。所以，中共在掌控军队的稳定方面还是比较重视的。

在第二篇的始章（即第 13 章），讨论了代表性的问题。本书的第一篇简述 12 个省市自治区和军队的群众运动。中国大陆当时有 29 个省市自治区，为什么我们只分析 12 个省市自治区和军队的情况，置其他 17 个省市自治区于不顾呢？Chan 等人在研究广州市中学红卫兵运动时发现，群众组织的分派与其成员的家庭背景有着密切的关系。但是 Walder 对北京的大学红卫兵的研究发现，红卫兵的权力和特权的状况对文革中的派别没有影响。为什么会出现这样相互矛盾的结论呢？因为广州的中学红卫兵和北京的大学红卫兵存着区域差别和年级差别。这就涉及文革研究中的一个重要问题：代表性问题。

如果试图对全国的文革进行深入的分析，研究应包括全国的 29 个省市自治区，否则就可能存在以偏概全的缺陷。对全国所有的省市自治区进行全面论述，会有难以深入的问题。在研究中很难做到既涵盖全国各地的详细情况，又有深入的理论分析。研究的深度和广度是一对矛盾，很难同时兼顾。解决这个矛盾的办法之一是抽样。我们采用分层抽样的方法，解决可靠性和样本大小之间的矛盾。

我们对省市自治区的分类，采用三个方面的客观指标共计十个变量：（1）经济、人口、政治、地理方面；（2）局势稳定性方面；（3）群众运动发展方面。由此我们得到了七个类别：北京和上海属第一类，即中央直控类。第二类是群众运动发展较成熟的省类，共有 14 个省，如湖南、湖北和江苏。第三类是早期造反类，有六个省，如黑龙江和内蒙。虽然这些省的革委会成立得较早，但是它们并不安定，反复较大。第四类是边远地区类，共有四个省，如云南和西藏。此类省在全国的地位并不太重要。

第五类是特异类，即中央间接控制的天津直辖市。天津由于其特殊的地理位置，与其他省不尽相同。虽然中央文革对天津的控制不如对北京和上海那么直接，但是陈伯达和江青等人能够直接干预。这些情况使得天津既有别于其他省，又有别于北京和上海。第六类也是特异类，只有青海省。这是由该省的特殊性造成的。青海省以其“二.二三事件”闻名全国。省军区副司令赵永夫依靠军区内多数军人的支持，通过非正常途径整倒并扣押省军区司令，并下令向手无寸铁的百姓开枪。第七类也是特异类，只有新疆一个省。新疆的文革以首府乌鲁木齐和建设兵团为两个中心，这在全国罕见。

在第一篇里，从以上七类省份中挑选 12 个省进行了分析。虽然只有约三分之一的省，但可以较全面地代表全国的文革情况。

第 14 章，介绍了社会运动学（Social Movements）理论发展的简史。社会运动学是一个因中国的文革兴起并与文革研究密切相关的重要学科。多年来，该领域的发展一直未引起华人学界的重视。在中国文革的影响下，从 1968 年 5 月开始，西欧和北美出现了类似中国红卫兵的青年和学生造反浪潮。该现象引起西方社会学家的兴趣，对其研究开始增多。到上世纪的 70 年代中期，社会运动学逐步成为社会学中的一个重要领域。

社会运动学理论可以分为三代。第一代是乌合之众论，第二代在理性选择的框架下有社会冲突论、理性选择论、博弈论、资源动员论、政治过程论和新社会运动论，第三代是构框理论。半个多世纪以来，社会运动学经历了从疯狂到理性再到情感/网络的螺旋形变化。这些理论对于我们研究文革具有重要的指导意义。

社会运动学中的一个重要问题是运动的动员（Mobilization）。运动的动员可以分为两个具体的问题：（1）为什么动员？（2）如何动员？关于文革的动员，这两个问题又分为“自上而下”和“自下而上”两个方面的 4 个问题，即：（1）毛为什么发动文革？（2）毛如何发动文革？（3）民众为什么参加文革（为什么被动员）？（4）民众是如何参加文革的（即如何被发动的）？

第 15 章讨论“自上而下”的两个问题：“毛为什么发动文革？”和“毛如何发动文革？”毛发动文革的目的是要树立真正的接班人，以确保他的路线得以继续，而且可以在他死后防止赫鲁晓夫式的人物对他进行清算。文革是毛“生前防篡权，死后防清算”。毛通过告诫中共所面临的潜在威胁，把党内的高层动员起来。当中共在“可能垮台”的威胁下团结起来准备共度难关后，毛甩开中央政治局和书记处，通过中央文革使其成为直接指挥文革的常设机构，迅速完成了党内的思想和组织动员。

毛通过提出一个新的理论，区分党中央与各单位党组织，解除了民众多年的顾虑。恐惧终于开始从中国民众的心中悄然退去，实现了民众的思想动员。1966 年 10 月开始的第一次“平反潮”和 1967 年 4 月开始的第二次“平反潮”，是民众组织动员的关键。第一次平反导致党政机关的瘫痪，第二次平反引发各地“揪军内一小撮”和“砸烂公检法”的高潮。没有两次大规模的平反，广大民众不可能敢于起来造反。许多处于观望和犹豫状态的民众毫无顾忌地加入到造反队伍中来，全国终于迎来“全民造反”的情景。

第 16 章讨论群众的动员（即自下而上的动员）。研究群众的动员与民众参加哪派群众组织是有区别的。前者只注重民众为什么参加和如何参加群众组织（无论是造反派还是保守派），后者注重民众因为什么原因参加某派群众组织。在这一章里，我们研究民众为什么参加文革中的群众组织。

迄今为止的文革研究存在着一个普遍的问题：很少有学者采用大规模的直接询问文革当事人的方式，了解他们为什么参加群众组织。2017 年 4 月 16 日，我们启动“关于民众在文革中参加群众组织情况的问卷调查”的活动。截至 2019 年 1 月 31 日，征集到 1,670 人的有效回复。

关于民众为什么参加文革，有两个突出的原因：一是响应毛的号召，二是对当权派不满和/或争取改变自身的处境。在响应毛的号召方面，“革命干部”、“革命军人”（以下各章均简称“革干革军”）子弟尤其多。工农子弟、灰五类和黑五类子弟依次递减。在对当权派不满和/或争取改变处境方面，是按相反方向依次递增。

这两个原因看似不同，实质上却是一回事，即都与自身的处境有关。作为红五类子弟，他们只要听从党和毛的号召，前途是有保障的。响应毛的号召只是表面的，实际上与红五类子弟的前途密切相关。而争取改变处境对于非红五类子弟来说，是非常实际的目标。文革前的 17 年里，中共执行的阶级路线，把灰五类和黑五类划为二等公民。他们在升学、就业、提干、事业发展和生活等各方面受尽歧视。文革的发动，使他们看到了从未有过的机会。他们带着这一目的积极投入文革，希望能在文革中打个“翻身仗”。

响应毛的号召是红五类子弟的一种积极防守性的动因，目标是保住他们已有的特权和利益。对当权派不满和/或争取改变处境，则是灰五类和黑五类子弟的一种积极进攻型的动因，旨在争取夺得自己以前所没有的权力和利益。两个动因从不同的侧面展现相同的动机，事实上是殊途同归。

从受访者对这两个问题的回答，可以看出当时中国的社会状况。中国无形中分裂成为两大阵营：红色阵营和非红色阵营。在红色阵营里有革干革军子弟、工农子弟、党团员积极分子以及中共的各级干部等。在非红阵营中，有黑五类和灰五类子弟，本人是黑五类或灰五类的人们，以及被淘汰下来的原来属于红色阵营中的少数人。总之，无论民众参加的是哪个派别，都是为了改变自身的处境而战，或是为了保持自身的处境而争。

根据我们的推算，文革中大城市里的民众参加群众组织的比例在 53%～67%之间。在非省会地区，民众的积极略低一些，在 43%～57%之间。农民参加群众组织的积极性最低，约占 28%。

当人们谈论文革的群众组织或派别时，常会使用“造反派”和“保守派”两个词，这是文革中群众组织最常见的两个类别。尽管以前对群众组织的派别有不少研究，但是到目前为止，还没有学者对全国各省级群众组织进行系统的分类。

第 17 章，我们对全国的省级群众组织进行了系统客观的定量分类。分类采用的六个定量指标是:(1)是否是文革初期保守派或改头换面?(2)是否是二月镇反的受害者?(3)是否有代表进入省革会常委会?(4)进入省革会常委会的代表是否在文革后受到整肃?(5)支持该派的领导是否在文革后受到整肃?(6)支持该派的领导是否在文革后复出重新上台?全国77个省级组织可以分为三类:保守派、温和派、激进派。温和派与激进派同属于造反派,只是造反的程度不同而已。

根据对各省级组织的分类,我们对各省的文革也进行了分类。有的省份主要是保守派与造反派之间的冲突,即"阶级性派别"的冲突。有的省份是分裂的造反派之间的矛盾,即"宗派性派别"之争。也有少数省是造反派"一家天下",局势基本上由一个造反派别控制。各省的文革进展情况,有许多不同。我们在分析民众参加不同派别的动机时,应该注意上述两类派别斗争的区别。

第18章分析民众为什么加入不同的派别组织以及如何组织起来的问题。有学者认为,群众组织的分派与家庭出身有着密切的关系。我们将这种观点称为"社会冲突派"。但是也有学者发现派别与家庭出身无关,认为派别与斗争过程有关。我们将这派学者称为"政治过程派"。

以上两派观点分歧的根源在哪里?与家庭出身无关的派别之争,通常是同一造反阵营里的不同派别之争,即"宗派性派别";与家庭出身有关的红卫兵之斗,则是不同阶级阵营的对峙和冲突,即"阶级性派别"。忽略派别斗争中存在着不同性质的类别,将两者混为一谈,是造成两派学者不同观点的原因之一。

"社会冲突派"和"政治过程派"存在两个主要问题。首先,他们均忽略了基层派别组织,使得中间过程变成了"黑箱",导致这一关系难以预测。其次,他们混淆了派别的类型,忽略了"阶级性派别"与"宗派性派别"的区别。

在群众组织的派别斗争中，最重要和最基本的是保守派与造反派的分裂。这是阶级性的分裂。各省有一个共同的现象：保守派有“五多”，即红五类多、党员多、团员多、干部多和积极分子多。他们是文革前政治社会秩序的受益者，属于优势群体。造反派则包括从红五类到黑五类的各种人，其中有不少是历次政治运动的受害者或受牵连者，属于弱势群体。

优势群体和弱势群体内的成员也不是一成不变的，而是经常会发生变化。这种人为地制造差别的过程，我们称做“筛选差分过程”（Screening Differentiation Process）。它像一台高速旋转的离心机，不断地把一部分不能紧跟党的分子甩出核心圈，降入落后群体。先进群体在政治地位和社会地位方面占据优势，落后群体则在政治上受歧视，精神上受压抑。这一动态的先进群体和落后群体的划分，与以阶级分裂为线的优势群体与弱势群体的划分并不完全同步。文革时的中国社会，是一个以阶级划线分成优势群体和弱势群体，以筛选差分划分先进群体和落后群体的分裂社会。

除了保守派与造反派的斗争以外，在同一阵营里的造反派内部也存在着分裂和斗争。此类派性矛盾的激烈性，不亚于“阶级性派别”的斗争。这类分裂大多因“一月革命”夺权引发。无论是保守派与造反派之间的“阶级性派别”斗争，还是造反派之间的“宗派性派别”斗争，都是围绕一个“权”字。当然，“权”的背后，归根到底是一个“利”字。

“社会冲突派”没有充分注意到分裂的造反派之间的内斗，因此没有意识到文革中的派别斗争不仅有既得利益者与挑战者间的斗争，也存在挑战者之间的内部冲突。“政治过程派”忽视了中国社会的基本矛盾，片面强调运动的多变过程。真实的情况是，文革是一场博弈，是作为既得利益者的保守派与作为挑战者的激进派的斗争为主，挑战者内部激进派与温和派之间冲突为辅的博弈。文革是保守派、温和派和激进派之间进行的一场非合作式的、信息不明的利益博弈。因此，我们用“两类派别斗争”（Two-Type Factional Struggles Explanation）来解释说明文革中的派别斗争。我们的观点可以称为“两类派斗说”。

由于各省的分裂，群众组织陷入你死我活的派战，天下大乱，中国处于内战状况。这一形势是毛及其追随者没有预料到的。第19章讨论文革群众运动的自毁，试图回答群众运动“为什么”和“如何”走向自毁的道路。造反派当初作为毛整治官僚们的“石头”，此时成了实现“天下大治”的绊脚石，成了新生政权革委会的对立面。毛对造反派失去耐心，遂派出数万工人和解放军毛泽东思想宣传队进驻清华大学，强行结束了武斗，两派群众组织在内战中同归于尽。从这一天起，毛利用造反派的战略也结束了。毛泽东告别了造反派。

文革对民众带来的灾难是巨大的。根据我们推算，民众因参加群众组织受整的面非常广。中学生和知青的受整率为11%～12%，其他民众的受整率达到23%～27%。换言之，文革后，约有四分之一的参加过群众组织的民众或多或少地受到整肃。参加造反派的民众更是首当其冲。值得注意的是，参加过群众组织的民众，出身好的、政治面貌属于红类的、曾为干部和科员的民众，受整率高于普通民众。

文革研究中被许多学者忽略的两个重要问题是：（1）造反派为什么分裂？（2）他们的分裂对文革中的群众运动带来了哪些害处？由于中共当局对造反派的丑化，很少有人能够认真地总结他们失败的教训，为中国今后的群众运动提供借鉴。

文革中，造反派一次又一次地分裂。每当造反派获得一个大的胜利，他们立即分裂，陷入内战，造反派的能量在内战中消耗殆尽。但是造反群众组织并非永远“死磕”，没有联合。例如湖南、湖北和江苏的造反派从“清队运动”开始逐步丧失权势，一步一步跌入牛鬼蛇神的集中营。到了“一打三反”运动时，造反派们遭到几乎全军覆没的厄运，造反派的领导人和骨干分子都成了挨整对象。在后来的运动中，造反派们尽弃前嫌，共同对敌，做最后的拼搏。

这是为什么呢？造反派没有能够联合有多种原因，归根结底是因为他们对形势的误判。他们没有分清真正的敌友，以为保守派已经完败。在对权力贪婪的驱动下，把曾经同一战壕的战友当成了敌人，试图独霸天下。正是由于这一错误的策略，出现了造反派的分裂。如果造反派在保守派失败后能够迅速地联合，共享胜利果实，中国的历史也许会改写。认真总结他们失败的教训，对今后的中国社会运动有着重要的意义。

在第 20 章结语中，我们对全书进行总结并对中国未来的社会运动提出展望。文革结束后，中国发生过几次大规模的民主运动，但是自 1989 年民运遭到血腥镇压以后，再也没有出现过大规模的民主运动。当然，中国民众的抗议活动从来没有停止过。由无数抗议活动组成的社会运动，将推动专制国家向民主化发展。

借鉴国外（特别是“阿拉伯之春”）的成功经验，对研究中国未来的社会运动不无益处。“阿拉伯之春”因参加的人数众多和非暴力而著称，并有以下三个引人注目的特点：“无线”（Wireless）、“无领导者”（Leaderless）和“无阶级”（Classless）。“无线”是指“阿拉伯之春”革命运动的爆发，是由新一代的信息和媒体技术（英特网、脸书和推特等）催化并构框的。按照以往的经验，社会运动离不开有效能和有号召力的领导人。“阿拉伯之春”的实践却表明，运动的发动和发展离开领导者也能进行。无领导者对运动发展的好处是，能保护运动的精英和骨干。在专制国家里，传统的社会运动常因为运动组织的主要领袖遭到暗杀或监禁陷于群龙无首的困境。电子网络的出现，为社会运动的领袖提供了前所未有的保护。“无阶级”指的是，参加“阿拉伯之春”的民众抛开了意识形态和宗教的分歧，为改变政权万众一心。未来中国的社会运动是否能够成功，很大程度上取决于运动的参与者能否接受先辈们的教训，避免重蹈覆辙。

本书在分析中较多地采用统计学工具（如对数回归模型、聚类分析模型等）。为了减少一般读者阅读的困难，我们尽量避免在正文中涉及统计学。我们把详细的计算和讨论放在附录中，供有兴趣的读者参阅。在附录中，我们还简述全国各省级群众组织的情况，这是我们对省级组织进行分类的依据。

第一篇 典型省的群众运动[①]

1966年5月16日，中共中央政治局扩大会议发出一项毛亲自审定的通知，世人称之为“五.一六通知”，标志着文革的开始[②]。本篇将简述12个省市自治区的文革群众运动。文革期间，尽管民众可以自由结社，绕开中共严密的党组织控制，但是毛绝不允许民众成立全国性的群众组织。以经济利益为宗旨的“全红总”虽然曾经在各地拥有分部，成为一个全国性的民间群众组织，但是很快被取缔。所以，文革中的群众运动都是为省市自治区为单位的。在各省市自治区内，群众运动都是以其省会为中心（除四川和新疆以外）。省会所在地的群众组织主导了省内运动的发展。本书将以省市自治区为单位，对文革中的群众运动进行分析。

文革时期，中国大陆划分为29个省市自治区，其中直辖市三个（即北京、上海和天津[③]），自治区五个（即新疆维吾尔自治区、西藏自治区、内蒙古自治区、广西壮族自治区和宁夏回族自治区）。由于各省市自治区的政治、经济、地理及人文等方面的差异，文革中群众运动的发展是不平衡的。

[①] 第一部分的文革叙事基于的史料主要有：杨继绳（2016），徐友渔（1999b），金春明（1995），王年一（1988），《地方文革史交流网》。

[②] 1965年11月，姚文元发表了批判海瑞罢官的文章，成为文革的前奏。从某种意义上说，也可以说文革始于姚文。

[③] 1967年1月正式成为中央直辖市。

第 1 章 北京

北京是中国首都，中国的政治、文化和科技的中心。北京东西宽约 160 公里，南北长约 176 公里，面积 16,411 平方公里。北京 1964 年人口普查人口为 757 万，排全国第 23 位。1978 年，北京的 GDP 排全国第 14 位。[①]考虑到北京市的面积和人口，其人均 GDP 在全国还是相对高的。

北京不仅是中共中央委员会、中央政府、全国人大、政协委员会、中央军委和国务院所在地，而且还是中国政府各部（如外交部、国防部、高教部、公安部、财政部、铁道部、水利部等）的所在地。北京也是中国高等院校的集中地。据笔者不完全统计，北京约有 50 多所大专院校。学生的红卫兵运动（尤其是大学的红卫兵运动）在北京的群众运动中占据重要的地位。本章重点介绍两所大学和两所中学的红卫兵运动。

1.1. 北京大学：第一张大字报出生地[②]

由聂元梓等人在 5 月 25 日贴出的被毛赞誉为“全国第一张马列主义大字报”，标志着文革的群众运动正式拉开序幕。如果不了解全国第一张大字报，就不能真正地了解文革。因此我们从文革的第一张大字报的出生地——北京大学——开始研究文革群众运动的兴起和灭亡。

[①] 因中国没有文革及文革前 GDP 的统计，本书采用 1978 年的 GPD 统计。

[②] 本章叙述还基于：聂元梓（2005，2018），王复兴（2016，2018，2020），李清昆（2020）。

1.1.1. 第一张大字报问世的背景

冰冻三尺非一日之寒。始于 1966 年 5 月发起的文革，有其深刻的历史原因。北京大学的第一张大字报，可以追溯到 1964 年进行的社教运动。1964 年 7 月，中宣部副部长张磐石带了一个工作组到北京大学蹲点。这个工作组是有备而来的，目标是北京大学的陆平和北京大学校党委。工作组一个系一个系地找各系总支书记谈话，动员给陆平和校党委提意见。

聂元梓是通过陆平调到北京大学的，曾任北京大学哲学系总支书记。北京大学哲学系是全校的重点，也是北京市委的重点。中国科学院可以直接指导，中宣部可以下指示交任务，直接插到系里。陆平为了掌握住哲学系，派了他认为可靠的聂元梓去执掌哲学系。聂调到北京大学后，从系的副主任提拔为系总支书记，校党委委员。陆平不仅在政治上，而且在生活上对聂也相当照顾。她的住房和身边的孩子安排得都很好，聂非常感激陆平。

按理说，作为陆平线上的人，聂元梓只要死心塌地地跟着陆平，她的仕途应该不会有问题。由于陆平有严重的官僚主义和宗派主义，聂元梓有了一些看法。但在工作组面前是否应该提出这些意见，聂元梓心存矛盾，有点犹豫。受工作组诚恳态度的影响，考虑到工作组是党中央派来的，聂提出了对陆平的批评意见。工作组的张磐石把情况汇报给中央书记处，报告中把聂元梓的谈话作为重要依据。张磐石把问题看得很严重，认为陆平和北京大学校党委已经演变，不姓“无”而姓“资”了。

张磐石的报告引起了中央书记处的重视，决定在北京大学搞社教运动的试点，组织了庞大的工作组进驻北京大学。哲学系成为重点，由张磐石亲自抓。工作组召集教师和干部开会，因为人们发言态度激烈，陆平听了受不了，直出汗，连手也哆嗦。张磐石与陆平的矛盾冲突反映到中央。1965 年 1 月，中央否定了张磐石的意见；张被撤职，工作组也撤出北京大学。彭真下令北京大学停止社教。

工作组离开后，北京大学在国际饭店召开“总结前阶段的学校工作大会”。大会的实质是整治社教运动的积极分子，整治那些给陆平提意见的人。聂元梓作为被整对象，行动受到限制。1965 年 10 月，聂元梓经过考虑，给中共的最高层领导毛和刘写了一封信进行申述，让毛的秘书田家英转交。

她认为，北京大学进行社教运动是中央决定的，群众提意见是经过工作组动员的。群众的意见可能有错误，但是不应受到追究和整治。来北京大学搞社教的都是大干部。他们走了，为什么抓住小干部不放？

事实上，张磐石整陆平，是中宣部长陆定一指示张这么做的。所以毛曾说过，“北京大学社教运动是姓陆的整姓陆的。”聂元梓的信交上去以后，石沉大海。

北京大学的社教运动停止后，学校的干部和师生都到农村去参加社教运动。以聂元梓为代表的曾经批评过陆平的人，被下派到社教工作组，这些人下派后，是不准备再让他们回北京大学的，聂元梓的哲学系总支书记的职务也被人取代。

1966 年 3、4 月间，康生的妻子曹轶欧以中央理论小组的名义，带了几个人来到北京大学。曹轶欧鼓动聂元梓不要下乡，继续与陆平斗争。聂此时已经心灰意冷，不愿再卷入党内的斗争。

中共中央发表了《五.一六通知》。《通知》的矛头直指彭真，列举了彭真搞的《汇报提纲》的十条罪状，宣布这是反毛、反党中央的文化革命路线，是资产阶级的，是修正主义。彭真成了混进中共党内的修正主义分子。《通知》指明，类似彭真的人物在党内大量存在，必须进行揭露和清洗。既然彭真是被揪出的“彭罗陆杨反党集团”的第一号人物，他在北京大学社教中力挺陆平的作法也理所当然地受到质疑。

彭真的倒台使聂元梓看到北京大学的问题得到澄清的希望，看到了平反国际饭店会议上挨整受冤屈的希望。聂打算再写封信给毛和刘，汇报北京大学的情况。聂找了几位曾经受整的同事，讨论如何写信。有人提议不如写一张大字报，该提议得到大家的赞同。聂曾写过信，并且由毛的秘书田家英转交，但是杳无音信。写大字报能让广大群众知道，也能反映到上层，也许比写信更管用。1966 年 5 月 25 日，聂元梓等人贴出了大字报。就这样，全国第一张大字报问世了。

该大字报题为“宋硕、陆平、彭珮云在文化大革命中究竟干些什么？”其主要内容如下：现在全国人民正以高昂的革命精神掀起轰轰烈烈的文化大革命，可是北京大学却按兵不动、冷冷清清。宋、陆和彭声称“北京大学不宜贴大字报”，“要积极加强领导才能引向正常的发展”，企图把反击反党反社会主义黑帮的你死我活的政治斗争引导到“纯学术”的讨论上去。他们引导群众不开大会、不出大字报，制造种种清规戒律，是压制群众革命，不准群众革命，反对群众革命。大字报号召北京大学的师生团结起来，反对一切赫鲁晓夫式的反革命修正主义分子，把社会主义革命进行到底。

1.1.2. 工作组的进驻与撤离

聂元梓等人的大字报贴出去以后，引起巨大的反响。1957 年，参加鸣放后被打成右派的北京大学学生谭天荣，当年也是把大字报贴在大饭厅的东山墙上。这一巧合，使人联想起当年的右派。有不少人认为右派又出现了，大字报是反革命、反党。当然，也有不少人支持聂元梓等人的大字报。学生们开始三五成群地聚集在一起进行争论。围绕对于学校工作和陆平的评价，北京大学很快形成反对和支持陆平的两种意见。群众中开始形成两派。

陆平从 1957 年开始主管北京大学直至 1964 年社教期间，北京大学的一般党员干部、教师甚至学生中，普遍存在对陆平的不满情绪。陆平上任不久就搞了个反右补课，增划右派 173 人。1959 年北京大学反右倾，陆平搞扩大化。陆平在北京大学整了很多人。北京大学内部对以陆平为代表的官僚的不满，形成了反对和批判陆平和校党委的一派群众。

6 月 1 日晚上，中央人民广播电台广播了聂元梓等七人写的大字报，表明毛和中央支持他们的行动。支持聂等人大字报的师生们受到鼓舞。处于观望态度的人们不再犹豫，纷纷表示响应中央的号召，批判陆平和校党委。以前支持陆平和校党委的人们也转变立场，开始批判陆平和校党委。

当晚，华北局派出以张承先为组长的工作组进驻北京大学。工作组接管了学校大权，实行“反右、矛头向下”的方针。换言之，他们把斗争的目标指向基层干部，出身不好或有一般历史问题的教师和教授，以及出身不好的学生。工作组把所有的师生排队，分为好的、比较好的、犯有严重错误的、反党反社会主义的四类。

从工作组进驻到 6 月 26 日，不到一个月的时间内，全校各级干部、教师被斗人数达 230 人，被戴高帽子游街者达 107 人。工作组执掌北京大学的 50 多天里，非正常死亡达到四人。6 月 18 日，北京大学出现乱批乱斗的混乱局面。工作组把这一事件定为“反革命事件”，对参与此次批斗活动的师生和职工进行清查批判。工作组并不是制止斗争，而是试图由工作组来领导斗争。

北京大学支持和反对工作组的两派群众进行大辩论，两派的大字报布满了校园。六名高干子弟贴出了《爱护工作组，保护工作组》的大字报。另有人针锋相对在其下方贴出反对工作组的大字报。中央文革成员来到北京大学调查。北京大学师生就工作组问题进行激烈的公开辩论。中央文革赞成撤销北京大学工作组。江青建议北京大学成立文化革命委员会，由聂元梓负责筹建。

1.1.3 群众组织的兴起

8 月中旬，北京大学的几个高干子弟吸收一些工农子弟，组建了“毛泽东主义红卫兵”（简称“主义兵”）。各系开始出现群众组织，如历史系有“延安战斗队”，“红色清道夫战斗队”，“橘子洲战斗队”，“红梅战斗队”等。9 月初，北京大学进行校系两级文化革命委员会（以下简称“文革会”）的民主选举。全校有选举权的是 13,836 人，实际在校参加投票的为 9,609 人[①]。

这种“一人一票”的直接选举在文革中极为罕见，并未在北京和全国推广。聂元梓当选为北京大学文革会主任，42 名校文革会委员由各系选举推出。此时，北京大学各系的群众组织林立，有众多的战斗队。9 月底，相同观点的几十个战斗队召开串联会，会上有人提议成立跨系的红卫兵组织，取名为“新北大红旗兵团红卫兵”（简称“红旗兵团”）。成员们一律配戴印有“红旗”的袖章，有五人被选为总部成员。“红旗兵团”是支持聂元梓的中坚。

10 月初，有人贴出反聂元梓的大字报，批判聂元梓“执行了一条右倾保守的改良主义路线”。以干部子弟为主的“主义兵”站在反聂一边。支持聂元梓的一派也贴出大字报，针锋相对。北京大学出现了支持和反对校文革会的两大派别，逐渐形成“红旗兵团”、“北京公社”、“东风兵团”、“红教工”等支持校文革的“拥聂派”，和“井冈山”、“红联军”、“主义兵”等反对校文革会的“反聂派”。

“反聂派”反对聂元梓和以聂为首的校文革会的理由之一是，聂和校文革会执行的是资反路线。事实上，聂和校文革会是反对陆

[①] 缺席者多为外出串连者。

平、反对工作组的，是得到毛和中央文革支持的。“反聂派”采取了更激进的立场。11 月 12 日，“反聂派”因为不同意《新北大》校刊的观点，砸了校刊编辑部，关押办公人员，撕毁书刊，切断电话。毛的女儿李讷和中央文革人员看了现场。此事被中央文革定为“反革命事件”。

12 月 23 日，“反聂派”的成员、经济系教师杨勋因为反对中央文革被抓，导致“反聂派”受到牵连。“拥聂派”的群众组织“红旗兵团”、“北京公社”和“东风兵团”趁机查封了反聂的“井冈山”和“红联军”的办公室。“反聂派”开始瓦解崩溃。1967 年 1 月 8 日，63 军派解放军进驻北京大学搞军训。原有的“拥聂派”组织“红旗兵团”、“北京公社”、“东风兵团”和“红教工”合并成立“新北大公社”。

中央文革频频号召掌权的群众组织领导人开展整风，清除各种不良之风。1967 年 3 月 3 日，郭罗基贴出大字报，批评聂元梓骄傲自满，文过饰非，官僚作风。该大字报并非出于恶意，但埋下了分裂的种子，“新北大公社”出现了裂缝。当 6 月 5 日陈伯达提出北京大学是“一潭死水”，要“掀起大风浪”时，北京大学再次出现分裂。

整风中的反对派与过去的“反聂派”骨干形成了新的“反聂派”。数日内，反聂的“新北大井冈山公社”、“新北大公社革命造反总部”和“新北大北京公社”相继成立，加上此前在 5 月份成立的“新北大东方红公社”和“红旗飘战斗队”，这些组织形成了新的反对派，人们简称该派为“井、红、团、零、飘”。8 月 17 日，上述五个组织联合成立“新北大井冈山兵团”，著名的物理学家周培源教授曾是该组织的第一号领导人。后来在周恩来的建议下，周培源教授退出该组织。

在整风中，“拥聂派”也出现两派。一派是压制给校文革会和聂元梓提意见的死保派——“联战”。另一派支持校文革会和聂，但是坚持批判聂的错误，坚持继续整风的温和派——“六.六串联会”。尽管“拥聂派”内部分为两派，但分而不裂，在对付“反聂派”上立场基本一致。8 月 1 日，拥聂的“联战”和“六.六串联会”联合，重组“新北大公社”。

1.1.4. 北京大学群众运动的困境

北京大学围绕夺权问题陷入内战。双方的领导人都被本派中的激进派绑架，没有勇气和智慧脱离派别斗争。聂元梓曾多次试图退出文革会。1967 年 2 月，聂在校文革常委会、公社总部、各系战斗团团长联席会上提出，她本人和校文革会无力领导北京大学运动，提出辞职，遭到与会者的一致反对。同年 7 月，聂在校文革常委会提出解散校文革会并辞去校文革会主任职务，又遭到常委们的反对。

8 月，聂在中央文革的接见会上，当着周恩来和江青的面，又一次提出解散北京大学校文革会并辞去校文革会主任的职务，被江青否决并遭到江的训斥。聂元梓甚至想偷渡香港一走了之，但是她放心不下儿子。她必须带儿子一起走，可是儿子的游泳技术差，只能游 1,000 米，于是作罢。

北京大学两派的斗争逐步升级，1968 年 3 月底终于爆发武斗。3 月 29 日，北京卫戍区副司令李钟奇到北京大学视察制止武斗被打伤。

1.2. 清华大学：武斗终止地[①]

清华大学是北京大学的近邻，两校人员的来往比较方便。一个学校有重大的事件发生，另一个学校很快就会知晓。如果说北京大

[①] 本章叙述还基于：蒯大富（2014a，2014b），许爱晶（2015），孙怒涛（2013，2018），沈如槐（2004），唐少杰（2020）。

学聂元梓等人的大字报标志着文革群众运动开始，发生在清华大学的武斗是导致文革群众运动终止的原因。因此，不了解清华大学的文革，也不能真正了解中国的文革。聂元梓等人的大字报矛头直指北京大学党委，《人民日报》评论员的文章明确地把北京大学定性为反党反社会主义的顽固堡垒。新改组的中共北京市委派出以张承先为首的工作组，到北京大学领导文化大革命并代行校党委职权。这些消息犹如一颗颗重磅炸弹，爆炸在北京大学的上空，也震撼了清华大学校园。

1.2.1. 保蒋还是反蒋

6 月 2 日，清华大学的学生贴出大字报，声援北京大学的聂元梓等人。清华大学校园里同时出现矛头指向清华大学党委和校长蒋南翔的大字报。既然北京大学是反党反社会主义的顽固堡垒，那么清华大学党委有问题也是可能的。6 月 3 日，清华大学校党委组织反击。

蒋南翔自 1952 年担任清华大学校长，至 1966 年已有 14 年。这是他苦心经营多年的根据地。校党委依靠强大有效的政工系统，组织力量对怀疑蒋校长和清华大学党委的论调进行迎头痛击。辅导员、各级干部、党团员和积极分子被动员起来，贴出保卫校党委、保卫蒋校长的大字报。这些大字报声势浩大，顷刻间就把那些对蒋和校党委持怀疑意见的大字报压了下去。

然而 6 月 4 日开始，高干子弟刘涛（刘少奇之女）、贺鹏飞（贺龙之子）、王小平（王任重之女）、乔宗淮（乔冠华之子）、刘菊芬（刘宁一之子）、郑易生（冶金部长郑天翔之子）和李黎风（李井泉之子）等人贴出大字报，把矛头对准蒋南翔和校党委。

刘涛公开质疑：蒋南翔是姓“马”（马列主义）还是姓“修”

（修正主义）？清华大学究竟是“延安”（革命）还是“西安”（反革命）？高干子弟的大字报释放了相当重要的信息，在清华大学师生中引起巨大的震动。从来没有思考过的尖锐问题突然摆在大家的面前。

清华大学的群众运动就这样开始了，第一阶段围绕着保蒋和反蒋进行。师生们就校党委是“延安”还是“西安”、蒋南翔是姓“马”还是姓“修”进行激辩。“保蒋派”认为应该肯定校党委和蒋南翔，坚持肯定 17 年是红线主导。“反蒋派”则认为需要“彻底砸烂旧清华大学”，校党委和蒋南翔是修正主义，必须打倒。

6 月 9 日，新组建的北京市委派出庞大的拥有 500 多人的工作组进驻清华大学。工作组以叶林为组长，周赤萍和杨天放为副组长，代行党委职权，领导文革运动。清华大学进入保工作组与反工作组的第二阶段。6 月 10 日，中央书记处决定高等教育部长蒋南翔停职反省。6 月 13 日，清华大学工作组宣布停止蒋南翔清华大学校长兼党委书记一切职务。

清华大学的师生员工突然惊醒，没有想到以蒋南翔为首的清华大学党委是反党反社会主义的。许多曾经保蒋的师生（尤其是干部）纷纷“反水”，大呼受骗上当。学生们开始抓黑帮和抓保皇派，进行批斗和游街。工作组成员出面劝阻学生，批评学生不讲政策，甚至说群众是一群乌合之众，组织性纪律性太差。

1.2.2. 保工作组还是反工作组

对此，有的学生贴出大字报，认为工作组不可信任。6 月 16 日，蒯大富和另一位同学贴出题为《工作组往哪里去？》的大字报，公开表示对工作组的质疑。6 月 21 日，王光美来到蒯大富所在的清华大学工化系进行蹲点，她的正式职务是工作组顾问。事实上，她是刘少奇派来的眼线，是清华大学工作组的实权人物。

同日，蒯大富在一张大字报下面留下批语，提出革命的首要问题是夺权斗争，现在权在工作组手里；如果工作组不能代表清华大学革命左派，就应该再夺权。6 月 23 日，以蒯大富为首的十人贴出大字报，与叶林直接交火，并对王光美食言未参加座谈会进行抨击，引起全校的关注。一位在文革中叱咤风云的领袖人物，开始进入人们的视线。

工作组从蒯大富的批语中，认定他是想夺工作组的权力。他的批语成为工作组定他为反革命的重要证据。工作组于 6 月 24 日组织辩论会，试图对蒯大富等人进行严厉的批判。想不到的是，毫不胆怯的蒯大富侃侃而谈，充分展示了雄辩口才。工作组企图以势压人，结果却捉襟见肘，疲于应付。辩论会上，清华大学师生的舆论倒向了蒯大富。

次日，工作组开始"反蒋必先反蒯"的运动，提出反工作组就是反党，蒯被定为反工作组、想要夺权的反革命分子。工作组的工作非常有效。全校的舆论立即发生变化，在数小时之内，大字报由批评工作组转变为批判蒯大富。蒯大富失去了自由，被工作组看管起来。蒯以超人的勇气和胆略，只身与工作组和众人对抗。7 月 4 日，蒯大富开始绝食抗议非法政治迫害，不承认反党、反刘少奇。不过，他对个人前途已经绝望，写信给舅舅要钱，准备接受劳改。

到 7 月 18 日，反蒯斗争毫无征兆地突然刹车了。7 月 20 日，蒯大富被释放，重新获得自由。清华大学形势的突然变向，是上层斗争角力的结果。因为毛批评刘、邓犯了方向性错误，提出凡是镇压学生运动的人都没有好下场。7 月 28 日，北京新市委宣布撤销工作组。工作组临走前组建了"临时筹委会"，继续领导清华大学的文革。

7 月 31 日，周恩来分两次听取蒯大富的汇报，了解清华大学前段时间的运动情况。8 月 4 日晚，周恩来带领约 100 多中央委员到清华大学开现场会。全校的舆论仍认为蒯大富是反革命，可见工作组反蒯运动的巨大影响。周恩来在会上公开为蒯大富平反。保工作组还是反工作组的争论，终于以工作组的失败告终。

1.2.3. 红卫兵的兴起

此刻在清华大学校园外，清华大学附中的中学生已经组织起红卫兵。他们贴了三张大字报，毛回信表示支持。有些大学里也出现红卫兵组织。在清华大学校园内，因为工作组的反蒯运动，学生间的对立情绪相当严重。对于下一步运动如何进行，清华大学的师生发生分歧。一部分人认为工作组已经检讨了，下面应该斗黑帮了，另一部分人则认为应该继续批判工作组的错误。工作组扶植的“临时筹委会”赞成斗黑帮的主张。

8 月 8 日，坚持继续批工作组的师生成立“八.八串联会”。认为应该斗黑帮的师生不甘示弱，第二天成立“八.九串联会”。8 月 19 日，刘涛等人成立以干部子弟和军队干部子弟为主的“清华大学红卫兵”（因其观点与“八.九串联会”相同，也称为“八.九红卫兵”）。8 月 22 日，以平民子弟为主的“毛泽东主义红卫兵”[1]（因其观点与“八.八串联会”相同，也称为“八.八红卫兵”）也成立。

四个群众组织的成立，开始了两派对峙的阶段。在这一阶段中，虽然工作组撤走了，但它的势力和影响依然在，其代表是“八.九派”。蒯大富和他的同情者虽然摘掉了反革命的帽子，但是还没得到彻底平反和翻身，处于边缘状态。从人数上看，“八.九派”是多数派，“八.八派”是少数派。

中共八届十一中全会于 8 月 12 日闭幕，刘少奇从党内的第二位降为第八位。清华大学立即有了反应。有人贴出大字报，指控王光

[1] “毛泽东主义红卫兵”于 9 月 10 日改为“毛泽东思想红卫兵”。

美是大扒手。刘涛、贺鹏飞等高干子弟也开始反戈一击。清华大学的师生们明显地看出，刘少奇和王光美肯定有问题，于是贴王光美的大字报激增。

但是，“八.九派”的高干子弟把师生对王光美和刘少奇的批评看成是右派翻天、攻击党中央。8 月 24 日下午，贺鹏飞、刘涛、刘菊芬等人组织“八.九红卫兵”和清华大学附中、人大附中等 12 所中学的红卫兵，在清华大学刮起一场“红色恐怖”行动，用武力打击敢于造他们父母反的群众。他们的口号是：“只许左派造反，不许右派翻天！”他们撕毁大字报；在此后的一个多星期内，没有人再敢贴大字报。该派红卫兵还押着校系的领导和机关人员，强迫他们拆毁清华大学的标志性建筑——二校门。

1.2.4. 蒯大富的崛起

8 月 27 日至 9 月 6 日，北京陆续出现了三个跨市的大学红卫兵组织：“首都大专院校红卫兵司令部（即“第一司令部”，简称“首都红一司”或“首都一司”）[①]、“首都大专院校红卫兵总部”（即“第二司令部”，简称“首都红二司”或“首都二司”）[②]和“首都大专院校红卫兵革命造反总司令部”[③]（即“第三司令部”，简称“首都红三司”或“首都三司”）。

蒯大富尽管在社会上名气挺大，但是在清华大学却并不受待见，只是一个光杆司令。蒯大富曾想参加“八.八派”，却被拒之门外。历史就是这样捉弄人。如果蒯大富被吸收加入“八.八派”，也许他会成为其中的一位有影响的人物，但不会成为一派组织的头号人物，中国的文革也就少了一位叱咤风云的人物。不过，历史没有“如果”。

[①] 成立于 1966 年 8 月 27 日。

[②] 成立于 1966 年 9 月 5 日。

[③] 成立于 1966 年 9 月 6 日。

当时，蒯大富只是以个人的名义参加“首都红三司”，获得一个组织负责人的身份。事实上，蒯并未在该组织做过多少工作。

9 月 24 日，以蒯大富、鲍长康、彭伟民为首的“清华大学井冈山红卫兵”（简称“清华井冈山”）正式宣告成立。他们提出的口号是：批工作组的错误路线，批清华大学“八.九派”红卫兵，为“蒯式人物”平反。由于“清华井冈山”是闻名的、饱受争议的蒯大富领导的红卫兵，引起大家的极大关注。“清华井冈山”的成立，标志着清华大学的文革进入一个新的阶段。

清华大学的“八.九派”逐步并最后退出清华大学的文革舞台。“八.八派”分裂为“八.八总部”和“八.八临时总部”，而“清华井冈山”蒸蒸日上，成为清华大学校园里的第一大造反派组织。“清华井冈山”得以迅速发展，不仅源于中央文革的公开支持，而且因为它吸收非红五类的师生参加。

12 月 19 日，在中央的号召和群众的促进下，“清华井冈山”、“八.八总部”和“八.八临时总部”联合起来成立“清华井冈山兵团”（简称“井冈山兵团”），一统清华大学天下。“井冈山兵团”的成立，使清华大学的文革进入又一个新的阶段。“井冈山兵团”成立后做的第一件大事，是到天安门广场宣传打倒刘少奇。这一行动是由张春桥向蒯大富面授机宜的，这一切又是毛的意图。

北京的其他大学也参加到天安门的反刘宣传中来。他们的行动受到不少民众的支持。12 月 28 日，刘少奇的女儿刘涛在大会上检讨，揭发刘少奇和王光美的罪行。她的长达四个小时的讲话录了音，在全市传播。“井冈山兵团”的刊物《井冈山报》也刊登了她的检讨全文。刘涛的检讨引起市民们的密切关注，刘少奇和王光美很快垮台了。

“井冈山兵团”成立不久就出现分裂。虽然“清华井冈山”与“八.八派”的旗号消失了，但是在表面统一的兵团之下，又出现了好几个“纵队”、“团”之类的组织。“清华井冈山”的核心力量换了名字，叫做“二.八团”（简称“团派”），“八.八派”则出现了“八.八纵队”、“东方红纵队”和“毛泽东思想纵队”，人们简称为“纵队派”。原有的红卫兵组织联合后以另一种形式继续存在，并没有真正联合。

“团派”和“纵队派”之间存在着许多分歧意见，分歧的核心是如何看待文革前 17 年的问题。“团派”认为 17 年的教育路线是修正主义的，是资产阶级专了无产阶级的政，对 17 年必须全面否定。该观点也叫作“彻底砸烂论”，或“黑线主导论”。“纵队派”认为，17 年来毛泽东思想的光辉同样照耀在教育战线上，该观点也称为“红线主导论”。

1967 年 3 月，中央号召解散跨车间、跨班组、跨系、跨班级的组织，按行政系统实现大联合。“团派”和“纵队派”的所属组织宣布解散。但是“纵队派”深感几个纵队解散以后力量分散，经过密谋，于 4 月 14 日成立“四.一四串联会”。这一串联会的成立，标志着清华大学文革进入最后的两派全面对抗的阶段。

串联会成立后遇到的第一个问题是广播问题。“四.一四串联会”希望学校的广播站广播串联会成立的消息，遭到拒绝。为此，“四.一四串联会”组织人马强行占领广播站，播出消息，但很快被原来“团派”的人赶了出来。虽然此次冲突只是赤手空拳，双方没有伤亡，但标志着清华大学两派武力冲突的开始。两派的冲突朝徒手到器械、长矛到真枪实弹的方向发展。

为了摆脱被动，蒯大富为首的“团派”提出在 5 月底以前成立清华大学革命委员会，并于 4 月 30 日宣布成立“清华大学革命委员会筹备小组”。5 月 21 日，谢富治在人民大会堂接见“团派”和“四.一四派”负责人，主持两派的协商谈判会议。在谢富治的主持下，两派达成了著名的《四项协议》。

协议规定：（1）双方停止一切“内战”，不许相互攻击；（2）双方整风、自我批评，逐渐实现按班和系的大联合；（3）调整和扩大“革筹小组”和总部，尽快实现学校的三结合；（4）“井冈山兵团”总部、“革筹小组”作出的决议必须执行。经过讨价还价式的协商和谈判，双方决定“革筹小组”由 22 人组成，其中学生 13 人，革命干部五人，教职工四人。组长蒯大富。13 名学生代表中，“团派”占九人，“四.一四派”有四人。

谈判中，“四派”的代表担心，因为“团派”占绝对优势，将来很可能做出不利“四派”的决议，坚持在协议的第四条加“正确”两个字，即“‘井冈山兵团’总部、‘革筹小组’作出的正确决议必须执行”。“团派”代表坚决不同意，谢富治也不同意。“四派”代表迫于谢富治的强硬态度，被迫在协议上签了字。

显然，这一协议对于“团派”非常有利，可以看作是他们的胜利。当“四.一四派”代表向本派的群众宣布协议时，遭到本派群众的质问和非议。“四.一四派”其他没有参加协商的领导人发表声明，公开否定和抵制《四项协议》。参加协商的领导人也自感立场不够坚定，没有为本派的群众争得利益，因而默许这一撕毁协议的举动。清华大学联合的最后一线希望破灭了。

1.2.5. “四.一四派”的正式决裂

正当“团派”喜气洋洋，全力以赴地准备召开清华大学革命委员会的庆典时，“四.一四派”决定与蒯大富为首的“团派”彻底决裂，成立“清华大学井冈山兵团四.一四总部”（简称“四.一四总部”、“四派”）。“团派”把 5 月 30 日定为清华大学革命委员会成立的日子，“四.一四派”把公开宣布与蒯大富所领导的“团派”分裂的时间选在 5 月 29 日。

这个日子是精心计算过的。在 5 月 30 日革委会成立之前成立“四.一四总部”，是红卫兵组织内部闹分裂的问题。如果在革委会成立之后再成立“四.一四总部”，那就是公然与新生的革命政权对抗，性质要严重多了。由于分裂，清华大学革委会未能如期成立，“团派”的革委会流产了。此后，清华大学出现一强一弱、一朝一野的两个红卫兵组织并存的局面。

1967 年 5 月和 12 月，清华大学校园里曾出现过代表中间派的第三种势力，即“五.七串联会”和“一二.二五战团”。他们反对派性，反对分裂，反对武斗，促进联合，深得清华大学绝大多数师生员工的共鸣和支持，但是他们并未成功。两派的争斗还涉及权力和利益。无论是“团派”还是“四派”，都在尽力地争权，为自己争取更多的政治利益。派性有着深刻的社会和政治根源。而且，走极端常常被视为最革命、最坚定、最勇敢。

1968 年 4 月 23 日，清华大学开始百日武斗。“团派”主动发起攻击，企图把“四派”赶出校园。5 月 30 日，清华大学发生死伤最惨重最血腥的大武斗。为了攻占久攻不下的东区浴室，“团派”放火烧荒，使之陷入火海之中，有多人在武斗中死亡。

清华大学是所理工科大学，武斗中很快出现了土雷、土炮甚至土坦克。5 月 30 日后，“团派”团团围住科学馆内的“四派”。被围的“四派”人员受困于馆内，不能出大门一步。试图突围的“四派”，用炸药炸坏通往清华大学高压电线，导致周围地区停电四小时。“四派”总部决定从动农馆与科学馆双向对挖地道，以解救科学馆内 100 多位“老四”脱险。指令一下，大家一刻也不停留，马上干了起来。

7 月 9 日，“团派”又采用火攻，科学馆顶楼完全烧毁。当天下午，“四派”抬着一名被打死的“四派”成员的尸体到天安门广场、前门大街、北京市革委会等地游行，并向毛和中央发出电报求救。中央派谢富治、吴德等人介入，希望停止武斗但未果。

面对困境，“四派”的领导人沈如槐不得不决定，如果被围的“四派”人员能够脱离险境，他将带领全体“四派”人员撤出清华大学。然而天不从人愿，“四派”突围的地道被“团派”发现，“团派”用炸药炸塌了地道，“四派”被围人员突围的最后希望破灭。

1.2.6. 红卫兵运动的结束

正当“四派”绝望之时，7 月 27 日，毛终下决心解决全国连绵不断的武斗问题，北京的三万多名工人开进清华大学。“团派”开枪打死五名工人。1968 年 7 月 28 日凌晨，毛召见北京的五大红卫兵领袖：聂元梓、蒯大富、韩爱晶、谭厚兰和王大宾。毛与他们谈话长达五个半小时。蒯大富迟到了三个小时。这次召见，标志着文革造反的结束和造反派的终结，全国各地进入恢复新秩序的阶段。毛终于抛弃了他曾利用的年轻无知的学生。

1.3. “天派”与“地派”

1967 年 1 月，上海的夺权风波影响了全国。在周恩来的指示下，北京的一些大学开始了夺权运动。遵照周的指示，大学按照系统夺权，所以就在教育口夺权。在夺权中，矛盾集中在由谁来掌权；具体地说，集中在对卢正义的评价上。北京的几所大学发生矛盾，这是北京的“天派”与“地派”分裂的开端。

一部分大学生支持高教部的一个叫做卢正义的干部出来掌权，北京大学的学生认为卢正义的历史有问题，是叛徒，坚决反对。为此，两边争执不下。北京师范大学（简称“北师大”）的“井冈山”和它的领导人谭厚兰支持卢正义掌权。

《红旗》杂志的林杰与谭厚兰关系很好，林杰又与戚本禹关系很好，因为他们都是《红旗》杂志社的。这样，作为中央文革成员的戚本禹介入派性斗争。由于有中央文革成员的支持，谭厚兰出头反对北京大学和北京大学的聂元梓。北京大学的学生当然不干了，于是与谭厚兰发生矛盾，他们进行辩论和激烈的争执。

北京的造反派分裂了。北京地质学院（简称“地院”）的“东方红”和王大宾支持北京师范大学的“井冈山”和谭厚兰，反对北京大学。1967 年 4 月 11 日，北京地质学院的王大宾带着几个学校的学生到北京大学抗议。他们乘坐汽车，开着高音大喇叭，在北京大学校园里游行一圈，呼喊口号：“新北大公社是老保组织”，是“二月逆流派”，“北京大学校文革压制真正的造反派”。他们的汽车开到南校门，被惊动的北京大学学生涌出来，关起校门，跟他们辩论。事态危急，很有可能发生武斗。幸好北京大学的学生尽管人数占优，但比较克制，所以未打起来，事件平息了。

北京大学的聂元梓、清华大学的蒯大富、北航的韩爱晶观点相近，形成“天派”，北京师范大学的谭厚兰和北京地质学院的王大宾则形成“地派”。其实“天派”和“地派”没有什么大的原则差别，同一派内部的看法也不一致。如北京地质学院的“东方红”和清华大学的“团派”观点比较接近，清华大学的“四.一四派”则参加了“地派”。天地两派之间也没有什么大的冲突，有时搞一些小动作，如“天派”的韩爱晶和蒯大富在北京师范大学扶持一个与北京师范大学“井冈山公社”对立的小组织，与谭厚兰作对。

对于“天派”和“地派”的说法，北京大学的聂元梓持否定态度。她认为这种叫法是中央文革搞的，事实上并不存在“天派”和“地派”。

1.4. 清华大学附中：红卫兵诞生地[①]

清华大学是所享誉中外的高等学府，也是中国的莘莘学子向往的圣殿。清华大学附中在清华大学的光环下，也显得非同凡响。能够到清华大学附中读书的中学生，应该算是天之骄子。清华大学附中地处清华大学等八大学院和高等军事院校环绕之中，高级知识分子出身和具有知识背景的中层干部子弟是其核心。清华大学附中的学生中还有许多高级干部子女，他们中间不乏部长和将军之后。清华大学附中是红卫兵的发源地，所以本章将叙述红卫兵的产生经过。

1.4.1. 红卫兵的诞生

知识分子子弟和干部子弟两派，在文革前的 1964 年已经进行过一次较量。平民子弟娄琦与干部子弟熊刚发生争执，娄琦打了熊刚一拳。校长把事件上升到“打干部子弟”的阶级路线高度，引发知识分子弟的不满。虽然事件最后以双方认错平息了风波，但是阶级出身的鸿沟已经把学生分为两派。

评《海瑞罢官》、批“三家村”运动的开展，中央的《五.一六通知》，通过上层渠道流传到学生中间的各种内幕消息，影响了清华大学附中的学生。1966 年 5 月中旬，有干部子弟贴出墙报，公开质疑学校领导，引起学校内的紧张。知识分子子弟也形成一个小组，商量对策，与干部子弟暗中对抗。当时拥护校领导的学生占多数，反对校领导的学生是少数派。

5 月下旬，在巨大的压力下，少数派的骨干开始在熄灯后跑到圆明园秘密碰头，商量如何在学校掀起运动，揭发校领导反党反社会主义的言行。5 月 29 日下午，在圆明园召开的各班不同政见骨干分

[①] 本章叙述还基于：吴过（2016），阎阳生（2008）。

子会上，成立了第一个红卫兵组织。当然，这是个十分松散的、有相同政见的一群人的聚合。

“红卫兵”的名称来源于张承志曾在小字报上的署名。6 月 1 日晚，少数派又一次开会，决定采用“红卫兵”的名义贴出大字报，并决定把 5 月 29 日定为红卫兵成立日。6 月 2 日，第一张署名“红卫兵”的大字报《誓死保卫无产阶级专政，誓死保卫毛泽东思想》出现在清华大学附中校园。大字报旗帜鲜明地向校领导挑战：坚决拔掉黑旗，砸烂黑店，不获全胜决不收兵。拥护该大字报的签名者有 100 多人。但是拥护校领导声讨“红卫兵”的大字报的人数更多，他们当中有不少是担任党团干部的干部子弟。

“红卫兵”就这样横空出世，走上中国的政治舞台。当时，谁也没有想到“红卫兵”这三个普通的汉字会风靡全国甚至世界。

1.4.2. 对抗工作组

红卫兵的出现，迅速吸引了越来越多惊奇的目光。北京市各中学学生纷纷涌到清华大学附中观看大字报，并纷纷以某校红卫兵的署名来表示他们对清华大学附中红卫兵的支持。红卫兵不胫而走，出现在京城的各个校园。

6 月 8 日晚，团中央派出的工作组进驻清华大学附中。第二天（即 6 月 9 日）晚上，工作组召开全校大会，明确支持红卫兵，称他们是坚定的左派，并宣布学校领导班子靠边站，交待问题。学校的大字报出现了 180 度的转弯，支持红卫兵的人数迅速上升。6 月 17 至 20 日，全校进行了三次批斗校领导大会，校长万邦儒在 20 日被宣布撤职反省。

6 月 21 日，全校召开师生代表大会选举革命委员会。工作组要求在人选上有更大的代表性，遭到红卫兵的拒绝，21 名革委会委员基本由红卫兵组成。知识分子子弟看到这些干部子弟走上主席台，内心感到“个个面目可憎”。

工作组这才感觉到，红卫兵并非是一群可以任意摆布的中学生，他们已经表现出强烈的权力意识。工作组不能容忍在正统的党组织外出现第二个权力中心，开始筹建新的分团委来取代由红卫兵控制的革委会，企图消化红卫兵。尽管工作组与红卫兵有分歧，但是在批判校领导的问题上是一致的，而且批判范围扩大到老师和右派学生。

6月23日，团中央发表社论，强调左派要服从工作组，团结大多数。6月24日，清华大学附中的红卫兵贴出两张大字报公开反击：《左派学生的光荣责任是彻底闹革命》和《革命造反精神万岁》。第二张大字报的第一句话，提出一个令人震惊的观点：革命就是造反。大字报还提出：“敢想、敢说、敢做、敢闯、敢革命，一句话敢造反。”

明眼人一看就是针对掌权的工作组。工作组感到，在共产党的天下提倡造反不可思议。聪明红卫兵故意留了个破绽，没有说明“革命就是造反”这段话的出处。工作组果然上当，把这段话定性为“反动”。实际上，这句话出自6月9日《人民日报》的一篇短评。毛曾说过：“马克思主义的道理千条万绪，归根结底，就是一句话：造反有理。”

7月4日，红卫兵在另一张大字报中正式引用毛的语录时，工作组非常被动。不过工作组采取以下三条措施夺回了主动权。首先，工作组成立分团委，由自己担任正副书记，取代革委会。第二，采用迂回战术，做红卫兵家长的工作。第三，把红卫兵骨干拉到军营里去进行军训。

7月28日晚，中央文革召开大会，宣布撤销中学工作组。清华大学附中的红卫兵宣读两张大字报——《革命的造反精神万岁》和

《再论革命的造反精神万岁》，并把大字报底稿和一封信交给江青，请毛判定他们的大字报是否反动。江青答应了红卫兵的要求，并向红卫兵喊道："我支持你们！"

毛在中共八届十一中全会上公布他在 8 月 1 日给清华大学附中红卫兵的信，对红卫兵的造反精神"表示热烈的支持"。毛泽东支持红卫兵的消息不胫而走，红卫兵立即成了最光彩的称号；各学校的学生组织放弃原来五花八门的组织名称，纷纷改成红卫兵。至此，红卫兵运动开始蔓延全国。

1.5. 北京师范大学女附中：红卫兵暴力的发源地[①]

1966 年 8 月 5 日，发生北京师范大学女附中的学生打死校长的"卞仲耘事件"。因为事件的部分事实尚未澄清，凶手至今仍逍遥法外，在华人学界争论了 30 多年。由于与当时中共的最高层有关，该事件更加引人注目。

卞仲耘事件是北京文革中的第一起死人事件。事件发生的 13 天后，毛在天安门城楼上接见该校的红卫兵领导人宋彬彬，宋为毛戴上了红卫兵袖章的照片成为文革标志之一。毛提议宋彬彬改名为宋要武，暗示毛对暴力的默许，此后红卫兵暴力迅速蔓延全国。可以说卞仲耘事件是文革中红卫兵暴力的开端。

1.5.1. 暴力的开始

1966 年 6 月 1 日，《人民日报》发表题为《横扫一切牛鬼蛇神》

[①] 本节叙述还基于：王友琴（1988，1995，2004，2010，2014），启之（2013），冯敬兰等人（2010），郎钧（2012），及《华夏文摘增刊》第 862 期，《记忆》第 47、49、106 期上的众多的文章。

的社论。聂元梓的第一张大字报也在第二天的新闻联播中广播。北京师范大学女附中的三位学生（即刘进、宋彬彬和马德秀）随即贴出大字报，指责学校领导阻碍学生参加文革。大字报使学校陷入混乱，三位贴大字报的学生受到谴责。

6 月 3 日晚，中央团委的胡启立到学校，表示支持三位贴大字报的学生。次日，以张世栋为首的工作组进驻学校。6 月 6 日，工作组主持成立校革命师生代表会，由二名教师和五名学生组成学校领导班子，原校领导靠边站了。各班的团支部和班委会被废除，取而代之的是班核心小组和年级核心小组。

在工作组的领导下，6 月 21 日下午，学校召开揭批校领导的大会。卞仲耘校长一人站在台上，其他四名领导站在台下。次日继续开批判大会。两次大会都发生了针对校领导的暴力行为，卞仲耘挨打最多。卞仲耘在被批斗的当天，向中央和邓小平写信反映被打的情况，希望中央能制止暴力，但是并未获得中央的回应。7 月 3 日，卞仲耘被工作组定为敌我矛盾。7 月 5 日，工作组向邓小平汇报情况，邓对卞仲耘被定为敌我矛盾未表示异议。7 月 30 日，工作组召开全校大会，宣布撤离女附中，原因是毛对工作组领导文革不满。在工作组的领导下，卞仲耘已经遭到严重的暴力对待，工作组的撤离意味着卞将承受更残酷的暴力。

1.5.2. 女校长之死

工作组的撤离，在某种程度上造成了学生思想的混乱。8 月 4 日，卞仲耘被勒令交出她写给中央的信的底稿。8 月 5 日，被打成牛鬼蛇神的人员接到通知，命令他们参加下午召开的批斗大会。批斗分为四个阶段。首先，五位校领导在操场上游街，绕场三周以吸引更多的学生。第二阶段是领导们被拉到学生宿舍前的高台上受批斗。批斗完之后，他们被强迫在校园内抬土。最后，他们又被分散到各处去打扫走廊和厕所的卫生。

下午 2 时，暴力开始了。副校长告诉学生们，他们召开批斗大会需要得到市党委的批准。学生们不但不听，反而把一瓶墨汁倒在她身上。3 时左右，学校领导被推上高台接受批斗。那位副校长又一次声辩她不是黑帮。有学生高喊,:“到木工房去拿木棍去!”拿回来的是带有铁钉和镙丝的桌椅腿，打在人身上留下一个个血印。

批斗结束后，领导们被强迫去抬土。他们根本抬不动，又挨了打。大约在 4 时左右，卞仲耘倒下了。她躺在潮湿的土地里，流着血，嘴角吐着绿色的沫子，白衬衫已经变成黑色。几个工人被叫来，把卞仲耘拖走。学生认为卞是装死。

卞仲耘在无人关注的情况下被放在露天。直到晚上 6:30，学生才让一位副校长把卞仲耘抬起来放入室内，但是为时已晚。当副校长清理卞身上的脏物时，知道她几乎没有救了，要求学生立即把卞送到医院抢救。后来，来了一位邻校的医生，打了强心针。卞仲耘被送到附近的医院，晚上 9 时，医生宣布卞死亡。

卞仲耘死后，女附中的学生刘进和宋彬彬向北京市委第二书记吴德汇报情况。吴德迟疑了一下，说道：“死了就死了。”

1.5.3. 毛的支持

在卞仲耘死后的第 13 天，即 1966 年 8 月 18 日，毛在天安门城楼上接见百万红卫兵。为了证明红卫兵获最高领导的支持，作为红卫兵代表的宋彬彬向毛献上红卫兵袖章。

毛问宋：“你叫什么名字？”

宋答道：“宋彬彬。”

毛又问道：“是文质彬彬的彬吗？”

宋答："是。"

毛说道："要武嘛。"

宋与毛握手，激动得不知所措。宋当时戴着一副眼镜，扎着小辫子。那张记录了宋为毛戴上红卫兵袖章的照片，成为文革的经典之作。以后《人民日报》和《光明日报》刊载以宋要武为作者姓名的文章《我为毛主席戴上红卫兵袖章》。北京师范大学女附中改名为要武学校。红卫兵暴力在毛的"要武"的号召下，迅速蔓延到全国。

第 2 章 上海[1]

文革中北京群众运动的发展，大学占据了主导地位，特别是北京大学和清华大学。北京工人组织发挥的作用相当有限，充其量不过是大学生组织的跟随者。相比之下，上海的工人运动在当地发挥了举足轻重的作用。这是因为上海是中国当时工人最集中的城市。如果说上世纪 60 年代北京是中国的政治中心，上海就是中国的经济重心和工业中心。

上海的“工总司”，是全国规模最大、影响最深、持续时间最长的群众组织。它控制上海局势长达十年，它的领袖王洪文曾升任中共中央副主席，一度取代林彪成为毛的接班人。上海“工总司”在上海和全国的文革进程中，有着无可比拟的地位和影响。不了解上海“工总司”，就无法了解文革中的工人运动；不了解文革中的工人运动，了解文革也就无从谈起。

2.1. 上海“工总司”的两位核心人物

“工总司”的成立和发展离不开两个人：潘国平和王洪文。潘国平是“工总司”发起人之一、早期的重要人物，号称“潘司令”。潘 1962 年初中毕业参了军，因膝盖受伤于 1964 年 10 月提前复员。复员后潘进了上海玻璃机械厂，当模具木工。因为多才多艺，潘进厂不久就被借调到厂工会。虽然是工人编制，但是干的是干部的活[2]。

[1] 本章叙述还基于：亚衣（1996），李逊（2015），徐景贤（2005，2013）。

[2] 有的地方（如江苏）把这种情况叫做“以工代干”，在上世纪 80 年代初进行清理，提拔了许多“以工代干”的工人进入干部编制。

这是厂党委对他的培养。所以他每天提早上班打扫办公室，努力好好表现。文革开始时，潘国平才 20 岁。

潘国平当初应算是“保守派”，他的造反是为了保本厂的党委干部。文革前，他所在的工厂进行“四清”，工厂里的干部全都遭殃：厂党委书记是“贪大求洋”，一个厂长是“叛徒”，另一个厂长成了“变节分子”。工厂里的中层干部不是“招降纳叛”，就是“阶级异己分子”。潘国平认为，工作组对干部的打击面太大。受聂元梓的大字报的鼓舞，1966 年 6 月上旬，他给厂里的“四清”工作组贴了大字报:《工作组包庇牛鬼蛇神过关》。

潘国平的大字报立即遭到工作组组织的反击，厂里贴满反驳潘的大字报。工作组称潘的大字报是“大毒草”，对潘组织围攻并扣发工资。工作组还整理潘的“反党反社会主义”的材料交给公安局，要求抓捕潘国平这个“反革命”。所幸的是，公安局并未抓捕潘国平。当年 8 月下旬，工厂里成立了红卫兵。潘因为反对过工作组，没有资格参加。潘原打算报考上海戏剧学院，因为工作组拒绝开单位证明，潘未能考成。

潘国平去市委告状，遇到北京来的红卫兵，潘向他们讲述了自己的经历。北京的红卫兵告诉潘说，在北京工作组早就被赶出去了。红卫兵使潘大开眼界。他跟着红卫兵来到北京，还见到周恩来总理并向周告了状。回到上海后，他和厂里观点相同的工人们成立“毛泽东思想战斗队”的造反组织并担任队委，成为该厂工人造反组织的领导人。这为他登上上海工运的历史舞台奠定了基础。

王洪文与潘国平的情况有一些相同之处。王洪文也当过兵，经历过抗美援朝战争。王退役后分到上海国棉 17 厂，当上了保卫科的干部。受聂元梓的大字报的影响，王洪文在 1966 年 6 月 12 日发起写了一张批评厂党委副书记张鹤鸣[①]的大字报。大字报的标题为《剥

[①] 国棉 17 厂党委当时没有正书记，由党委副书记张鹤鸣主管工作，王洪文大字

开画皮看真相》，轰动了全厂。

这是厂里第一张未经党委审阅的针对厂领导的大字报。写大字报的原因，是因为厂党委当时规定批判八个人，不许超出这个范围批判别人。王洪文认为这是划圈圈、定调子，就贴了反对党委副书记张鹤鸣的大字报。王洪文贴书记大字报的更深层原因，涉及该厂两个厂长张元启和张鹤鸣之间的矛盾。

张元启是部队转业干部，文化不高但是资格老。他是山东人，做起报告来因一口山东话，上海工人听不懂。他作报告时，即使有时下面听报告的工人全走光了，他也照念稿子继续作报告。张鹤鸣是地下党出身的上海本地工人干部。他是浙江宁波人，说一口上海话。

与张元启相比较，张鹤鸣与工人的关系更密切。二张有矛盾，当时他俩都是副厂长。张元启想当正厂长，大概因为他资格更老些。张元启文革前分管人事、教育和保卫，与王洪文关系很好，文革中他支持王洪文。由于两个厂长有矛盾，张元启分管保卫科，分管生产的张鹤鸣从不去保卫科，以避嫌疑或矛盾。

王洪文说张鹤鸣从 1963 年起从没到保卫科坐过，哪怕是半小时。这是不抓阶级斗争。王洪文贴大字报的一个重要原因，是受两位厂长矛盾的影响，他支持张元启，反对张鹤鸣。

王洪文等人贴出大字报后，厂党委停止了他的工作并派人盯他的梢。王洪文写了第二张大字报。王洪文写大字报以后不仅与厂党委对立，也引起全厂很多群众的不满，有人骂他是野心家和阴谋家。

王洪文贴厂党委的大字报，在上海工厂中是比较早的。大字报贴出不到一个小时，该厂的上级公司——上海棉纺公司立即做出指示：王洪文的大字报是大毒草，上百张反击王洪文的大字报出现了。

报就是针对他的。

6月20日，上海纺织工业局党委[1]向厂里派来工作组。局工作组肯定王洪文贴厂党委大字报的行为，连续召开各种会议，揭发批判副书记张鹤鸣。

但是，局工作组没待多长时间便撤走了，市委派出文革工作组于7月20日进驻该厂。市委工作组一进厂就把矛头对准群众，强调"搜索一切牛鬼蛇神"。到9月底，全厂共排出四类对象114个，一般干部和工人群众有98个。

起初，王洪文与市委派出的工作组合作。后来由于观点不一致，王洪文与市委工作组对立起来。10月7日，《红旗》杂志的社论宣传毛的"批判资产阶级反动路线"的思想。王洪文等人又贴出大字报《就目前形势谈看法》，公开打出反对市委工作组的旗帜。不过，市委工作组没有组织反击王洪文。

但是王洪文还是感到了市委工作组的压力。在10月10日的辩论会中，王洪文被围，幸好由厂职校的红卫兵解了围。当晚，王洪文提出到北京去告状。第二天，他们成立了一个战斗队，王被推为负责人。在北京期间，王洪文参加了毛的第八次接见红卫兵，抄录了不少中央领导人的讲话。在北京，工作组已经进了历史垃圾箱，可是上海的工厂仍然是工作组的天下。

回到上海的王洪文，立即提出当前的任务是赶走工作组。厂里的群众分为两派。一派是以王洪文为首的战斗队，另一个是市委工作组支持的"赤卫队"。到了10月底，工作组终于撤走，王洪文等人胜利了。国棉17厂成为上海工人造反派的发源地，为王洪文登上上海工人运动的舞台提供了条件。

[1] 上海纺织工业局应是上海棉纺公司的上级单位。

2.2. 上海“工总司”的成立和“安亭事件”

1966 年 11 月 6 日，北京“首都红三司”的红卫兵驻上海联络站召开了解上海工矿企业文革情况的座谈会，潘国平、王洪文和 10 多个工厂的代表参加了会议。有人揭发市委树立的标兵有假，也有人抱怨在工厂里遭受关押和毒打的情况。一位北京红卫兵提出，上海工人应当起来掌握自己的命运。与其要求北京红卫兵向中央反映情况，不如自己成立组织。参加会议的人都同意成立全市性的工人造反组织。座谈会上选出大会主席团，有潘国平、王洪文等七人。潘国平被选为主席团主席，所以上海工人叫潘为“潘司令”，后来连毛也这样称呼潘。

11 月 9 日，上海“工总司”在文化广场召开成立大会。到会的人数大大超过原来的估计，达到近三万人。广场里挤满了人，周围的马路上也坐满了人。根据当时的统计，大约有 470 多个工厂约 57,000 多工人造反队员。尽管潘国平被选为主席团主席，但是在“工总司”排座次时，因为王洪文是党员，比潘的政治条件更好，成了“工总司”的第一号人物。潘因为本身存在的缺点，在“工总司”的地位逐渐下落。这是后话。

“工总司”成立后，工人们最担心的是组织的合法性。虽然宪法中规定公民有结社的自由，但是文革前 17 年来民众自由结社还没有过，跨行业的联合组织更是异想天开。所以“工总司”的成立大会要求市长曹荻秋到场承认组织的合法性。但是上海市委坚持“三不”：不参加，不承认，不支持。成立大会上没有得到市委支持的工人们，到市委大楼前要求市长接见。经过周折，直到第二天凌晨仍不见市长踪影。王洪文等人带领数千名工人挤进北上的几趟火车，试图到北京告状。

如此多的工人进京告状的消息惊动了周恩来，周下令载有赴京告状工人的火车停车，王洪文等人被堵在一个叫做安亭的小站。工人们愤而拦住南来北往的火车。“工总司”赴京告状的行动，造成交通动脉沪宁线中断 31 多个小时。中央发电不承认“工总司”是合法组织，不承认拦火车是革命行动。张春桥被派往上海处理这一事件。

张春桥与王洪文和潘国平等“工总司”负责人进行谈判。经过 13 个小时的交涉，王洪文在张的坚持下，宣布回上海继续谈判解决问题。张春桥向工人担保，安亭事件解决不好决不回北京。回到上海后，“工总司”提出五条，要求让张签字同意。最重要的要求是两条：承认“工总司”合法地位和赴北京告状行为是革命行动。张春桥被迫签了字。他的签字承担了很大的风险，因为中央并没有授予他这样的权力。张春桥焦急地等待着中央的回复。毛对张的行为表示赞许，说“可以先斩后奏”。张春桥押宝押对了。上海“工总司”从此进入文革工人运动的前列。

2.3. 一月夺权

1967 年 1 月 6 日，“工总司”在人民广场召开“打倒上海市委大会”。如果算上周围街道上观看的群众，参加会议的人数据估计有近 100 万人。大会批斗了陈丕显和曹荻秋等人，并宣布三项通令：（1）不再承认曹为市委书记和市长；（2）勒令陈丕显交代罪行；（3）请求中央改组上海市委。一次大会和一纸通令，就使上海的党政最高领导倒台了。1 月 11 日，中央发来贺电，肯定上海的大会。这是毛和中央正式表态支持群众组织的夺权，全国兴起“一月革命”风暴。在夺权方面，上海走在全国的前头。

上海的最高领导人倒了，但是谁来接管这一权力的问题还没有解决。1 月 10 日左右，一个叫做“工人造反第八司令部”（简称“工八司”）的组织突然派人进驻市委，宣布夺了市委的权。“上海市红卫兵革命造反第三司令部”（简称“上三司”）于 1 月 15 日与“工总司二兵团”联合宣布夺了市委的权。他们向毛和中央发了一份电报，要求中央承认他们的夺权，并提名张春桥和姚文元分别担任上海市的第一、第二书记兼任正副市长。“上三司”在 1 月 22 日又一次宣布夺权。1 月 24 日晚，“红卫兵上海市大专院校革命委员会”（简称“红革会”）采取突然行动，冲进中共华东局、上海市委、市政府机关以及区委区人委，夺走了大印，也宣布夺权。

“红革会”是上海当时最大最有影响力的一个学生组织。“红革会”一直与“工总司”并肩作战。但是当该组织在上海有了名气之后，它的领导人有点自恃造反有功，不甘居人之下。他们对张春桥和姚文元心怀不满，为了收集炮打张和姚的材料，他们甚至绑架了张春桥得力的助手徐景贤。张春桥不得不求助于军队寻找徐景贤。中央文革发出特急电报，谴责“红革会”。“红革会”的炮打张春桥行动的失败，导致了它的垮台（此次炮打张春桥被称为是“第一次炮打”）。由于没有中央的肯定，上海的几次夺权均未成功。

面对混乱的局势，张春桥决定于 1967 年 2 月 5 日在人民广场召开大会，宣布上海市新的权力机构——“上海人民公社”[①]诞生。但是在成立宣言的署名问题上又发生矛盾。上海当时有 32 个较有影响的群众组织参与夺权和宣言的起草，署上它们的名字是很正常的事。可是当消息传出去以后，发生了预想不到的矛盾。

在内部，32 个组织中，有的对排名顺序不满意，要求把自己的组织排在前面。在外部，听说要成立上海市新政权，一下子冒出 600 多个群众组织，都想挤进权力机构，占一席之位。面对这一困境，张春桥召集 32 个群众组织的代表开会。张主张宣言上不署具体组织的名，但是许诺 32 个组织的代表是当然委员。张还告诉代表们，

[①] 后来在毛的建议下，“上海人民公社”改为“上海市革命委员会”。

"上海人民公社"临时委员会将有干部代表、军队代表和群众组织代表组成三结合权力机构，这个方案已经得到中央批准。张的提议得到代表们的赞同。就这样，上海新的权力机构成立了。

虽然成立了革委会，但是"工总司"内部的矛盾并没有彻底解决。这就是"工总司二兵团"与总部的矛盾。"二兵团"的领头人物是耿金章。耿是中共党员，复员军人，上海纸浆厂工人。他造反以后，自恃打过仗，会带部队，在"工总司"中单独拉起了一个山头。"二兵团"一度发展到50～60万之众，势力比"总部"还大。尽管"二兵团"挂名在"工总司"之下，但"二兵团"与王洪文的"工总司"总部常常唱对台戏，耿金章根本不把王洪文和潘国平放在眼里。王洪文和耿金章甚至各拉自己的一派势力，调动人马，准备在南市区一带打内战。后来耿金章受骗去谈判，被王洪文等人抓捕送到公安局，耿被关押两个多月。等到他获释恢复自由时，"二兵团"早已瓦解。"工总司"的内部矛盾终于消除了。

不过，张春桥也遇到了麻烦——1968年4月20日，发生针对他的第二次炮打。第二次炮打的规模及涉及的人数，远远超过第一次炮打。原因是，3月下旬中央召开的两次重要的大会，中央领导人包括毛、林彪和周恩来都出面了，张春桥因其他事务未露面，引起一些人的怀疑。上海市革委会成员、《文汇报》负责人朱锡琪提出疑问：中央那么重要的活动，林彪和毛都到场，为什么张春桥未去？当时社会上有流言说张春桥是叛徒；张的妻子文静曾被捕自首是真实的，并非谣言。朱锡琪根据《文汇报》驻北京办事处负责人的渠道得知一些内部消息，认定张春桥可能有问题。4月12日，《文汇报》发表传单《十个为什么》，把矛头指向张春桥。

上海街上出现许多炮打张春桥的大字报，王洪文带了"工总司"的一批领导人商量反击。按照张春桥的意见，不要组织反击，一搞反击马上就会变成两大派打内战。上海市革委会内部开展大辩论。

以朱锡琪为首的“倒张派”表示他们是宣誓来的，不获全胜决不收兵。在此之前，海军和空军都向驻上海部队发出通知，反对炮打张春桥，显然这是中央的态度。辩论会上，东海舰队副司令高志荣大声念了海军总部的三点指示，并发表个人意见，声称张根本不是叛徒。全场鸦雀无声。与会者开始责问朱锡琪，朱脸色发青，头上不断冒汗，全市的炮打形势急转直下。朱锡琪受到批判，炮打张春桥事件平息了。

正当上海市革委会起劲地追查炮打事件的后台时，张春桥从北京打电话到上海，询问朱锡琪的情况。当张得知朱的检讨群众通不过时，张春桥表示，既然朱愿意检讨，就放朱一马。张表示，这次炮打卷进去的人很多，把朱解脱了，其他人心里的石头就放下来了。张还表示，复旦大学、二军大、国防科委等军人单位的炮打事情都不查了，这是毛的意见。毛在听了张对上海工作的汇报后对张说，你可以对那些炮打你的人讲“无事”。不过，到了 1970 年，炮打张的事件还是受到追查。1968 年不追查炮打事件，也许是权宜之计。

2.4. “工总司”攻打“上柴联司”

上海市革委会成立后，上海的局势并未就此稳定。“工总司”虽然解决了内部的矛盾，但是它却遇到来自外部的挑战。“一月革命”后，很多基层单位存在着权力再分配的问题。不同的群众组织都打着造反旗号，宣称自己是左派，力图独揽大权，不愿意与对方联合，分享权力。王洪文领导下的“工总司”有明显的倾向，支一派打一派，所以积怨不浅。

上海柴油机厂有两个群众组织：“上海柴油机厂革命造反联合司令部”（简称“上柴联司”）和“工总司上海柴油机厂总部”（简称“上柴东方红”），他们都宣称自己是造反派。他们的矛盾，主要表现在厂里应该打倒谁、解放谁和结合谁。“上柴联司”受到压制，便组织人员公开静坐，把问题闹到社会上。那些受压、失意、丢权的群众组织对市革会、“工总司”、支左部队有意见，纷纷表示支持“上柴联司”，成立全市性的组织“支援上海柴油机厂革命造反联合司令部联络总站”（简称“支联站”）。上海有可能分裂为对立的两大派，局势面临着动乱的危险。

7 月 18 日，上海柴油机厂发生武斗，“上柴东方红”的一位成员被打死。王洪文抓住机会，在全市大造舆论。两天后，武汉发生“七.二零事件”，当时身处武汉的毛不得不紧急转移到上海。7 月 23 日，上海召开大会，宣称誓死保卫中央文革，“上柴联司”和“支联站”是此次大会的所针对的目标之一。8 月 3 日，市革委会起草了一封给“上柴联司”群众的公开信，呼吁他们与“上柴联司”的领导人决裂。当革委会派人送公开信时，“上柴联司”以暴力应对。

8 月 4 日，王洪文召开会议，讨论如何攻打“上柴联司”。有人提出此事需要经过张春桥和姚文元的批准。但是王洪文等不及张、姚的批准，决定下令发起攻击。王布署从水路切断“上柴联司”的退路，调集 1,000 多辆汽车，约有十几万人攻打“上柴联司”[①]。“上柴联司”用弹弓阻击进攻者。他们在屋顶平台上树起水泥柱，系上橡皮筋，把锯成小段的铁块作为子弹，通过橡筋弹射出去，很有杀伤力。由于厂门口有重兵把守，进攻者不得不从工厂的侧翼进攻。他们调来四辆大型吊车和铲车，冲破围墙进入该厂。

在最后攻占“上柴联司”总部的大楼时，“工总司”强攻不下。消防系统的进攻者调来 17 辆消防车，架起云梯，用高压水枪喷射守卫者，这才得手，攻下最后的堡垒。当时的战斗情景，由电影摄影师拍了下来。整个战斗从上午 10 时到下午 6 时，清扫战场结束，共持续了八个小时。所幸的是，虽然受伤者不少，但没有一个人死亡。

[①] 王洪文最初调了四万人，后来有些单位自动前来助战，加起来有十多万人。

当天深夜，毛得知刚刚发生的大规模武斗事件，表示要到外面看看。毛亲眼看到三步一岗五步一哨，手持钢钎、头戴柳条帽、身穿工作服的工人。电视台连续三次播放攻打“上柴联司”的电影纪录片，毛饶有兴趣地观看了电视，并称赞工人的勇敢。张趁机向毛请示是否重建民兵，毛同意上海可以武装十万工人。上海成立“文攻武卫”指挥部，取代民兵和人武部。

由此可以看出，毛是支持上海“工总司”攻打“上柴联司”的行动的。由于“上柴联司”和“支联站”的瓦解，“工总司”一家独大，上海自此一直比较稳定，再也没有出现大的反复。

第 3 章 天津[①]

天津是中国北方最大的沿海开放城市，位于华北平原的海河各支流交汇处，东临渤海，北依燕山，有海河在城中蜿蜒而过。1949 年至 1958 年 2 月间，天津市曾是中央直辖市。后因大跃进，天津市被并入河北省，曾作为河北省会达 8 年。1967 年 1 月，中共决定天津市恢复为中央直辖市并保持至今。文革期间，天津是全国仅有的三个直辖市之一，在中国具有重要的政治地位。

3.1. 天津的文革开端：十六中事件

与许多地方一样，天津的文革是由干部子弟的带头造反兴起的。例如天津第十六中学的李罗力（天津市长胡昭衡的儿子）、河北大学的刘力里（河北省长刘子厚的女儿）和南开大学的周少华（国务院秘书长周荣鑫的女儿），平民子女没有那个胆量。

天津市最早起来造反的是天津第十六中学的李罗力。1966 年 6 月 2 日早晨，受聂元梓等人大字报的影响，第十六中校园内在第一节课后，出现了高中学生李罗力贴出的第一张大字报，质疑为何本校也有压制文化大革命运动的问题，大字报立即在学校里引起轰动。第二节课后，学校前院各教学楼的墙上贴满各班同学的大字报，矛头直指学校党支部，严厉批判学校党支部压制文化大革命的行为。当天上午第三节课后，整个十六中自动全面停课，所有的学生和老师都被卷入文化革命的运动之中。天津市其他一些中学也开始出现

[①] 本章叙述还基于：王林、王端阳（2009），罗力（2018），林启予（2018），杜钧福（2018a，2018b），王辉（2018）。

类似情况。

这一情况立即引起天津市委领导的高度重视。6 月 6 日，天津市委成立由市委文教部、市教育局和团市委负责人组成的天津市中学文化革命办公室。6 月 7 日和 8 日，天津市委分别向十六中等学校派出工作组。但是，天津市委所采取的这些措施，在十六中并未能起到灭火作用。相反，十六中的学生们投身运动的热情越来越高涨，行动也越来越大胆。

6 月 8 日，第十六中学的学生们自发地进行夺权行动，终止了校领导和党支部对学校文革运动的领导，选举成立以李罗力为首的完全由学生组成的“十六中文化革命委员会”。各班级和各年级也选举成立本班级和本年级学生组成的文化革命领导小组。自此，学校运动进入“学生自己管理自己、自己领导自己”的新阶段。不仅原来的校领导失去了领导权，而且市里派出的工作组也形同虚设。

进入 6 月中旬后，第十六中的学生运动又出现新的动向。有些学生贴出大字报，追究学校领导的幕后黑手，批判工作组的所作所为，矛头直指天津市委。随着 6 月 15 日中央宣布废除高考制度，学校运动进入高潮。

6 月 21 日下午，天津市委在天津民园体育场召开全市中学生庆祝废除高考制度大会。在这个大会上，第十六中学生向在场的各中学分别散发“致全市中学生的一封公开信”。该信指责天津市委压制文化大革命的严重错误，认为天津市委像北京市委一样，存在一条又粗又长的黑线，呼吁全市中学生团结起来与天津市委做作斗争。大会的气氛十分紧张，十六中的个别同学要冲上大会主席台。

6 月 21 日晚，天津市委连夜召开紧急会议，将十六中的公开信定性为反党黑信，并要求严肃追查指使十六中学生进行反党活动的幕后黑手。6 月 22 日下午，天津团市委召开全市各中学学生代表和工作组代表参加的会议。会议的主要内容是批判十六中公开信的观点。市委要求全市各中学 23 日起到十六中去进行声讨，贴大字报，并且要求点名批判李罗力，揪出以李罗力为首的一小撮反革命集团。

天津市委还对十六中采取了几项重要措施：（1）重新派出工作组，人数多达 170 人，十六中的每个教学班都有一至两个工作组成员；（2）废止学生自发选举的“十六中文化革命委员会”和各年级各班级的文化革命领导小组，把学校的领导权重新控制在工作组手中；（3）向市有关各单位下发通知，凡是十六中学生的家长必须把自己的子女看管好，不但要与十六中一小撮反党分子划清界限，而且要把那些长期住在学校里搞运动的积极分子领回家去，否则家长本人将会受到十六中事件的牵连和影响。

然而，后来的形势出乎人们的预料。8 月 6 日，天津市委在天津体育馆召开大会，天津市委第一书记万晓塘做报告，向全市公开承认天津市委在文革初期犯了错误，宣布十六中的行动是革命行动，并为十六中的革命小将平反，号召全市中学生向十六中的革命小将学习。至此，文革初期轰动全市的十六中事件宣告结束。没过多久，天津市的主要领导人万晓塘和张淮三被中央定为“万张反党集团”，倒台了。

3.2. “三轮二社事件”

1966 年 8 月开始，北京的暴力事件逐步升级。从 8 月下旬到 9 月初的十来天里，在市区和近郊区一共打死了 1,772 人。这就是所谓的“红八月”。这场灾难像瘟疫一样飞快传播，离北京最近的天津最先响应。在最恐怖的几天里，天津的市民时时可见自杀和被杀人员的尸首在流经天津的海河上漂流。挨斗的对象最多是所谓的牛鬼蛇神，包括一些刚露苗头的造反派，被斗的当权派并不多。天津市三轮运输二社（简称“三轮二社”）党支部书记陈良谋是被斗的少数当权派之一。

8 月 29 日，天津市三轮二社召开职工代表会，筹备成立“文化革命委员会”。会议进行时，卫国道中学的红卫兵和部分工人一哄而上，将支部书记陈良谋及社主任、人保股长、工会主席等 47 人抓捕关押。他们接管了该社文件、档案及印章，并对被关押人员拷打。支部书记陈良谋 9 月 1 日被打死。这就是轰动天津的“三轮二社事件”。

红卫兵参与施暴，是因为陈良谋被指控是汪精卫的汉奸，有 7 条人命。对陈良谋的这些指控并不真实。文革中此类不实指控司空见惯，不足为奇。工人参与的原因，可能与工资制有关。1950 年代公私合营以后，很多企业（特别是小型企业）曾实行计件工资制，使一些勤快的工人收入不菲。到了 1964 年，特别是四清运动以后，计件制被视为资本主义的而取消，使平均工资水平降低，严重影响了工人们的收入。在一些工厂里，这往往成为文革期间造反的动因之一。而且作为党的基层干部，陈良谋在运动初期阻止一些有问题的工人成立造反组织，并且整了这些工人。当毛调整运动方向时，对陈良谋不满的工人趁机造了他的反。陈良谋成了文革的牺牲品。

文革初期有两股潮流：一股潮流是干部子弟的红卫兵运动，另一股潮流是平民造反。红卫兵运动针对的是社会上意义含糊的牛鬼蛇神，执行者主要是中学的信奉鼓吹血统论的红卫兵，他们在一段时间内横行社会，所向披靡。平民造反运动曾被当权派的镇压，但是在毛返京后又翻了过来。

一般来说，这两股潮流在当时很少有交集。因为红卫兵主要在街上耀武扬威，平民的造反活动一般局限在单位内部。而且红卫兵破四旧的时候，平民造反的潮流还未成气候。“三轮二社事件”的诡异之处在于，它正好处于两股潮流的交汇处，因而在文革史中有着特殊的代表意义。天津的“三轮二社事件”表明，文革中天津的工人运动更早地走到前面，也预示着天津工人在后来的造反运动中将起主导作用。

虽然当时天津被打死的人不计其数，但是对于发生在同一时期的“三轮二社事件”，市委却很快进行了处理。在听取有关部门的情况汇报以后，市委第一书记万晓塘果断拍板，依法严惩打人凶手。经有关部门进一步调查，发现打人凶手大多数在历史上都有罪恶。于是遵照市委指示，法院对 12 名打人凶手分别判处有期徒刑和死刑。

这是京津两市在“红八月”里唯一严肃处理的事件，而且一件命案有 12 个人被判刑也是空前的。根据当时的铅印传单《谁是三轮二社反革命案件的罪魁祸首？！》分析，当局把红卫兵撇在一边，只处理工人中的责任者。在市委的主持下，先后有 2,400 多个单位、49 万多人次到三轮二社追悼陈良谋。目前，陈仍被列为天津的烈士。“红八月”的受难者很少能得到应有的纪念，陈良谋是个例外。

3.3. 打抱不平的造反者

1965 年，林启予从天津大学毕业，被分配到天津市电业局所属发电设备检修大队电机中队当实习技术员。林所在的电动机班组长是耿成民，他是林启予的师傅。耿成民因孩子多负担重，家庭生活比较困难，有时小偷小摸厂里的东西卖钱贴补家用。文革开始后，耿成民成了电机中队的坏人典型。林启予仗着个人历史清白，学生时期又是个积极分子，觉得他们批斗的矛头不对，与中央的精神不符。他认为，耿成民的问题四清已有结论，于是与党支部的红人朱光海较上了劲。

朱光海曾是个贪污犯，原来是农电处的保卫科长。支农的时候，朱贪污了 1 万多块钱，这在当时算是大数了。四清的时候工作队长找他谈的话，说这是最后一次谈话。放在他面前两条路：一条是坦白交代，退回赃款；另一条就是逮捕归案。结果他坦白了罪行并如数退赔赃款，处理结果是免于刑事处分，保留党籍，下放劳动。文革一开始，朱光海成了电机中队党支部书记的一杆枪。

林启予在班里成立了一个造反组织，叫做“只争朝夕战斗队”。组织有四五个成员，都是同情林启予的年轻人。到 1966 年 10 月，天津大学的学生到林启予的单位串联。听了双方辩论的理由后，学生们公开表态支持林启予等人的观点。学生一介入，全大队其他组织的观点也都倾向林启予，很多班组也成立造反组织。林启予翻了身，成为大队的红人。电业局成立造反联合总部时，由于林启予在单位小有名气，被调到电业局造反联合总部当二把手。

当时天津的造反格局是以大专院校来划分的。天津大学“八.一三”、南开大学“卫东”属于一派；河北大学“八.一八”为另一派；天津工大“八.二五”为第三派，三派成鼎足之势。天津大学是工科院校，与企业的联系比较密切。天津又是传统的工业城市，因此该派组织在天津的工业系统势力强。到机电系统来串联的是天津大学“八.一三”的学生，于是林启予成了外派的联络官，与天津大学“八.一三”的山头挂上钩。

1967 年 1 月，全国掀起夺权风潮。在如何夺权的问题上，林启予主张先联合后夺权。他的主张得到大家的认同，成为“八.一三派”工人代表的第一号人物。当时学生造反需要工人的支持，林启予所在的单位是电业局，拥有大量的产业工人。这就为林启予成为天津文革中的风云人物铺平道路。

3.4. 大联合夺权

与其他省份不一样，天津并未出现大规模的造反派夺权风潮。1967 年 2 月，天津的解放军全面分系统进行支左，全市开始酝酿大联合后夺权。3 月，周恩来指示，让天津成立革命委员会夺权筹备小组。经过选举，林启予进入筹备组。周恩来又指示，天津市要做一个试点，成立“五代会”，即“工代会”、“干代会”、“农代会”、“大专院校红代会”、“中学红代会”[①]，并在此基础上形成大联合。

林启予受命筹建“工代会”，并成为“工代会”组长。3 月 15 日，“工代会”召开成立大会。选举中落选的造反派领导人张承明公开站出来另立山头，成立“天津市革命造反派大联合筹备委员会”（简称“大联筹”），与“五代会”分庭抗礼。“工代会”成立的这一天，标志着天津市两大派群众组织对立的公开化。

对于那次选举，康生曾说过：“看起来选举不如协商”。当时军队如果先拿出一个名单，让大家讨论协商，还有进退的余地。可是一选举，一唱票，谁也没法改。所以，其他各省的革委会组成都是采用协商的方法，很少通过选举。

“五代会”成立以后，准备成立天津市革委会，可是两派对立越来越严重。3 月下旬，中央要求两派组织到北京谈判，但是并未解决问题，两派发生武力冲突。1967 年 8 月 15 日到 12 月 8 日，中央主持第二次谈判，共进行了 100 多天。谈判分三个阶段进行：第一阶段是制止武斗，抓革命促生产；第二阶段是大联合；第三阶段是成立革委会。主要是中央领导讲话，陈伯达讲得最多。从第一次接见起，中央的态度就已经很明确。中央的态度日趋明朗，支持以“五代会”为基础的大联合，暗示“大联筹”这个组织不行，应该解散。这在“大联筹”内部引起不小的震动。

形势对“大联筹”十分不利，“大联筹”内部开始分化。有些人一看“大联筹”这个组织没有前途，于是转变立场。一部分人站出来公开表态，承认错误，申请加入“五代会”。后来，这些分裂出来

[①] 即“工人代表会”、“干部代表会”、“农民代表会”、“大专院校红卫兵代表会”和“中学红卫兵代表会”。

的人都进了"工代会"和天津革委会。12 月 2 日，中央首长第 11 次、也是最后一次接见谈判代表。参加接见的有周恩来、康生、陈伯达、江青、谢富治、姚文元、吴法宪、郑维山等人。以"五代会"为基础的大联合成立。此后发表联合公报，为天津市革委会的成立铺平了道路。大家举手通过，宣布天津市革委会成立。

3.5. "二.二一事件"

1968 年 2 月 21 日，天津市革委会成立不久，天津发生了一件大事，简称"二.二一事件"。在此之前，天津文艺界发生了三件事。第一件事是全国文艺界在天津开了一个会，代表人物是方纪，后来被称作"黑会"。第二件事是 1967 年的 5 月，天津人民话剧院上演话剧《新时代的"狂人"》。有人发现，"狂人"的日记里不但有反对刘少奇的内容，也有反对毛的内容，于是这出话剧成了"黑戏"。第三件事是天津文联的群众组织把文联的另一个叫做"文联红旗"的组织给砸了。不幸的是，"文联红旗"的后台是王曼恬。她是毛的表兄王星臣的女儿，是个手眼通天的人物。

文革中，王曼恬曾任天津市革委会副主任、市委书记、中央文化组副组长等职。王曼恬将这三件事罗列在一起（称为"二黑一砸"）上报中央文革，又经毛作出批示。

2 月 21 日，中央召集天津各界人士约 1,000 多人，在北京的京西宾馆大礼堂开会。大礼堂里楼上楼下都坐满，有革委会的领导、部队首长以及大大小小造反组织的领导人。解学恭和几位地方领导坐在楼下前排当中，他的左边坐着三位六十六军的首长，右边是三位警备区的首长。稍顷，周恩来、陈伯达、康生、江青、姚文元、谢富治、杨成武、吴法宪、汪东兴、叶群等出来，坐在主席台上。

周恩来、陈伯达、康生、江青、姚文元、杨成武等先后讲了话。

江青主持会议。她上来就说："我有证据证明，你们天津有变色龙！"她在会上不指名地骂"小爬虫"、"变色龙"，还点了王亢之的名，说他是"深泽叛徒集团"的头子、日本特务、"万张反革命修正主义集团"的骨干。江青还点了胡昭衡的名，说他是坏人。陈伯达在讲话中更是推波助澜："你们天津出了变色龙，我都不敢到天津去了，变色龙太厉害。"

第二天下午，召开天津市革委会委员全体会议，在主席台就坐的是革委会主任解学恭，他的一侧是六十六军的代表，另一侧是警备区的代表，地方干部的代表一个都没有。刚刚宣布成立的天津革委会又出问题了：王亢之第二天吃早饭时没有下楼，人们发现他已经死了。江枫原是天津市公安局局长，结合为天津市革委会副主任。回天津以后，江枫立即被关押到天津梨园头的第二劳改监狱，不久因心脏病发作去世。胡昭衡是原天津市市长，尚未被结合，但已担任革委会生产指挥部副主任。他回津后亦被长期软禁。杨润身当然也倒台了。

"二.二一讲话"以后造成的后果是，一大批刚站出来的地方干部又被打倒，军队干部全面掌权。市革委会中有一个副主任的位置是留给群众代表的，只有林启予有这个资格。但是由于林启予是刚出校门的学生，不算真正的工人，所以群众代表的副主任一直没有人充任。

经过清洗的天津市革委会此后没有发生太大的变化。从成立到文革结束，天津市革委会都是由中央文革（尤其是陈伯达）直接插手，造反派和地方干部以及军队干部都没有太多的发言权。这一点有别于其他省份。

第 4 章 湖南[①]

湖南地处中国的中南部，长江中游以南地区，省会是长沙市。文革开始时人口为 3,718 万，居全国第七位。文革结束后，1978 年的 GDP 居全国的第 11 位。湖南的文革运动是以省会长沙为中心的，长沙的文革左右了湖南省的文革。

湖南工人群众运动在文革中显示了强大的力量，其力量大到中央不能无视的地步。北京的学生运动太强大，工人运动相形见绌。上海的工人运动太强大，学生运动失去了独立发展的空间。本章论述的湖南省及下一章讨论的江苏省，则是工人运动与学生运动结合为一体，在充分发挥学生组织的作用基础上，以产业工人为主体实现当地的大联合。工人运动和学生运动的相结合是运动发展的最理想之路；只有这样，运动才能发挥知识分子的先锋引导作用和工人阶级的巨大能量。湖南的文革群众运动具有相当重要的代表性。

4.1. 湖南文革运动的兴起

受聂元梓第一张大字报的影响，1966 年 6 月 2 日上午，湖南大学土木系道建 62 级的几个女学生贴出第一张大字报《十一个为什么》，质问校党委为什么按兵不动，把学校搞得冷冷清清。大字报拉开了湖南造反运动的帷幕。不久，大字报、漫画、标语铺天盖地，校党委向省市委告急。

6 月 7 日，省委以特急电报通知各地，向大中院校各单位派遣工

[①] 本章叙述还基于：章成（2001），向前（2008，2012），陈益南（2006a，2006b，2018），杨大庆（2018a，2018b），宋永毅（2018）

作组。6月9日，省委工作组进驻湖南大学，宣布一定要相信省委、相信工作组。省委抛出湖南大学副校长魏东明、历史系副主任林增平等作为替罪羊[1]。

文革中湖南的中学生发挥了重要作用。中学运动的风向标，是高干子弟云集、信息渠道畅通、历来对政治敏感的长沙市第一中学（简称"长沙一中"）。1966年6月初，省市委联合工作组进驻长沙一中。学生党员谢若冰（革命干部家庭出身）、黄杏英等人贴出多张大字报，批评工作组为了保护校党支部书记把斗争矛头指向几位知识分子。谢若冰、黄杏英和杨小凯[2]等被工作组定为校内的重点批判对象。教师叶卫东公开支持谢和黄等人的造反行动。叶卫东的这一举动，是他日后成为湖南文革中群众运动领袖之一的第一步。谢若冰和黄杏英等人于8月初悄悄地绕道上海赴北京告状。

8月14日，长沙第12中学的学生在市委大楼墙上公开贴出大字报，坚决打倒"三相信"（即相信省委、市委和工作组），引起巨大轰动。8月18日，毛泽东接见红卫兵，到北京告状的湖南中学生登上天安门。谢若冰作为外地来京革命学生代表讲了话，并获得毛的签名。这对于湖南造反派是莫大的鼓舞。

长沙的高干子弟首先组织以省委领导子女为领导人的保守派组织。他们宣誓：誓死保卫省、市委和共产党红色江山，声言要打击狗崽子和形形色色的"右派"和"黑鬼"。8月19日，湖南大学的学生前往长沙市委，要求进入市委大院贴大字报，与应召前来保卫市委的工人发生冲突。学生受到围攻和殴打，有六名学生受伤，此事件被称为"八.一九事件"。

---

[1] 魏东明在1959年被定为右倾机会主义分子，林增平为历史学家，教授。

[2] 原名杨曦光，后成为著名的经济学家。杨的父亲杨第甫曾公开反对大跃进，因此与周小舟一同被打成右倾机会主义分子。文革开始后，杨第甫及其妻子被省委定为反革命修正主义分子，成为斗争的对象。杨小凯被工作组列为重点批判对象或与此有关。

围绕如何看待该事件，人们产生分歧。有不少民众对遭受暴力的学生抱有同情，但是也有民众认为，学生反对省委、市委，是反革命分子和右派学生向党进攻。当天晚上，大街上出现一支由工人组成的游行示威队伍，他们表示支持学生的造反行动。同时不少学生也走上街头，抗议市委挑起工人斗学生。

8月23日，《人民日报》发表社论，批评长沙等地挑动工人斗学生，肯定“八.一九事件”。省委立即改组长沙市委。省委第一书记的张平化[①]到湖南大学发表讲话，称“一来请罪，二来造反”。连省委书记都要造反，这是从来没有过的。造反学生扬眉吐气，士气大振。

然而，湖南省的风向很快又开始转变。9月24日，省委第一书记张平化作在全省反“右派”抓“黑鬼”的动员报告（史称“九.二四报告”）。大批同情和支持过造反学生的人士遭到打击，全省范围内抓出的“右派”和“黑鬼”以十万计，湖南的造反运动一度陷入低潮。

由于有《十六条》的保护，造反的学生本身没有受到迫害。这批大学生无私地协助工人、市民向中央反映情况，争取平反。他们还帮助工人和农民组建自己的组织。

10月3日，《红旗》杂志社论指出文革的对象是走资派，提出要批判资产阶级反动路线（简称“批资反路线”）。10月14日，长沙一中的教师叶卫东等人在北京发起成立“毛泽东主义红卫兵湘江风雷挺进纵队”（简称“湘江风雷”）。“八.一九事件”中造反的湖南大学的学生于10月15日建立“长沙市高等院校红卫兵司令部”（简称“高司”）。“湘江风雷”和“高司”成为湖南文革中举足轻重的两个群众组织。

10月底，几十名“湘江风雷”成员回长沙造反。11月2日，

[①] 因湖南局势失控，中央决定让担任中共中央宣传部常务副部长不久的张平化回湖南任省委第一书记。

“湘江风雷”在省委礼堂第一次公开举行批斗张平化大会。11 月 13 日，长沙市各群众组织联合召开“批判湖南省委执行资产阶级反动路线罪行大会”，强烈要求平反并交出黑材料。张平化在这些大会上被迫检讨。

批判资反路线，是毛为了克服当时党内外对文革发动的阻力提出的动员口号。对于被打成“右派”和“黑鬼”的人们来说，这是他们脱离困境的机会，他们很自然地站到曾经整肃他们的省委和市委的对立面。这些民众成为以“湘江风雷”为首的造反组织的基本队伍。

4.2. 造反派的第一次分裂

1967 年 1 月 16 日，《红旗》杂志正式点名湖南的保守派组织是走资派的御用工具，周恩来甚至把这一组织与北京的“联动”[①]相提并论。湖南的保守派人员被造反派驱散，物资被查抄。保守派没有人敢反抗，因而瓦解了。

在上海“一月革命”的影响下，湖南的夺权提上议事日程。胜利的造反派逐渐分成两大阵营：一派以“高司”为首，另一派以“湘江风雷”为首。“高司”由长沙八所高校的红卫兵组成，约二万多人。“湘江风雷”全省约有百万之众，主要由工人组成，还有社会各界人士，如教师、居民和下乡知青等。

“高司”的红卫兵在文革初期的半年中充当了造反先锋，是他们最先点起湖南省造反的烈火，日益壮大的工人造反组织也是他们帮助建立的。“高司”是当之无愧的造反先锋和功臣，所以“高司”的首领们理所当然地以湖南省造反派的首领自居。

---

① “首都中学红卫兵联合行动委员会”的简称，文革初期由干部子弟组成的保守派红卫兵组织。

“湘江风雷”的工人造反派们虽然承认“高司”的贡献，但是涉及造反领袖地位时却有不同意见。毛曾说过，“中国的广大知识分子虽然有先锋和桥梁的作用，但不是所有这些知识分子都能革命到底的。”毛还曾说过，“只有工人阶级最有远见，大公无私，最富有革命的彻底性。整个革命历史证明，没有工人阶级领导，革命就要失败，有了工人阶级领导，革命就胜利了。”以毛的教导为依据，“湘江风雷”不承认“高司”在造反运动中的领导地位。羽翼丰满的工人造反派认为，他们才是真正的领导阶级。

湖南省军区在 1967 年 1 月 15 日的大会上明确支持“高司”，导致“高司”与“湘江风雷”的彻底翻脸。省军区的立场与两大派成员的阶级成份有关。“湘江风雷”人员复杂，什么样的人都有，几个领导人的来历和家庭出身也有疑点。“高司”却纯洁得多，全是年轻的大学生，非常单纯，几个领导人还是中共党员。省军区偏向“高司”是情理之中的事。

两派的争斗，迅速演化为针对省军区的造反浪潮，局势渐呈白热化。2 月 4 日夜里，湖南省军区按中央文革的批示精神，逮捕了“湘江风雷”支队长[①]以上的全部头目，一夜间摧毁了这个庞大的造反组织。“高司”成为军人的帮凶，支持对工人群众的镇压。反对镇压的工人群众与学生发生冲突。

1966 年的“八.一九事件”中，工人与学生发生冲突，那是因为市委挑动工人殴打造反的学生。半年后，工人与学生又一次发生冲突。此时是工人造反，学生却站到保守的省军区一边。支持省军区对“湘江风雷”进行镇压的人群中，还有已经解散的原保守派成员。他们充当军人的耳目，帮着搜捕“湘江风雷”的领导人。“高司”为了壮大自己的队伍，接纳了许多原保守派的成员，大批的保守派站到“高司”一边。

[①] “湘江风雷”的组织建制为四级机构：总司令部，战团，支队和分队

不过，形势并没有向有利于“高司”的方向继续发展。4月7日，经过一番精心策划，长沙的造反派发起大规模的反攻。以谢若冰为首的中学红卫兵里应外合，封闭了由省军区控制的《湖南日报》。省军区因镇压“湘江风雷”遭到强烈的反弹，此次未敢再出手打击造反派。另一个使省军区怯退的原因，是4月2日《人民日报》的社论《正确对待革命小将》。社论说，社会出现了一股资本主义复辟的反革命逆流。这是反对毛的无产阶级革命路线，否定前阶段文革的成果。对于这股逆流，必须坚决回击，彻底粉粹。省军区不敢轻举妄动，只好对关闭《湖南日报》一事持静观其变的态度。

工人造反派受到鼓舞，于4月中旬成立一个以产业工人为主的群众组织：“长沙市工人造反联合委员会”（简称“工联”），该组织以各工厂群众组织为成员单位。显然，这是汲取“湘江风雷”的教训。“湘江风雷”完全社会化，成员复杂，易被保守派和省军区攻击为“组织不纯”。“工联”的队伍迅速扩大，成为拥有数十万工人的湖南省内最大的工人群众组织。“工联”的一号首领是胡勇，他是长沙汽车电器厂的工人。因为文革初期时支持造反的学生，被厂党委打成反革命。他被迫造反，成立“造反有理总队”。“工联”的第二号人物是唐忠富，长沙曙光电子管厂的工人，中共党员。胡勇和唐忠富日后成为湖南家喻户晓的群众运动领袖。

“工联”的矛头不仅对准“高司”，而且对准省军区，提出要揪出湖南的赵永夫。“工联”更是大胆地为“湘江风雷”鸣冤叫屈，呼吁为其平反。因为“工联”的群众们清楚，如果“湘江风雷”的问题不解决，“湘江风雷”的昨天就有可能是他们的明天。6月4日，原“湘江风雷”的成员召开“湖南省‘湘江风雷’恢复战斗誓师大会”，数千名与会者发出雷鸣般的掌声和欢呼。大会之后，开始游行示威。由于长沙的几十个群众组织一致不懈的努力，尤其是“工联”的强大支持和数万“湘江风雷”成员公开的组织活动，“湘江风雷”

的恢复已经是既成事实。

以“工联”和“湘江风雷”为一方，以“高司”为另一方的斗争逐渐达到诉诸武力的程度。双方势力以湘江为界：河东是“工联”和“湘江风雷”的天下，河西是“高司”的天下。到了 7 月，武斗进入白热化阶段。双方不仅装备有步枪、机枪和手榴弹，甚至用上了坦克。省军区和武装部暗中武装“高司”，军事院校的造反派则暗中引导“工联”和“湘江风雷”去抢枪，并派人帮助训练使用抢来的武器。工人们明白，他们没官方背景，只有靠强大的实力。

4.3. 造反派的第二次分裂

8 月 10 日，中央发出了关于解决湖南省文革问题的决定：撤销“二.四批示”，为“湘江风雷”平反，承认“湘江风雷”是革命群众组织，支持“工联”为代表的革命造反派组织，批评了省军区，指责“高司”派是保守组织。中央指定第四十七军长黎原为组长，华国锋、“工联”一号领导人胡勇、“湘江风雷”一号领导人叶卫东[①]等为副组长，组成湖南省革命委员会筹备小组（简称“省革筹小组”），接管湖南省大权。“高司”及其盟友倾刻间土崩瓦解，他们的成员纷纷倒戈或者隐退。曾被镇压的造反派们为平反欣喜若狂，“湘江风雷”组织成建制地恢复起来。

然而，曾是同盟的“工联”和“湘江风雷”还未来得及举行庆功会，两派立即开始内战。“工联”认为，他们帮助“湘江风雷”平反出了大力。且中央文件上写明，“湘江风雷”是革命群众组织，“工联”是革命造反组织，故自认为是正统的造反派，地位理应高于“湘江风雷”。“湘江风雷”则自认为比“工联”的资格老，是老

[①] 叶卫东从监狱里放出来后第二天直接去北京，作为湖南造反派代表，参加中央召开的关于解决湖南省文革问题的会议。

造反派，理应是湖南省造反派的首领。有人甚至提出，湖南的造反派（包括"工联"在内）应全部统一在"湘江风雷"的组织之下。

8月下旬，也就是在中央表态以后不到半个月，"工联"和"湘江风雷"的基层组织为几辆汽车的归属发生流血事件。两派水火不容的观点和立场，导致残酷的暴力对恃，湖南又陷入武斗。

4.4. "省无联"及其思潮

省革筹小组的成立，标志着文革以来湖南省权力的一次极为重要的再分配。省革筹小组有六名群众组织代表，其中"工联"二人，"湘江风雷"一人。其他三人，一人倾向"工联"，另外二人曾是"湘江风雷"的支持者，此时表示中立。这样，"湘江风雷"处于明显劣势。在这场权力再分配的博弈中，那些曾经坚决支持"湘江风雷"平反，较有影响力的造反组织的代表，被排除在省革筹小组之外。他们的怨气和不满是可想而知的。10月11日，20多个被排斥在外的组织成立"湖南省会无产阶级革命派大联合委员会"（简称"省无联"）[①]。这是一个松散的组织，对参加者没有任何约束力，属于相同观点的组织联合起来的临时性联盟。该组织并没有试图吸收个人成员参加。

"省无联"出版过一个刊物——《湘江评论》。1968年1月6日，杨小凯执笔撰写《中国向何处去》一文，作为征求稿在组织内部传阅。当时只印了80份，散发20多份。另一位成员写了《我们的纲领》，补充阐述杨文中的观点。尽管这些文章与文革中常见的大字报和传单并无显著的差异，但被省革筹小组上报中央。1月24日，中央文革和周恩来公开点名，称"省无联"为反革命组织，杨文被定性为实质是极右。不久，杨小凯被逮捕，随后在全国范围内组织批

[①] 该简称的含义是"省会"，"无联"。

判“省无联”和杨的文章。

《中国向何处去》一文所运用的理论，仍属中国式的马克思主义和毛的思想，但它的理论分析已越出官方的意识形态，表现出一种全面反对整个中共体制的激进倾向。该文提出，中共的整个上层已经形成了一个官僚主义阶级。这个红色资本家阶级，已经完全成为阻碍历史前进的腐朽阶级。他们与人民的关系，已经由领导和被领导的关系变成统治与被统治的关系，剥削与被剥削的关系，由平等的共同革命关系变成压迫和被压迫的关系。要实现中华人民公社，就必须推翻这个阶级，彻底砸烂旧的国家机器。

中央文革的康生感觉到了该文对当权者的危险性。用他的话说，该文的实质是要推翻无产阶级专政。更为重要的是，“省无联”对文革中出现的革委会也有深刻的批判。在“省无联”看来，革委会是资产阶级篡权的假公社。三结合的提出，等于把“一月革命”中倒台的官僚们又重新扶起来。三结合不可避免地会成为军队和地方官僚起主导作用的资产阶级篡权的政权形式。

“省无联”的政治纲领，不仅要推翻文革前由中共高级干部形成的红色资本家阶级，还要推翻毛和中央文革通过夺权所建立起来的革委会。“省无联”提出砸烂旧的国家机器，建立极左派的新政党，组织革命人民自己的武装力量，在一省或数省首先夺取胜利，推翻资产阶级改良主义的产物（即革委会）的统治，重新建立巴黎公社式的政权。

“省无联”向往的理想政权中，革命人民自然形成有无产阶级权威的干部。他们是公社的一员，但是没有特权，在经济上与普通群众一样的待遇，可以随时根据群众的要求撤换。尽管幼稚的杨小凯们憧憬的政体只是一种乌托邦式的政权，然而这也许是一条通向多元政治和真正民主的道路。“省无联”的激进思考，在文革思想史上留下一份宝贵的思想史料。

4.5. 实用主义的造反

造反派在 1966 底和 1967 年初得势，使得各单位的领导在压力下向造反派妥协。有些人趁机提出经济方面的要求，如补发被扣的工资，要求恢复工职等。例如湖南省长沙市商业局有一个造反组织，叫做“毛泽东思想横眉兵团”，它的成员是 1962 年被下放到农村的原商业单位的店员，兵团的司令是一位过去卖肉的小贩。他们的造反要求很明确：恢复他们原来的工作，补发下放以来的全部工资。由于事关切身利益，他们的造反热情非常高。他们围住商业局的正、副局长，白天黑夜死缠烂打，最后终于达到了目的。

《湖南日报》的一些右派编辑和记者组织了一个造反组织，试图为他们的右派冤案翻案。可惜他们没有得到造反派的支持，被强行解散了。长沙出现过一个全部由原劳教人员组成的造反组织“长沙青年”，其司令是一个曾被劳教的年轻扒手。他们的造反目的是报复曾经管教过他们的公安警察，并趁机搞打砸抢、发横财。造反派们对该组织极为反感，因为有损造反派的名声。

为自己的利益造反最有影响的，当属湖南老知青的造反。这是一批在文革开始以前已经上山下乡的知青。他们的大多数人，因为家庭出身不好无法升学被迫下乡。1966 年 8 月工作组撤离后，知青们开始投身文革，名目繁多的知青造反组织如雨后春笋般出现。开始时，知青造反组织以控诉对知青的迫害和歧视为目标，他们把斗争的矛头指向当地的干部和四清工作组。有的县（如江永县）的知青造反组织把县委作为他们的造反对象。

他们的另一个重要目标是回城。湖南省约有六万多知青借串连之机返城。他们要造“户口”的反，要求相关部门解决他们的城市户口、粮食、就业等问题。他们提出，文革是一场社会革命，应该解决迫在眉睫的社会问题，首先应该改变知青被安置的命运。知青不是失业者，有权力参加革命和工作，应该到社会上去闹革命。有的知青硬逼着相关单位的人员办理户口迁移。他们还热衷于批斗农垦局的走资派、街道办事处的干部。这是因为，农垦局的领导负责知青的安置，街道办事处的干部是强迫他们下乡的罪魁。在长沙，知青和他们的父母举行集会示威，并批判上山下乡办公室的一位官员。

知青们不仅在本省造反，他们还参与全国性的大串联，建立“全国上山下乡知识青年红色造反团”。当湖南省出现“湘江风雷”造反组织时，知青组织一边倒地站在“湘江风雷”一边，成为其成员。有的知青还建立了隶属“湘江风雷”的“山鹰战团”。这些知青造反组织名义上是响应毛的号召，实际上是在争取自己的切身利益。他们的自主意识与毛发动文革的想法格格不入，所以很快在 1967 年的 1 月被取缔或禁止。但是当湖南的民众在同年 5 月为“湘江风雷”平反时，知青再次掀起回城高潮。

10 月，知青们在《反迫害》[①]报上发表一篇文章，题为《刘氏上山下乡运动是对毛主席青年运动方向的彻底背叛》。该文印刷了几千份，群众踊跃购买。文革要打倒刘少奇，于是怀有不同目标的人们便把自己讨厌的人和事都算作“刘少奇的资反路线”和“资产阶级司令部”。这是一种策略，一种保护色，与对刘少奇、对文革、对所谓的两个司令的真实看法和感情无关。“省无联”的杨小凯曾写有《长沙知识青年运动考察报告》一文，公开为知青打抱不平。后来随着湖南省革委会的成立，知青们的活动空间受到挤压，他们的返城运动又一次失败了。

70 年代末期，知青们再次闹返城。此时他们不再用革命、捍卫

[①]《反迫害》是知青造反组织“反迫害总勤务站”的机关报。该报不仅在长沙发行，部分串联知青还将该报带到广州街头叫卖，少量报纸流入香港。

毛的路线装饰自己，不再以反对刘少奇的资反路线作为掩护。他们直接了当地以回城为目标，以上访、绝食、拦火车为手段，以结束他们的苦难。

4.6. 道县大屠杀

文革时期出现过几起大屠杀，湖南的道县是其中的一起。道县有两派对立的组织，一派叫“毛泽东思想红战士联合司令部”（简称“红联”），另一派叫“无产阶级革命派斗批改联合指挥部”（简称“革联”，属于“湘江风雷派”）。“革联”主要由青年学生、市民、手工业者、下层知识分子及少数干部组成。该组织成份较复杂，但知识层次较高。以往遭受不公平对待的人较多，对官僚阶层和现实社会的不公更具反抗精神，该派在县城的势力较大。

“红联”与当地的政权有不可分割的联系，他们之中大多是既得利益者或统治者的依靠对象。因此该组织更倾向于维护既往的政权和秩序，对那些斗胆犯上作乱且自称造反派的人极为反感。“红联”拥有现实当权者和几乎整个乡村政权及组织的支持。1967 年 7 月开始，两派的矛盾冲突达到新的高潮。“红联”称“革联”为“革匪”，“革联”则把“红联”叫作“红老保”。

8 月 5 日，该县抓革命促生产领导小组召开全县各区的紧急会议。县委书记在给会议作总结时讲到，当前阶级斗争复杂，前几天六区出现反动标语。阶级敌人造谣说，蒋帮要反攻大陆，美帝要发动世界大战。战争一旦打起来，先杀正式党员，后杀预备党员。一区有个“伪团长”，天天找到大队支书和贫协主席，闹翻案、闹平反。十一区唐家公社下龙洞大队的地主富农公开反攻倒算，扬言要把贫下中农分得的房屋田地要回去……对于阶级斗争的新动向，同志们一定要提高革命警惕，万万不可掉以轻心。我们要狠抓阶级斗争这个纲，绷紧阶级斗争这根弦。对于阶级敌人的破坏活动，要严厉打击。对于不服管制的四类分子，要组织群众批判斗争，发动群众专政。对罪大恶极的，要整理材料上报，依法惩办，狠狠打击。

各区的“抓促”小组组长，大多是区武装部长或公安政治干部。他们具有高度的革命警惕和丰富的阶级斗争经验，自然闻风而动。会议一结束，他们星夜兼程赶回各区，传达精神，部署工作。

紧接着，一场突发的事件加速了大屠杀的到来。8 月 8 日，在两派斗争中处于劣势的道县“革联”先下手为强，冲击县武装部，砸烂武器仓库的大门，接管了现有的枪支弹药。第二天，“革联”又把武装部埋在地下和藏在天花板上的枪支弹药全部抢走。抢枪后，“革联”以左派胜利者自居。

作为对立面的“一月革命”的胜利者“红联”感到压力很大，召开“红联”骨干紧急会议，研究应变措施。“红联”准备集中各区基干民兵（持有枪支的民兵），攻打“革联”总部。同时加强管制四类分子，建立巩固的后方根据地[①]。

县委书记通过邮电线路召开电话会议。他愤怒地敲着麦克风说：“各地要发动群众采取果断措施，加强对阶级敌人的专政，要把民兵组织起来，保卫人民的生命财产安全，保卫好双抢。”虽然他并没有明确发出杀人的命令，但是杀人的信号已经发出，红色恐怖已经笼罩那些未来的牺牲者。

道县杀人事件从 1967 年 8 月 13 日到 10 月 17 日，历时 66 天，涉及 10 个区，36 个公社，468 个大队，1,590 个生产队，2,778 户。共死亡 4,519 人，其中被杀 4,193 人，逼迫自杀 326 人。受道县杀人事件影响，全地区其余 10 个县市也在不同程度上杀了人。全地区（含道县）文革期间非正常死亡 9,093 人，其中被杀 7,696 人，逼迫自杀 1,397 人；另外致伤致残 2,146 人。死亡人员按当时的阶级成份

[①] 很显然，“红联”把“革联”与四类分子联系在一起。

划分：四类分子 3,576 人，四类分子子女 4,057 人，贫下中农 1,049 人（大多数有不同程度的历史问题），其他成份 411 人。其中未成年人 826 人。被杀者中，年纪最大的 78 岁，最小的才 10 天。

杀人手段可归纳为 10 种 :（1）枪杀（含步枪、猎枪、鸟铳、三眼炮等）；（2）刀杀（含马刀、大刀、柴刀、梭镖等）；（3）沉水（沉潭和沉河，沉河又称“放排”）；（4）炸死（又称“坐土飞机”）；（5）丢岩洞（一般都辅以刀杀）；（6）活埋（基本上是埋在废窖里，故又称“下窖”）；（7）棍棒打死（含锄头、铁耙、扁担等）；（8）绳勒（含勒死和吊死）；（9）火烧（含熏死）；（10）摔死（主要用于未成年的孩子）。

1967 年 8 月 29 日，解放军第四十七军奉命进驻道县，制止杀人，道县的道江镇居民走出家门夹道欢迎。9 月 27 日，第四十七军和省革筹小组联合发出紧急通告。这张通告为最终平息历时两个多月的惨绝人寰的湘南农村大屠杀发出最后的通牒，深受“革联”造反组织欢迎。可惜好景不长，在以后的几次运动中，“革联”将受到军代表和地方官员组成的革委会的残酷镇压和清洗。

4.7. 造反派的第二次风光

省革委会成立后，“清队”、“一打三反”和“清查五.一六”运动相继开始。开始时运动在掌权的造反派的主持下进行，但专案组大多由原保守派组成。这是因为，专案组成员需要由政治上可靠的人员担任。原保守派党团员多，是当然的人选。

“清队运动”中，首当其冲的是黑五类。这些黑五类在历次政治运动中屡遭打击，一直战战兢兢地过着二等公民的生活，即使最激进的造反派也不敢对他们表示同情。《湖南日报》中有一批被打成右派的记者和编辑，他们在文革中成立了一个造反组织，试图平反他们的冤案。他们希望得到造反派的支持，遗憾的是，没有一个造反派组织敢支持他们。甚至有造反派组织说他们是“右派想翻天”，勒令他们解散。更有甚者，有的右派还被造反派打得遍体鳞伤，几乎丧命。

虽然造反派也曾在文革初期被打成“反革命”和“右派”，但并没有去帮助本应同病相怜的黑五类。所以，有人把“清队”这段历史称为“造反派的耻辱”。正因为造反派天生有着与黑五类相似的背景，所以造反派从“清队”开始逐步丧失权势，一步一步跌入自己设置的牛鬼蛇神的集中营。

到了“一打三反”运动时，湖南的造反派遭到几乎全军覆没的厄运，造反派的领导人和骨干分子都成了挨整对象。从 1969 年 4 月中共九大后，除了上海的造反派因有张春桥的庇护未受到迫害，全国的造反派均先后遭到整肃而垮台；到 1974 年“批林批孔运动”开始，已经陷入苦难有三四年之久。

湖南的省委第一书记兼省革委会主任华国锋调至中央后，湖南省的实际大权由省委书记、省革委会第一副主任卜占亚掌握。林彪事件中，卜占亚被牵连受到审查，因此湖南的“批林批孔运动”变成“批林、批孔、批卜运动”。长沙市的革委会主任景林与卜占亚是关系密切的上下级。造反派成功地制造舆论，把“批林、批孔、批卜运动”扩展成为“批林、批孔、批卜、批景运动”。

造反派把谋求翻身、再次造反的斗争锋芒指向卜占亚和景林。当时造反派组织已经解散，造反派们通过合法的组织（即“工代会”），把原来的领导人和骨干汇集起来。他们利用大字报影响运动的形势，并向中央传递造反派的信息。

“工代会”的全称叫做“革命工人代表大会”。解散造反派组织时，中央试图把工人造反派统一纳入“工代会”，以便将来取代文革前的工会，使“工代会”成为一个纯粹的工会组织。幸运的是，“工代会”历经“清队”、“一打三反”和“清查五.一六”运动保存了下来。此时，“工代会”成了造反派们暗中串联和聚会的场所，成了再次造反活动的司令部。

对于造反派的这些行为，省市革委会的当权者不敢随意镇压。这是因为，卜占亚的问题不是造反派揭发出来的，而是中央上层斗争的结果，当权者只能静观其变。

湖南造反派领袖之一的陈益南，公开贴出大字报向当权者进言，希望能改变造反派受整的处境。陈益南因为造反，在1970年挨了整。为什么现在他又造反呢？用他自己的话说，与其做一个准四类分子，不如拼一把，以争得应有的人权。陈益南觉得道理在他们一方：造反派响应毛的号召，为什么要把造反派置于死地？

陈益南的大字报，使他无形中成为再次造反的负责人，进入省市革委会的造反派领导们暗中支持他。文革中，造反派一次又一次地分裂。每当造反派获得一个大的胜利，立即分裂，陷入内战，造反派的能量在内战中消耗殆尽。

但是在此次的造反中，他们尽弃前嫌，共同对敌。在省革委会中的造反派，曾分为以胡勇和唐忠富为首的的“汽电派”和以叶卫东和周国强为首的“湘瓷派”，两派之间曾有过内讧。胡勇和唐忠富不仅向湘系的造反派作自我批评，还邀请他们出山。原已遭冷落的“湘瓷派”东山再起，恢复在省市革委会中的职务，并进入造反派的决策层，进行造反活动。一些已经入狱的造反派，也被胡勇等人设法保释出狱。湖南出现造反派重组力量后一致行动的独特态势。

新当选的中共副主席王洪文在1974年1月发表一个讲话，大力赞扬“反潮流”的造反精神，并提出要大力提拔造反分子进入领导机构。这一讲话向造反派和湖南的官方领导传递了明确的信息。此时，张平化重新担任省委书记。张对于此前在卜占亚当权时期的“清队”、“一打三反”和“清查五.一六”运动中的问题没有任何责任，故顺从造反派的再次造反。

许多被关押的造反派，在平反材料尚未准备好的情况下被先行释放。当时，这种做法叫做“先下车，再出票。”原来的保守派人士也采取不对抗、顺从造反派立场的作法，以避免在“清队”、“一打三反”和“清查五.一六”运动中受整的造反派对他们进行报复。湖南出现“各派团结、一致造反”的新局面。造反派们不仅能较为顺利地平反、再次烧毁“黑材料”、恢复革委会职务，还能入党、提拔为领导干部。

不过，好景不长。以“批林批孔”为契机的文革第二次造反高潮未能维持多久，造反派的回光返照仅持续四个月就停顿下来。造反派领袖王洪文的权势开始下滑。邓小平出来主持中央的工作，造反派的克星来了。

4.8. 造反运动的没落

1976 年，是十年文革的最后一年，也是湖南造反派做最后搏斗的一年。毛在批转一封清华大学的告状信中，对邓小平表示明显不满。中共的宣传喉舌指出，反击否定文革的右倾翻案风是文革深入与继续。在邓主政时期受到压制的造反派又一次利用省、市工会的平台，试图做新一轮的反攻。造反派明白，只有向邓小平的复旧路线进攻，才能使自己在政治格局中处于不败的地位。

他们以为中央与自己是同盟，却并不了解上层所发生的博弈内幕。1976 年的形势与 1974 年“批林、批孔”的形势看起来很相似，但是此时省委和省革委会的当权者却并没有像上次那样顺从，他们采取不理不睬的方法敷衍造反派。

虽然表面上看起来造反派似乎占了上风，但是此时的造反派已经失去广大民众的支持。同为造反的 1966、1967 年，广大的民众是积极参与者，造反派得到民众的同情和支持。然而到了 1976 年，造反的只是造反派的头头脑脑们，广大民众成了旁观者。他们在舆论上支持邓小平，认为邓强调抓生产、把国民经济搞上去没有错。

经过文革，当权的官员们不再像文革前那样专横，民众以前的怨气基本发泄完了。民众觉得，1976 年的造反只不过是当权的造反派的事，与他们无关。此次的造反成了少数人的革命，所以失败是不可避免的。1976 年 4 月 5 日的“天安门事件”，宣告文革激进派的灭亡。

4.9. 湖北文革情况简介[①]

与湖南仅一江之隔的比邻省是湖北，国人常将两省连起来称为“两湖”。两省不仅在地理上有许多相近的地方，而且在政治、经济上也有相似之处。湖北与湖南的文革相互影响，所以我们将湖北的简况放在本章之末加以论述。

湖北的文革与其他省一样，受控于省会形势的发展。省会武汉的群众组织分为三大派：“钢派”、“新派”和“百万雄师”。“钢派”指的是“钢工总”[②]、“钢九.一三”[③]和“钢二司”[④]。“新派”指的是“新华工”[⑤]、“新华农”[⑥]和“新湖大”[⑦]。“百万雄师”全称为“无产阶级革命派百万雄师联络站”，由具有官方背景的保守组织“武汉

[①] 本节的叙述还基于：鲁礼安（2005），王芳（2008）。

[②] 即“毛泽东思想战斗队武汉地区工人总部”，简称“工总”，后称为“钢工总”。为避免混淆，“钢派”和“新派”的组织在本书中均以后来的名称统一称之。

[③] 即“毛泽东思想九·一三兵团”，简称“九·一三”，后称为“钢九·一三”。

[④] 即“毛泽东思想红卫兵武汉地区革命造反司令部”，简称“二司”，后称“钢二司”。

[⑤] 即华中工学院的“新华工毛泽东思想红卫兵红色造反司令部”。

[⑥] 即华中农学院的“新华农毛泽东思想红卫兵革命造反司令部”。

[⑦] 即湖北大学的“新湖大革命造反临时委员会”。

市革命职工联合总会”（简称“职工联合会”或“联合会”）演变而来，其支持者是武汉军区。

钢派以“钢工总”为主力，成立于 1966 年的 11 月 10 日[①]。他们逐渐从地下的少数派发展成武汉市最大的工人组织。需要说明的是，文革初期，工人组织的建立并未得到中央的明确许可。在文革前的 17 年中，并不存在真正意义上的社会组织。任何自发性结社活动，都被视为极端危险遭到取缔和镇压。文革之初，中央曾三令五申，不准工人串连，成立组织属于反革命。

“钢工总”何以敢冒天下之大不韪而成立呢？最主要的因素在于，少数派工人大都出身非红五类，在历次政治运动中往往是被打压、排斥的对象。文革第一阶段作为政治边缘人，又深受其害。为改变自身的受压状态和争取个人权利，他们敢于铤而走险，冲破条条框框结成组织。这些人造反的原因主要是：（1）争取个人权利，改变自身政治处境；（2）对本单位的当权派不满；（3）同情受打压者；（4）响应毛的号召。

“百万雄师”及其前身“联合会”出于自身利益，主张维护现有统治秩序。他们的政治倾向，偏重保湖北省委和本单位的当权派。在 1967 年“一月革命”运动中，官办的保守派组织“联合会”垮了台。其后演变为以基层民兵为主体，受到武汉军区支持的“百万雄师”。湖北的“一.二六夺权”流产，加深了造反派组织间的矛盾。在武汉三镇，造反派分裂为“香花派”和“毒草派”，其实这是“钢派”与“新派”的对立。

1967 年 3 月 17 日，武汉军区以贯彻《军委八条》为名，宣布“工总”（即后来的“钢工总”）为“反革命组织”，勒令解散。军区出动部队，与公安机关联手逮捕了以朱鸿霞、胡厚民为首的“工总”区分部以上领导人近 500 人。3 月 21 日，部队发表《中国人民解放

[①] 刚开始时，该组织叫“工总”。

军武汉部队通告》（时称“三.二一通告”），罗列“工总”“十大罪状”，宣布解散“工总”及其所属组织。3 月间，造反派中的“新派”也同样受到军区的打压。深感唇亡齿寒的“新派”等温和派组织，遂与“钢派”中的“二司”（即后来的“钢二司”）一道，要求为“工总”翻案，抗议武汉军区。

武汉军区的做法引起中央文革的不满。武汉军区被迫释放除朱鸿霞、胡厚民等人以外的大多数“工总”头目，但不同意给“工总”平反。6 月 4 日，武汉军区在中央压力下检讨了支左工作中的“某些缺点和错误”之后，仍肯定军区支左的“大方向是正确的”，重申不得为“工总”翻案。1967 年 5 月到 7 月间，受军区支持的保守派组织“百万雄师”多次挑起武斗。影响较大的，有“六.一七血案”、“六.二四血案”和“七.一五惨案”等。

湖北文革中的重要事件是全国闻名的武汉“七.二零事件”。1967 年 7 月，毛和周亲临武汉试图解决湖北的问题。湖北省军区独立师部分官兵（该师整体加入了“百万雄师”）和“百万雄师”的部分群众抵制中央处理问题的精神，冲击武汉军区和武汉东湖宾馆。他们揪斗中央文革的成员王力，在全市武装游行示威，批判中央文革的路线与政策。

当时毛就住在东湖宾馆，误以为发生“兵变”，在周的安排下仓促乘飞机逃离武汉。毛很少乘飞机出行，可见此次情况何等紧急。此次事件被中央定性为“反革命事件”和“反革命政变”。“百万雄师”被定性为反革命组织，瞬间瓦解。

“七.二零事件”以后，“百万雄师”垮台。同属造反派的“钢派”与“新派”产生激烈的矛盾。群众组织之间的矛盾，转化为“钢新之争”。主要焦点在于席位之争，即权力争斗。这种斗争使得群众组织内部的关系变得纷繁复杂，直接影响着武汉文革运动的发展。

权力斗争源于下层等级中人们相对不同的社会地位所产生政治

利益和政治要求的分歧。“钢派”的多数工人因受压较深，造反更为坚决彻底，行动上显得更为激进。“钢工总”发起人胡国基、丁喆生等，在运动初期无不是挨整对象。“新派”成员的出身大多要好于“钢派”，他们在运动初期没有怎么挨整，因此行动上较为温和。如“新派”的领导人之一吴淼金不仅出身好，文革前还是本单位“四清”工作组成员，后来又进入单位文革筹委会。另一位领导人彭勋出身贫农，文革前是校“四清”专案组成员。

同时，两派组织与省市委干部的关系各异。在某种程度上，也与这种“相对不同”的社会地位有关。干部并不喜欢造反派，但是因为“新派”较为温和，所以相对来说比较能接受。对于造反精神强、性格独立、不愿依附于人的“钢派”，干部们则不喜欢；甚至怀恨在心，能压就压，能打就打，在革委会里从来没有真心与他们合作过。

“钢工总”曾经历过领导层更迭，作为发起人的彭国华、胡国基、丁喆生、李文祥等人后来退出核心小组。这是因为，胡厚民、朱鸿霞等人自恃出身大型企业，认为小厂无法承担“钢工总”领导之职。这是该组织内部的一次权力争斗。

另外值得一提的，是湖北著名的“北、决、扬”（即“北斗星学会”、“决心把无产阶级文化大革命进行到底的无产阶级革命派联络站”和“扬子江评论”的简称）。这是 1967 年 11 月至 1968 年下半年，由湖北省造反派中具有异端思潮的，从一个松散群体演变而来的三个组织的名称，其主要成员有鲁礼安、冯天艾、童丹等人。“北、决、扬”的人员并不多，鼎盛时不过 25 人，但是其影响极大。

他们认为：在“一月革命”后成立的革委会只是一个临时权力机构，直至当时仍在袭用资产阶级国家体系。他们宣布，革委会这种由革命群众自己创造出来的新事物，必将由革命群众自己来把它消灭掉。这个任务毫无疑问地落到了“北、决、扬”的肩上。他们要建立的是巴黎公社式的北京人民公社，甚至主张通过国内战争的形式达到目标。

他们还认为，中国存在着一个官僚资产阶级，号召无产阶级革命派联合起来推翻这一阶级。并认为从中央到地方，都存在着一批右倾机会主义者组成的中间派或考茨基派人物。“北、决、扬”认为，中共面临重新改造、重新建设、重新组织党的队伍的严峻任务。鲁礼安等人准备建立新政党，取代已经腐败的中共（宋永毅，2015）。

由于认识上的差异，“钢派”和“新派”中的绝大多数人并不支持他们的观点。由于鲁在“七.二零事件”前曾冒着白色恐怖为“钢工总”翻案，鲁被抓后，“钢工总”的许多基层单位自发组织营救活动。“钢工总”领导人虽然并不支持营救鲁，但仍参与营救行动。这是他们对于对鲁在为“钢工总”翻案时表现的一种回报。

从 1967 年下半年至 1969 年上半年，是湖北造反派掌权的时期，这是他们最风光的时期。但是湖北群众组织的风光期并不长，很快像全国其他省市的造反派一样，最终仍难逃厄运。在“清理阶级队伍”、“一打三反”、“批林整风”等一系列政治运动中，遭到毁灭性打击。“钢派”和“新派”此时才又一次深感唇亡齿寒，走向团结与联合，发动“反复旧”运动。但是，终归是强弩之末。在全国造反派失势的情势下，湖北造反派骨干成员也普遍在“清查五.一六”等运动中遭到清算和打击。普通造反群众从此也被打上文革的标记，生活维艰。

1976 年 10 月 6 日，“四人帮”被捕。湖北的造反派又被打成“四人帮”的“爪牙”、“黑干将”、“黑爪毛”等，遭到更为严厉的清算，被捉拿逮捕、隔离审查、批斗逼供、撤职降级、开除党籍、判刑劳改者不计其数。湖北的造反派与湖南的造反派一样，没有逃脱失败的命运。

第5章 江苏[①]

江苏省自古以来一直是中国较为富庶的地区，经济位居全国前列。文革开始时，江苏的人口是4,450万人，仅次于山东和四川，居全国第三。文革结束后的1978年，江苏的GDP仅次于上海和四川，居第三位。在中共建政以前，南京曾是国民党政府的首都，在中国占据非常重要的地位。

江苏的文革以南京为中心，而南京大学（简称"南大"）始终是南京市和江苏省文革的风向标。南京大学的群众组织"红色造反队"与"八.二七革命串联会"（简称"南京大学八.二七"），则被称为江苏文革的"发动机"。江苏省后来形成的两大派组织，正是以南京大学的这两个组织为首。而且南京大学的文革群众运动兴起在时间上仅次于北京大学，在全国处于领先地位。

本章将介绍具有代表性的南京大学、南京师范学院[②]附属中学（简称"南师附中"）、南京长江机器制造厂（简称"长江厂"）的群众运动和文革初期轰动全城的"王金事件"等。

5.1. 南京大学文革运动的兴起

1966年6月2日早晨，中央人民广播电台播发北京大学聂元梓等人的大字报。南京大学当天下午就有人贴出大字报，矛头直指校长匡亚明。南京大学的前身是国民党的中央大学和美国教会创办的

[①] 本章叙述还基于：董国强（2008，2016，2011a，2011b），董国强、Walder（2012），王春南（2015），Dong and Walder (2014)，乔晞华（2015），"1966年南京八三事件的若干档案资料"。

[②] 现更名为南京师范大学。

金陵大学，教职员工队伍的政治成份比较“复杂”。

南京大学的党委书记兼校长匡亚明为了加强学校的政治工作，响应毛的关于高等教育改革的号召，在1966年初提出建立南京大学溧阳分校的主张，组织文科师生到农村进行“半农半读”的教学改革。农村的生活条件极为艰苦，师生们承担了艰苦的建校基建的重担。师生的学业受到影响，他们每天只能看看报纸听听广播，专业完全被放弃，文、史、哲三系的500多名师生对此极为不满。

聂元梓等人的大字报为溧阳分校的师生带来契机，他们尝试用一种更为激进的话语策略来实现自己的诉求。溧阳分校的师生在大字报中指责匡亚明提出到溧阳农村创办文科分校，是为了把广大教师和学生同正在轰轰烈烈展开的文化大革命运动隔绝开来。还有人指称，匡亚明让教师和学生整日从事繁重的体力劳动，目的在于借此阻止他们参加政治学习和革命大批判运动。更有甚者，有人提出溧阳分校是修正主义的产物。

此举激怒了匡亚明，于是发动一场声势浩大的反击战。被重点批判的，包括当时的南京大学学生会主席、中共党员胡才基。不幸的是，匡亚明想要积极贯彻毛的主张，“反对那些自私自利的批评者”，结果却被江苏省委抛弃，沦为文革的牺牲品，成为文革初期第一批被打倒的对象。1966年6月16日，《人民日报》发表《放手发动群众，彻底打倒反革命黑帮》的社论，就南京大学揪出校长匡亚明和改组共青团北京市委发表评论。

江苏省委派出以省委书记彭冲为首的工作组进驻南京大学[①]。工作组一方面组织南京大学师生批判匡亚明和几个被省委抛出来的反动学术权威，另一方面肯定南京大学党委还是好的，试图把群众运动限定在省委设定的范围内。工作组实行对下层横扫的政策，批斗了许多普通教师，对曾经帮助匡亚明打击造反学生的干部采取保护

[①] 第一任工作组长是省委常委汪冰石，后来改由省委书记彭冲亲自担任工作组长。

的政策。

这一做法引起师生的不满。教师中最早站出来的是中共党员、转业军人文凤来。他认为，工作组将矛头指向普通教师和学生的作法是错误的，贴了大字报，成为轰动事件。文凤来造反的另一个原因是，他曾在南京饭店工作过。他说彭冲经常去那里游泳，生活腐化，不配领导南京大学的文革，所以起来造他的反。

当时工作组正愁找不到人整，便立即把重点转移到文凤来身上。工作组动员党团员、学生干部和积极分子，向对工作组不满的师生发起围攻。溧阳分校的造反者胡才基等人成了工作组的打手。

到了 8 月初，围绕工作组的功过和去留，南京大学的群众形成了三个派别。一派坚决支持拥护工作组，由溧阳分校与匡亚明发生过冲突的师生组成。该派以胡才基为首，组织叫“红旗战斗队”。其成员一直是江苏省委的忠实支持者，后来受到省委的庇护[①]。第二派坚决反对工作组，他们的矛头指向省委，由教师文凤来为首的激进派组成，他们的组织叫做“红色造反队”[②]。由于“红色造反队”过分强调组织的纯洁性，只接受政治表现和家庭背景无可挑剔的人员参加，作为其外围组织的第三派成立了，这就是以数学系团总支书记、中共党员曾邦元为首的“南京大学八.二七”[③]。因为吸收成员的标准较低，其规模很快超过了它的核心组织。“八.二七”后来宣布完全独立，脱离“红色造反队”。工作组最终被撤销，文凤来和曾邦元逐渐成为文革时期南京和江苏地区家喻户晓的风云人物。

[①] 文革结束后，匡亚明官复原职成为南大的校长兼书记。在清理三种人时，提出胡基才是“三种人”，应当受到惩罚，江苏省委负责人则对胡才基爱护有加。许家屯在自己逃离香港前把胡调到香港，使其免受江苏省委的迫害。

[②] 成立于 1966 年 8 月 23 日。

[③] 成立于 1966 年 8 月 27 日。

5.2. 南京师范学院附中群众运动的兴起

南京师范学院附中是南京公认的最好的中学之一。在中学系统中，南京师范学院附中对南京文革影响有较大的影响。该校的革干革军子弟和知识分子家庭的子弟占了很大的比例。在聂元梓等人的大字报的鼓舞下，南京师范学院附中出现批判副校长李夜光的大字报，指称他是国民党特务。

南京师范学院附中的党支部书记兼校长是沙尧。他从 1955 年始担任校领导，在肃反和反右等政治运动中是积极的执行者。文革开始后，为了保全自己，他通过抛档案，将目标转移到其他干部和教师身上。他长期排挤压制曾是地下党干部的副校长李夜光。

1966 年 6 月中旬，市委向该校派出一个工作组，负责协助学校党支部开展文革。8 月初开始，南京师范学院附中相继出现五 个红卫兵组织，以下是这些组织的一览表：

表 5.1. 南师附中文革时期红卫兵组织

序号	组织名称（简称）	成立时间（1966）	主要成员	立场
1	毛泽东思想红卫兵（思想兵）[1]	8.9	地方干部子弟	保省委、保校党支部，赞同血统论
2	红色造反军（造反军）	8.11	军队干部子弟	反省委、反校党支部，赞同血统论

[1] 括号内为简称。

序号	组织名称（简称）	成立时间（1966）	主要成员	立场
3	八.一战斗队（八.一队）	8.13 左右	军队干部子弟	反省委、反校党支部，赞同血统论
4	红色尖刀队（尖刀队）	9.18 后	工农子弟 人数较少	保校党支部，不赞同血统论
5	红色造反联合会[①]（红联）	9.29	非干部子弟 近一半学生参加	坚决反对血统论

8 月初，南京师范学院附中的校领导已经靠边站，失去了权力。最先成立的三个红卫兵组织，在血统论中登上学校的文革舞台。以军队干部子弟居多的“造反军”，对学校中的教工实施暴力。8 月 27 日成立劳改队，把包括校长在内的十多名教职员工关起来。尽管在对待省委和校党支部的问题上“思想兵”和“造反军”有不同观点和立场，但是他们在利用血统论斗同学方面完全一致，甚至在行动上也有配合。

“八.一队”相对温和一些，没有斗同学的行为。“思想兵”因是保守派，后来解散了，部分成员加入“造反军”。“八.一队”也解散了，部分成员加入“红联”。“尖刀队”解散后，部分成员加入“造反军”。“红联”因社会上的分派，分裂出另一个组织——“井冈山兵团”（“井冈山兵团”在校内仍与“红联”是联盟，只是在校外的分派上有些分歧）。经过整合，最后在南京师范学院附中形成以“红联”、“井冈山”为一方，“造反军”为另一方的对立局面。以下是各组织演变过程：

[①] 开始叫“红色挺进队”，后更名为“红色野战军”，最后于 12 月 16 日更名为“南京师范学院附中红色造反联合会”，简称“红联”。

表 5.2. 南京师范学院附中红卫兵组织的演变过程

<table>
<tr><th>1966.8—1966.9</th><th>1966.10—1966.12</th><th>1967.1—1968.10</th></tr>
<tr><td>思想兵</td><td colspan="2" rowspan="3">造反军（未与社会结派[1]）
（支持沙尧校长兼书记）</td></tr>
<tr><td>造反军</td></tr>
<tr><td>尖刀队</td></tr>
<tr><td>八.一队</td><td rowspan="2">红联
（支持副校长李夜光）</td><td>红联（P 派）</td></tr>
<tr><td>红联</td><td>井冈山（好派）</td></tr>
</table>

“造反军”与“红联”在对待校领导的问题上有不同的立场。在“红联”看来，沙尧基本上扮演了阶级路线、阶级政策的忠实执行者的角色。“红联”反对沙尧，反映出对文革前的一些相关政策的不满。“造反军”推崇沙尧，则反映出对于文革前的相关政策有着本能的认同。

沙、李之争的根源，是对于文革前基本状况的不同认识。“造反军”与“红联”、“井冈山”在政治诉求上完全对立，没有任何联合的基础。不仅当年未能实行真正的联合，后来上山下乡时仍以派别走到一起：“造反军”一派的人结伴下到一个地方，“红联”的也只与本派的人一起下乡插队。直至半个世纪后的今天，彼此也没有相同的理念和价值观；“造反军”的多数人还在怀念毛时代，仍然赞同共产专制，这是后话[2]。

5.3. 南京长江厂群众运动的兴起

南京长江机器制造厂（简称“长江厂”）是一个大型的国有企业，

---

[1] 造反军中只有一个小组与南京地区好派结盟，参与反许，其他成员均保军保许保爹保妈。

[2] 王虹给笔者的回信，2017 年 9 月 9 日。

隶属第四工业机械部（简称“四机部”）。该厂在业务上受四机部领导，在党组织关系上受南京市委领导，是个受双重领导的单位。这样的安排，埋下了冲突的祸根。

该厂始建于 1945 年，由国民党政府创办。厂里的许多工人、工程技术人员和管理人员是中共建政前留下的，他们与中共建政以后进厂的工人、技术人员和复员转业军人存在着明显的不同。

社教运动前夕，长江厂的党委书记是南京市委任命的高祥芝。1964 年 9 月，四机部派了一个庞大的工作组进驻长江厂。工作组认为长江厂党委彻底烂了，实施无情的整肃。高祥芝受到清洗，近半数的中上层干部成了“高祥芝集团”成员，许多普通工人和技术人员也受到批判。

1965 年 1 月，社教运动转向。工作组的清洗有所收敛。当年 7 月，工作组撤离时任命孙树桢为厂党委副书记。数月后四机部又任命柳金铭为厂党委书记。柳金铭和孙树桢这两位正副书记培养进厂不久的青年工人、大学生、复员转业军人，取代所谓的旧人员（即厂长段俊和其他一些中层干部）。

1966 年 6 月 9 日，长江厂出现第一张大字报，指控厂长段俊是反革命和资产阶级技术权威的保护伞。大字报的作者是蒋震虹和鲁学智。蒋是新任命的党委书记调进厂的，任厂政治部副主任，其丈夫是部队的军官。鲁是转业军人，厂党委办公室秘书。鲁曾在蒋的丈夫手下当过兵，与蒋关系密切。7 月 12 日，又有一些青年技术人员贴出大字报，指责段俊企图复辟资本主义。8 月 16 日，新党委撤销车间党支部书记陈其昌的职务，罪名是镇压群众运动。显然，这是文革前社教运动中四机部挑起的清洗运动的继续。

数百名陈其昌的支持者反对撤职决定，到南京市委去请愿，要求恢复他的职务。2,000 多名新党委的支持者也结队前往市委，表示支持对陈的处理。8 月 20 日，市委宣布不批准清洗陈其昌的决定。

长江厂党委召开群众大会，指责南京市委背离毛的阶级斗争路线，镇压群众运动，以便保护他们自己。当市委书记前往长江厂时，厂党委书记避而不见，拒绝传达市委的决定。

8月26日，长江厂的第一个工人组织“长江红旗战斗队”（简称“长江红旗”）正式成立。该组织受到厂党委的支持，鲁学智是主要领导人之一。后来鲁学智成为“江苏省工人红色造反总司令部”（简称“省工总”或“工总”）的负责人之一。8月29日，一个对立的组织——“红色职工战斗委员会”也宣告成立。该组织受到南京市委的支持。备受厂党委打击的厂长段俊和车间主任陈其昌，公开宣布支持该组织。

9月2日，因不满南京市委的决定，“长江红旗”动员1,000多人进京请愿，后被说服返回南京。9、10月间，南京市委和四机部经过磋商，最终同意对长江厂党委进行改组。11月2日，四机部官员来长江厂宣布，将派一个新的党委班子取代现任领导。“长江红旗”表示抗议，认为这是南京市委镇压群众的举措，其对立派“红色职工委员会”则表示支持。

11月16日，长江厂爆发一场大武斗，“红色职工委员会”被打败，他们集体撤离长江厂以示抗议。从此，该厂在“长江红旗”的绝对控制之下。可以看出，长江厂的两个群众组织对立的根源，来自于四机部与南京市委的矛盾。

5.4. 轰动南京城的“王金事件”

1966年9月27日，南京外国语学校（简称“南外”）的几位女“毛泽东思想红卫兵”（简称“思想兵”）沿街散发传单。负责跟踪保护的男生，发现两个行迹可疑的人。王金拣了一张传单以后，跟着又拣了两张。“思想兵”上前盘问王金，并把他押回学校。

途经人民大会堂时，巧遇王金所在单位南京玄武建筑联社（简称“玄建联社”）第三工程队的指导员。指导员证实王金是工人，并且作了担保，王金被暂时释放。

“思想兵”当天还抓了一个自称姓叶的工人。晚上，趁看守大意睡着，叶某翻墙逃跑。9 月 28 日，“思想兵”找不到叶某，怀疑王金与他是一伙的，就把王金从单位带回学校关了起来。

王金曾参加过国民党，是中尉药剂师，在淮海战役中被解放军俘虏过。解放后，王金曾在徐州的一家医院任药剂师。因配错药造成一名工人死亡，王金被判刑。刑满释放后，他回到南京。“思想兵”对王金进行审讯。“思想兵”大多是革干革军子弟，得知眼前的王金曾经参加过国民党军队，这还了得。“思想兵”出了一道算术题，问他在战场上救治了多少国民党兵，被他救治的国民党兵又杀害了多少解放军。王金回答不了，挨了打。

晚上，“思想兵”把已经一天粒米未进的王金从楼梯间里拖出来，毒打一顿。王金被打得皮开肉绽、头破血流，鲜血溅到墙壁上。王金被放回楼梯间里，无人过问，饥饿难忍，向红卫兵讨吃的。红卫兵的管理混乱，没有专门的看管人员和机构，谁也不会自掏饭票为王金买吃的，有一位“思想兵”给王金喂了一勺贴大字报的浆糊。

晚 10 时左右，王金又被拉出来。在殴打中，有人对王金的太阳穴猛击，有人用木棍狠捣王金的腹部，打断三根体操棒，还有人把皮带蘸水狠抽王金。王金有五六次昏厥过去，“思想兵”用冷水泼醒过来继续打。拷打一直持续到午夜，王金被关回楼梯间时已经奄奄一息。

9 月 29 日上午 8 时，又有一群“思想兵”过来，命令王金出来。王金瘫在血泊中，已经爬不起来，他们仍又打了一阵。上午 10 时左右，王金已经四肢僵硬，瞳孔无光，被活活打死。由于火葬场坚持要有明确的死因，“思想兵”才通知公安局做法医鉴定和刑事摄影。

公安局派出的便衣警察赶到南京外国语学校，警察和打人的红卫兵握手言欢。警察看了行凶器械，传授多长的鞭子最合手，还夸奖红卫兵的鞭子编得好。

王金的死讯传到王金的单位，同事们愤怒了。事情竟然如此凑巧：王金曾经为建造南京外国语学校的大楼辛勤劳动过；他被折磨致死的地方，正是他曾经挥汗如雨、辛勤劳动之处。10 月 2 日，南京玄武区建筑联社的工人们首先贴出“强烈抗议南京外国语学校的学生打死工人”的大字报。

10 月 3 日，王金的三位同事与华东水利学院[1]的七位学生成立调查小组，赴南京外国语学校进行调查。王金之死震惊全城，许多群众开始自发地到南京玄武区建筑联社表示声援。14 日，王金的同事和南京大学的造反派发起成立联合调查组。16 日，一个群众性的草根组织“九.二八王金事件联合调查团”(简称“九.二八调查团”)在南京大学正式成立。该调查团由南京玄武区建筑联社、南京长江机器制造厂、南京电子管厂和南京大学等 40 多个单位的工人和学生组成，其主要成员有王金的同事查全华等人。

上海“工总司”是公认的全国第一个工人造反组织，但南京的“九.二八调查团”有两点超过上海“工总司”。首先在时间上，南京的“九.二八调查团”成立于于 10 月 16 日，上海“工总司”11 月 9 日才正式成立，前者比后者整整早了 24 天。其次在自发性上，上海“工总司”是在北京红卫兵的发起和帮助下成立的，南京“九.二八调查团”则完全是由工人首先发起，在学生的参与下成立的。南京“九.二八调查团”的工人成员后来成为“省工总”的成员，为文革中的江苏工人运动立下汗马功劳。

“九.二八调查团”派人四处请愿告状，在本市和周围城市大造舆论，组织集会抗议红卫兵的暴行。工人们起初在南京外国语学校

---

[1] 现更名为“河海大学”。

校门口抗议，以后冲破校门，涌进学校并占领礼堂，召开大会，要求惩办凶手。有的工人们站在教学楼下，扬言凶手不受惩罚就拆掉大楼为王金报仇。

当然，在一片愤怒声中也有不同的声音。在辩论会上，工人高呼口号，要求惩办凶手。一位北京的红卫兵反驳道，“难道要用我们红卫兵的鲜血去抵偿一个社会上小混混的血？”众多的工人竟无以言对，反驳引来台下红卫兵的一阵掌声。一些参加打人的“思想兵”的家长对死人事件不以为然，认为“打死个把人有什么关系”，“反正市委要替我们顶住”。有位家长坚决反对行凶者写检讨，市委不得不告诫这些家长，“不要再火上加油”。南京第九中学和第十中学的红卫兵开始串联，说打死王金是革命行动，还说北京打死的人多着呢。

为什么王金之死会引起如此强烈的反弹？原因有二。首先，南京曾是中华民国的首府、国民党的老巢。国民党败退台湾时，其政府和部队的人员撤离了，但是百姓并没有跟着去台湾，这一强大的社会基础留了下来，进入共产党的新社会。南京地处长江三角洲，属于富饶的江浙地带，解放前人民的生活并不像北方地区那样贫困。比起北方的人民来说，他们对于共产党的解放不但没有那么感恩戴德，甚至还有些抱怨。

第二，南京玄武区建筑联社的政治成分复杂，党团员极少。一个拥有 200 多人的工程队，因党员数量不足三人竟无法成立党支部，只好派一名党员任指导员。这里的工人尽管也被称为工人，但与国营大型企业里的工人有着天壤之别。他们属于边缘化的群体，经济地位低下，政治地位低微，为社会所歧视。南京玄武区建筑联社里，有许多像王金那样有历史问题的工人。如“九.二八调查团”的骨干查全华，曾因办过地下刊物被提前退伍，沦为内控人员。

对于南京外国语学校的红卫兵来说，他们的“不幸”是打错了人。如果他们打死的是本校的老师，肯定不了了之。可是他们打死的是王金，他所在单位充满了社会底层人物、边缘人物。这是一只“马蜂窝”。

当局为平息民愤费了不少心思。王金被打死当天，玄武区委立即召开由多方领导参加的紧急会议。会上决定把尸体迅速处理掉，免得工人抬尸体上街，他们还组织“赤卫队”与造反派对抗。市委书记甚至威胁说：谁要再把事态扩大，我们决不会放过他。市公安局五处的一位科长曾三次请示，要求对打人现场拍照留证，一直未获批准，副市长则指示冲洗现场，销毁凶器。为控制舆论，当局也搞了个调查组。3日调查组成立，4日铅印的调查报告就印发出来了。

10月8日晚，副市长王昭铨亲自坐镇指挥，派出十多辆接待外宾用的大轿车，把南京外国语学校学生秘密护送到与安徽交界的僻远乡间。同时去的还有十多名市委工作人员，负责照看学生。他们不仅更改校名，对不知情的农民进行隐瞒，连学生家长也不让知道学生的去向。由于走漏了风声，学生们不得不分散潜回南京，悄悄地逃往外地串连去了。

10月11日晚，市委送“思想兵”的头号凶手乘飞机前往山东避风。市公安局开始藉口保密，不许工人看王金的法医鉴定和刑事摄影。后来公安局删去法医鉴定中的详细叙述，销毁刑事摄影中的几张惨不忍睹的照片，以免引起更大的公愤。他们派出大批的便衣，在南京外国语学校散布说，打死人的行为算不了什么。他们还通过派出所、居民段，把南京玄武区建筑联社的15名工人整成反革命，并准备逮捕其中的一人。

工人们要写大字报、印传单，领导不给经费。符合省市委口味的传单却不愁经费。不仅如此，单位还扣发参加调查王金事件的工人的工资。当局认为，“死者家属不起来闹，事情就好办了”。他们采取“加速处理、稳住一头”的方针，派出女工一天24小时地看住王金的家属，以安慰、照顾为名，行看守、隔离之实。他们还通过房管所换房子，悄悄地把王金的家属搬了家。在抚恤上，对家属格外照顾，待遇大大超过王金所在的集体制单位的标准，甚至超过国营企业和国家干部的抚恤标准。

这样的处理，确实起到了稳定死者家属的作用。王金的家属自始至终没有在公众场合出现过，没有公开为王金鸣冤叫屈，为死者讨公道。从家庭的角度上说，王金是可悲的，但又是幸运的。他的同事们冒着自己被打成反革命的风险，为他奔走呼叫，在南京甚至在江苏掀起轩然大波。

1966 年 12 月 30 日，市政府在民众的巨大压力下决定缉拿凶手，市委决定逮捕三名“思想兵”。其中一位凶手的父亲是南京军区后勤部的少将副部长，是位 1929 年参加革命的老红军。在逮捕凶手的公审会上，第一号凶手的父亲公开表态，表示儿子犯了法，应该受到惩罚，支持有关部门的决定，决不包庇纵容自己的孩子。他的诚恳态度对平息民愤起到了一定的作用。

经过五个月激烈和反复的博弈，“九.二八调查团”完成对王金之死的调查，向社会公布调查结果。这是一份详细的报告，共有 50 页，包括王金被打死的经过，王金的个人简历，参与打死王金的学生名单，法医鉴定和刑事摄影，市委书记处会议记录摘要和省市委主要领导人的报告，南京玄武区建筑联社三队造反派的批判文章，南京外国语学校部分学生的批判文章，南京市委和玄武区委工作人员于顺良、张国义、徐俊良和孙勋的揭发批判，国营 X 厂工人[1]的批判省市委的大字报，南京市委对处理王金事件的检讨，以及王金事件大事记。

“九.二八调查团”于 1967 年 2 月 6 日，在南京人民大会堂召开“关于王金事件省市委执行资产阶级反动路线揭发批判大会”。省市

[1] 调查报告没有披露具体工厂。

委负责人被揪斗，一位副市长代表市委作检讨。

在文革期间发生的成千上千万死人事件中，王金之死平常无奇，可圈可点的是王金死后发生的事情。王金之死引发轰轰烈烈的群众运动，导致三名老红卫兵被抓，在全国是绝无仅有的。“九.二八调查团”对历史做出的贡献，不仅仅是弄清楚王金之死的真相，更重要的是对南京市乃至江苏省的红卫兵暴力起到了阻遏作用，使许多无故百姓得以逃脱厄运。

王金事件引发的波澜壮阔的群众运动，显示了当年民众对政治利益的诉求。调查团没有把南京外国语学校的红卫兵作为最终目标，而是借机把斗争矛头指向省、市委。调查报告明确地提出，王金事件的真正凶手是省、市委的走资派。他们的口号非常巧妙，“杀人偿命”是任何国度、任何制度都行得通的要求。在此要求的幌子下，聚集起一大批对现实制度不满的人们，形成声势浩大的群众运动。

当年的造反派对于红卫兵还是手下留情的，调查报告称打死人的红卫兵为“几个小家伙”，足见他们的立场和态度。为了不被对手抓住把柄，领头闹事的组织者均是历史问题较轻的工人，真正有明显历史问题的工人很少公开抛头露面。调查团采取的斗争策略、目标、手段，无不体现民众的睿智。

在为王金讨回公道的群众运动中，涌现出一批造反人物，其中最著名的是查全华。查后来脱离造反组织，潜心研究理论问题，发起成立“马列主义小组”。按照查全华的想法，当时并没有成立一个政党的必要，建党时机尚未成熟。“马列主义小组”是为迎接可能发生的革命做些思想准备，称为小组更适宜些。今后，根据形势的发展再决定后面的行动。

被当局定为反革命政治纲领的“论二次革命”，是查在这段时间写的一篇文章。该文是查全华尝试运用马列的理论，剖析文革以及文革给国家与人民带来的灾难，对文革持否定的立场。“二次革命”

的提法，是查全华预测将会发生的事情。他的依据是，造神运动出现的“早清示晚汇报”、搭“忠字台”、全民大跳“忠字舞”、“万寿无疆”、“永远健康”是愚民政策，物极必反，最终民众是不会被愚弄的。众多的革命功臣被打倒，知识分子被冠以“资产阶级”，停课停产闹革命，学生插队农村，民众稍不小心即因言获罪，凡此种种，导致的结果必然是走投无路的民众起来反抗。毛林自毁国家基石，随时可能引发革命，并很有可能爆发于党内、当政者内部。

查全华因为王金事件中的表现，早被当局盯上。后来主要因为那篇文章获罪，于 1969 年 12 月 15 日被南京市军管会判处死刑。

5.5. 一.二六夺权

1966 年 11 月开始，群众运动开始向社会各界蔓延，南京大学的“红色造反队”率先走出校门，与工矿企业和社会其他阶层串联成立“江苏省红色造反总司令部”（简称“省红总”或“红总”）和“省工总”。“南京大学八.二七”也在南京成立“南京八.二七串联会”（简称“南京八.二七”）。南京大学的“红旗战斗队”则在省委的暗示怂恿下，拉起保守派组织“赤卫队”和“红色娘子军”[①]。

1967 年 1 月 3 日，“红总”、“八.二七”为一方与“赤卫队”为另一方，在江苏饭店发生大规模的武斗，造成 1,000 多人负伤。保守派被打垮，“赤卫队”迅速瓦解。胜利的造反派并未想到夺权。造反派势力的发展，是他们在文革初期遭受迫害后不断抗争的结果。所以当他们获得平反和道歉后，已经心满意足。他们的斗争目标，只是希望组织能得到承认，中央能罢免那些迫害他们的官员。

在周恩来的敦促下，南京的造反派才开始筹备夺权。周曾给曾

[①] “红色娘子军”的成员大多数是家属，由居委会管辖领导。因“赤卫队”和“红色娘子军”的袖章上的字是黑字，也有人称他们为黑字兵。

邦元打电话，询问南京的造反派是否也准备夺权。曾回答说，造反派觉得自己没有能力管理江苏。周解释道，所谓夺权并不是真的要造反派接管政府，而是要他们监督在任的官员做好工作。

1 月 22 日至 24 日，造反派领导们开会商议夺权，会议期间成立以文凤来为首的“夺权委员会”。但是有代表指责会议缺乏民主，宣布退出会议。“南京大学八.二七”的领导（包括著名的曾邦元）竟被排除在委员会之外。因此，造反派在夺权问题上分裂了。

1 月 26 日凌晨，“南京大学红色造反队”、“省红总”、“省工总”等组织顺利夺得省委的权力。其实，党政机构早已瘫痪，根本没有抵抗，夺权只是走过场而已。虽然“夺权委员会”向中央文革和周恩来报告夺权方案并得到批准，但是夺权并未按照周的要求进行，造反派没有联合夺权。因此周指示造反派，暂缓对外宣布夺权。

但是已经夺权的造反派不顾周的指令，登报宣称夺权成功，并在 1 月 30 日召开大会庆祝夺权。周恩来不支持夺权的关键原因是，新的权力机构中没有中共的原高级官员或军队将领。文凤来不过是一名基础干部，他的能力和资历不足以管理一个省的政治和经济。江苏地区的造反派分裂为“好派”和“P 派”[1]。支持夺权的称为“好派”，反对夺权称为“P 派”。

夺权后不久，“好派”的“省工总”发生裂变。该组织起初由市政建筑公司、码头货运公司和人力三轮车行业协会的工人造反派领导。张春桥认为“省工总”组织不纯，不是以产业工人为主力军。因此，“省工总”宣布改组。新当选的“省工总”领导人表示支持“好派”。老的“省工总”（简称“老工总”）领导人则反对改组，所以带领其拥护者投入“P 派”。最终，江苏的“P 派”由“老工总”、“江苏东方红”和“南京八.二七”（简称“老、东、八”）组成。江苏“省工总”的内部分裂，与湖北“钢工总”内部的分裂如出一辙。

[1] P 派称夺权好个屁。P 是屁的谐音，以避不雅之嫌。

此后，周恩来下令组织一个由军人、干部和造反派参加的代表团赴京解决问题。开始“好派”信心十足，以为他们会获得中央的支持。但是他们很快意识到，中央在各地的夺权问题上有着绝对的权威。周恩来的意图是，希望原江苏省委书记江渭清成为权力机构的第一把手。

反对夺权的“P 派”，在赴京代表团的 28 人中只占三个席位。为了表达不满，他们在南京发动舆论攻势，指责“一.二六夺权”是少数人的政治野心，不是广大群众的意愿。曾邦元和支持“八.二七”的干部高啸平，组织了一个“江苏控告团”赴京反对夺权。控告团抵京后，周拒绝接见。该团受到冷遇，连住宿的地方都找不到，只好在一个办公大楼里打地铺。不过，中央文革对控告团表示欢迎，对他们的住宿做了安排。周恩来立即改变态度，同意控告团参加谈判会议。由于控告团急需中央高层的支持，只要他们的竞争对手不在新的权力机构内掌握实权，他们愿意接受任何方案。所以周的方案得到“P 派”的支持。

但是，“P 派”的干部高啸平坚决反对江渭清复出。高啸平是较早支持造反派的省委干部，文革开始时任省委统战部长。他在上世纪 60 年代受到省委的整肃，个人仕途受到影响。如果江渭清复出，他必定会遭到打击报复。

由于“二月逆流”，周恩来让江渭清复出的安排受挫。中央文革提议由高啸平出任第一把手，但没有得到回应。由于建立新权力机构谈判失败，南京的局势失控，两派武斗事件频发。中央不得不在 1967 年 3 月 5 日对江苏实行军管，军管会由军区政委杜平为首。

5.6. “清查五.一六”

江苏实行军管以后，军队很快卷入两大派的派性纷争。1967 年

3月中旬，南京军区对造反派（主要是“好派”）进行镇压，联缔延安区“土建八.三零”、“金陵船厂红色纵队”（简称“金陵红纵”）、南京铁路分局的“铁道兵”等造反派，抓了这些组织的领导人。这是“好派”在1967年夏掀起“倒许反军”浪潮的原因之一。“P派”成为南京军区的坚定支持者。

与此同时，南京军区内部也出现了裂隙。南京军区空军和一些驻宁军事院校的派别支持“好派”。军方“好派”的领军人物是军区国防工业部长杜方平、南空政委江腾蛟、副政委王绍渊、政治部主任高浩平。军方“P派”领军人物是江苏省军区副政委梁辑卿。

到了8月，南京街头暴力冲突完全失控。“好派”占领主要城区，“P派”被赶到下关区及江北郊区。两派以挹江门为界，城内是“好派”的占领区，城外由“P派”占领。9月4日，南京两派在中央干预下签署停火协议。周恩来命令江苏组织代表团赴京商议大联合。“好派”坚持许世友及军区须对军管时期犯的错误和南京暴力冲突事件负责。经过几个月争吵，协商毫无进展。

12月下旬，毛终于定下决心，许世友不能打倒。1968年1月26日，周恩来代表中央起草了一个批语，批准南京军区的检讨报告，表明中央对许世友作出裁决：尽管他犯有错误，但是还没有严重到要将他撤职查办的地步。

周恩来和康生在1月28日的大会上，突然宣布两位江苏的干部是幕后挑动两派暴力和阻碍大联合的黑手：“好派”的杜方平和“P派”的高啸平。中央还宣布，除两人之外，其他人不必为过去的暴力事件负责。中央在处理江苏问题上负有责任，此举显然是找替罪羊，以平息两派和军方之间的争执。

许世友的权力得到巩固。南京军区的军人立即解散跨行业的群众组织，并将支持“好派”的军内成员踢出军管会。江苏省革委会于1968年3月23日正式成立，许世友任省革委会第一把手，四位副主任中有三位来自南京军区。虽然军人的人数在省革委会中只占18%，但是他们垄断了所有的重要领导职位。革委会部门的正职均由军人担任，造反派代表在革委会中被边缘化了，南京军区实现了对江苏的控制。

许世友在一系列打击反对派的措施后，对反对派的最后一击是“清查五.一六”运动。该运动于 1970 年春在全国发动，江苏的情况异常惨烈。根据官方公布的数据，江苏在这次运动中受到牵连的人数超过 13 万人[①]，在全国名列前茅。

运动一开始，“好派”的领导人相继落马。已经被分配到外地工作的几个领导人（如张建山、葛忠龙和耿昌贤），全被揪回南京接受隔离审查，文凤来和戴国强[②]被关进南京监狱。支持“好派”的地方党政干部和那些在 1967 年夏天支持倒许的人，都遭到隔离审查和刑讯逼供。如南京军区政治部副主任史景班、杜方平和高浩平等一批军队高级干部被关进军中监狱，高浩平在监禁期间死亡。与他们有牵连的人，以及那些在 1969 年被迫离开军队的人，只要其所在的工作单位地处江苏境内，都成为本单位清查运动的重点目标，有些人还被押回南京接受审讯。

“清查五.一六”的突破口选在南京大学，因为江苏两大派的主要领导人均在南京大学。省革委会常委迟明堂任南京大学调查组组长。审查对象揭发交代出什么人，那人马上被关起来。“五.一六”成员就这样滚雪球似地越抓越多，最后人们开始乱揭发乱交代。南京大学的调查组长迟明堂也被人揭发是“五.一六分子”，被关了起来。

文凤来是个讲义气的人，他承认反许有错误，但是始终否认参加过“五.一六”，没有牵连他昔日的战友。文革开始时文凤来挺身而

---

① 另一说法，根据查阅过档案的原江苏电视台长丁群透露，全省被打成“五.一六”反革命分子的多达 26 多万人，其中被关押批斗的 13 多万人，死 2540 人，伤 3500 多人。

② “好派”领导人、新华社江苏分社记者。

出贴工作队的大字报，并不是因为有个人恩怨，而是出于对受工作组打击的师生的同情和正义感。文凤来在清查“五.一六”中被整得很惨，精神失常，于1976年自杀离开人世，留下甚多的遗憾。

在这次清查中，最冤的也许要算曾邦元。“八.二七”内部分为两派，一派以曾邦元为首，另一派以袁服武为首。分裂的原因是高啸平的问题。当中央决定把杜方平和高啸平作为替罪羊抛出来时，曾邦元无情地将过去的盟友抛弃。袁服武等人对此表示不满，认为曾邦元两面三刀，为了保自己升官，为人不够厚道。他们倒向“好派”，寻求支持，袁服武后来与“好派”的领导人耿昌贤成为好朋友。

“清查五.一六”主要是抓“好派”的人。曾邦元趁机打击袁服武，把袁也关了起来。清查运动本来就是无中生有收拾造反派的借口，根本不需要任何事实。只要有人揭发，被揭发者立即被关起来。如果不交代就打，打了就胡乱揭发。袁服武被关起来后痛恨曾邦元，心想：“你把我们搞成‘五.一六’，你自己倒春风得意，还当你的省革委会常委？我们把你一起交出来！”结果被关进去的袁派串通起来，一口咬定自己是曾邦元发展的，时间、地点、组织关系讲得头头是道，相互吻合。最后曾邦元也成了“五.一六分子”，被关起来，真是搬起石头砸了自己的脚。

许世友后来到牢房里找过袁服武。许世友问袁服武：“他妈的，你讲的是真的还是假的？”袁服武答道：“是真的。”许世友听了，把桌子一拍，骂道：“他妈的，‘好派’夺我的权，‘八.二七’骗我的权，都不是好东西！”

最后被关的人揭发许世友的老婆田普[①]和吴大胜也是“五.一六分子”，运动搞不下去了才罢手。

[①] 田普曾公开支持P派。

5.7. 第二次夺权

1974 年 1 月，“批林批孔运动”开始。江苏省的“批林批孔”与湖南省显著不同。此时的江苏正处于军队干部的控制之下，军人占据省级、地、市、县各级党委第一书记和革委会主任的职位。虽然因为 1971 年 9 月的林彪事件有不少军人受到牵连，但是江苏的许世友不仅毫发未损，反而在党内的地位有所上升。因此，控制着江苏各级政府的军人在许世友的庇荫下未受到触动。许在江苏也到了说一不二的地步，俨然一个土皇帝。

可是好景不长，在 1973 年 12 月的八大军区司令大调动中，许世友被调到远离千里的广州任职。那些被许世友安插在各级政府中的军人转眼间失去保护，江苏的强权统治戛然而止。虽然他的两名副手接手了江苏省的最高权力，吴大胜任省委第一书记省革会主任，蒋科任省委书记和省革会副主任，但是军人的麻烦开始了。

江苏的军队在 1968 年以铁腕手段镇压派性武斗，并进行一系列针对许多地方党政干部和其他社会势力的镇压行动。军人不仅在“清队”、“一打三反”、“清查五.一六”和城乡居民下放运动中伤害了众多的民众，而且对各级地方干部也不放过。例如，1967 年 3 月实行军管后，他们把 20 多位省级领导人关进南京以东句容县的一个监狱，直到许调走后才放他们出狱。

大量的地方干部被军人们赶到五.七干校。即使有少数干部通过了所谓的审查被解放，也最多在新的政权机构中担任掌权军人的副手。旧省委领导彭冲和许家屯虽然幸运地躲过一系列的清洗并进入省革委会，但也落得被边缘化和解职的结果。造反派的领袖们（例如文凤来和曾邦元）则更加悲惨。他们虽然曾进入过革委会，但早在清洗中成为阶下囚。许多曾经获得革命干部头衔的老干部，在清洗中成为军人整治的对象。军队中反许的人员也遭受清洗。许世友及其追随者的所作所为，必然招致造反派和地方干部的强烈不满。

因为许世友已经调离南京，所以吴大胜负责领导江苏的“批林批孔运动”。尽管中央对于运动连续下达文件并通过控制的媒体发表重要社论，但吴等人对中央的意图并不清楚，不知所措。吴试图把这次运动搞成教育群众，使他们与各种反动思想决裂，更好地抓革命促生产。

被整肃的造反派领导们，却把此次运动视为争取为自己平反的机会。1974 年 3 月，南京大学出现大字报，指责军方在“清查五.一六运动”中的错误作法。南京大学的两名前造反派成员在深入调查的基础上写出系列大字报，详细披露清查时逼供信的情况。4 月初，省总工会主席、前苏州造反派领导人华林森在省总工会的一次群众会议上，指责作为苏州党政第一把手的军队干部与林彪事件的牵连。华的这一指控还涉及许世友。与会的前造反派领导人纷纷响应，提出更多的指控。

其中的一个重要指控是，吴大胜为了保护许世友夫妇和蒋科，在 1973 年初审阅省委向北京报送有关林彪集团在江苏活动情况的调查报告时，删去关于许夫妇和蒋的情况。这些指控得到省委中老干部的响应。彭冲和许家屯提出，对林彪在江苏死党的活动展开调查，斗争矛头直指吴大胜等人。彭冲提出，要“清查五.一六”冤假错案和军方人员与选妃活动[①]的牵连。

造反派领导人与地方干部在对付军人专权上联手出击。4 月中旬，吴大胜不得不在一次省委会议上承认存在错误，做自我批评，并同意释放一批还被关押的造反派领导人。此后，彭冲等人对省委办公室进行改组，使其摆脱吴和蒋的控制。他们还加紧追查林彪在江苏死党的活动，旨在攻击许世友、吴大胜和蒋科等人。

斗争并未仅停留在省级领导层，处于底层的民众也纷纷起来。

[①] 叶群曾派人到全国各地为其儿子选择恋爱对象。

在军管期间，江苏约有 35 万市民被迫到农村安家，南京下放了 13 多万人。强迫下放造成诸多的社会问题。对军管人员错误的批评和指责，使这些“下放户”受到鼓舞。4 月 28 日，数千名下放户涌入南京火车站，试图登车到北京告状。登车不成后，他们集体卧轨拦车，使京沪铁路运输中断两天。

在中央的强令下，吴大胜不得不直接出面与抗议的人们谈判。双方于 5 月 2 日达成协议，允许他们返回原地，并发放经济补贴和粮油煤炭计划配给。该协议引发链锁反应，更多的下放户涌入南京要求同等待遇。地方当局无法满足他们的要求，这些抗议者聚集在南京市内示威。还有部分人向北京进发，与劝阻人员发生冲突。中央严厉批评吴大胜对第一批请愿者的处理。

彭冲和许家屯等老干部趁机攻击吴大胜，指出他的错误不是偶然的，说他长期捂住林彪问题的阶级斗争盖子。5 月中旬到 6 月底，省委召开省级机关“批林批孔”大会，数十位群众代表（造反派成员和“清查五.一六运动”的受害者）以不容置疑的口吻对军方人员进行批判。与会者还有人写大字报、散发传单，公开点名谴责吴大胜等人。

彭冲和许家屯等人常常与这些代表密谋，指导他们如何在大会上斗争。部分掌权的军人开始倒戈，批评吴大胜。对吴大胜最有杀伤力的指控是，吴直接卷入提名林彪为毛接班人的活动并参与林彪集团的活动（如选妃活动）。

8 月下旬，吴大胜和蒋科不得不承认和交代自己的问题，并作了检讨。但是他们的交代没有得到谅解，反而引起更大的愤怒。由于他们交代的问题涉及许世友，代表们将斗争的矛头指向了许。8 月 31 日，彭冲代表省委总结，作为原省委第一把手许世友的错误应该受到批判。

虽然彭冲和许家屯的举措受到军人的零星抵抗，但是 10 月 6 日到14日召开的中央工作会议明确地支持彭冲和许家屯。中央会议结束后，彭冲和许家屯进一步加大批判吴大胜和许世友的力度。在江苏省委召集的部委办局、地市委和南京军区政治部负责人联席会议上，对南京军方主要领导人提出指控。指责他们与林彪集团有牵连，搞以人划线的分裂主义；否定文革，搞独立王国，破坏批林批孔；有错不认错，政策不落实，影响安定团结。

11月13日，地方老干部群体的胜利得到确认。南京军区和江苏省委主要负责人奉召进京，受到中央政治局常委王洪文、叶剑英、张春桥和纪登奎的接见。中央宣布彭冲为省委第一书记和省革会主任，兼任南京军区第二政委。吴大胜和蒋科被停职，继续接受批判和审查。彭冲和许家屯返回南京后传达中央指示。吴和蒋不得不表示支持中央决定，拥护彭冲的领导。12月30日，江苏省委和省军区联合发出通知，命令所有军方人员全部返回军队。至此，军人专权的局面终于落下帷幕，地方干部终于翻身了。

新的省委领导立即致力于巩固他们的胜利，对曾经帮助他们攻击军方人员的造反派要求恢复原先领导职务的要求，无情地拒绝，因为造反派此时已经没有利用价值了。

5.8. 造反派捐弃前嫌最后一搏

1975年春夏，复出的邓小平在毛的支持下实行全面整顿。该整顿对重建社会和生产秩序起了重要作用，但是由于以强力打击原造反派领导人，产生了始料不及的后果。从1970年的清洗运动开始，几乎所有的“省红总”和“八.二七”的重要领导人均遭到审查和清洗。他们当中有一些人在刑讯逼供中死于非命，有的人因为长期监禁精神失常。虽然有不少人得以幸存并协同原省委的地方干部驱逐占据省革委会中的军方势力，但在安排工作时受到明显的歧视。相同的个人处境，使得曾经是敌对两派的造反派逐渐被统一的造反派身份所取代。他们捐弃前嫌，团结一致，为改善自身处境拼死一搏。

江苏省各地的原造反派领导人频繁串联，逐渐形成反对以彭冲和许家屯为首的江苏省委的联合阵线。在这一联合阵线中，原造反派领导人，南京的曾邦元、苏州的华林森和徐州的孔庆荣发挥了重要作用。

曾邦元 1974 年获平反后，被分配到苏北某县工作，曾对此极为不满。华林森原为苏州长风机器厂老工人、中共党员、劳动模范，他是苏州“支派”的领导人。由于华林森在军管后支持军管，所以他没有受到清洗，而且还高升成为中共十届全会的中央委员，是苏州的第二号人物。军管人员被排挤出势力圈后，华林森掌握了苏州党政大权。为了巩固自身的地位，华大力突击发展造反派入党。在整顿期间，华林森被停止一切领导职务，担任其他职务的造反派也被下放到工厂。苏州造反派领导人与省委的矛盾空前激化。

徐州的孔庆荣也是一位老工人、老党员、老劳模。由于孔庆荣属“支派”，与军管会合作，所以形成一派掌权的局面。1974 年“批林批孔”运动中，反对派（“踢派”）再次向军管会和孔所属的“支派”发难，使得徐州的局势失控。在整顿中，江苏省委与铁道部派工作组进驻徐州。“支派”和“踢派”两派领导人均受到打击，少数人甚至被判刑入狱。孔庆荣所属的“支派”长期掌权，是整顿的最大受害者，自然对整顿和江苏省委不满。

1975 年底和 1976 年初，“批邓反击右倾翻案风”开始，形势又一次发生逆转。原本各自为政的南京、苏州、徐州等地造反派领导人联合起来，紧紧抓住苏州问题、徐州问题向江苏省委发难，成为江苏“反击右倾翻案风运动”的主力。这一情形与湖南、湖北的情况极为相似。

1976 年 3 月底和 4 月初，南京市民为悼念周恩来总理，发生

“南京事件”[①]。中央定性该事件为严重政治事件。联合的造反派积极收集和整理材料，通过各种途径与“四人帮”建立联系，试图将彭冲和许家屯等省委领导打成“南京事件”的黑后台，进而推翻老干部在江苏省的统治。

值得注意的，是造反派、省委当权派与民众的立场和关系。在追查“南京事件”中，省委当权派迫于压力进行追查，但心里是同情民众的反抗行为的。造反派明为追查，暗地里却以干部为目标。与文革初期相比，民众的立场发生变化。他们对造反派领导人与当权派的斗争不再感兴趣。他们不再与造反派为伍，继续支持造反派，而是倒向党内的保守派和温和派，希望局势稳定，不再折腾。造反派因为失去民众的支持，终于未能使他们的命运发生奇迹般的逆转。

1979 年 1 月，华林森被开除党籍，开除公职，撤销党内外一切职务，移交司法机关逮捕法办。同年底，市中级人民法院以现行反革命罪判处华林森有期徒刑 18 年，剥夺政治权利五年。曾邦元也遭到逮捕法办的下场，被判 14 年。一代叱咤风云的造反英雄，就这样陨落了。

[①] 1976 年 2 月 6 日，姚文元控制的《内部参考》转载了香港的一篇攻击周恩来的文章。3 月 5 日，上海文汇报出现“党内那个最大的走资派要把被打倒的至今不肯悔改的走资派扶上台”的句子，影射周恩来，引起广泛的愤怒。1976 年 3 月 28 日，南京大学 400 多名师生率先公开组织开展周恩来逝世的悼念活动，以周恩来的遗像为前导，捧着用玉兰花制作的花圈，沿着南京主要干道前往梅园新村。南京其他大专院校的数万名师生也抬着花圈和挽幛，纷纷涌向梅园和雨花台。3 月 29 日晚和 30 日，南大 300 多名师生分成 20 多个小组，分赴南京火车站、汽车站、轮船码头及主要街道，到处刷写“谁反对周总理就打倒谁!”、“邓小平和人民心连心!”等大标语。3 月 31 日夜，南京市 17 所大专院校的学生代表在南京大学秘密举行联席会议，酝酿成立“中国民主大同盟”等组织，最后决定以悼念周恩来为旗帜，成立“南京市各界群众悼念周总理联络站”，推选李西宁为“总指挥”，组织悼念周恩来、支援邓小平、反对继续推行“文化大革命”的活动。南京悼念周恩来、反对四人帮的斗争逐步扩展到全国，北京爆发了天安门事件。举世闻名的四·五民主运动终于北京却源于南京。

第 6 章 黑龙江[①]

黑龙江省是中国最北和最东面的省，省会驻地是哈尔滨。中俄界河黑龙江为境内最大河流，黑龙江省之名由该江名而来。该省的土地面积当时排名全国第六。根据 1964 年人口普查数据，全省常住人口约 2,012 万人，在当时全国排第 16 位。黑龙江曾是中国重要的装备制造业、能源工业与农业基地。文革时，在全国占据较重要的地位。

黑龙江的文革历史上有两个很重要的人物：潘复生和范正美。前者文革开始时是黑龙江省委第一书记兼省军区第一政委，文革期间是第一任省革委会主任。后者文革开始时是哈尔滨师范学院（简称“哈师院”）的学生，学生会干部，刚刚在社教运动中入党。文革期间，范正美不仅是哈尔滨师范学院的群众组织的首领，而且是黑龙江省的群众组织首领，并进入省革委会，一度担任省红色造反者革命委员会（相当于革委会）的班长。

6.1. 范正美的崛起

1966 年 6 月 2 日《人民日报》刊登的聂元梓的大字报和 6 月 16 日《人民日报》的《放手发动群众，彻底打倒反革命黑帮》社论，引起民众的巨大反响。哈尔滨师范学院的党委书记召开中层干部大会做动员，并抛出院党委的一位副书记、历史系的八位教授以及五位中层干部共 14 人作为资产阶级代表人物，发动群众揭发批判。

群众认为，这是书记玩弄群众、转移斗争方向的伎俩，批判他

---

① 本章的叙述还基于:范正美（2018）。

的大字报贴满主楼和礼堂外的大墙。范正美所在的政治系，批判系总支书记兼系主任的大字报也布满政治系的大走廊。政治系师生要求改组系党总支，学院党委批准该系师生的请求，组建政治系“文革工作组”。由教师代表、学生代表和干部代表共九人组成，范正美是九位代表之一。这是哈尔滨师范学院文革中的最早夺权。

1966 年 7 月 16 日，黑龙江省委向哈尔滨市的各高校派出工作组。省委在 7 月 18 日又召开大会，提出要抓右派，抓反革命。省委派来的工作组一进驻哈尔滨师范学院就召开大会，把矛头对准前段时间的积极活动分子。一位曾在 1957 年反右运动中被定为“三类分子”的教师，因贴了党委的大字报被指控为“漏网右派”。政治系的“文革工作组”被解散，不少人被工作组打成“反革命”和“右派”，整个学校沉寂了。范正美和曾贴过大字报的师生感到巨大的压力。

8 月 9 日晚，范正美等人到哈尔滨工业大学（简称“哈工大”）参加大会。一位副省长在会上承认省委向高校派工作组是错误的，并承认 7 月 18 日大会犯了方向路线错误。范正美立即回到学校，召开大会传达这一好消息。由学生召开学院的大会，这在哈尔滨师范学院还从未有过，范正美等人遭到反对。但是范等人沉着应对，在激烈的辩论中占了上风，大会以范正美等人的胜利告终。

会后，与范正美观点相同的师生酝酿成立组织，并推举范为领导人，哈尔滨师范学院的第一个红卫兵组织成立。不到一个星期，有 300 多人参加该组织。后来该组织改名为“红色造反团”，并与哈尔滨市的其他大学的造反组织联合，组成“哈尔滨大专院校红色造反团总部”（简称“大专总部”）。范正美以黑龙江省造反领袖的身份，登上黑龙江的文革舞台。

6.2. 潘复生的崛起

同年 8 月 18 日，毛第一次接见了红卫兵。哈尔滨也像过节一样，到处是飘扬的红旗。时任黑龙江省委第一书记的潘复生，在北方大厦门前广场接见大学的各造反团。范正美见到潘复生时，他们紧紧握手。潘复生对范说，“向革命小将学习！”潘承认前段时间犯了方向性错误，压制了群众，表示要检讨并向红卫兵们道歉。潘复生的诚恳态度得到红卫兵的谅解。作为省委书记的潘复生在文革初期就公开支持造反，在全国并不多见。

黑龙江省的主要城市都是中共建政以后发展起来的。在该省，哈尔滨算是有点历史的城市，也只有几十年的历史。该市有不少工矿企业，许多属于中央直接管辖，与地方的联系并不密切。哈尔滨市的工人运动严重滞后。哈尔滨大学云集，有 14 所，其中哈尔滨军事工程学院（简称“哈军工”）和哈尔滨工业大学是名扬海内外的知名大学。运动的主流控制在大学生手中。

正如俗语所说，“秀才造反，三年不成”。知识分子不与工农相结合、不动员工农民众，就不可能动摇社会根基。红卫兵们意识到动员工人的重要性，向工矿企业派出学生，进行点火和发动。到 1967 年 1 月中旬，哈尔滨先后成立 31 个行业的“红色造反团”。

在上海造反派夺权的影响下，哈尔滨的“大专总部”顺利地夺得报社和公安局的权，掌握了舆论和执法两大系统。为了协调学校和工矿企业的造反派，“黑龙江红色造反者联合总部”（简称“联合总部”）成立。1967 年 1 月 29 日，“联合总部”商定成立“黑龙江省红色造反者革命委员会”（简称“红革会”或“革委会”），作为黑龙江的临时权力机构，由 17 人组成。领导核心为五名勤务组成员：范正美为班长，另外 2 名红卫兵代表为副班长，原省委书记潘复生和省军区司令汪家道仅担任勤务组成员。

1月31日，黑龙江省召开大会宣布夺权，并向中央发了电报。2月2日，中央电台广播黑龙江夺权大会的消息，并发表社论，高度评价夺权行动。毛对黑龙江搞的三结合加以肯定，确定为夺权的基本形式。3月16日，中央文革的戚本禹接见黑龙江革委会的代表，提议由潘复生和江家道任第一、第二把手。潘复生作为一颗政治新星，将主宰黑龙江省文革初期的政坛。

6.3. 分裂和内战

革委会的成立并不意味着矛盾的结束。曾任革委会副班长、"哈尔滨军事工程学院造反团"的游兴懋，暗中整理潘复生的材料，控告潘炮打中央文革，结果游兴懋被潘复生以反革命罪抓进监狱。"哈尔滨工业大学红色造反团"在刘录的带领下，公开打出反潘旗号。潘复生把刘录等十多人抓进监狱，并宣布"哈尔滨工业大学红色造反团"为"右派组织"，予以解散。潘复生的强硬手段并未能消灭反对意见。

1967年4月，黑龙江大学（简称"黑大"）"红色造反团"组建校革委会，准备结合于天放（原副省长、政协副主席），让其担任校革委会主任，省革委会一直不批准。"黑龙江大学红色造反团"贴出大字报，炮轰省革委会，"炮轰派"由此得名。

潘复生召开省革委会常委会，把炮轰行为定为"反革命逆流"，并认定后台是于天放等人。潘复生动员省革委会的群众代表出面，成立"捍卫革命三结合总指挥部"（简称"捍联总"）。4月27日，省革会召开大会反击资产阶级二月逆流，批斗并当场逮捕于天放。但是黑龙江大学和哈尔滨工业大学等"红色造反团"不甘示弱，正式成立"炮轰联络站"。哈尔滨出现新的两大阵营："捍联总"和"炮轰派”。

6月5日，“哈尔滨军事工程学院红色造反团”（属“炮轰派”）[①] 代表来到省革委会驻地，要求潘复生和汪家道接见，遭到潘和汪的拒绝。代表们席地而坐，开始静坐示威。潘用武力驱散静坐人群，并调动2,000多人乘机夺了哈尔滨军事工程学院的权（哈尔滨军事工程学院原由“红色造反团”掌权）。

6月9日，“哈尔滨军事工程学院红色造反团”冒着大雨高唱《国际歌》，上街游行抗议，许多市民的同情之心油然而生。“炮轰派”因要求潘和汪接见遭拒而静坐，因静坐而遭到潘和汪武力围剿。省革委会发动一系列武斗，引起人们的不满，社会舆论发生转变。许多曾经支持潘复生的民众开始改变立场，转而支持“炮轰派”。一些“红色造反团”的领导人因不认同潘的强硬手段，被打成“暗炮派”。他们被逼成为潘的反对派，范正美是其中之一。

潘复生的高压政策使哈尔滨的武斗升级。在有的武斗中，双方动用步枪、机枪甚至装甲车和坦克，造成不小的伤亡。中央决定解决黑龙江的问题，组织两派汇报团到北京开会。这一安排对于“炮轰派”极为重要。它标志着两派组织平起平坐，否定了潘和汪欲置“炮轰派”于死地的作法。12月7日，潘和汪向中央和中央文革提交书面检查。虽然“炮轰派”并不满意，但总算摘掉“逆流”和“反革命”的帽子。

然而两派回到哈尔滨后，斗争并未就此结束。中央派来的监督组刚一走，潘复生就开始继续打压“炮轰派”，力图实现“捍联总”一派掌权。在此过程中，多人含冤自杀。潘还把矛头指向宋任穷，称其为“漏网走资派”。潘甚至试图整治曾经的盟友汪家道，并向中央提出撤销范正美等人职务的请求。由于潘四面出击，树敌过多，造成社会的动荡，中央不得不于1971年3月至6月对潘复生进行批

[①] 当时称为山下派，为避免混乱起见，本章统一称为“炮轰派”。

判，并撤销其黑龙江省革委会主任的职务。

对比潘复生和范正美对于对立派所采取的措施，能给人一些启示。潘复生采用的是高压的强制手段。面对“哈尔滨军事工程学院红色造反团”的静坐，潘调动工人强行驱散；并趁其不在学校，用调集工人强行夺权的办法打压对手。潘还指挥对哈尔滨建筑工程学院、哈尔滨第一机械厂和港务局等进行武装夺权，造成伤亡流血事件。有的武斗不仅动用刀枪，甚至使用装甲车和坦克。然而暴力的办法并未奏效，反而引起更为强烈的反弹，最后是自己下台。

范正美这个被潘复生称为“心慈手软、下不了手”的温和人物，对于对立派晓之以理，动之以情，设法做别人的思想工作，不以势压人。对于愿意改变立场的曾经的宿敌，给予信任并委以重任，成功地化解矛盾，消除了对立。范正美在哈尔滨师范学院有较好的声誉，与他的温和立场分不开。对于这一问题，将在以后的章节里作进一步的讨论。

第 7 章 内蒙古[①]

内蒙古自治区横跨东北、华北和西北地区，主要居住者是汉族、蒙古族及满族等民族。内蒙东西直线距离长达 2,400 公里，南北跨度长 1,700 公里，面积 118 万平方公里，在全国排第三位。1964 年人口普查时，人口为 1,235 万，位列全国第 22 位，每平方公里仅十人左右，是个地广人稀的自治区。

7.1. 文革前的内蒙

分析内蒙的文革，不能不提及文革前担任内蒙古自治区第一书记、内蒙古军区司令兼政委的乌兰夫。乌兰夫曾试图走前苏联式的社会主义道路，因为乌兰夫直接从苏联人那里学到社会主义理论。所以蒙古人认为，乌兰夫比毛泽东更懂得社会主义。

在民族自治、经济建设与环境保护、阶级与民族等问题上，乌兰夫与毛有着不同的理念。乌兰夫设想民族自决，实行高度自治的区域性民主政府，然后根据内蒙人民的意愿，与汉族等其他民族组成中华联邦政府。乌兰夫强调自由联合和自由分离。蒙古族与汉族存在游牧业与农业的矛盾和冲突，汉人的开垦使草原大面积沙漠化。乌兰夫及其部下极力推行保护草原的政策，反对汉人开垦，甚至提议汉人也可以搞牧业。乌兰夫不同意在牧民中划分阶级，推行“三不”政策，即不斗（牧主）、不分（财产）、不划（阶级）。显然，乌兰夫的政策与毛相悖。

[①] 本章的文革叙述还基于：高树华、陈铁军（2007），杨海英（2016），吴迪（2002），程惕洁（2007），启之（2009）。

1966 年 5 月 4 日至 26 日的中央政治局扩大会议通过《五.一六通知》，批判彭真、罗瑞卿、陆定一和杨尚昆的“反党”错误。与此同时，5 月 22 日至 7 月 25 日，由内蒙各级领导参加的北京前门饭店会议也在召开。乌兰夫原先准备抛出前内蒙自治区党委书记处书记胡昭衡作为替罪羊，以图自己过关。结果在这次大会上，乌兰夫未及伤人便倒台。乌兰夫受到严厉批判，罪名是分裂国家，企图建立大蒙古帝国，做当代的成吉思汗。

大会结束四天后，华北局起草报告呈送中央，对乌兰夫的结论是：三反分子、民族分裂分子、修正主义分子，内蒙古最大的走资派、埋在党内的一颗定时炸弹。文革刚刚开始，乌兰夫就成了一只“死老虎”。

7.2. 高树华的崛起

在聂元梓第一张大字报的影响下，1966 年 6 月 3 日，内蒙古师范学院（简称“内蒙师院”）外语系教师高树华等人贴出大字报《评纪之 5 月 18 日的动员报告》，批评院长纪之。师生们议论纷纷，赞成和反对的大字报铺天盖地而来，高树华的大字报在内蒙古师范学院和全自治区引起巨大反响，自治区向师院派出工作组。

人们很快发现，工作组是来灭火的，不是来帮助批评院党委的群众。6 月 21 日和 25 日，高树华等人又贴出大字报，批评工作组。7 月 8 日，支持高树华的 200 名师生写了一条巨幅标语，准备贴到主楼上。因为标语盖压了“七.一”的红色标语，被定为反革命事件，贴标语的师生受到围攻和殴打。7 月 25 日，工作组宣布规定，7 月 19 日以后与高树华有联系者必须交待检查，7 月 23 日后与高有联系者加重处分。高树华等人因试图去北京告状被抓回，受到严密监视。

8 月 5 日，毛发表《我的一张大字报》。内蒙自治区党委撤销工作组，高树华等人才获得自由。8 月 29 日，内蒙古师范学院“东方红战斗纵队”（简称“东纵”）正式成立。呼和浩特先后成立三个红卫兵司令部，即：第一、第二和第三司令部（分别简称为“呼一司”、“呼二司”和“呼三司”）。事实上，“呼一司”和“呼二司”为同一个阵营，以干部子弟为核心。“呼三司”是平民为主，属于另一个阵营。高树华领导的内蒙古师范学院“东纵”加入“呼三司”。高树华逐步成为内蒙的造反派领袖。

7.3. 内蒙军人的抗命

在上海“一月革命”夺权的影响下，内蒙的“呼三司”夺了《内蒙古日报》的权，开始出版自己的报纸。与其对立的保守派组织“红卫军”围攻内蒙古报社，内蒙古军区派一个连的士兵进入报社，支持“红卫军”。各校的造反派学生在军区门前静坐示威，要求军区领导表态支持造反派。

2 月 5 日上午 11 时，军区用高音喇叭广播，命令造反派必须撤出静坐，否则将采取行动。军区大院里一片沉寂，堵在门口的卡车和卫兵悄然撤离。持枪荷弹的士兵隐藏在工事后面，主楼顶上架起了机枪。参加示威的人群中有当过兵的，他们是“呼三司”一派的“河西公司八.一八革命造反团”（简称“河西八.一八”）的工人们，预感到军区可能要杀人。

果然，在 12 时 15 分，军区作战部副部长柳青[①]从军区大院内向

[①] 虽然周恩来早在 1967 年 3 月 13 日就下令拘留柳青，可是直到 4 月 13 日后，柳青才在内蒙古军区负责人歉疚的目光中迈进“监狱”的大门。柳青在狱中可享用烟酒、糖果，奉派看守他的战士们还时常陪他下棋、打牌。文革结束后，柳青出狱恢复一切军官待遇，被送到石家庄干休所养老。被他无故打死的学生韩桐虽然曾在文革中被革委会追认为烈士，文革结束后宣布烈士证书无效，革委会竖的墓碑也被砸烂。

民众开了两枪，把正在鼓动静坐学生的韩桐打死。“呼三司”的学生被激怒，试图冲进军区大院。军区大院内的士兵得到准备战斗的命令，准备为镇压学生立功受奖。

幸运的是，“河西八.一八”的工人们站到第一线，极力阻止学生的盲动行为，高喊：“不要上当，这是阴谋！”愤怒的人们止住脚步，军区的主楼里传出因失望发出的咒骂声。一位军人事后曾对学生们说，“真佩服你们的策略，如果冲的话，机关枪一突突，2,000 个也死了。”内蒙古军区的副司令黄厚事后甚至表示，“当时一切都准备好了，就是没有机会动手。如果把他们干掉，现在省了多少麻烦。”

内蒙军区杀害学生的枪声惊动了中央。1967 年 4 月 13 日，中央发布处理内蒙问题的《八条决定》（当时被内蒙当地称为《红八条》），并派北京军区的六十九军 28 师进驻内蒙。中央承认“呼三司”等是革命群众组织，要求与其对立的保守派组织必须立即解散。

内蒙军区和保守派进行以“全力对付北京”为宗旨的大规模反抗。当《红八条》传到呼和浩特市后，“周恩来是两面派”、“打倒康生”、“与中央血战到底”、“强烈要求中央撤销八条”、“重审内蒙问题”等标语立即出现在呼市的大街小巷。1967 年 8 月 11 日，保守派召开“誓师大会”，声明即使被打成反革命，即使只剩下一个人，也要干到底，会议制定决不解散组织、赴京告状和就地示威的策略。有 3,000 多军人不归营房，脱离建制，有一个武装连上街游行，对抗中央。解放军第 4754 部队有些战士跑到北京，组织地下连队。众多的人到北京告状，留在呼和浩特市的保守派挑起武斗。

4 月 18 日，内蒙军区代理司令员滕海清来到呼和浩特市，军区数千名战士高呼“把滕海清和吴涛从军区赶出去”的口号。司令和政委竟然无立足之地，住进新城宾馆。第二天晚上，保守派有几十辆车包围并冲进宾馆，滕海清在“呼三司”的保护下从后门逃出。几天后，滕海清在军区作报告时，遭到军人的围攻、辱骂，滕高血压复发，住进医院。

中央《八条》强令解散保守派，使得保守派面临沦为社会贱民的危险。他们不得不铤而走险，与命运、与对手做殊死搏斗。他们反抗的目的和军区领导的做法是一致的：压中央，改《八条》，重做结论，重新分配权力。局势越乱、武斗越凶，对他们越有利，越有可能迫使北京回到谈判桌上来。

在北京上访与呼和浩特市武斗的双重压力下，中央只好出面解决问题。5 月 16 日上午，周恩来、中央文革和中央军委三方面给内蒙古军区赴京人员开会，劝他们回去照《八条》办事。当天晚上，周恩来、康生、江青、徐向前、聂荣臻、叶群等 16 位中央首长在人大会堂接见 2,700 余名赴京官兵。结果台上的中央领导人声嘶力竭，好话说尽，台下是哄声四起，群情汹汹，大会并未达到预期的效果。

5 月 24 日，总政治部在政协礼堂开会欢送内蒙赴京人员，千余军人在会场上再次高呼“背叛中央”的口号。数百人冲上主席台抢麦克风，向中央提出以修改《八条决定》为主要内容的“五条要求”，并强令军区政委吴涛签字。吴不签，战士们拳脚交加，将吴涛打翻在地，予以痛殴。

5 月 25 日，中央不得不采取强硬措施，下令：外出的军人必须于 5 月底返回，过期不归者按自行离队处理。军区领导机关和部队不开展“四大”，不许有群众组织，不许游行示威。中央表态支持“呼三司”，“呼三司”成为内蒙境内唯一的革命群众组织。同时中央对支持闹事的几个军区副司令、副政委等实行审查，有的部队调离内蒙，北京军区的六十五军、六十九军的下属部队调入内蒙。5 月底，在北京军区部队的协助下，“呼三司”攻下保守派的最后堡垒——内蒙工会大楼。一度有百万之众的保守派，终于土崩瓦解。

7.4. “内人党”事件

内蒙地区的明争暂时告一段落，但内蒙古师范学院的暗斗却并未结束。中央的《八条》决定下达后，师院的造反派面对一个问题：如何对待曾经的对立派群众。当时有两种意见：有的认为要以牙还牙，另一部分人坚持和平恳谈。赞成以牙还牙是可以理解的。造反派曾经遭受一些紧跟工作组的保守派师生的迫害，所以要求批斗保守派，并定他们为“坏头头”，加以审判。师院曾发生过 20 多位老造反派把原对立面的领导人绑起来毒打的事件。以牙还牙派的观点和立场未获得大多数造反派的支持，坚持和平恳谈的一派占了上风。但这也使“师院东纵”内部分裂成两派。

1967 年 11 月 1 日，内蒙成立革委会。高树华担任内蒙自治区革委会常委，参加了九大和全国四届人大，并于 1976 年升任内蒙首府呼和浩特市委书记。内蒙革委会的成立，并不意味着斗争的结束和局势的稳定。早在 1967 年下半年起，内蒙境内掀起整肃“内人党”的运动。所谓“内人党”，是“内蒙古人民革命党”的简称。已经成为内蒙革委会委员、原内蒙党委宣传部长的特古斯也不能幸免，他被绑架后，进行连夜审讯。

1968 年 4 月 23 日，《内蒙古日报》发表《发动全面总攻，夺取决战决胜》的社论，许多蒙古族的领导干部和群众被打成“乌兰夫反党叛国集团”成员。乌兰夫虽然已经被打倒，但并没有被人忘记。据估计，揪“内人党”运动曾关押过 50 多万人，致残 12 万人，死亡三万人。

不仅蒙古族人受到迫害，许多汉族人也受到伤害。例如，高树华的妻子是汉人，在一所中学任职。进驻该校的工人宣传队长曾是保守派，他趁挖“内人党”之机向造反派发难。工宣队把造反派负责人隔离在办公楼的黑屋子里，将一般人员围在学习班，进行逼供。高树华不得不求助于“呼三司”的造反派，略施小计，暗地里狠狠地教训了那个工宣队长，才使妻子逃脱厄运。面对内蒙古师范学院上百人被打成“内人党”的现实，高树华无力相救。师院打“内人党”的目标是针对造反派，尤其是高树华。

由于有太多的人上访，到北京告状，中央于 1969 年 5 月 22 日发出文件，承认扩大化了，要求对误抓的好人彻底平反，并对负有责任的革委会主任滕海清进行批判。结果该文件引起混乱，内蒙再次陷入派别斗争；一派是“批滕派”，另一派是“保滕派”。1969 年 12 月 19 日，内蒙实行军管。直到 1971 年 5 月才结束军管，由原北京军区副司令尤太忠接任内蒙革委会主任。

第 8 章 西藏自治区[①]

由于西藏相对封闭的自然环境，高寒缺氧的气象条件，以及民族和宗教的特殊性，西藏地区的群众运动有边疆地方的特点。西藏地区的动荡时间，相对内地要短一些。西藏的首府拉萨市，在西藏占有极为重要的地位。拉萨左右了西藏自治区的文革形势，西藏的群众运动基本上为拉萨为中心展开。

8.1. 西藏群众运动的兴起

1966 年 5 月 31 日，西藏自治区党委成立“文革领导小组”。6 月，自治区党委召开会议，作出开展无产阶级文化大革命的决定。会议要求自治区各部门、各地市成立“文革领导小组”。8 月 19 日，拉萨五万群众集会，庆祝无产阶级文化大革命，西藏文化大革命的序幕正式拉开。拉萨中学成立红卫兵组织[②]，领头的是该校的年轻男教师陶长松。陶是江苏扬州人，1960 年毕业于华东师范大学。陶志愿申请进藏，被分在拉萨中学教汉语文。西藏师范学校的红卫兵领导人则是位藏族男教师。

8 月 24 日，拉萨中学和西藏师范学校等学校的红卫兵开始走上街头“破四旧”。拉萨各居委会要求居民对所辖区的寺院、佛殿、佛塔等宗教建筑“破四旧”。12 月 22 日，拉萨部分藏汉群众和红卫兵在首都进藏红卫兵组织等的支持下，成立“拉萨革命造反总部”（简

---

① 本章叙述还基于：唯色（2006，2018a，2018b），王小彬（2018）桑杰嘉（2018），巴尚（2018）。

② 成立时间在 8 月 19 至 23 日之间。

称“造总”)。陶长松后来成为“造总”的总司令(人称“陶司令”)和西藏自治区革委会副主任。陶是文革期间西藏地区的闻名人物。与“造总”对立的群众,于 1967 年 2 月 5 日成立“无产阶级大联合革命指挥部”(简称“大联指”)。西藏对立的两大派正式登上舞台,开始了生死角逐。

8.2. 武斗的兴起

在上海“一月革命”的影响下,拉萨的“造总”夺了《西藏日报》的权,“造总”从 1967 年 1 月 11 日到 2 月 23 日控制了该报。2 月 24 日开始,军队包围报社,摆开强行接管的架势,有数千人被围在报社。3 月 2 日,陶长松等人不得不向军方投降。军方这才解除包围,未流血地接管了报社,陶等人被关押起来。据后来透露,当时军方已经做好开枪强攻的准备。如果造反派没有及时地撤出,很可能会惨遭屠杀。

2 月初,“造总”内部的一部分人成立一个叫做“专打土皇帝联络委员会”,矛头直指张国华[1]。不过该组织没有存活几天,于 2 月 26 日被取缔。由于该组织的原因,“造总”与军方有了矛盾。4 月 1 日,中央文革下达指示,表示要为造反派平反,同时命令军队停止镇压造反派。陶等人在被关押 77 天后获得释放。5 月份,西藏自治区的军管会成立。军队一开始是支持“造总”的,但是“造总”把矛头指向西藏的主要领导人张国华等人。这样军队就不答应了,转而支持“大联指”。

随着两派的对立不断激化和升级,出现了暴力。开始时,双方使用比较原始的武器,如石头、乌多[2]、钢钎、刀矛,后来武斗发展

[1] 时任西藏军区司令员兼西藏自治区党委第一书记。

[2] 用牛羊毛编织的一种甩石器,是西藏的一种放牧用具。

到使用热兵器。这些武器是“明抢暗送”的，是由军队暗地里给“大联指”的，军管会有明显的偏向。“造总”通过他们控制的几个工厂，用钢管自己造枪，进行自卫。在很短的时间里，拉萨因武斗死了约120多人，两方各有伤亡。

8.3. “六.七大昭寺事件”

虽然“造总”的武器落后，但是他们战斗力很强，“大联指”不敌“造总”。这一形势导致军队直接参与武斗，帮助“大联指”打击“造总”。“六.七大昭寺事件”，是军队参与武斗的一例。“造总”占据大昭寺，将其作为据点。大昭寺3楼临街一侧的一间屋子是“造总”的广播站。广播站的宣传攻势很厉害，因而受到攻击。当时驻守在大昭寺的有几十名“造总”成员，他们多数是居委会、工厂和中学的“造总”成员。

1968年6月7日，一群军人突然从后门冲进来并开枪，被打死的有十人。还有二人在附近的大街上中弹身亡，死者的平均年龄20多岁，都是藏人，三女九男。在大昭寺发生的血案，令拉萨哗然。

军队说他们是执行命令，接管大昭寺。军方后来又说是枪支无意走火，显然这些都是谎言。在时任西藏军区司令曾雍雅[①]的干预下，军队做了调查，结论是部队支一派打一派。西藏军区不得不向“造总”道歉，军区政治部主任成了替罪羊。真正的责任人，时任西藏军区副政委的任荣[②]却逃脱了惩罚。

此事惊动了中央，毛批示说：“军队领导不袒护部队所作坏事，替受害人伸冤，这种态度，是国家兴旺的表现。”“造总”在《红色

[①] 后任西藏革委会主任，同情“造总”一派。

[②] 后任西藏军区政委，代理西藏革委会主任，西藏自治区第一书记，支持“大联指”一派。

造反报》上予以详细报道。“造总”专门制作印有毛泽东批示的毛泽东像章，还举行大型游行活动。被打死的 12 位红卫兵，被隆重埋葬在拉萨“烈士陵园”内专门开辟的小陵园，西藏军区和西藏革委会为其立碑。文革后，此事又翻案，烈士陵园被弃。这当是后话。

8.4. “边坝事件”和“尼木事件”

1969 年 3 月起，西藏的许多地区发生较大规模的暴力事件。5 月 20 日的“边坝事件”和 6 月 13 日的“尼木事件”，是两起影响较大的事件。边坝与西藏其他地区一样分为两大派，从县机关到整个农牧区都存在两派斗争。边坝有个“造总”的小领导人，被称为“红色喇嘛”，较有威信。所以边坝“造总”的势力比较大，边坝成了“造总”的天下。5 月 20 日，边坝的“造总”召开大会，批斗县委书记，大会上出现过激言论和行动。

据《中共西藏党史大事记》记载，县委机关受到袭击，干部职工被打伤 30 余人。6 月 8 日，又有 2,000 余人冲击县委机关，夺了县革委会的权，抢走县革委会各办事机构的公章。接着，又有人袭击边坝县、区机关和军宣队，抢劫县人武部武器弹药，炸毁军宣队住房，打伤干部、战士上百名，打死 50 余人。

中央下令平叛。奉命平叛的部队中，有的是铁杆的“大联指”。部队全是汉人，阻挡军队的全是藏人，事件发展成两个民族间的战争。有一位解放军战士迷路，被四位藏族姑娘勒死，主要凶手是一位十八九岁的姑娘，她后来被解放军抓住枪毙。她临死前，被五花大绑。解放军用刺刀捅她，刀尖从她的胸口冒出一截。她未叫一声，只是转过头来狠狠地瞪了解放军一眼，最后挨了好几枪死亡。当天，由解放军公开枪毙的有 30 多人。

尼木县的大多数乡村都加入“造总”。尼木县也发生武斗，县政府官员成为“造总”攻击的对象。根据官方资料，尼木县发生反革命暴乱事件。尼木县一位尼姑利用宗教迷信跳神并呼喊口号，煽动群众围攻、殴打军宣队，军宣队 22 人全部被打死。6 月 21 日，他们打死基层干部积极分子 13 人，后来军队前来镇压。这位尼姑作为现行反革命分子被枪毙，参与事件的藏人被枪毙的多达 36 人。

参与“边坝事件”和“尼木事件”的人员，没有一个是出身成份不好的。那些戴有各种帽子的黑五类，因为两派都不接受，没有参与文革中的群众运动，从而逃过一劫。这些黑五类甚至有点幸灾乐祸，因为被解放军打死的很多人，都是在“民主改革”中斗争过他们的积极分子。

根据中共的官方记载，上述两个事件被称为“反革命暴乱事件”。当时，被定性为“再叛”，即再次叛乱，军队是以“平叛”的名义进行镇压的。所谓“再叛”，是相对于 1956 至 1959 年全藏区发生的反抗中共政权的起义而言。该起义被中共定性为“反革命叛乱”，予以镇压。达赖喇嘛及西藏政府流亡印度，数万难民逃离家园。

1969 年发生的事件，是否可算作第二次反抗中共政权的叛乱？为什么官方现在要改变口径，将当时定性的“再叛”改为“反革命暴乱”？“造总”总司令陶长松认为，当年发生的暴力事件（包括“边坝事件”和“尼木事件”）不是“再叛”，而是群众组织之间的武斗。

8.5. “红成事件”

“边坝事件”和“尼木事件”属于派性斗争还是藏民们的抗暴起义仍有分歧，发生在西藏的“红成事件”则是毫无疑问的藏民起义。四川成都有一个造反派组织叫做“红卫兵成都部队”（简称“红成”）。西藏藏人桑砸扎西（又叫阿坝臣甘）到成都与“红成”联系，得到鼓励。于是他在阿坝县成立“红成”分支，集聚了很多人。后来这个造反组织的性质发生变化，变为反抗中共，驱逐汉人，护卫西藏佛教，赶走共产党，恢复旧制度的藏人反抗运动。不过，该组织提倡和平反抗。

1968 年 10 月下旬[①]，阿坝县的“红成”与四川和甘肃的“红成”联得联系，统一组织反抗运动。他们围困久治县，并派人到县城向中共的干部传话。来人转交标语和传单，要求所有的汉人干部自动离开县城回家。如果三天不离开，“红成”将进行军事进攻。

但是在“红成”进攻之前，中共开始了镇压。根据公开的官方资料，“红成”自动归降的人员有 824 人，被俘 64 人，被击毙七人。被捕 12 人，其中被枪毙二人，处理基层干部 15 人。资料还显示，参加“西藏红成”的人员来自包括青海省、四川省、甘肃省的十多个县，总数达十万人。

由于“西藏红成”已发展为一个庞大的组织，而且在继续蔓延，对中共统治西藏极为不利。10 月 17 日，成都军区向中共中央报告，认为“西藏红成事件”是藏人的“新叛”活动，并将该组织确定为“进行新叛活动的反动组织”。中共 10 月 27 日电报批准同意后，11 月初开始平叛镇压。对西藏久治县“红成”的镇压，直到 1969 年 6 月才结束。据参加“红成”组织的藏人介绍，在镇压“红成”中，至少有 200 多藏人被杀。

西藏由于其特殊的原因，派性斗争演变成民族斗争，在中国的内地省是不多见的。

[①] 也有说是 1968 年 11 月 1 日至 3 日。

第 9 章 云南[1]

云南是中国最西南方的一个省，省会昆明离北京的距离是 2,907 公里。除了西藏和新疆，云南省会是省会中离首都最远的。由于自然环境因素制约和历史的原因，云南的政治和经济发展比较滞后。在边远地区省中，云南具有一定的代表性。与其他省份一样，云南的群众运动发展是以其省会昆明为中心的。

9.1. 云南造反派的兴起

云南省委于 1966 年 5 月 8 日决定：加强对文化大革命的领导，成立省委文化革命领导小组。该小组由时任省委书记处书记兼省委宣传部长的高治国任组长。高治国提议（并经云南省委书记处通过），抛出《云南日报》总编辑李孟北为替罪羊，将其定性为北京“三家村”在云南的分店。1966 年 5 月 16 日中共中央通过《五一六通知》，云南省委采取舍车保帅的措施，抛出高治国以保全云南省委。

批判高治国的第一张大字报，是由云南大学（简称“云大”）政治部副主任尤正发等人在 6 月 29 日写的。高治国升任省委宣传部长之前，曾经任过云南大学的校长兼党委书记。高治国离开云南大学之前，把尤从中文系党总支书记提拔为校政治部副主任。高治国对尤有知遇之恩，但是当高成为省委替罪羊时，尤正发毫不犹豫地向自己的恩人开炮。

省委第一书记阎红彦等人以加强领导为名，向省内几个主要大

[1] 本章叙述还基于：周孜仁（2005，2020），木戈（2018），马荣升（2018），柳黎民、邓贤（2018），《昆明地区无产阶级文化大革命大事记》（2018）。

专院校派出工作组。阎声称，文化大革命的方针是集中力量打击牛鬼蛇神，打击反革命，打击资产阶级右派，打击资产阶级代表人物。他说教师队伍问题多，家庭杀、关、管的占40%，问题严重的占10%至20%可以清洗。根据他的指示，各地组织大批工作组，集中整训中小学教师，把大批教师打成"反革命"。据统计，云南大学、昆明师范学院、昆明工学院、昆明农林学院、昆明医学院5所高等院校的3,470名干部及教职工中，被大字报点名的达1,867人，占53.7%。

8月7日，云南大学物理系学生曹齐康和保荣卿贴出大字报，《我们的疑问、看法和建议》指责省委工作组把云南大学文革搞得冷冷清清，揪斗高治国是省委"舍车马，保将帅"的阴谋。该大字报的攻击目标指向省委，省委立即组织上千人的大字报围攻，说大字报是反革命的。

就在曹、保二人被围攻，以至于曹不得不向校党委和工作组俯首投降之时，云南大学物理系的学生方向东[①]挺身而出。在全校貌似轰轰烈烈实则万马齐喑的高压下，方向东写出一份同情曹和保的大字报。方向东在大字报中非议对曹、保的围攻，主张平等待人，以理服人，让人讲话，进行真正的大辩论。方向东当时能这样做，需要相当的人格力量和勇气。

霎时间，全校师生的大字报矛头又都指向方向东。于是方向东成为众矢之的，日子异常难过。也正是那张大字报，为方向东日后成为全省家喻户晓、赫赫有名的造反派英雄奠定了基础。

8月20日，毛的《炮打司令部》以文件发到云南，中央要求立即传达。省委扣压该文件，并未及时传达。省委认为，现在学校闹得很厉害，机关再乱起来可不得了，毛的大字报被扣压100多天。8月23日，在北京南下串联队的支持下，昆明工学院（简称"昆工"）

[①] 方向东原名方自清，出身工人。

等校的学生到省委礼堂集会，提出“炮轰省委，火烧市委”的口号，云南的群众运动正式揭开帷幕。

省委表面上表示欢迎，暗地里准备把“八.二三事件”定性为“反革命事件”，说这是类似匈牙利事件的小政变。由于昆明工学院参加造反的学生人数众多，省委采取釜底抽薪的办法，让他们全部外出串连，其它各高校的学生也先后走掉一半以上。云南大学和其它高校的造反派（不幸的是，他们是少数派）被勒令不准外出，留在校内受到打击。然而在客观上，这样做却保证了除昆明工学院工以外昆明各高校造反派力量的完整。继续炮轰省、市委的任务，历史地落到云南大学和其它高校少数派的身上。

8 月 26 日，在省委的支持下，“昆明地区红卫兵总部”召开成立大会，省委派官员出席这次大会。大会选定云南军区副司令员朱家壁少将的女儿、昆明第八中学的女生朱勉生为总队长，聘请昆明军区政治部主任许志奋为总辅导员。显然，这是一个以保卫省委为目标的保守派组织。

云南大学的少数派和昆明地区其它高校的少数派，具有一种破釜沉舟、义无反顾的气概。与发起“八.二三风暴”时的造反派相比，虽然间隔不算长，这些少数派显得成熟多了。他们开始懂得唤起民众的重要性，活动范围不再局限于各高校，而是小心谨慎地深入到“昆明地区红卫兵总部”控制得最厉害的一些中学和中专学校里。他们在那里发展了为数可观的一批造反派，并在工厂和机关里也赢得一批同情者。在认为已经具备一定力量的时候，他们发起对省市委的第二次大冲击。

9 月 14 日，在北京学生及其它外地学生的鼓动和支持下，云南大学少数派串连云南各高校及中专中学生共 1,700 多人，组织炮轰省委火烧市委的大游行。游行队伍首先冲击云南省委的机关报《云南日报》社，继而冲击省委机关大院并进驻省委礼堂，点名要见省委书记阎红彦。这是继“八.二三风暴”之后的一次规模更大，口号更为响亮，游行者的来源更加广泛的一次造反活动。这就是在云南文革史上被称为“九.一四狂飙”的造反行动。

保守派垮台之后，“八.二三事件”成为云南一大派群众组织的标志和旗帜（简称“八派”）。“九.一四事件”成为云南另一大派群众组织的标志和骄傲（简称“炮派”）。当云南的造反派分裂为誓不两立的两派时，“八派”认为最值得骄傲的是“八.二三行动”，因为比“九.一四狂飙”整整早了 20 天。

但是两者有三大差别。一是在人员构成上。“九.一四派”（即“炮派”）的骨干们几乎都参与了“八.二三行动”，“八派”的人几乎都没有参与“九.一四行动”。作为“八派”的主力军，昆明工学院学生们没有受过什么压制，云南大学等各高校的少数派曾备受压制。二是在行动的口号上。“八.二三事件”以“我们要见毛主席、我们要到北京去”为主。所谓“炮轰、火烧”，无非是批评省委为何不及早组织大学生上北京而已。“九.一四派”的口号却要响亮鲜明得多，在炮轰火烧之外，还要坚决揭开省市委阶级斗争的盖子。可以说，从此把云南的群众运动推向一个新阶段。三是在影响范围方面。“八.二三事件”以昆明工学院学生为主，其它高校的少数人以及昆明冶金工校部分人参加。“九.一四事件”以云南大学少数派为主，会同各高校少数派及中学生、工人、干部，声势更加浩大，旗帜更为鲜明。该事件对社会的影响，要广泛深刻得多。“九.一四事件”中，原来势单力薄的云南大学物理系“炮兵团”，逐步成为云南大学最大的群众组织，其领军人物正是云南大学学生方向东。

9.2. 造反派的分裂

在上海“一月革命”的影响下，云南省的造反派也跃跃欲试，准备夺权。1967年1月中旬，“云南大学炮兵团”串连省市156个群众组织，组成“新云南联络站”，积极进行夺权的准备。同时，昆明工学院“八.二三造反兵团”串连另外160多个群众组织，组成“云南无产阶级革命派大联合指挥部”，也在加紧进行夺权的准备。

为了壮大自己的队伍，云南大学和昆明工学院都打出响亮的口号和醒目的标志。云南大学以“炮兵团”为旗帜，昆明工学院以“八.二三”为旗号，竭力宣扬自己光荣的造反历史。各地各单位的群众组织，都想依附于一个具有光荣造反历史的组织，以表明自己的革命性。因此，云南大学和昆明工学院的造反派可以一呼百应，云行影从。全省范围内很快形成“八派”和“炮派”两大派别。

具有讽刺意味的，是云南大学和昆明工学院各自校内的两派组织。云南大学各系各班原先执行资产阶级反动路线，压制少数派最积极的是班干部们。当他们积极向班上的造反派组织靠拢时，受到已经成为多数派的造反派们的歧视和冷遇。这些保守派一气之下成立“云南大学八.二三战斗队”，并与“八派”挂上钩，成为云南“炮派”大本营云南大学内部的一股异己力量。

昆明工学院亦然：那些文革初期当了保守派的班干部，也被逼成立“昆明工学院炮兵团”，成为“八派”大本营昆明工学院内部的一股异己力量。真是我中有你，你中有我。文革初期时，昆明工学院和云南大学的老造反派们是同一条战壕里的战友，同时遭受省市委的压制和保守派的围剿。为什么他们不能联合起来，非要分裂成两大派呢？

这些造反派组织的领导们当初冲破压力挺身造反时，也许并未想到能够夺权掌天下。当造反派真正开始夺权，他们的野心和权欲被诱发出来。如果联合与自己旗鼓相当的昔日战友，意味着自己只能夺到一半的权利。如果单独动手，就可能夺到完整的大权，本派的大小头目都可得到好处。一朝权在手，可把令来行，也不枉冒风险造反一场。这涉及一批人乃至一派人的重大利益。如果领导人不能审时度势，引导大家去争取利益，即使是最有资历的老造反派，也将为本派群众组织所抛弃。只要领导人能因势利导地组织大家去夺取权利。

在两派内部，也曾发生过分歧。例如“八派”杨树先[①]曾试图拉拢几个“八派”的组织，成立“八.二三工人造反总指挥部”（简称“八工总”）。他们想挑起昆明地区第三次大规模武斗，决心消灭“炮派”，然后再讨论建立省革委会的问题。“炮派”方面，原先担任过“炮派”常委的冯庆波，因为赴京代表名额中没有他而不满意，试图成立“炮派工人造反总指挥部”（简称“炮工总”）。由于响应者廖廖，陷于难产。无论是“炮工总”还是“八工总”，都对大学生领导云南群众运动极为不满。他们都认为，应当由工人阶级唱主角。

此外，云南大学的陈立新和昆明师范学院的李木昆等人，串连一部分大中学校的“炮派”组织，成立“炮派第三造反司令部”（简称“炮三司”）[②]。此举无非是对李毅和方向东等“炮派”领导人不满，想要分道扬镳罢了。但是历史没有给这些人机会，否则造反派的进一步分裂，会使派斗更加复杂。关于造反派分裂的问题，在后面的章节会进一步讨论。

9.3. 军管会支左和干部站边

1967 年 3 月 5 日，云南省军管会正式成立。省军管会成立后，立即认真学习贯彻中央关于军队支左的文件。军管会面临的一个重

[①] 杨树先是云南省建筑公司“八派”“一二.六兵团”的领导人，八派赴京代表在《大联合协议》上名列第二签字（第一是黄兆琪）的人物。

[②] “三司”原本是北京市大中学生在文革初期的一个造反精神最强的造反派联合组织。赵璋等人成立“炮三司”的用心不难窥破。

大问题是：在昆明以及整个云南有成千上万个群众组织，究竟哪些是左派组织，哪些是右派组织或反革命组织？省军管会经过调查，得出如下的观点：参加“八派”组织的群众，大多造反资历较老，造反精神特别强，过火行动比较多。从人员构成上看，“八派”成员的家庭出身不好的多，历次政治运动中犯过错误、受过冲击的人多。从年龄层次上看，该派年轻人居多。参加“炮派”组织的群众大多造反资历较浅，造反精神不足，其中不少组织与当权派和走资派暗中还有这样那样的联系，有的组织干脆是由官办的保守组织改头换面后转变过来的。从人员构成上看，该派家庭出身以工人和贫下中农居多，老党员、老模范、老积极分子多。从年龄层次上看，该派中年以上的人偏多。

在此观点的基础上，省军管会重点审查“八派”的几个组织，将其中的 15 个组织内定为反革命组织。省军管会内部也有派别，与军管会主任有隙的一派把内定的情况捅给“八派”。“八派”立即做出反应。在省军管会成立还不到十天的时间内，炮打军管会副主任的大字报上街。该副主任被迫引咎辞职，从此离开云南政治舞台。

文革是风云变幻的年代，省军管会的态度变化也特别快。省军管会突然又宣布 15 个原定为反动组织是左派组织。这样一来，“八派”和“炮派”两大派都有气。“八派”认为，军管会一成立就想镇压造反派。现在不得不转变立场，但是旧账不能就这么一笔勾销。“炮派”则认为，军管会是不负责任地乱表态，把反革命组织也算到左派一边来了。

已经开始分裂为两大派的组织居然临时联合起来，采取统一行动。3 月 22 日夜晚，两大派一同查封实行军管后的《云南日报》。这是云南造反派对省军管会的一次规模较大的冲击，是对省军管会权威的一次挑战。从此以后，云南省军管会的威信和地位一日不如一日，直到它的终结。

在夺权问题上，中央的态度很明确，要有效地夺权，必须联合革命的领导干部。云南的两派也开始寻找原先的干部成为夺权的伙伴。原省委书记处书记赵健民多次请求“八派”接纳，均遭冷遇，遂转而投向“炮派”。“八派”则选择原省长周兴。此时的周兴还被造反派冷落在一边，如热锅上的蚂蚁，惶惶不可终日。一见有“八派”愿意支持，当然一拍即合，联为一体。“八派”所支持的干部是省长周兴等人，“炮派”支持的是赵健民等人。

4 月 26 日晚上，“炮派”召开有近十万人参加的大会。会后“炮派”举行游行，结果遭到“八派”的伏击，队伍被冲得一塌糊涂。人员受到殴打，伤者多达 200 多人。这就是震惊全省的“四.二六事件”。该事件产生一个后果：原先一大批持骑墙态度，一派不得罪也不亲近的干部们，逐渐分化，加快向两派靠拢。因为向一派靠拢即可得到该派的保护，比两边受打要好得多。

9.4. “滇西挺进纵队事件”

“四.二六事件”以后，昆明以及整个云南地区陷入武斗，武器从冷兵器发展到现代化的热兵器，手枪、步枪、冲锋枪、机枪和手榴弹皆有。更重要的是，双方背后都有省委和军区高层插手。12 月底，昆明地区的“炮派”攻打位于该市西郊黑林铺的“八派”的“一一.三零兵团”，取得胜利。该派打死对方数十人，俘获数百人。

以前“炮派”受到打压，此次胜利终于使“炮派”占了上风。如果“炮派”能见好就收，可以免受日后的灾难。可是“炮派”却以为可以趁胜前进，打通西线，支持滇西地区受压制的“炮派”。1968 年 1 月 10 日，“炮派”组织“滇西挺进纵队”（简称“滇挺”），向滇西进发。

1 月 14 日，“滇挺”到达云南重镇下关。当地的地方部队军分区支持“炮派”，但是第十四军支持“八派”。作为地方部队的军分区，自然不是野战军十四军的对手，所以当地的“炮派”一直受气。“滇挺”的到达使局势发生逆转，“八派”伤亡百余人，并被赶出来，逃到十四军军营避难。十四军向中央发出急电称：“炮派”土匪武装正在下关屠杀革命左派，妄图打通西线叛国而去，请予紧急指示。

“滇挺”接到省军管会返回昆明的命令后即刻返昆，然而令他们预料不到的是，昆明军区已经设下埋伏。3,000多名解放军士兵在昆明军区副司令鲁瑞林的指挥下，在干海子附近等待着前来送死的1,000多名“滇挺”成员。“滇挺纵队”被打死200多人，其他全部被俘。经过刑讯逼供后，这些人被戴上现行反革命帽子，遣送回原籍监督管制。“云南炮派”的群众给鲁瑞林起了个绰号，叫“鲁屠夫”。1月22日，云南的两派在中央的监督下，于北京达成停火交枪协议。

9.5. 划线站队运动

8月13日，云南省革委会正式成立，省革委会主任由谭甫仁担任。虽然两派在革委会中都有代表，但是“炮派”明显处于弱势。“炮派”保赵建民、打周兴，证明是错了：赵建民被中央拿下[①]，周兴成了省革委会的副主任。“八派”则相反，打赵保周证明对了。

作为省革委会主任、昆明军区第一政委的谭甫仁，明显站在“八派”一边。谭对“炮派”横加指责，对“八派”给予全面肯定。谭甫仁搞的划线站队运动，与当时的“清理阶级队伍运动”结合在一起。划线站队就是对每个群众组织和每个人作考查，看其是否站在毛的革命路线上。换言之，是否站对了队。

[①] 1月21日，周恩来等人接见云南两大派代表、驻军领导和省委干部。在接见时，支持“炮派”的赵健民被康生指控为叛徒当场被抓。

省革委会成立后，“炮派”的日子越来越不好过，谭甫仁等对“炮派”进行打击。基层各单位成立革委会，如果没有体现以“八派”为主就得不到批准，以保证领导权掌握在“八派”手中，甚至在工资待遇上也存在明显的偏向。例如，在武斗期间弱小的一派被迫离开原单位期间的工资补发问题上，“八派”可以如数补发，“炮派”则不予补发，还要交代那段时间到哪里去了，是否充当赵健民的打手。

1969 年 1 月开始，云南省革委会召开第七次省、市革委联席会议，大揭阶级斗争盖子，为划线站队运动火上加油。省革委副主任李毅、省革委常委方向东等所有“炮派”的领导以及“炮派”所支持的军队和地方老干部（如昆明军区副司令员陈康、省军区政委张力雄、省军区副司令员熊奎、李明、丁荣昌、朱家璧），全部被游街示众。据不完全统计，云南的划线站队运动导致“炮派”方面非正常死亡人数达 17,000 人以上[①]；因划线站队受迫害伤亡人数，是全省武斗期间伤亡人数的 20 倍以上。

1970 年 12 月 17 日凌晨，划线站队运动的始作俑者，积怨甚多的谭甫仁被人暗杀。在中国，如此高位的官员被暗杀实属罕见。凶手是昆明军区保卫科副科长王自正。王因为划线站队运动受到审查，被关在昆明军区原战俘管理所[②]。王的仇恨不是一个人的仇恨，客观上代表了一大批人。他对谭甫仁恨之入骨，对虐待他的整个对立派有刻骨仇恨，欲杀之而后快。王还试图枪杀原单位负责人陈汉中，因陈出差上海不在家未能得手。王自正后来自杀身亡。

[①] 也有人称非正常死亡人数高达六万。

[②] 王自正当时还因另一件 20 年前的命案受审查。

9.6. 云南知青大逃亡

云南还因知青事件闻名全国。赴云南支边的知青渴望返城。1974 年 8 月，传说将发生地震，有些知青利用机会不经允许逃离农村，开始向瑞丽江桥和滇缅公路移动。8 月 28 日凌晨，守卫瑞丽江桥的边防检查站接到上级命令，必须不惜一切代价守住大桥，决不让一个逃亡的知青过桥，唯一的限制条件是不许对人群开枪。

7 时 50 分，第一批黑压压的知青队伍出现。队伍越来越近，100 米，80 米，50 米……桥头的警报拉响，然而知青的队伍仍然继续前进。"砰！砰！砰！"士兵对天鸣枪，高音喇叭里反复宣讲政策。知青们不为所动，悲壮地挽起手臂，唱起《国际歌》，继续前进。但是他们面对着的是训练有素的军队和民兵的防线，犹如岩石始终纹丝不动。军人和民兵成功地阻挡了知青们的轮番冲击。

后来，人数更多、来势更加凶猛的知青队伍出现，三道民兵防线相继被冲垮。最后一批士兵和民兵撤退到大桥入口处，手挽手组成人墙，高喊"誓与江桥共存亡"的口号。数百名全副武装的解放军和民兵奉命坚守江桥，在不得开枪的情况下，只好将自己身体当作障碍物，堵住知青逃亡者的必经之路。数以千计归心似箭的知识青年则冒着危险，用身体去撞击和摇撼这道防线。

僵局持续到中午。聪明的知青从附近农场赶来一群水牛，许多不怕死的男知青骑在牛背上乱踢乱砍。水牛负痛受惊，向瑞江桥狂奔。桥上的防线抵挡不住牛群的强大冲击，数以千计的知青在一片震耳欲聋的欢呼声中，浩浩荡荡通过瑞江桥，踏上通往中国内地、通往家乡的道路。

云南知识青年的举动惊动了省会昆明和北京，云南省革委会和昆明军区派出大批部队沿途围追堵截。省革会和军区同时发动公路沿线数十万农民，许以双倍工分补贴，在千里公路上布下围捕知青的天罗地网，知青们陷入人民战争的汪洋大海。成千上万的农民手持铜炮枪、猎枪、锄头、扁担，男女老少齐上阵，昼夜监视公路上一切可疑的行人。一旦公路或者山坡上出现逃亡知青的身影，农民们就高举大刀长矛，挥舞锄头扁担，亢奋地呐喊着，奋不顾身冲向知青。因为上级规定，捉拿一名知青可奖励工分若干，农民们焕发出极大的积极性，许多农民为争夺俘虏互相动手，打得头破血流。抓捕遣返知青的工作足足进行了半个多月。各地政府出动数百辆汽车，才将捕获的知青陆续送回边疆。云南知青的第一次返城暴动以失败告终。

云南的知青们不甘心失败，在 1978 年底和 1979 年初再度举行要求返城的抗议活动。他们发起抬尸游行、万人签名运动，组织罢工、北上请愿，并到各大城市活动，意在唤起广大市民和知青家长的共鸣和支持，配合策应他们的抗争。知青们集体卧轨，致使由昆明方向开出的数十对客运和货运列车受阻，昆明连接京沪、京广、陇海干线的铁路大动脉中断。知青们还强行扣留领导干部作为人质，扬言如果卧轨的代表受到伤害，他们将以牙还牙。

在所有的努力都未能奏效的情况下，绝望的知青们以猛岗农场为中心举行千人大绝食活动。他们的口号是：“不回城，毋宁死！”一位来自北京的知青，当着中央派来的调查团和众多参加绝食知青们的面割腕自杀，他的自绝行为点燃了知青压抑已久的反抗怒火。如果不是知青纠察队及时维持秩序，失去理智的知青们一定会把露天会场的台子踏成平地。一位女知青向中央调查团长跪下求助，一时间三万多名被称作“祖国未来”的知识青年齐刷刷朝主席台跪了下来。石破天惊，哭声动地！

云南知青不屈不挠的抗争，终于使全国的上山下乡运动划上句号。数千万被赶到农村和边疆的知青，回到他们生长的城市。

第 10 章 青海[1]

青海省位于中国西部，世界屋脊青藏高原的东北部。东西长 1,200 多公里，南北宽 800 多公里，面积约 72 万平方公里，位全国第四位。中国最大的内陆高原咸水湖——青海湖位于省内。文革前人口 215 万，居全国倒数第二，仅略多于西藏。1978 年的总产值 15.5 亿元，仅高于西藏和宁夏，位全国倒数第三。虽然青海人烟稀少，工农业不发达，但因文革中“二.二三事件”闻名全国。

10.1. 青海文革的开端：“六.三社论事件”

1966 年 6 月 3 日，《青海日报》发表一篇由陈逸执笔撰写的社论《大进攻，大反击，大革命》，揭开青海文革的序幕。此前，报社的总编程光远向陈逸传达中央会议的精神，其中包括《五.一六通知》精神。总编认为需要发表一篇社论，广泛发动群众，参加即将全面铺开的文革。

社论的发表立即引起强烈的反响。有人给报社送来大字报，指责社论是大毒草。也有人认为社论好得很，民众中形成两种不同的观点。6 月 23 日，省委正式宣布“六.三社论”是反党反社会主义的大毒草，同时派出以省委副书记为首的有 50～60 人组成的庞大的工作组进驻《青海日报》报社。

省委作出该决定事出有因。省委第一书记杨植霖和第二书记王昭当时在北京，正为中央内部的斗争惶惶不可终日。王昭曾任公安

[1] 本章论述还基于：丁抒（2002），余汝信（2008），孙言诚（2009），陈逸（2018）。

部副部长兼政治部主任，与公安部长罗瑞卿关系密切。罗瑞卿已经成为“彭罗陆杨反党集团”成员，王昭预感必将殃及自身。现在他主政的青海搞出个“六.三社论”，引发强烈的反应，他不得不匆忙返回，试图以最快的速度解决问题。

丢卒保车是中共官僚常用的手段；为了保住自己，不惜牺牲下属。进驻报社的工作组不由分说，一口咬定与社论有关的人员是“别有用心”，社论是大毒草。“六.三社论”成了全省性的政治事件。工作组对程光远和陈逸进行审查，为“程、陈反党集团”的定性和组织措施做准备。

西宁群众围绕“六.三社论”，展开空前规模的街头大辩论。群众组织“八.一八红卫战斗队”(简称“八.一八”)支持社论，另一派组织“捍卫毛泽东思想战斗队”(简称“捍卫队”)反对社论。省委书记杨植霖因为了解当时的中央精神，表示同意“六.三社论”，支持“八.一八”。省长王昭则对社论持不同看法，所以“八.一八”保杨揪王，“捍卫队”则保王揪杨。两派组织辩论会，辩论中两派针锋相对，互不相让。随着矛盾冲突的激化，两派出现武斗并逐步升级。

外地来青海串联的红卫兵，使对峙的力量失去平衡。外地红卫兵不论出于何派，均一边倒地支持“六.三社论”。在北京红卫兵的努力下，中央文革了解了“六.三社论事件”并表态支持。青海的文革形势突然逆转，形势有利于造反派不利于保守派。

10.2. “二.二三屠杀事件”

1967 年 1 月 13 日，在上海“一月革命”的影响下，青海的“八.一八”等 27 个造反派组织联合接管《青海日报》。1 月 23 日，兰州军区副司令员兼省军区司令员刘贤权主持召开省军区常委会。下午 6 时，会议通过支持“八.一八”的方针，上报兰州军区、中共中央和中央军委。

省军区副司令赵永夫和多数干部不接受该决定。军区常委会后，军区机关干部召集会议，成立“青海省军区机关革命造反群众指挥部”[①]。他们要求取消支持“八.一八”的决定，并推出副司令员赵永夫作为头领，赵当仁不让。在青海省军区内，赵永夫的支持者和追随者是多数。

当晚9时许，他们冲进省军区机关揪斗刘贤权，扒掉他的帽徽领章。刘贤权被软禁，电话被切断，门口放双岗，他的警卫和秘书均无法见他。后来刘贤权被保守派揪到军区机关，批斗、毒打、隔离，家也被抄。

兰州军区政委冼恒汉在回忆录中说，赵永夫整倒刘贤权，“事先事后都未向兰州军区请示报告，完全是一种非组织活动，性质非常严重”。冼恒汉受中央委托，主持甘肃、青海、宁夏、陕西四省的支左工作。赵永夫的行动则受到军委副主席徐向前的暗中支持，这可能是赵永夫的底气。

软禁中的刘贤权起草电报，称“青海八.一八”是真正的造反派，“捍卫队”是保守组织，表示坚决支持“八.一八”。他要求把电报发给中央，机要员却把电报稿退回来，答复是“赵副司令不同意发。”刘贤权的夫人把电报稿用纱布缠在腿上，穿上棉裤，请假到了兰州。兰州军区把电报发给中央军委，却没有得到回复。1月25日，赵永夫召开青海驻军各部队负责人开会，赵成为青海的实际最高领导人。

1月29日，“青海八.一八”夺了省委、省人委的权。“八.一八”虽然形式上夺了权，其实只是得了几枚公章，并无任何实际权力，他们能控制的只是《青海日报》社。《青海日报》为造反派大造舆论，报社成了青海造反派的中心。报社里“八.一八”占绝对优势，编辑部80%的人员都是“八.一八”派的。赵永夫视《青海日报》为眼中

[①] 原为“青海省军区机关革命造反群众司令部”，后改为“指挥部”。

钉，曾多次电报请示兰州军区，要用部队强行接管报社。兰州军区态度明确，坚决不同意。

2 月 3 日，以赵永夫为核心的“解放军驻西宁地区部队联合指挥部”，动用青藏公路使用的 250 多台战备车辆，进行“支持革命派，镇压反革命”的武装游行。2 月 14 日，赵永夫等以解放军西宁卫戍区司令部的名义发布公告，决定自即日起对《青海日报》实行军管。但是当军管小组进入报社时，受到报社职工的坚决抵制。多所学校的红卫兵涌入报社，保卫报社，不受军人管制。参加保卫报社的造反群众超过 2,000 人，他们搭起帐篷，准备长期坚守。军队包围了报社，通向报社的主要道路被军人封锁。百姓趟过刺骨的河水，为坚守报社的被围人员送去食物和棉衣。

2 月 15 日起，赵永夫支持的“捍卫队”等保守派连日举行游行示威，支持军人对《青海日报》的军管。2 月 19 日，“八.一八”派也举行游行示威，反对军管。当他们途经《青海日报》报社时，遭到保守派的阻拦。“八.一八”的车辆不慎压死“捍卫队”的一名成员，矛盾激化了。僵局持续了九天九夜。省军区向中央军委发电报，说“八.一八”在报社里打砸抢，对报社人员实行白色恐怖，打死多人，并称“八.一八”拥有枪支弹药。

2 月 21 日，赵永夫再次主持会议，确定 2 月 23 日取缔“八.一八”，武装占领《青海日报》报社。2 月 23 日上午 8 时，西宁全城戒严。解放军西宁市卫戍区司令部发布通令：取缔反革命组织“八.一八”。省军区调动 13 个连队，团团围住报社，截断报社与外界的一切通讯联络，断绝西宁通住外地公路交通。赵永夫在临近的宾馆指挥。由于地势较低，报社处于周围楼房和高地的机枪控制之下。“八.一八”通过广播站不断发出抗议。11 时 10 分，军人枪击广播站，使其失去作用。下午 2 时，军人的指挥部发出信号弹，顿时枪声大作。十多分钟的时间，造成 347 人伤亡，其中 169 人死亡。这就是震惊全国的青海“二.二三事件”。

10.3. 事件的结局

屠杀事件发生的当天下午 2 时，总参谋部作战部打电话问兰州军区，青海西宁发生了什么事？为什么军队、地方的电话都打不进去？赵永夫给出的回答是：西宁市“八.一八”组织发生武装暴乱，开枪打死打伤干部战士，军队实行自卫还击，现已平息暴乱。叶剑英晚上 8 时看到赵永夫的加急电报以后，给赵永夫打电话说：“你们打得好……对反革命分子要彻底查清，坚决打掉。”军人开枪杀人以后，展开大搜查大逮捕。

据事后军管会的调查，有 10,157 人遭到监禁迫害，其中被逮捕的有 4,131 人，有的受到捆绑吊打灌凉水等各种残酷刑法的折磨。赵永夫为了欺骗视听，将现场做了一些安排后，搞了个尸体展览让群众参观。赵说这是“走资派刘贤权支持的‘八.一八’犯下的滔天罪行”，还押解着刘贤权等人到现场参观认罪。死难者大都是青年工人和十几岁的学生，尸体堆积如山，院墙上木桩上树干上到处是斑斑血迹。2 月 24 日，军人又镇压民族学院的学生，打死打伤 12 人。

3 月初，解放军总政治部召开军以上干部会，赵永夫多次在这个会上介绍“平定反革命暴乱”的经验，成了“平暴英雄”。不过赵永夫等人的行径不得人心。中央文革开始收到大量的群众来信来访，有从青海逃回来的红卫兵，也有北京的学生家长；有的送控诉信，有的送血书。家长哭诉，孩子去青海串连，生死不明。

3 月 11 日，毛在中央文革写的材料上做批示，指示调查此事。调查的结果是，学生手上没有一支枪，更没有开枪。3 月 24 日晚至 25 日凌晨 2 时半，周恩来在人民大会堂安徽厅，主持处理“二.二三事件”的会议。会议进一步查清“二.二三事件”当天的一些细节，证实“八.一八”并没有枪支弹药。最后周恩来宣布中共中央对青海问题的决定，赵永夫等人被押了下去。

3 月 29 日晚九时，周恩来在人民大会堂安徽厅召集紧急会议，宣读中央决定：青海省军区内部问题是一次反革命政变。副司令员赵永夫玩弄阴谋手段，推翻司令员、军区党委书记刘贤权同志的领导，篡夺了军权。赵永夫篡夺军权之后，对西宁“八.一八”等革命群众组织进行残酷的武装镇压，打死打伤革命群众 300 余人，甚至向十五六岁的女孩子开枪，逮捕革命群众近万人。赵永夫谎报军情，欺骗中央，蒙蔽群众。“八.一八”等革命群众组织拥有大批枪支并首先开枪的说法毫无根据。

中央决定，要为死难的革命群众恢复名誉，给予抚恤，对负伤的群众要负责进行治疗。因为这个事件被逮捕的革命群众和干部，一律立即释放，被打成反革命的一律平反。此时，轮到原来支持赵永夫的一派群众受难了，“捍卫队”的骨干分子被清查。青海造反派自此占据优势，直到文革结束。

1976 年文革结束后，赵永夫很快获释，任北京军区装甲兵顾问。以后，赵以正军职干部离休。169 人的死亡案，也就不了了之。

第 11 章 新疆维吾尔自治区[①]

新疆维吾尔自治区是中国西北部的一个省级自治区，是中国陆地面积最大的省级行政区，首府是乌鲁木齐市。新疆总面积为 160 多万平方公里，约占中国陆地面积六分之一。陆地边境线长达 5,600 多公里，占中国边界总长度四分之一。新疆是中国最大的优质棉花生产基地，也是中国油气资源最丰富的省区之一，储量占陆地总储量的近三分之一。克拉玛依油田是中国西部最大的油田。新疆境内居住着维吾尔族、汉族、哈萨克族、柯尔克孜族、蒙古族、东乡族等 19 个民族的群众。新疆属于边远地区，其政治和经济在全国占有特殊的地位。

分析新疆的文革情况，不能不提“新疆生产建设兵团”（简称“建设兵团”），因为建设兵团是新疆的重要组成部分。与其他省市自治区不同，新疆的群众运动不仅以其省会乌鲁木齐市为中心，还以建设兵团为另一个中心。

11.1. 新疆生产建设兵团

建设兵团分布的地域与蒙古和前苏联接壤，国境线有 2,000 多公里。建设兵团土地面积达七万多平方公里，占新疆总面积的 4.24%，约占全国农垦总面积的五分之一。建设兵团承担着屯垦戍边职责，实行党政军企高度统一的特殊管理体制。在建设兵团所辖垦区内，

[①] 本章叙述还基于：武光（2000），朱培民、佘习广（2018）杨海英（2018）龙升（2018），王力德（2018a，2018b），黄河清（2006），匿名（2018），孙言诚（2020）。

依照国家和新疆的法律法规，自行管理内部的行政司法事务，受中央政府和新疆自治区双重领导。

建设兵团各级建有中共的组织，发挥着对建设兵团各项事业的领导作用。建设兵团是一个“准军事实体”，设有军事机关和武装机构，沿用兵团、师、团、连等军队建制和司令员、师长、团长、连长等军队职务称谓。建设兵团还拥有一支以民兵为主的武装力量。建设兵团属于国务院计划单列的副省（部）级单位，下辖 14 个师（市）。2014 年底，建设兵团总人口有 273 多万，占新疆总人口的 12%。

建设兵团有较长的历史。1949 年 12 月 17 日，新疆人民政府和新疆军区同时成立。新成立的新疆军区所属部队，很快面临从内地补充给养的问题。于是从 1950 年开始，驻疆部队参加垦荒造田运动。1953 年，驻疆部队保留一个师的兵力作为国防军，其余部队编成为生产军。1954 年，“中国人民解放军新疆生产建设兵团”正式成立。司令员是陶峙岳，政委是王恩茂，建设兵团总人口为 17.5 万人。1956 年，中国农垦部成立，建设兵团隶属农垦部和军队双重领导。1958 年，最后的现役军人发给转业军人证，宣布建设兵团不再隶属解放军，成为一支军垦部队。1966 年后的文革时期，建设兵团又恢复与新疆军区的隶属关系。

11.2. 新疆的第一张大字报

聂元梓的大字报在全国各高校引起巨大的震动。1966 年 6 月 2 日下午，新疆大学（简称“新大”）中文系 67-2 班仲高（锡伯人，后为新疆社科院研究员）等几位学生贴出第一张向校党委开火的大字报:《革命永远不会过火》。大字报对“二月提纲”在新疆大学的执行者云光副校长提出尖锐的质问：大字报为什么不许上街？对黑帮为什么不许画漫画？为什么不能演活报剧？等等。

这一下全校炸了锅。6月3日早自习时，响应《革命永远不会过火》的大字报铺天盖地。此事被称为“六.三事件”。但是到了上午，《革命永远不会过火》的作者之一已经改变观点。又过了两小时，数学系的三好学生姚淑媛贴出一张反驳的大字报：“同学们，冷静一下，校党委真的烂掉了吗？”于是学校的师生形成两派，双方大字报论战达到白热化。

与此同时，北京发生两件大事：北京市委被改组，以张承先为首的工作组进入北京大学。6月8日，新疆大学的一位团支书向大家传达一个惊人的消息：《革命永远不会过火》是一张革命的大字报！仅几天工夫，形势发生180度的大转弯。当天上午召开全校大会，刚刚回到学校的温厚华书记做报告，介绍刚刚入驻新疆大学的工作组成员。

从此新疆大学进入白色恐怖时期，工作组开始了整人运动。在“六.三事件”中，五七年反右的情景又一次重现。一些人因“向党进攻”痛遭杀手，另一些人因“保卫党委”又立新功。幸运的是，最后结局竟成了喜剧，仲高等同学幸免于难。因为毛发动的运动矛头所指大变，从“右派”转向“走资派”。

7月底，中央宣布撤销工作组，结束了工作组的统治。8月4日上午，中央的决定传达到新疆大学，工作组撤离，校党委没有恢复权力。8月4日中午前后，整个新疆大学校园忽然开始了揪斗。首先是对着白色恐怖时期控制局面的云光副校长，因为他和工作组压制了学生。云光和十几位领导被押到图书馆楼前，云光的脸变成死灰，犹如僵尸。紧接着，整个校园充满了疯狂，几乎所有干部老师都被学生揪出来。一帮一帮的学生，揪着老师或干部进行批判斗争。

总务处有个干部特别积极，带领学生冲入教职员工宿舍楼到处揪人。因为他平时跟领导有些矛盾，自己又有点历史问题，于是趁着混乱公报私仇，鼓动学生揪黑帮。后来他自己又被仇人揪了出来。

那时揪出黑帮的标志是戴高帽子，好几层桌子板凳，摞一人多高，倒霉的老师被勒令站在上面。他们摇摇晃晃，弯腰低头，随时有掉下来的可能。老师们脸发黄，腿发抖，汗直流，还得咬牙坚持，不能昏过去，以免摔死。更多的招数是"游街"。学生揪着教师满校园猛跑，一圈接一圈。老师们年岁都不小，他们成天坐办公室搞科研，哪里经受得了如此折磨。温文尔雅、满腹经纶的老师，全都被"游"得脸发灰，眼发直，气喘吁吁。

11.3. 新疆的"九.三事件"

1966 年 9 月，乌鲁木齐市已经有些凉意，文革的形势却由于大批北京串联的学生的到来，正如火如荼。在北京学生的心目中，新疆是"天高皇帝远"，各方面相对落后的地区。他们是毛主席的红卫兵，是文革的开路先锋，到新疆来点燃革命火种，是历史赋予他们的义不容辞的责任。

他们采取的第一个重要的举动，是要求新疆自治区党委第一书记王恩茂接见，就他们提出的文革问题表态。9 月 3 日，他们打着各自的队旗来到新疆自治区党委大院，造反的学生大约有三四十人。他们高呼"无产阶级文化大革命万岁!"等口号，高唱"造反有理"等毛主席语录歌，错落有致地坐在地上等候接见。王恩茂拒绝接见他们，派了几个自治区党委的工作人员出来劝说，让学生们返回驻地选出代表等候接见。学生们不满意这一答复，坚持要求王恩茂亲自出来。他们把工作人员轰走，以更加激昂的声调，喊出"革命无罪，造反有理"等口号。自治区党委大院的气氛越加紧张起来。到了傍晚时候，他们宣布进行绝食，拒绝送来的各种食物。

当自治区党委派自治区书记处书记武光去看望学生的时候，学生们在地上躺着，没有什么反应。虽然他们很累很虚弱，但是要见王恩茂的决心没有动摇。尽管武光反复劝说，学生们不予理会。自治区给学生们送来热面条热馒头，同时送来棉大衣皮大衣。但是他们视而不见，既不吃也不穿。

第二天，自治区党委开会，一致认为学生们如此强烈地要求见王恩茂，如果再僵持下去，绝食仍旧继续下去，有可能会出现新的问题，因此一致建议王恩茂出面接见学生。后来王恩茂见了学生们，但是学生们并不满意，场面发生混乱，接见只好草草收场。

绝食事件后来被称为“九.三事件”。该事件本身虽然没有造成什么结果，但是影响却十分重大。因为如何评价“九.三事件”，成了学生及其他群众衡量人们对文革态度的标准。

11.4. 新疆造反领袖吴巨轮

吴巨轮曾经是新疆家喻户晓的人物。文革期间，他是新疆“红二司”的总司令、新疆革命委员会的成员之一。吴巨轮幼年时，因一次突发事故失去半个右臂，但这并没有影响他的发展。1963 年，他考入新疆大学数学系。在新疆大学期间，他曾担任学生干部，在学生中比较活跃，小有名气。文革开始时，他正在读三年级，担任新疆大学团委会和学生会干部。

文革初期，自治区党委按照中央的部署，向自治区所属各大院校派工作组。派驻新疆大学的工作组，由一名自治区党委负责人挂帅。新疆大学的学生响应中央的号召，贴大字报批判走资派。随着运动的进展，有的学生开始贴大字报批判学校党委。工作组召开校团委和学生会的干部开会，布置反击“右派”学生的反动言行，把矛头指向学生。

吴巨轮作为团委和学生会干部，参加了工作组召开的会议。他明确表明自己的意见，反对工作组把矛头指向学生的做法。此后，工作组在召集有关会议时，就不再通知吴巨轮以及和他持相同意见的人参加。在工作组看来，吴巨轮是右派学生的同情者和支持者。吴巨轮得知此事后，找到工作组负责人理论。理论没有结果，因为双方观点对立。

吴巨轮贴出揭露工作组做法的大字报，批判工作组执行“形左实右”的错误路线。虽然他当时并没有把矛头指向自治区党委，但是谁都知道工作组是自治区党委派来的。吴巨轮的大字报产生轰动效应。工作组立即与校党委一起，组织团委和学生会干部，动员学生批驳吴巨轮。这样便引发学生两派的争论。

后来风向改变，工作组被撤离并遭到批判。与此同时，北京等地来疆串联的学生进一步鼓动和煽风点火。新疆的群众运动比北京晚一个多月的时间，来串联的北京学生带来超前的观念与口号，对新疆批判工作组和自治区党委的浪潮起到推波助澜的作用。有趣的是，来自北京两大派的学生在新疆却出奇地一致。他们均明确表态，支持造反派批判自治区党委。

更为激进者则喊出打倒王恩茂的口号，当时不少新疆的造反派还没有此意识。在北京学生的鼓动下，不但批判工作组和学校党委的热潮继续升温，而且批判的矛头渐渐指向自治区党委。1966 年 9 月初，“炮轰自治区党委”的大字报出现在乌鲁木齐市人民广场，矛头直指自治区党委书记王恩茂。

以自治区党政军领导干部子女为主的乌鲁木齐八一中学成立“红卫兵司令部”，开始揭批自治区党内最大的走资本主义道路当权派吕剑人（时任自治区党委副书记）。各学校在工作组的安排下，相继成立以该名称命名的学生组织，并联合组建成“新疆红卫兵司令部”（简称“红一司”）。

不久，各学校的少数派（即造反派）组建“革命造反红卫兵司令部”。造反派通过串联联合，成立“新疆革命造反红卫兵司令部”（简称“红二司”）。新疆大学影响最大，因此新疆大学的“红二司”成为全疆“红二司”的牵头单位，吴巨轮被推举为“红二司”的总司令。

吴巨轮等人认为，自上而下组建的“红一司”批判吕剑人，是王恩茂的一个圈套。以红卫兵组织批自治区党内最大的走资派吕剑人，既给人以自治区党委坚决批走资派的印象，同时也保护了王恩茂自己。基于这种认识，“红二司”成立之后便揭露“批吕保王”的阴谋，其斗争锋芒直指王恩茂。

新疆的造反派揭发出来的中共高级干部的奢侈生活令人震惊。这里举两件事例。第一件发生在十年国庆（即1959年）期间。贺龙率团来新疆慰问，一条十来里长的通往农场的大道上铺上麦草类柔性植物，怕尘土飞扬脏了贺龙。招待贺龙的一桌酒席宰了五条牛，仅取牛脸上的一块肉。第二件是刘少奇路过省城时发生的事情。刘从巴基斯坦访问回国途径乌鲁木齐。刘下榻处，方圆10里的毛驴全都“转移”，生怕驴叫影响刘的休息睡眠。刘吃的米饭，是挑选出来的最细心可靠的一位建设兵团女战士一粒一粒地拣出来的，怕有砂咯牙，怕半粒米有碍观瞻影响食欲。刘吃的一盘炒素菜，耗费100斤大白菜，这盘菜仅用拇指大的菜心制成。这样的事情，没有文革没有造反派，是不会被揭露的。毫无疑问，这些丑闻对民众的“保”与“造”的立场不无影响。

围绕着保与反王恩茂，新疆两大派斗争逐渐达到白热化的程度。保守派组织有“红一司”，“新疆红卫兵无产阶级革命司令部”（简称“红三司”），“新疆乌鲁木齐地区大中院校红代会促进委员会”（简称“红促会”），新疆生产建设兵团的“八一野战军总部”（简称“八野”）、“联总”，“新疆工农联合革命委员会”（简称“工农革委会”）。这些组织是由王恩茂、丁盛等人扶植起来的官办的组织，简称“三促派”。

造反组织包括“红二司”，“新疆生产建设兵团农学院革命造反司令部”（简称“兵农造”），“新疆革命职工造反总司令部”（简称“职工总司”），“新疆工交战线造反总司令部”（简称“工交总司”）等。“职工总司”和“工交总司”是工人组织，是新疆文革的骨干力量，人们称该派组织为“三新派”。

实际上，“三新派”和“三促派”的斗争，并不是人们想象的那样简单，地方民族主义势力也参与其中。自治区党委、政府、新疆军区和新疆生产建设兵团内部的矛盾，也反映到这场斗争中。新疆两派的斗争以及自治区党委的做法，受到中央的高度关注。周恩来将新疆两派的负责人召集到北京，听取汇报，要求两派在维护国家统一民族团结的基础上开展文革。周恩来明确指出，自治区党委支持多数派压制少数派的做法不对，不符合中央精神，要予以纠正。

自此之后，吴巨轮在周恩来那里挂了号。从 1966 年底到 1968 年初，吴巨轮等新疆“红二司”的负责人多次得到周恩来的接见。除此而外，周恩来先后亲自给吴巨轮打电话 20 余次。接见与通话的内容，主要是听取汇报，给予相应的指示或提出明确的要求。在段时间内，这种方式也成了传达周恩来和中央文革对新疆文革指示的渠道之一。周恩来直接给吴巨轮电话指示和多次接见“红二司”的代表，给了“红二司”有力的支持。周恩来的明确的态度，使“红二司”发展壮大。

周恩来如此明确关注“红二司”有多种原因。文革期间，“红二司”和吴巨轮在维护新疆民族团结方面发挥了积极作用。与“红一司”比较，“红二司”中的少数民族学生占的比例较大。1969 年 9 月，新疆革命委员会成立，革委会成员中吸收了两派的主要负责人，吴巨轮成了革委会的成员之一。从革委会人员组成来看，“红二司”仍处于少数派地位，“红一司”的人数多于“红二司”。领导干部几乎清一色地持“红一司”观点。

1981 年，王恩茂重返新疆主持工作[①]。自治区党委立即下达文件，将吴巨轮等一批人定性为“反党反社会主义的现行反革命分子”。接着，对这些“现行反革命分子”进行隔离审查，使他们失去人身自由。曾经反对过王恩茂的少数派领导人，几乎在一夜之间都被清算。上述举措的确有效。经过几年甚至十多年的审查和关押，文革期间造反派的成员均被驱除出各级党政机关。

11.5. 新疆石河子“一.二六惨案”

石河子“一.二六血案”，是建设兵团内阶级斗争为纲造成的蓄积已久的矛盾，在文革“一月革命”风暴背景下的集中爆发。石河子原为一个只有几十户人家的小村庄，经过建设兵团几十万军垦战士的开垦，到文革前夕，已成为拥有 30 万人口的城市。

建设兵团主要由新疆和平解放时的原中共解放军部队、经改编的原国民党起义部队以及支边人员组成，其主要干部由 50 年代初入疆的解放军干部组成。1965 年，中央派丁盛任建设兵团副司令，裴周玉任建设兵团副政委，李荆山任建设兵团政治部主任。

文革前夕，建设兵团内部自上而下矛盾重重。首先是转业干部为一方与以起义人员和支边人员为另一方的矛盾，前者歧视、压制、打击后者。其次是复转军人、支边人员为一方与起义人员和自流人员为一方的矛盾，后者被压在最底层。第三是建设兵团领导人之间解放军干部为一方与起义干部为另一方的冲突。第四是奉命改造建设兵团的以丁盛为首的新干部派与以张仲翰（建设兵团第二政委[②]）为首的老干部派之间的矛盾。这四重矛盾交织在一起，使得建设兵

[①] 王恩茂曾于 1975 年被调离新疆。

[②] 第一政委由王恩茂兼任。

团的形势更加错综复杂。

文革开始后，丁盛凭借他们掌控的复员转业军人为主的建设兵团值班部队武装力量，开始在建设兵团全面夺权，自上而下地改组各级领导班子，老干部派的张仲翰等人被打成“张仲翰反党集团”。丁盛一派的人提出口号：“复转军人掌大权，九、六、八靠边站，自流人员滚他妈的蛋！” “九”指的是“九.二五”起义人员，“六”指的是即 1956 年的支边人员，“八”指的是 1958 年的支边人员。文革中，建设兵团的复转军人支持丁盛和裴周玉，成为保守派。支边人员、起义人员和自流人员成为反对丁盛和裴周玉的造反派。

石河子地区的两派，分别是“八野”和“石河子革命造反联络总部（简称“石造联总”）。“八野”的主要成员是复转军人，“石造联总”的主要成员是受压制的支边人员、起义人员和自流人员以及造反的学生红卫兵。他们的口号是：“打倒丁盛、裴周玉！”该派得到建设兵团原老干部的支持。

1967 年，上海“一月革命”风暴刮到建设兵团，两派都在积极筹划夺权。1 月 23 日，中央发出《关于人民解放军坚决支持革命左派群众的决定》（也称为《红五条》）。该决定废除以前关于军队不介入地方文革的决定，命令部队积极支持左派的夺权斗争。这就使建设兵团内掌握武装的保守派“八野”动用武力镇压对立派有了依据。保守派领导人看到《红五条》后说：“这下可好了，我们可以参加文革了。若造反派再胡来，我就打他个王八蛋！”甚至有人说：“我们要在石河子搞一个赤色恐怖。”更有人对保守派说：“你们什么时候需要武装部队，我们就支持，要多少有多少！”

1 月 25 日下午 6 时，“石造联总”调集 2,000 多人，营救前一天被“八野”抓去的战友。他们团团围住“八野”总部，并同前来救援的近 1,000 名“八野”的成员展开大辩论。“八野”领导人又调 92 名荷枪实弹的军人赶到现场。全副武装的军人们端着上了刺刀的步枪和冲锋枪，冲进正在辩论的人群。“石造联总”的成员们将带枪的战士们围住。经过一个多小时的混战，“石造联总”夺得 26 支枪，64 枚手榴弹和 1,307 发子弹。他们将这些武器连同扣押的三名官兵送往乌鲁木齐，作为军人镇压群众的罪证。另有三支被卸了枪栓的步枪，被人带回毛纺厂。

当日（1 月 25 日）晚 10 时，“石造联总”的另一路人马夺了农八师的权，数千人将农八师的机关大楼团团围住。抢枪事件被上报到建设兵团，建设兵团武装部作战室下令坦克团作好作战准备。新疆军区将情况汇报中央，说石河子发生暴乱，抢了值班部队的枪，准备出动部队镇压。幸好中央制止，坦克团未出动。

1 月 26 日凌晨 1 时，“八野”组织几千名军人和“八野”的武斗人员，包围毛纺厂的工人住宅区，强行搜查丢失的三支步枪。经过 3 小时的搜查，一无所获，“八野”准备撤兵，但是被毛纺厂的“造反团”团团围住，非要讨个说法。“八野”组织队伍突围，几千人挤成一团。一名士兵朝天开了一枪，紧接着枪声大作。军人们的枪有的是朝天放的，有的是向人群里打的。在毛纺厂住宅区的血案中，打死五人，伤七人。到了中午，撤退的军人遇到前去救援的“石造联总”的大队人马。一名军人用刺刀刺伤“石造联总”的一名队员，“石造联总”的人上前夺枪，一位夺了枪的队员被军人当场打死。

同日清晨 5 时 40 分，在另一条战线上，“八野”的大批人员冲进农八师进行反夺权，四个连的士兵被派往现场。他们在大院布满岗哨，屋顶和阳台上架起 13 挺机枪和三门 60 炮。8 时，“石造联总”总部调来几千人，后增至上万人，把军人武装占据的大楼和总机房包围起来，要求军人和“八野”撤离。武装部又派出一个连前去增援军人，群众围住增援的军人。当一名 13 岁的学生对着增援的军人高呼：“要文斗，不要武斗”时，被一名军官当场打死。部队立即向人群开火，当场打死三人，伤六人。

新疆军区命令双方脱离接触，并派出副司令副参谋长赶到现场，但是他们明显地一边倒地支持“八野”和军人。失望的人群坚持不让军人撤离。到了下午 2 时 40 分，军人得到命令强行突围，如遇包围可以开枪警告。15 时 13 分，部队开始撤出。看到有很多人堵住去路，一名军官朝天开了一枪，顿时部队全部开火，密集的人群在密集的枪声中四处逃散。直到 17 时，部队才撤离完毕。农八师大院内和北门外留下十多具尸体，受伤者达 20 多人。

撤退的士兵杀红了眼。途经汽车站时，遇到一辆客车进站，士兵们以为是对立派，机枪和冲锋枪一起开火，当场打死无辜民众九人。后来他们遇到一支文艺宣传队，又无故打死一人，重伤三人。16 时，部分撤退的士兵停车等待接应，看到前来的汽车，以为是对立派，不分青红皂白一阵扫射，打死三人，打伤多人。结果发现是“大水冲了龙王庙”，但为时已晚。石河子“一.二六血案”中，值班部队打死 26 人，打伤 74 人，其中误伤 20 个自己人。

新疆军区谎报中央，称石河子发生暴乱，抢解放军的枪。中央为保持边疆稳定，将事件定性为“双方武装冲突”。该血案对新疆的局势影响深远，双方都利用此事件大作文章。3 月 28 日，建设兵团临时文革委员会成立，裴周玉任主任，丁盛任第二主任。6 月，中央决定裴周玉为建设兵团第二政委，丁盛为第二司令。丁、裴一派成了大赢家，对立派受到整肃。

后来丁盛因“四人帮”倒台受牵连，该案才翻案。1978 年 12 月 20 日，新疆自治区党委致电中共中央，提出对该案重新定性，认为这是丁盛、裴周玉及其帮派一手策划的武装镇压革命群众的事件，死伤百人全是他们蒙蔽并指挥值班部队开枪造成的。这件事与张仲翰、刘丙正等和武光都没有关系，应予平反昭雪。此案的蒙冤者经受十多年的折磨后，终于重见天日。

11.6. 文革中新疆的民族问题

新疆文革中动乱的根源在于两个基本问题：一是生产建设兵团问题，二是民族问题。新疆居住着 12 个少数民族。中共建政前，新疆的总人口为 480 万人，建政后汉人大规模移民。到 1966 年，新疆的总人数达到 700 万人以上。汉人移民造成人口结构的逆转，使各少数民族对中共政策抱有强烈的危机感。

早在 1957 年反右时期，新疆就把反右运动转变成为“反地方民族主义”。由于新疆民族历史上曾要求民族自决，因而要求民族自决的领导人成为大清洗的对象。如当时的新疆维吾尔自治区书记处书记赛甫拉也夫，自治区党委常务委员伊敏诺夫和艾斯海提，自治区文化厅长孜牙.赛买提，自治区民政厅长依不拉音吐尔的，自治区党委候补委员阿不都烈依木.艾沙，乌鲁木齐市市长阿.赛德，自治区商业厅副厅长阿不列孜.卡里。这些有代表性的“地方民族主义者”，曾要求将新疆自治区更名为“维吾尔斯坦”或“东土耳其斯坦”，“排斥汉族，破坏民族团结”成为他们的罪名。有学者认为，维吾尔人长年的积怨和对共产党的不满，实质上是对“汉族政党”的不满。

新疆 1962 年 5 月发生的“伊塔事件”，是民族问题的集中暴露。当时，三年困难时期刚结束。新疆约有 6.7 万中国公民，由于饥荒，通过以伊犁的霍尔果斯和塔城的巴克图等几个口岸，集体非法越境前往邻国前苏联。该事件造成伊犁草原和阿尔泰草原在内的新疆边境地区人口锐减。事件发生后，中苏关系更加恶化，新疆境内的俄罗斯族受到排斥。

发生集体逃亡事件的原因较为复杂，有中国的经济困难，苏联方面鼓动等原因，也有积累的历史原因。1962 年 4 月 22 日凌晨，数十名拎着行李，拖儿带女的边民来到霍尔果斯口岸，要求乘坐国际公共汽车前往苏联，因当天无车运营与边防战士发生口角。其后，数千名手持苏侨证的边民来到口岸并发生冲突。此时，苏联方向开来大量汽车接走边民。苏联的这一行动持续了三天三夜。5 月 29 日，冲击伊犁州政府的人数达到 2,000 人以上。在平定这起动乱中死亡四人，反对者高呼"打倒汉人"的口号。

在新疆各边境地区中，塔城地区的逃离者最多，共外逃四万多人。逃亡人员带走牲畜 30 多万头，使得 40 多万亩农田未能播种。许多公社和农场及其下辖的基层组织一时陷于瘫痪，处于解体边缘。伊犁州下直属县市，也有 1.6 万多人越境，仅霍城县就达 1.4 万余人。霍城县经济损失达 979 万元左右。大批农牧民离开边境地区后，新疆生产建设兵团进驻边境农庄和牧场，从事生产活动，当时称为"三代"（代耕、代牧、代管）。建设兵团在中苏边境一带建立国营农场，将其作为国防屏障。建设兵团在通过外交努力遣返外逃人员无望的情况下，新成立边境团场，并划定边境带。"三代"人员就留在当地，继续从事农业生产并守卫边疆。在当时，建设兵团为稳定新疆局势，防止前苏联的渗透和破坏，起到重要的作用。

文革开始后，干部队伍中的民族主义分子，最初在乌鲁木齐和喀什两地组建"维吾尔斯坦人民革命党"。文革初期，伊敏诺夫与扎哈诺夫、巴特哈（当时均是自治区政府副主席）、尼牙孜.乌买提（温泉县商业局副局长）、司马义、依不拉音哈斯木帕尔沙（自治区对外贸局绒毛厂副厂长）等人密谋行动，在 1968 年 2 月正式成立"东突厥斯坦人民革命党"。他们一起开过四次会，酝酿成立全疆组织。

"东突厥斯坦人民革命党"分 12 次向苏联和蒙古人民共和国派遣 26 人次，与当地特务机关联系。到 1969 年底，该党发展到 1,500 多人；所属 78 个基层组织，涉及新疆自治区的 12 个地、州、市和 22 个自治区级单位。"东突厥斯坦人民革命党"宣称，"新疆自古以来就是独立国家，近代以后变成了汉人的殖民地。打破汉人对殖民地的统治，实现东突厥斯坦民族的独立，建立东突厥斯坦共和国，是本党的最终目标。”该党还把制造分裂舆论，向各族进行分裂思想渗透，作为一项重要任务。先后编印《火炬报》、《觉醒报》、《独立报》等刊物，并编印大量宣传其分裂主张的传单或小册子，四处散发。

该党主席托呼提库尔班在 1968 年 2 月被新疆大学的群众组织监禁之后，该党才被侦破。这就是说，在该党成立后的两年时间里，中共尚未察觉。新疆大学群众组织的“发现”显得极为重要。在民族问题上，汉人的两派超越派系斗争，团结一致。正如王力雄所言：“新疆汉人在其他问题上对当局有各种不满，一涉及民族问题便与当局成为同盟。即使有批评，也是对镇压不够强硬的抱怨。”

由此可见，新疆的民族问题不只是在文革中发生和激化，而是可以追溯到文革前 1962 年的“伊塔事件”和 1957 年的“反民族右派斗争”。

第 12 章 解放军[①]

前面 11 章介绍 12 个省市自治区的群众运动，本章介绍军队的情况。文革初期，军队内部曾发生不小的动荡，主要表现为空军与海军领导层的激烈斗争。空军与海军内部的矛盾与演变，有其内在的原因。中央高层的介入下，风波得以平息，但是矛盾依然存在，为日后军内派系的演变和斗争埋下了伏笔。

12.1. 空军高层的夺权斗争

《五.一六通知》发出后，中央还批转了一份文件——《中央工作小组关于罗瑞卿错误问题的报告》。该报告在严厉批判罗的同时，将已去世的原空军司令刘亚楼扯了进来，刘被列为已打倒的罗瑞卿和杨尚昆等人的同伙。因刘亚楼在空军主政时作风强悍霸道，空军将领对其不满的甚多。中央文件如此严厉批评刘亚楼，给了空军高层将领（以空军副司令刘震为首）借机群起批刘，一吐胸中多年积怨的机会。在 1966 年 6 月至 9 月召开的中共空军党委第三届十一次全体会议上，不少与会人员将批判的矛头对准刘亚楼。刘亚楼已经去世，批他只是个借口。这些人的实际目标，是现任空军司令吴法宪和政委余立金，他们的目的是把吴法宪和余立金拉下马。

由于空军党委常委刘震等人带头，下面便有一些人群起响应，如沈阳军区空军的黄立清、南京军区空军的聂凤智、广州军区空军的吴富善、成都指挥所的高厚民、武汉军区空军的傅传作和廖冠贤等。南空的聂凤智具有代表性。他批判刘亚楼时说，刘主持空军工

[①] 本章叙述还基于：丁凯文（2013，2016），余汝信（2020）。

作期间，毛的指示空军听不到。党委常委内只有刘一言堂，没有其他成员的地位。聂凤智提出，对刘亚楼要“盖棺重定”。聂成为混战中奋勇进击，箭无虚发，深受欢迎和拥护的带头人和指挥者。

与此同时，各大军区的空军也纷纷打电报，向空军党委表达他们的意见。有的单位甚至要求空军党委撤销刘亚楼的讣告和悼词，重新评价，将刘的骨灰搬出八宝山，并要求改组空军党委现有的领导班子。刘震掀起倒吴（法宪）运动，是因为他对吴接替刘亚楼任空军司令不满：刘震是中央候补委员，上将军衔，吴只是个中将，且非中央候补委员。

空军高层的这一混乱，使中央军委不得不介入。林彪表态说，空军的情况不正常。刘亚楼和吴法宪有缺点有错误，应当批评，但是这种作法不对头。这是有人趁文革之机，搞罢官夺权。7 月 21 日，叶剑英到空军党委全体会议上发表讲话，传达中央常委和军委常委的指示。叶在会上批评空军一些人搞的罢官夺权斗争。吴法宪作检讨，刘震和张廷发则被停职作检查。

12.2. 海军高层的斗争

文革初期，海军也发生类似的斗争。海军高层的矛盾，可以追溯到上世纪 50 年代末和 60 年代初。1959 年 12 月 1 日，东海舰队 418 号潜艇与衡阳号军舰相撞，潜艇沉没，38 名艇员殉职。1960 年和 1962 年，两名海军航空兵飞行员叛逃台湾。中央军委派检查团赴海军检查工作，指出海军存在诸多的问题。最本质的问题是，政治工作没有摆在第一位。为了加强海军的工作，对海军领导班子进行调整。任命李作鹏为海军常务副司令，张秀川为政治部主任。海军司令肖劲光不以为然，认为许多问题已经进行了调查、分析和研究，并采取了措施。

《五.一六通知》后，1966 年 5 月 27 日，海军党委三届三次会议在京召开。7 月 2 日，有三个小组提出，海军司令员肖劲光和政委苏振华是批评的重点，并提议海军副司令王宏坤出来主持会议。这是公开提出更换海军领导的要求。此后不久，海军党委会的批判矛头转向李作鹏、王宏坤和张秀川，会议由批罗瑞卿变成批斗李、王、张。

针对海军会议出现的问题，林彪表态说，海军现在的领导不能改变，肖劲光和苏振华的领导位置也不能改变。林指出，李、王、张的工作是有成绩的，工作上是好的。林还提出，肖和苏要支持李、王、张，而李、王、张要维护肖和苏的威信。叶剑英到海军党委会传达中央政治局常委和军委常委的精神。此后的会议上，肖劲光和苏振华主动检讨了自己的错误。

文革初期海军高层发生的斗争，与空军颇为相似。斗争都是在批判罗瑞卿的背景下开始的，又与军内高层长期以来积累的矛盾相关。这些矛盾中掺杂了一些个人恩怨，借着批罗瑞卿爆发出来。

12.3. 总参谋部“八.二五事件”与贺龙的倒台

1966 年 8 月 22 日，总参谋部（简称“总参”）召开师以上干部会议。代总长、党委书记杨成武作开展文革的动员报告。当日下午，总参谋部通讯兵部有人到总参谋部机关贴大字报，指责杨成武的讲话压制革命群众。总参谋部的一些部局也贴出大字报，矛头对准代总长杨成武。8 月 25 日，毛预定接见外国军事代表团，由周恩来、杨成武和彭绍浑（副总长）陪同，国防部外事局长潘振武为引见人。外事局的一个参谋给毛的秘书打电话，说代表革命群众要求，毛不要让潘振武参加接见。周恩来与杨成武商量后，同意了这个要求。

当天，叶剑英以军委的名义，做出限制军队文革的多条规定并下发全军。中央还转发总政治部关于正确处理地方学生要求斗争部队重点批判对象问题的意见。该指示与军内机关造反派思想格格不入，引起他们的强烈反弹。8 月 25 日，总参谋部作战部和国防部外事局的一些人贴出大字报，高呼口号，质问杨成武和潘振武为何压制群众。总参谋部作战部长王尚荣和副部长雷英夫带头签名写大字报，表示支持，杨成武一时成为众矢之的。

军内机关中受军外群众运动影响，紧跟毛的号召者大有人在。他们站出来批判当权派，在当时被认为是革命行动。只是参加运动的大多数人，并不清楚谁是毛心目中的走资派和革命派。这些人与空军与海军机关中批判吴法宪、余立金、肖劲光、苏振华等人的行为如出一辙。林彪作为军委副主席，为了稳定军队，煞住军内的夺权风潮，很快撤了王尚荣和雷英夫的职，此举起了杀一儆百的作用。杨成武趁机整了许多总参谋部的干部，指控这些人参与政变。

毛认为总参谋部“八.二五炮打杨成武事件”的背后责任人是贺龙，该事件便成为贺龙倒台的导火索。其实，更重要的原因是贺龙对刘少奇批判不力，毛很不满意。在批判刘少奇和邓小平的党内生活会上，贺龙一直没有表态，没有与刘少奇划清界线。当毛问贺龙，你发言了没有？贺回答说，还没有。毛说，怎么不讲一讲？贺回答说，报告主席，我上不了纲。贺龙的这一态度和立场，决定了他的倒台的命运。

12.4. 南京军事学院的文革运动[①]

前面几节讲述了军队上层的动态，本节介绍作为基层单位的南

[①] 本节叙述基于：张震（2018），以及笔者对一位南京军事学院教官和几位教官子弟的采访。

京军事学院[1]（简称“军院”）的群众运动。南京军事学院 1950 年 10 月 30 日在南京创建，曾是解放军最好的高等军事学府，其前身是华东军政大学和华北军政大学，首任院长是刘伯承元帅（后兼任院政委）。该院的战役系，曾以培养军及军以上的人才为目标。1955 年授衔时，该系的学员均授将军衔，其中 22 人授中将衔。

1958 年，彭德怀在毛的支持下，发动针对刘伯承等人的反教条主义斗争，刘伯承被免去院长职务。1957 至 1959 年间，根据中央军委决定，以南京军事学院的部分系为基础，分别组建高等军事学院、军事学院和海军、空军、炮兵、装甲兵等学院，南京军事学院大伤元气，但是其实力仍不可小觑。到了文革开始时，院长是张震中将，政委是王平上将，已经成为培养中级指挥官的军事学院。虽然此时的南京军事学院实力不如当年，但仍留有昔日的辉煌。

文革初期，南京军事学院没有像社会上那样轰轰烈烈。直到 1966 年 8 月 16 日以前，只是在干部和学员中进行正面教育，学习毛的批示和中央文件。南京军事学院领导对写大字报“既不反对，也不提倡”，坐等上面的决定，所以学院内没有发生过激的行动，大字报也不多。8 月 16 日，军委下发《军委常委扩大会议纪要》，要求军队院校也开展“四大”，破“四旧”。在执行《纪要》时，南京军事学院党委对张贴大字报做了一些限制性规定。例如，规定大字报只能到指定地点张贴，23 级以上干部才能观看，而且还要凭证件；特别强调写大字报要注意保密，内外有别，不准上街等等。在地方造反派到学院“煽风点火”时，学院广大群众不为所动，还是拥护院党委的领导。

南京军事学院也没有整肃所谓的“重点斗争对象”。《五.一六通知》下发后，总政要求：“各大单位党委要着重搞好宣传、文化、报

[1] 初建时称为中国人民解放军军事学院，简称解放军军事学院，后更名为南京军事学院

刊、院校、出版、科研部门的文化革命。对这些部门要在普遍学习的基础上，对所属人员包括这些部门的领导干部在内进行摸底排队，从思想上、组织上进行整顿。对那些混进军队里的资产阶级代表人物及其反党反社会主义的作品和言论，必须彻底批判。”

但是南京军事学院的党委认为刚刚搞完整风，已经走过“清政治”这一步，再搞“摸底排队”有困难。因此没有在南京军事学院搞“摸底排队”，也没有把学院党委委员和学院领导作为重点审查对象。学院的领导层认为，对学院领导“摸底排队”是上边的事情。部系领导和其他干部中的问题已经在整风中解决了，没有必要再翻老账。

当时的教学准备工作仍在正常进行。因为运动开始后，军委和总部并没有明确学院是否停止招生。在招生问题上，军委和总部曾变化多次。开始时决定 9 月份按时招生，接着说推迟到 10 月份，随后又说解除招生任务。没过几天，又通知国庆节后接收学员，而且多达 3,000 多名，所以南京军事学院从未放松教学准备。10 月 7 日，总部最后下令，停止招生。直到此时，学院还在边搞运动边准备招生，局面没有失控。

10 月 4 日，军委通知召开全军院校长和政委紧急会议。中央文革认为，有些领导机关和院校领导过分强调军队院校的特殊性，压制民主，把运动搞得冷冷清清。于是中央文革以军委和总政的名义，搞了一个《关于军队院校无产阶级文化大革命的紧急指示》的文件，规定“军队院校的文化大革命运动必须把那些束缚群众运动的框框统统取消，和地方院校一样完全按照《十六条》的规定办。要充分发扬民主，要大鸣、大放、大字报、大辩论。”文件明确指出：由院校党委领导运动的规定，已经“不适合当前的情况，应当宣布撤销”，并要求“由革命学生和教职员工选举成立文化革命小组、文化革命委员会和文化革命代表大会，作为文化革命的权力机构”。

10 月 10 日上午，南京军事学院党委召开全体会议，传达军委和总政的紧急指示精神。当日下午，学院党委召开各单位代表协商会。张震院长和王平政委宣布中断院党委对文革的领导。宣布后，他们当即退出会场，从此学院各级党委陷于瘫痪，基层党组织也停止了活动。后来中央将这一《紧急指示》转发全党，在更大范围内出现一场“踢开党委闹革命”的浪潮。

当学院党委中断对运动的领导后，由学院的政治部出面与群众协商，由各单位选举代表成立“军事学院文化革命筹备委员会”（简称“院文筹”）。有一些人不赞成“院文筹”，起来造反，冲击“院文筹”，把“院文筹”的主要负责人抓到北京批斗。地方和军内其他单位的造反派也开始到军事学院串联，贴大字报，开展辩论，搞联合行动。张震院长被迫到学院各单位接受群众的批评教育。从 11 月 5 日起，张震向全院同志先后作三次检查，着重检查对文革在思想上理解不深和行动上跟得不紧的问题。

12 月 8 日晚，南京军区召开作战会议。据称地方造反派准备利用纪念“一二.九运动”的机会，搞一次“新一二.九运动”，地方造反派可能会冲击军事机关，会议要求各单位做好自卫准备。南京军事学院领导连夜召集各部系领导开会，研究防范措施。决定增派一定数量人员把守营门，加强警戒，同时决定把学院军械库的枪支发给部分干部，用以自卫，但是没有配发子弹。

这一作法触怒了造反派。清华大学造反派领袖蒯大富此时正在南京，他两次跑到军事学院发表演说，对发枪加强警戒一事提出质疑。12 月 25 日晚上，学院领导突然接到全军文化革命小组的电话，说军事学院加强警戒搞戒严，是妨碍群众运动的行为，因而是完全错误的。过了两天，北京又转来蒯大富的告状信，要张震院长说明情况。事情变得复杂了。

南京军事学院逐步形成对立的两大派组织，开始了严重的派性争斗。一派是“红司”，保张震；另一派是“革联”，反对张震，属造反派。该派与地方上的江苏“好派”一个观点。据一些知情者说，造反派“革联”的成员大多爱提意见，有点不规矩，或者说“带刺有棱角”。“革联”的领导人是张泽上校，任航空兵教研室主任，张与蒯大富较熟悉。张泽带头贴大字报，因为是少数派受到围攻。张泽像其他造反领袖一样，毫不畏惧。

后来形势逆转，张成为闻名一时的造反派领袖，人称“张司令”，几十年后余威犹存。他后来得了老年痴呆，有一次走失，错上了去西安的火车。当地的民警发现了他，无法得知他的真实身份。幸好有一位民警是原南京军事学院军官的后代，有点认识当年赫赫有名的“张司令”。当民警叫他一声“张司令”时，张泽竟然还记得当年造反时的风光，这才使他的家人找到他。这是题外话。

1967 年 2 月 8 日，张震在北京开完会乘飞机返宁。飞机刚刚落地，军事学院“革联”的造反派们就冲上来，把他强行带走进行批斗。他们扒掉张震的领章和帽徽，将张关押近一个月。张震有一阵子被斗得很厉害，只好躲在学院的汽车连里，因为汽车连是保张震的。

王平的处境比张震院长更为不利。9 月 16 日，中央军委电告军事学院，说王平“反党、反社会主义、反毛泽东思想”，是“彭黄反党集团漏网分子和假党员”，决定对他停职反省。倒霉的王平成了两派群众组织批斗的对象，没有人愿意保护他，成为不幸的“弃儿”。

当时南京军事学院的派性，与单位部门有一定的关系。例如，位于小营外训部的教职人员基本上是“红司”的，位于马标的则多数参加“革联”。学院中还有一些原本是国民党军中的高级将领，留下来作为教官（如原国民党 74 师参谋长魏振钺）。他们受过正规的教育，在军事理论上比共产党的教官要强一些。这些人住在北京东路的一个大院里，人们习惯上称之为“白党营”。这些人在文革中均未参与派性斗争。

派性使人际关系发生巨大变化，对夫妻和朋友关系均产生不良影响。许多家庭为了避免矛盾，甚至在家门口贴上“进家门不谈政治”的标语。学院教职员工的子弟也产生分裂，甚至成为仇敌。如笔者（第一作者）的同学是南京军事学院子弟，他文革前与白党营子弟（如魏启立，原国军 74 师参谋长之子）是好朋友，文革后因观点不同势不两立，还动手打过架。

南京军事学院真正的大乱，是 1968 年无锡的“主力军”（属于“好派”）被对立派打出无锡后进驻学院开始的。无锡“主力军”为了打回无锡，需要武装自己。“革联”与他们同属一派，暗中为他们抢枪提供方便，学院的武器库被抢空。笔者的一位同学在文革 50 年后透露说，当时他和弟弟混入抢枪的人群中，把两颗手榴弹藏在裤衩里偷了出来。还有一位学院子弟在该院的树丛中发现一包崭新的军装，显然是有人从库房中偷出来，准备日后带出学院。

1968 年 8 月，军委办事组决定：对南京军事学院实行军事管制。南京军区派出 60 军的官兵，与此前地方派来的工宣队共同掌管南京军事学院。12 月 26 日，南京军事学院成立革命委员会。1969 年 2 月，军委办事组决定撤销南京军事学院。

当时学院有句话，叫做“活宝没人要，死宝有人抢”。“活宝”是指南京军事学院精心培育起来的一支优秀的教研队伍和干部队伍。南京军事学院撤销后，他们大多没有得到公正对待，未被正常使用。一部分人员被安排去地方支左，一部分人员转业复员，只有少部分人员去北京，组建解放军军事政治大学。“死宝”是指学院大量的物资和装备。学院撤销后，教研人员呕心沥血编写的教材和资料散失殆尽，全院教职员工艰苦创业，勤俭节约购置的教学设备和器材遭到严重破坏。有的人为了占有樟木箱，竟把里面的档案和资料成捆地丢弃。

文革结束后，南京军事学院的造反派受到审查。“革联”的司令张泽吃了不少苦头，不过最后的结局不算太差，仍按相应待遇进了部队的干休所，安度晚年。

12.5. 南京军区内的文革运动[①]

解放军最早卷入地方的群众运动，是参与文革初期向各大专院校派遣的工作组。中央决定向北京大学派驻工作组后，其他院校也纷纷要求派工作组，得到中央常委和军委领导的同意，这样就把军队也牵连进去。军内院校的造反活动一度搞得热火朝天，如上海第二军医大学的“红色造反纵队”就很有名气。军队院校造反派的兴起，实际上是地方造反运动的延伸，是毛、江青和中央文革大力支持的结果。

本节重点叙述发生在南京军区内的军队群众运动。根据中央军委规定，军区政治部的宣传文化部门及下属的文体单位、军区步校等开展“四大”。南京军区的《人民前线报》首先成为攻击目标，报社的几位副总编先后停职，只剩下一个编辑组维持正常运作。1967年，上海掀起“一月革命”风暴，军区宣传部、文化部、报社和话剧团、歌剧团、歌舞团、军乐队和体工队（简称“三团两队”）成立造反组织。军区司令部、政治部与后勤部机关也成立战斗队，贴大字报。还有人与地方的造反派联合，揪斗军区和司政后部门的指挥官，军区领导机关陷入混乱。《人民前线报》报社的军人组织“风雷激造反队”，宣布夺权，由造反派负责出版报纸。不过混乱很快平息。1967 年 1 月 28 日，中央军委发出命令，规定军以上单位分期进行文革，军以下单位不进行文革。军区机关不少造反人员在后期受到处

[①] 本节的简述还基于《人民前线报社》（2016），以及笔者对原南京军区驻无锡炮兵某部顾某和原南京军区某局干训队周某的采访。

罚。

不仅军区机关受到影响，下属部队也卷入文革潮流。发生在驻无锡的南京军区炮兵第 9 师的情况就是一例。1966 年 6 月的一天，该师 83 分队侦察班指挥仪操作员顾某被师长叫到办公室。师长很神秘地交给他一个任务：换上便衣到无锡城里去看大字报，看看那里发生了什么。顾某每天早出晚归，走街串巷，抄写大字报并记录所见所闻。他看到市中心广场烟火熊熊，大批书刊杂志和所谓的四旧物品被烧，有人戴高帽子游街，有人跪着被批斗。顾某回到驻地，立即向首长汇报情况。师首长每晚在灯下仔细阅读顾收集来的材料，师长边看边摇头，不住地叹气，表示不能理解。顾某执行这样的侦察工作，持续了一个多月。

后来炮兵第 9 师接到命令，解救被当地群众围攻的北京红卫兵。炮师派出军车，组成毛泽东思想宣传队。军人一看到被围的红卫兵就拉他们上车，然后以最快的速度冲出包围圈，将他们送到安全的地方。

1967 年，炮师接到命令，执行支左任务。成立军管会那天，部队出动上百辆军车。车上站满持枪的战士，绕城游行，以壮军威。然而地方文革的各种观点和思潮，渐渐地渗透到部队里来。无锡驻军发生了分歧，从军官到士兵都存在派性。部队开始骚动，有人写大字报，有的部队出现游斗基层指挥官的现象。

1967 年 7 月底的一个晚上，近万人围攻部队的一个军火仓库，顾某所在的炮师奉命火速增援。当他们到达时，军火库已被围得水泄不通。军火库是建在山里的洞库，有几百名战士守卫，解放军只能用身体护卫军火。造反派与军人层层相围，有不少人因中暑晕倒，却因为人太多无法撤离。最后，军人不得不用水泥和石块封住洞口，才保住军火。谁知军内有人向造反派透露情况，造反派从另一个洞口攻入军火库，抢走军火。泄露秘密的军官后来受到惩罚。从该炮兵师的情况看，军人也与百姓一样，开始时对文革不理解，后来介入派性之争，为文革的群众运动增加了变数。

在广大民众响应毛的号召，积极投身文革运动的大潮时，也有造反不成的例外。南京军区 X 局训练队学员的造反就是一例。这是一个小型的训练基地，约有 200 名学员。文革开始后，学员们按捺不住萌动的心，跃跃欲试，加入造反的潮流。他们提出，要像军队院校一样参加文革运动，写大字报，向局部提出要求。因为没有获得批准，他们就跑到北京 Y 部[1]，要求同意他们参加文革运动。领头的是一位干部子弟，其父亲是上海市机电局的党委书记。另一名领头的则是工人子弟，并无过硬的后台背景。他们到北京去的目的其实并不很明确，多数人想乘机到北京玩一玩，顺便争取得到 Y 部领导的支持。

他们到 Y 部后，要求未得到同意，训练队的领导也从南京赶来，劝他们回去。这批造反学员在部里的一个小礼堂召开批斗会，给训练队的领导戴高帽子，还命令他们下跪。Y 部派一位干部来劝说这批造反的学员，结果被扣为人质，这就越出了 Y 部的底线。当人质被扣两天两夜后，Y 部终于出重手。该部派出一队武装军人解救人质，并将领头造反的三个人抓走。

第二天，北京电台播发该事件的新闻，称南京某局人员不听指挥，现已将带头闹事者押送回宁，命令其他滞留人员及时返回。造反者群龙无首，只好乖乖地返回南京驻地。他们在返回南京之前，趁机在北京好好地游玩了一阵。这些人回来之后未受到严厉惩罚，继续进行专业训练，只是几个领头闹事者被提前复员，离开了部队。

后来这些学员毕业分配工作，部分学员被分配到舟山。由于全国各地的群众运动如火如荼，学员又一次闹事，准备杀回局部，要求以军校学生的身份参加文革。参加这次造反的学员，大多数仍是

[1] X 局的上级主管部门。

抱着玩的心态。有的是为了去会女朋友，有的干脆借机回家，并未到局部造反。来到局部的造反者，参加文革的要求未得到同意，就泄了气。他们无所事事，自觉无趣，过了几天主动提出返回舟山，造反也就不了了之。

1968 年夏天，当时 X 局部也有一些科室人员准备造反。为了稳定军心，南京军区与 X 局联合举办学习班，各单位派人参加，军区司令许世友亲自作报告。后来 X 局召开会议，进一步强调部队稳定的重要性，一个曾造反的人被反绑着双手，押到台上认罪。这一举动具有明显的震慑作用，自此 X 局训练队的造反划上了句号。

12.6. "五.一三"冲击三军演出事件[①]

军队里的造反派，基本上是步地方大中学校运动的后尘产生发展的。当军内单位起来造反的时候，地方院校里最早起来"破四旧"的老红卫兵（如"联动"）和最先接受工作组领导组成文革领导小组、后来又保工作组的以"红五类"为主的学生组织，已经被中央文革点名压了下去。所以，尽管军内文艺和体育单位最早起来造反的成员的家庭和社会背景与地方的老红卫兵有着千丝万缕的联系，但是当时的社会大形势决定他们不可能再重蹈"联动"的覆辙。

北京驻军的各军事单位的造反组织分为两大阵营。一派称为"老三军"，支持本单位的现任领导人，被认为是保守派。另一派是"新三军派"，反对本单位的当权派，被认为是造反派。"二月逆流"受到批判之后，军队院校的造反派受到鼓舞。从 1966 年 6 月到 1967 年 4 月，军队院校的造反派经过将近一年的造反、受压制、沉默、爆发，反复的冲突，与北京和外地的一些造反派组织建立了广泛的联系。这些组织在全国和全军已经有越来越大的名声和影响，自我

① 本节还基于以下资料：白而强（2012）。

感觉良好。

空政文工团的“老三军”支持吴法宪、余立金和空军党委，由此被“新三军”抨击为保守派，遭到打压。毛表态：“吴法宪可以炮轰、火烧，但是不要打倒。”毛不便直接插手空政文工团的文革，就给叶群写了一封信，要叶群想法出面支持“老三军”，毛还让自己的秘书徐业夫向林彪办公室（简称“林办”）打招呼。

林彪决定通过“老三军”计划的演出，打压北京军队院校中的造反派势力。“老三军”原准备联络各派人马，联合演出，庆祝毛泽东《在延安文艺座谈会上的讲话》（简称《讲话》）发表 25 周年。结果受林彪支持的叶群明确表态，不要联合军队内的造反派，而是联合北京军区、海军、二炮等其他军种的文工团共同演出。1967 年 5 月，解放军在京的几个文工团的“老三军派”发起纪念《讲话》发表 25 周年文艺汇演，他们被称作“演出派”。

“新三军派”认为这是老保翻天，要冲击这次演出，所以他们被称为“冲派”。“冲派”的目的，是争取让中央文革和全军文革支持他们这一派。“冲派”与北京“红三司”密切合作，冲击 1967 年 5 月 13 日的演出。双方发生武斗，各种乐器被毁坏，设施被砸烂，演员被打伤。武斗持续了好几个小时，直到陈伯达和肖华赶到现场，才制止了武斗。

林彪冒着对抗中央文革的危险，公开支持“老三军派”对抗“新三军派”和“红三司”等造反派。林彪还派叶群出面慰问伤员，以他特有的方式明确表明自己的态度。5 月 23 日，“演出派”在天安门广场举行纪念演出。林彪派叶群前来观看，并派出部队进行保护。因为林彪的态度，军内的造反派垮了。“老三军派”一下子翻过身来，成为林彪和军委直接控制的一支政治力量。凭借这支力量，林彪和军委可以直接与北京“红三司”等学生造反派对抗，从而稳定了北京的局势，以江青为首的中央文革却束手无策。他们支持的学生造反派虽然没有土崩瓦解，但已经失去往日的威力。

毛在这场造反派与保守派的斗争中，竟然支持保守派，似乎与他的文革理念不符。有学者认为，毛也许是因为担心失去对军队的控制。毛在 1967 年 4 月间定下一个秘而不宣的方针：通过北京军区的稳定，以稳定全军；通过军队的稳定，以稳定全国（王年一，2001）。"五.一三事件"是军队稳定的始发点，在军队文革中具有极其重要的意义。相对于地方的文革，军队的运动相对稳定些，因为军队是中共政权的支柱。军队如果真正失控，对中共肯定是灾难性的。所以中共对军队的稳定，还是高度重视的。

我们在本书的第一篇，简述 12 个省市自治区和军队的文革群众运动。中国大陆当时有 29 个省市自治区，为什么只分析 12 个省市自治区和军队的情况？除篇幅限制之外，是否还有其他原因？这些问题，将在第二篇中作出回答。

第二篇 群众运动的兴亡

我们在第一篇里简述 12 个省市自治区及军队文革中群众运动的情况。在第二篇，将讨论群众运动的动员、分裂和自毁。首先，我们将讨论文革中群众运动的动员问题：群众为什么会被动员起来参与文革运动，他们又是如何被动员起来的？在讨论群众运动的动员问题之前，必须解决前一部分的章节中存在的代表性问题。我们仅讨论 12 个省市自治区和军队的群众运动情况，中国在当时分为 29 个省市自治区，12 个省市自治区只占全国的三分之一多一些，它们能够全面地反映文革中群众运动的情况吗？

随着文革研究的深入发展，越来越多的学者开始注重某个地区和某个专题的研究。这是因为许多大的运动已经有太多的研究了（Goodwin, 2012）。这样的问题在西方学界也存在。西方的学者们忽略了根本的问题，即资本主义是理解西方国家社会运动的关键（Hetland and Goodwin, 2013）。文革的研究也存在着类似的问题。太专太深的研究容易忽略全国文革的发展，忽略文革的根本性矛盾。因此，研究文革不能仅局限于一个地区，必须基于全国各地的情况。

第 13 章 代表性问题

Chan 等人（1980）在研究广州市中学红卫兵运动时发现，群众组织的分派与其成员的家庭背景有着密切的关系。但是，Walder（2006）的北京大学红卫兵的研究却发现，红卫兵的权力和特权的状况对文革中的派别没有影响。为什么会出现这样相互矛盾的结论呢？Chan 等人的调查对象是广州的中学红卫兵，Walder 的研究对象是北京大学的红卫兵。这些红卫兵存着区域的差别和年级上的差别。这就涉及文革研究中的一个问题，即代表性问题。Walder（2016）在 2016 年 3 月召开的西雅图圆桌会议时发言也承认，上述代表性问题需要放在其他背景下加以证实，这方面的问题还有待学者进一步研究。

13.1. 抽样

一般来说，在文革研究学界中进行较深入分析的论文论著均以个案分析为主。如前面提到的 Chan 等人的广州红卫兵研究，Walder 的北京大学红卫兵的研究，Forster（1990）对浙江的研究，Perry 和李逊（1997）对上海工人运动的研究，董国强和 Walder（2001）对江苏的分析。这些个案分析是否能够推论到全国，还有待进一步的研究加以证实。

如果试图对全国的文革进行深入的分析，研究应包括全国的 29 个省市自治区，否则就有可能存在以偏概全的缺陷。目前对全国 29 个省市自治区进行全面论述著作不少（如杨继绳，2016；金春明，

1995；王年一，1988；高皋、严家祺，1986)。但是此类论著一般缺乏深入的理论分析。因为它们大多属于历史记载类，以记述史实为重点，以理论分析为辅助。研究很难做到既涵盖全国各地的详细情况，又有深入的理论分析。这里涉及研究的深度和广度的问题。两者间存在着矛盾，很难同时兼顾。

解决矛盾的办法之一是抽样：从全国 29 个省市自治区中选出数个有代表性的省市自治区，然后进行深入的分析。抽样是科学研究中常用的方法之一。这是因为，在许多情况下，因条件限制无法获得所有的研究对象的资料，或者这样做非常困难。抽样的关键是，被抽取的样本是否能够代表全体。要保证样本的代表性，就必须明确研究的目的，从而在设计抽样时加以考虑。我们的目的是研究各省市自治区的文革情况，涉及面很广，使得抽样设计变得非常困难。

根据笔者保守的推测，为了保证足够的可靠性，如果对全国 29 个省市自治区进行抽样的话，样本数量至少需要达到 26 个省市自治区（具体计算请参见附录 A）。这样做与不抽样没有多大区别。还有一个解决的方法是分层抽样，该方法可以解决可靠性和样本大小之间的矛盾。分层抽样的方法如下：首先按某种特征分为若干层的次总体，在次总体内，各成员之间的差异尽可能较小；然后从每一层内进行抽样，组成一个样本。该方法的优点是：在样本总数较小的情况下，能够做到样本的代表性较好，抽样的误差较小。换言之，能够保证样本的结构与总体的结构比较相近，从而提高估计的精度。

13.2. 省市自治区的分类

对各省市自治区进行分层抽样，必须首先对各省市自治区进行分类。在分类的基础上，我们从每个类别中抽取适当数量的省市自治区对其进行深入的分析。关于如何对文革期间全国的各省进行分类，刘国凯（2006a）曾有过论述。刘把省级文革分为四种模式：（1）典型类，（2）发育不完全类，（3）激进类，（4）残酷镇压类。湖北属于第一类的典型类。其特点是造反派与军方支持的保守派进行过艰苦惨烈的斗争，几近被压垮，后在中央文革的支持下翻身取得胜利。不幸的是，掌权后的造反派产生分裂。北京和上海属于发育不完全类。北京文革以学生为主角，上海以工人为主体。由于北京和上海在毛中央的直接关注下，使得这两个地方具有共同的特点，偏离了运动通常的走势。所以，这两个直辖市的群众运动发展是发育不全的。湖南省属于激进类。湖南文革的形态本可归入湖北模式，但是由于湖南“省无联”的杰出活动，所以归为特殊一类。广东和广西属于第四类，即残酷镇压类。全国各地的造反派组织无一不以被镇压收场，但是镇压的时间和力度有所不同。两广的情况是，省革委会均是根据康生的一句话，宣布造反派已被反共救国团控制，从而直接了当地对他们进行整体性摧毁，完成清算镇压。

徐友渔（1999b）也曾对各省红卫兵的运动作过分类。他认为北京和上海属一类，其他省份属另一类。其他省的红卫兵运动，又可分为内地和边疆两类。边疆地区（如西藏、新疆、内蒙古、广东和广西省）造反派内部的两派斗争，一直没有发展成为主要的派别斗争。保守派势力始终不垮，并与造反派大联合，共同进入省革委会。大多数内地省份是，起先保守派与造反派斗，然后是造反派内部的派斗。

遗憾的是，上述讨论没有进一步深入讨论分类问题，并未把 29 个省份完全对号入座，因此许多省的分类归属仍是个谜。而且这些分类都是定性分析，易造成各持所见的尴尬局面。我们决定采用定量分析的方法，用较为客观的指标对全国 29 个各省市自治区进行分类。

什么是分类指标呢？我们用医学上的例子来说明“指标”的作

用。医学界测定病人是否患有乙型肝炎病症，通常用两对半指标：即表面抗原（HBsAg）和表面抗体（HBsAb）、e 抗原（HBeAg）、核心抗原（HBcAg）和核心抗体（HBcAb）。每个抗原或抗体分“阴”性和“阳”性。五个指标共有 32 种可能的组合，常见的有九种组合。如果五个指标全是阴性，说明过去和现在未感染过乙肝病毒。如果五个指标分别是“阳—阴—阴—阳—阳”，俗称为“小三阳”，说明传染性弱。如果是“阳—阴—阳—阴—阳”，那就是常说的“大三阳”。这是急性或慢性肝炎感染，有极强的传染性。五个指标为诊断乙肝病症提供了方便而又实用的定量依据。

我们对省市自治的分类也采用类似的客观指标。省市自治区分类基于以下三个方面：（1）经济、人口、政治和地理；（2）局势稳定性；（3）群众运动的发展。

表 13.1. 分类指标

方面	变量	变量
地理、经济、人口、政治	X1	1964 年人口普查（万人）
	X2	1978 年 GDP 总量（人民币亿元）
	X3	省会离北京的距离（千米）
	X4	省革会第一把手在中央委员会的任职
群众运动发展状况	X5	建立省革委会的时间
	X6	省革会常委中群众组织代表的比例
	X7	群众组织代表任中央委员、候补委员
局势稳定性	X8	文革期间省第一把手是否被撤换
	X9	省革会第一把手是否是军人
	X10	是否是全国十大著名武斗所在的省

个别省份的数据（如天津和宁夏的人口）暂缺，我们进行了推测，详情请参见附录 B。本章采用聚类分析法（Cluster Analysis 简称 CA）。由于该统计模型涉及较深的数学，我们将有关计算放在附录 B

和附录 C，此处不赘。以下是分类的结果：

表 13.2. 省市自治区的分类

类别	类别名称	省市自治区	数量	抽样样本
1	中央直控类	北京、上海	2	北京（1） 上海（2）
2	中央间控类	天津	1	天津（3）
3	群众运动发展成熟类	安徽、福建、广东、甘肃、广西、河北、河南、湖北、湖南、江苏、辽宁、四川、陕西、浙江	14	湖南（4） 湖北（4） 江苏（5）
4	早期造反类	贵州、黑龙江、江西、内蒙、山东、山西	6	黑龙江（6） 内蒙（7）
5	边远地区类	宁夏、西藏、云南、吉林	4	西藏（8） 云南（9）
6	特类一	青海	1	青海（10）
7	特类二	新疆	1	新疆（11）

注：括号里的数字表示本书的章节。

13.3. 省市自治区分类的意义

北京和上海属于第一类，即中央直控类，该结果与徐友渔和刘国凯的分类不谋而合。两地的共同点颇多。首先，两个直辖市的革委会第一把手均为非军人，而且均在文革期间进入中央政治局（张春桥和王洪文还成为政治局常委）。其次，有群众组织代表成为中央委员或候补委员，群众代表在革委会常委中的比例占 50%以上。第三，革委会成立较早，均在 1967 年的上半年之前。与其他省份相比，两地形势相对稳定。北京的第一把手易主是因为谢富治病逝，属于正常死亡。在第一篇的第一章和第二章，分别叙述了北京和上海群众运动的发展情况，从中可以看出中央文革对两个直辖市的控制。两地的群众运动基本上是在中央文革设定的轨道上运行的。尽管曾经出现过短暂的失控局面，但是很快得到控制，与其他类省有着明显的区别。

天津由于其特殊的地理位置，与其他省也不尽相同。天津革委会的成立也较早（1967 年底），群众组织代表在革委会常委中的比例相当高（超过 60%）。天津的局势也相对稳定。第一把手是地方干部解学恭，他一直到 1978 年才被解职，受到审查。从第三章的叙述中可以看到，虽然中央文革对天津的控制不如对北京和上海那么直接，但是由于陈伯达和江青等人的直接干预，革委会中的群众代表、地方干部代表和军队干部代表均没有太多的发言权。这些情况使得天津既有别于其他省，又有别于北京和上海。

在第三类的省中，14 个省的群众运动发展相对成熟。在此类省中，群众代表均有成为中央委员或候补委员的，省革委会的成立相对晚一些（均在 1968 年）。群众组织的代表在省革委会常委中的比例也相对较高。最高的是四川省（66%），最低的是广东省（42%）。在此类省中，有些群众组织相当出名，如湖南的“湘江风雷”，湖北的“钢工总”，河南的“二.七公社”，四川的“反到底”和“八.二六”，广东的“旗派”和广西的“四.二二”。

第四和五章介绍此类省中具有代表意义的湖南、湖北和江苏的群众运动情况。湖南的工人们明白，他们没有官方背景，只有靠强大的实力。“湘江风雷”正是依靠其强大的实力，迫使中央文革最后承认其合法地位。尤其值得一提的，是湖南群众运动中出现的“省无联”。“省无联”对革委会的出现有深刻的批判。“省无联”认为，革委会是资产阶级篡权的假公社，三结合等于把“一月革命”中倒台的官僚们又重新扶起来。“省无联”的政治纲领不仅要推翻文革前的红色资本家阶级，还要推翻毛和中央文革的革委会。"省无联"提出砸烂旧的国家机器，建立极左派的新政党，组织革命人民自己的武装力量，重新建立巴黎公社式的政权。尽管这只是一种乌托邦式的理想，但是其极左思潮在文革思想史上占有一席之地。在这类省中，两派（有的省是三派甚至四派）群众组织的斗争比较激烈。作为样本的湖南、湖北和江苏在文革后期，曾经的势不两立的群众组织为了自身的利益，不得不联手与军管会的军人和重新上台的官僚进行斗争。

第四类属于早期造反类，有六个省份。这些省均很早成立省革委会，最早的是黑龙江（1967 年 1 月 31 日）。虽然省革委会成立较早，但是这些省却并不安定，反复较大，早期的第一把手全部易主。由于不稳定，军人任第一把手的较多。例如，贵州和内蒙始终是军人占据第一把手位置。其他省至少有一任是军人任第一把手。全国十大著名武斗事件，有两起发生在该类省。该类省的另一个特点是，省的主要领导人没有一个人进入政治局。

第五类属于边远地区类，共有四个省：宁夏、云南、西藏和吉林。它们的特点是政治、经济和人口等方面不发达，GDP 处在全国的落后水平，人口也不稠密。西藏的省会拉萨离北京有 3736 千米，是省会中离北京最远的。四个省的革委会，第一把手都是军人[①]。文革期间，第一把手没有因犯错误撤换。省革委会成立都是在 1968 年，西藏（1968 年 9 月 5 日）是全国最后一个省。四个省没有群众代表进入中央委员会，它们的第一把手也无缘进入政治局。由于地处边远，四个省的局势不太稳定，尤其是云南。它的第一把手谭甫仁因遭枪杀由周兴接任，第一把手如此变更实属罕见。云南还发生知青大逃亡事件。虽然知青的努力被当地政府通过收买农民流产，但是不稳定因素并未消失。文革一结束，这一颗定时炸弹再次引爆，以

[①] 云南省第一把手谭甫仁遇刺后，由文官周兴接任，是个例外。

成千上万的知青回城告终。同时，此类省在全国的地位并不太重要，人们习惯上把宁夏、云南和西藏视为边远地区，所以我们把此类省份作为边远类省。

第六类是特类，只有一个省：青海。这是因该省的特殊性造成的。该省人口稀少，经济落后，省会离北京较远。省革委会成立较早（1967 年），第一把手一直由军人担任。更重要的是，青海省以臭名昭著的“二.二三事件”闻名全国。省军区副司令赵永夫依靠军区内多数军人的支持，通过非正常途径整倒并扣押省军区司令。赵下令向手无寸铁的百姓开枪，造成 347 人伤亡，其中死亡 169 人。军人还展开大搜查和大逮捕，有上万人遭到迫害，有数千人被逮捕。后来中央查清了事实真相，作出有利于造反派的决定。青海造反派自此占据优势，直到文革结束。群众代表有成为候补中央委员的。

第七类也是特类，也只有一个省份：新疆。新疆是名副其实的边远地区，省会离北京有 3,300 千米，GDP 在全国排名倒数第四。该自治区的人口也较少，排在全国倒数第五位。新疆革委会成立也较晚，与西藏并列，全国最迟。新疆发生过全国著名的武斗事件。革委会的第一把手曾经历非正常变动。第一把手龙书金被撤职，由赛福鼎接任。赛富鼎后来成为政治局候补委员，说明中央对新疆的重视。其他省市自治区的文革均以省会为中心（四川除外），但是新疆与众不同。由于新疆地广人稀，中央政府对该地大量移民。新疆建设兵团以其特殊的地位，在新疆的文革中发挥了巨大的作用。因此新疆的文革有两个中心：乌鲁木齐和建设兵团。

在第一篇里，我们分别从以上七类省中挑取 12 个省、自治区进行分析，因为它们可以较全面地代表全国群众运动的发展情况。

第 14 章 社会运动学

前一章讨论省市自治区的代表性问题，以下章节开始讨论文革的动员问题。本书将运用西方社会运动学理论对文革的动员进行讨论。西方社会运动学是一个因中国的文革而兴起并与文革研究密切相关的重要学科。由于种种原因，多年来该领域的发展一直未引起华人学界的重视。这是一门新兴的学科，直到上世纪的 60 年代，西方学界对社会运动的研究还很少（Killian, 1964）。

在中国文革的影响下，从 1968 年 5 月开始，西欧和北美出现类似中国红卫兵的青年和学生造反浪潮。这一突如其来的风暴席卷整个西欧和北美大陆，使得各国政府措手不及。该现象引起西方社会学家的兴趣，对其研究开始增多。到上世纪的 70 年代中期，社会运动学逐步成为西方社会学中的一个重要领域（Morris and Herring, 1987），并拥有专业的学术刊物、丛书和学会（Porta and Diani, 2006）。

14.1. 社会运动的定义和分类

社会运动的定义有许多版本。我们在这里不妨采用 Wilson（1973）的定义："一个有意识的、群体的、有组织的努力，试图以体制外的手段推动或阻碍社会秩序中大规模的变化。"该定义中的两个信息特别重要："有意识的"和"体制外的"。"有意识的"指的是社会运动的参与者是有意识的，不是盲目的。"体制外的"指的是社会运动不是通过正常的渠道解决问题。体制外的手段，包括示威、游行、请愿、静坐，甚至暴力等。需要指出的是，社会运动不同于政党和利益集团，因为后者拥有接近政权和政治精英的正常管道。

社会运动有以下四个特点：群体性，时间性，认同性和目的性（Edwards, 2014）。群体性的意思是，社会运动是为实现社会变革的群体和组织的努力，不是个人无组织的努力。时间性指的是社会运动在有争议的问题上与强有力的对手进行一定时间的斗争，不是一次性的抗议活动或较量。认同性指的是社会运动的成员不仅仅在一起工作，他们还享有共同的身份认同。目的性指的是社会运动通过抗议等活动试图改变社会。

如果从社会变化的对象和变化的范围两个角度来分析，社会运动可以分为以下四种运动（Aberle, 1966）：

表 14.1. 社会运动的分类

	变化有限	变化巨大
变化只涉及一部分人	替代运动	救赎运动
变化涉及整个社会	改革运动	革命运动

替代运动（Alternative Movement）对现有社会的威胁最小，因为替代运动仅仅针对社会的一部分人，运动的目的是改变这些人的某种行为。美国的"反酒后驾车母亲协会"就是一例，该运动专门针对酒后驾车行为。由于该协会的努力，美国通过法律对醉酒驾车者严惩不贷，从而使醉酒驾车的事件有所减少。

救赎运动（Redemptive Movement）虽然只是针对一部分人，但是涉及的程度比较深。运动的目的是彻底改变这部分人，宗教的"原教旨主义"运动是此类运动的典范。原教旨主义源于美国，是一个宗教运动。原教旨主义强调圣经内文的正确无误，不容置疑，圣经拥有最高权威。原教旨主义一词也用来指天主教和伊斯兰教的宗教运动。救赎运动旨在彻底改变个人，使之重生。

改革运动（Reformative Movement）的参与者并不将矛头指向现

行的制度，只是认为必须对现有体制进行局部的改革。大多数的抗议事件属于此类运动。运动的目的是改革社会的某一部分，并非企图推翻整个现有体制。上世纪 80 年代以来世界各地的反核能运动和保护生态环境运动属于此类。

革命运动（Revolutionary Movement）涉及社会的所有成员，变化范围是深刻的，旨在推翻现有制度并创立新制度。革命运动对现有的社会秩序极度不满，试图根据自己的意识形态蓝图重新建设新社会。革命运动大多是由长期受压迫的某一群体发起，通常在一系列改革运动失败后群众极度不满时发生。人们深信当权者不会满足他们的基本需求。世界各地出现过一些革命运动，例如美国的独立运动、法国的大革命、南非的黑人自治运动和中国的辛亥革命。

用通俗一点的话来说，改革运动是“只反贪官、不反皇帝”的运动，革命运动是“既反贪官、又反皇帝”的运动。

14.2. 社会运动学的第一代理论

对社会运动的研究可以追溯到它的前身——群体行为学（Collective Behavior）。19 世纪的下半叶（1850 至 1900），欧洲的社会、经济和政治动荡使得聚众成为政治稳定的巨大问题，公共秩序受到空前的挑战。“聚众”是指一群人聚在一起的意思。当然，学者研究的注意力主要是闹事的聚众，出现不少理论来解释这一现象。第一个理论说，聚众的成员是疯狂的，就像安徒生童话中的红舞鞋无法停下来。任何参与疯狂聚众的成员，被认为是魔鬼附身或者精神有毛病。第二个理论说，聚众闹事的成员是社会渣滓，是一群脱离社会的家伙，是被社会抛弃的人渣，所以他们对社会不满。第三个理论说，聚众的成员是罪犯，认为有的人生来就有犯罪倾向。聚众闹事破坏财物和伤害人，由罪犯干的或者是由罪犯领头干的

（McPhail, 1991）。概括起来就是"疯子论"、"人渣论"和"罪犯论"，或者统称为"坏人论"。

早期的学者研究群体行为学的目的，是为了维持社会的稳定。这是受了社会学三大鼻祖之一的杜尔凯姆（Durkheim）的影响。他的社会平衡观念对早期的社会学家有着极其重大的影响。群体行为学的研究重点，是社会组织的不自主性、冲动性和即时性。研究者试图回答这样一个问题："为什么守法的人变得不守法了？"

学者们对群体行为的参与者是否理智和是否有自我意识持否定态度（DeFay, 1999）。该派理论的代表人物是法国心理学家勒庞（Gustave LeBon），代表作是勒庞 1895 年发表的《乌合之众》（Psychologie des Foules）。勒庞（2001/1895）认为，参加聚众的人本身是正常人，但是聚众使人的思维转变，使人失去平常的判断力，人在聚众中变得疯狂。勒庞的理论对以前的"坏人论"是一个否定，在当时是一个了不起的进步。该理论在理论界独占鳌头长达近 70 年。该派理论家的目的是为精英控制聚众，反对激进派（Reicher and Drury, 2015）。

需要指出的是，华人学界中流行的"一个文革说"，是"乌合之众论"的理论框架下的一种学说。"一个文革说"认为，造反派是"疯子"，逍遥派是"傻子"（陈子明，2014）。亿万群众卷入文革的原因是："政治思想的强大压力，运动中民众被迫作出抉择；林彪、江青、康生一伙野心家、阴谋家乘机蛊惑挑唆，蓄意制造运乱，煽动一些不明真相的群众（席宣、金春明，2005）。"简言之，民众参与文革是盲从和不明真相。

坚持民众非理性的"乌合之众论"，在上世纪的 50 至 60 年代开始受到广泛深入的批判，淡出研究领域至今已经有近 50 年（Turner and Killian, 1972）。该派理论是否会在将来的某个时候重返舞台，东山再起，笔者不敢妄加猜测。但是在过去的近 50 多年里新出现的社会运动学理论中，再也没有谁敢把民众说成是一群智力低下、没有自我意识、没有利益诉求、任人欺骗的傻瓜，是不争的事实（乔晞华，2015；Zhang and Wright, 2018）。

14.3. 社会运动学的第二代理论

对“乌合之众论”持批判意见的理论家很多，马克思是其中之一。马克思主义虽然没有提出专门的社会运动理论，但是其本身就是一个关于社会运动的理论（Cox and Nilsen, 2005）。马克思注重社会冲突，关注经济与革命的关系。马克思认为，变化的经济状况与群众运动有着反向关系（Barrett and Lynch, 2015）。也就是说，如果经济状况下降、变糟，发生群众运动的可能会上升、增加。反之，如果经济状况上升、变好，发生群众运动的可能会下降、减少。

马克思的这一理论，常被称为“社会冲突论”。“社会冲突论”的基本观点是：无产阶级和资产阶级之间的矛盾是不可调和的，工人在工会的带领下与资产阶级进行斗争。这些斗争在马克思主义者看来都是社会运动。只要资产阶级掌握权力一天，工人阶级和资产阶级的斗争就不会停止。换言之，不断的剥削是革命的动力，必然导致无产阶级消灭资本主义（Smelser, 2015）。马克思主义关于社会运动研究的假设是，有共同利益的人必然会组织起来追求共同利益（Edwards, 2014）。华人学界中的“两个文革说”，是马克思的“社会冲突论”理论框架下的一种学说。

“理性选择理论”（Rational Choice Theory 简称 RCT）在上世纪 60 年代开始崛起（Drury, 2015）。这是基于微观经济理论的学派，受亚当·史密斯（Adam Smith）等人的影响（Mahmound, 2015），属于自由个人主义传统。该理论以个人为主导，强调个人作为群体行为的重点（DeFay, 1999）。该派理论的代表人物是奥尔森（Olson）和奥普（Opp）。

在该派理论学者眼里，社会运动是适合外境的追求政治目标的方式（Drury, 2015）。奥尔森不认同马克思的关于个人会为共同利益自动参加运动的观点。该派学者认为，社会冲突并不自动导致社会运动。他们认为，运动的参与者是经过权衡利弊，面对各种选择作出自利的决择。理性的个人不会行动起来实现共同的利益（Edwards, 2014）。个人只有获得利益才会参加工会，参加运动和参加革命。运动需要有措施，实现“不参加就没有个人利益”的结果。因为理性的人都是为自己的个人利益，不会为他人的利益工作（Mahmound, 2015）。也就是说，需要出台“不劳动者不得食”的规定，才能促使个人积极参与运动。这也是人们常说的“免费搭乘者”问题。该理论强调个人作为群体行为的重点。

“资源动员理论”（Resource Mobilization Theory 简称 RMT）试图通过分析个人理性地权衡参加运动的得失来理解社会运动。在有些情况下，社会运动的发生并不是因为社会矛盾增大、人们的剥夺感上升或者人们怨恨的增加，而是社会运动发起者和参与者可以利用的资源增长了。是否参与社会运动，是人们对资源动员进行的理性选择。资源包括甚广，有知识、财力、传媒、物力、人力、合法性、社会精英的支持等等。如果对社会不满的群体能够动员手中掌握的资源，运动就能发展起来（McCarthy and Zald, 1977）。

该观点部分地解释了为什么有的群体能够组织起来开展社会运动，有的群体却无法组织起来的原因。该派的学者认为，对于社会运动的动员来说，资源比不满更重要（Drury, 2015）。资源动员论是深受马克思影响的宏观学理论（Jasper, 2010），试图寻找有利于降低成本、提高效用的组织性资源（夏瑛，2014）。

理性选择论和资源动员论的区别在于：前者认为人是孤立的，后者承认关系的重要性，从而实现群体的理性。理性选择论反对情感化，认为情感总是不理性的，资源动员论绕过了这一关。人不是孤立的，而是相互联系的，这种联系会影响人们的决定（Jasper, 1997）。在相互依赖的语境下，仅靠个人的理性不足以达到争取利益的目的。出于情感的行为也可以是理性的。资源动员论强调有形的和无形的资源，例如社会运动组织、外部的精英、社会网络和媒体等（Edwards, 2014）。

有学者批评资源动员论太注重内部的因素，忽略了外部因素（即政治机会）。这就产生了“政治过程论”（Political Process Theory）。该理论的核心思想是：社会运动依赖于有利的政治环境。只有在政治环境有利的时候，社会运动才会出现和成功。该理论事实上是外部的资源动员论。政治机会使社会运动得益或受阻，影响社会运动的成败（DeFay, 1999）。Tarrow（1998）总结出四种情况会出现有利的政治机会：（1）挑战者有机会进入国家政体；（2）精英重新站队；（3）精英分裂；（4）镇压挑战者的能力和倾向有变化。政治机会也可以是现行政治体制的受欢迎程度或脆弱程度。如果现行体制比较脆弱不堪一击，社会运动很容易发生（Tilly, 1984）。总之，是宏观的政治结构和政治过程为运动的发生提供了政治机会（夏瑛，2014）。

资源动员论和政治过程论之间的区别主要表现在，前者强调内在的因素，后者更强调外部的因素。虽然两者间存在较大的差异，但是它们都强调社会运动是一个过程，强调运动参与者的利益和理性选择（赵鼎新，2005）。资源动员论和政治过程论的共同特点是，两者都属于宏观层次的理论，都强调物质性的条件没有考虑非物质性的因素（如文化和情感）。

以上理论是北美学界发展起来的。在欧洲大陆，社会运动学的发展采取的是一条不同的道路。“新社会运动理论”（New Social Movement Theory 简称 NSM）是由欧洲的三位思想家——德国的哈贝马斯（Jugen Habermas），法国的图赖讷（Alain Touraine）和意大利的梅卢西（Alberto Melucci）——提出来的。新社会运动理论是在与马克思主义的阶级斗争为基础的社会冲突论的交锋中发展起来的。该派学者认为，社会运动成员再也不是自动地产生于以阶级冲突为基础的工业社会。社会运动成员需要重新发现自己和创造自己，使自己形成新的群体身份。这是人们常说的"身份认同"。该理论试图解释北美和西欧上世纪 60 年代开始的一系列社会运动。该时期的社会运动有别于旧形式的运动，所以被称为新社会运动（Melucci, 1980）。

新社会运动强调对于后物质主义价值的追求，不再强调劳工被资本家剥削，不再强调收入。该运动强调生活、身份、环境、性别、和平和反战等（Smelser, 2015）。这是因为社会冲突在欧洲仍然很重要，但又不同于旧的产业工人运动（Drury, 2015）（例如民主运动和人权运动）。此类运动的特点之一在于它们涉及的范围。由于现行政府的政策是全国性的（如民主问题和人权问题），所以运动的范围也是全国性的甚至是全球性的(如反核能运动)。

该理论融汇了欧洲 19 世纪以来的杜尔凯姆、马克思和韦伯（Weber）三大社会学传统，体现了原有的现代化价值与正在兴起的后现代化价值之间的冲突（赵鼎新，2005）。传统的社会运动能得到工人阶级的支持，因为大多数传统的社会运动致力于经济斗争。现在的新社会运动则跳出了经济范围，得到更多的中产阶级的支持。

14.4. 社会运动学的第三代理论

以上的理论均忽略了意义制造（Meaning Making）。这是因为，这些学者们认为民众与观察者相似，没有必要研究他们的意义制造。例如，马克思认为工人阶级的觉悟是他们与生产关系的产物。马克思在调查工人状况时只关心事实，并不关注工人的态度。他认为群体行为是可以从客观指标中读出的，即工人最终会如马克思本人那样理解他们的自身状况（Kurzman, 2008）。文化主义者从社会心理角度关注个体微观动员机制。运动的动员是文化现象和话语活动。每个运动的动员都需要通过话语和实践，传递意义，实现动员（夏瑛，2014）。因此构框理论（Framing）被用来解释社会运动（Snow and Benford, 1988）。

该理论是由人类学家贝特森（Bateson, 1972）提出的。框架是这样定义的：一种简化与浓缩“外在世界”的诠释架构，通过有选择地强化和符号化一个人现时和过去环境中的对象、情况、事件、经验和行为顺序（Snow and Benford, 1992）。社会运动的任务之一是提出一套重新认识世界的办法，以便唤起民众加入运动。受压迫的民众受到压迫，并不一定视其为不义采取批评或抗议行动。没有新的解释构成群体的共识，社会运动不易兴起。简言之，构框是以“动员潜在的支持者，寻求旁观者的认同和支持以及降低反对者的动员效果”为目的（Gamson and Modigliani, 1989）。群体行为的理性决策，是在互相依赖的情况下作出的。这是因为，人们的生活和命运互相交织在一起，相互间的关系有道德和情感的投资。我们可以将其视为人的关系网络的一个部分（Edwards, 2014），所以构框理论也可以视为是情感和网络。

构框与意识形态（Ideology）不同。构框告诉我们该如何看待不义，意识形态则告诉我们为什么不义是重要的（Ferree and Merill, 2000）。民众对现实情况的理解，来自于自身的经历、周围的人群、媒体的广播以及某些权威机构的宣传等等。社会运动致力于缔造另一种的解释来影响民众，学者把这种另类的解释称作为“群体行动构框”。这是鼓动民众采取行动的动因（Snow et al., 1986）。

社会运动的积极分子营造气氛，使更多的民众行动起来参加运动。尽管存在反叛意识，存在可以利用的资源，政治机会的条件也具备了，有的时候运动却不能成功。这是因为虽然反叛意识、组织力量和政治机会很重要，但如果民众没有充分地形成与运动组织者相同的意识，运动的动员仍有困难。

现代社会运动学理论深受四种传统理论的影响。（1）马克思和恩格斯对民众是如何动员起来的问题，往往更注重外部的因素。他们很少想到是什么原因使个人参与社会运动。他们把问题看成是社会结构发展的必然结果，不是个人的选择。尽管他们认为社会运动植根于社会结构，却低估了参与运动所需的资源（即文化方面和政治方面）。对于他们来说，民众参加社会运动，是因为阶级矛盾发展到了不可调和的地步。（2）列宁从欧洲的经验看到了问题。列宁等不及客观条件的成熟，提出创建一个专业的革命精英队伍代替马克思的无产阶级。这支先锋队代表工人阶级的真正利益。对于列宁来说，组织是工人阶级社会运动的解决方案。（3）葛兰西（Gramsci）从俄国模式未能向西推进认识到，先锋队的组织形式不足以引起革命。葛兰西认为，必须提高工人的觉悟。他把工人运动看成是群体性的知识分子。该群体的主要任务之一，是造就工人阶级的文化。（4）美国的社会学家蒂利（Tilly）深受马克思的影响，但他很快将注意力转到国家结构和国家战略规划。早期的蒂利注重的是静态的政治状况。

受以上四种传统理论的影响，分别发展出四种现代的社会运动学理论。首先是受马克思影响的上世纪 60 年代的社会压力论学派。该派学者注重对社会不满的动员理论，认为民众的不满情绪来自结构的压力。受列宁影响的 60 至 70 年代的资源动员论学派，关注运动的领导和组织。深受葛兰西影响的 80 至 90 年代的构框和群体身份认同派，则注重运动的共识的来源。第四派的理论家，则从 70 年代开始跟随蒂利，注重构成结构性抗争政治的政治机会和限制（即政治过程论）（Tarrow, 2011）。

以下是对上述理论的一个总结：

表 14.2. 社会运动学理论的分类

	非实利主义	实利主义
古典理论	坏人论 乌合之众论	社会冲突论
宏观理论	新社会运动论	社会压力论 资源动员论 政治过程论
微观理论	构框理论 群体身份认同论	理性选择论 博弈论

上述的社会运动学理论可以分为三代：第一代（疯狂）是坏人论、乌合之众论；第二代（理性）在理性选择的框架下，有社会冲突论、理性选择论、博弈论、社会压力论、资源动员论、政治过程论和新社会运动论；第三代（情感/网络）是群体身份认同论和构框理论。半个多世纪以来，社会运动学经历了从疯狂到理性再到情感/网络的螺旋形变化，使我们对社会运动的理解和认识更加深入。这些理论对于我们研究文革具有重要的指导意义。

第 15 章 毛的动员

社会运动学中的一个重要问题是运动的动员。运动的动员又可以分为两个具体的问题：（1）为什么动员？（2）如何动员？关于文革的动员，这两个问题又分为“自上而下”和“自下而上”两个方向。所以文革的动员可以分为四个问题，即：

（1）毛为什么发动文革？

（2）毛如何发动文革？

（3）民众为什么参加文革的群众运动（即为什么被动员）？

（4）民众如何参加文革的群众运动（即如何被发动）？

本章讨论“自上而下”的两个问题：“毛为什么发动文革？”和“毛如何发动文革？”

15.1. 毛为什么发动文革

毛为什么发动文革的问题，可以分为原因和目的两个方面。对于文革发动的原因，国内外研究者已经作了大量的研究。归纳起来有十多种观点，如“阶级斗争必然说”、“党内权力斗争总爆发说”、“封建遗毒说”、“毛泽东帝王思想说”、“奸臣祸国说”、“乌托邦碰壁说”、“群众反官僚主义说”、“中西文化冲突说”、“人性兽化说”、“左倾思潮恶性发展说”等等（韩钢，2018）。

对于毛发动文革的目的，著名的西方学者麦克法考尔（Roderick MacFarquhar）有过精辟的分析。他认为，文革的目的是要解决毛之后中国向何处去的问题，是规划中国未来的一种尝试。毛的目标是，使中国成为一个虽然贫穷但却保持社会主义纯洁性的，更加平均的、更少特权、更加集体主义、更少官僚主义的社会。为了实现这个规划，毛不得不清洗中共最高领导层，安排一个他能够绝对信任，会坚持他的路线并继承下去的新接班人。这个过程就是文革（韩钢，2018）。

中西方的学者们对于毛发动文革的目的提出多种观点：（1）为了打倒刘少奇；（2）为了解决中国的官僚化问题；（3）为了实现理想的社会主义；（4）为了防止资本主义复辟；（5）为了防止修正主义的出现；（6）为了实现民主等等（日吉秀松，2016）。有学者将以上这些观点归纳为三种意见：（1）权力斗争说；（2）政策分歧说；（3）政策分歧与权力斗争混合说（向前，2012）。

对于促使毛发动文革的原因，有一派观点值得注意。该派学者认为，文革的根本原因是赫鲁晓夫现象及其影响。1956 年 2 月 14 日至 25 日举行的苏共二十大会议上，赫鲁晓夫作了批判斯大林的秘密报告《关于个人崇拜及其后果》。中共党内高层有不少人赞同赫鲁晓夫的观点，对此毛泽东十分警惕。毛从心里反对赫鲁晓夫批判斯大林，尽管他本人并不喜欢斯大林。

这是因为，毛在中国推行的政治就是斯大林式的政治。所以为了维护自己的权力地位，毛不得不竭力为斯大林辩护，并将赫鲁晓夫看作为修正主义分子。继苏共二十大之后，1956 年 9 月召开的中共八大，提出加强集体领导和反对个人崇拜。八大通过的新党章规定：“任何重大问题都由集体决定，同时使个人充分发挥应有的作用（《新华网，2018）。”八大对个人崇拜的限制以及加强集体领导的决议，引发毛的极大不满。他担忧失去“太上皇”的地位。

毛发动的大跃进运动以失败告终。毛不得不作出姿态，辞去国家主席由刘少奇接任。这一人事变动加深了毛对当时中共领导层的疑虑，这就是人们常说的“大权旁落”。从 1959 年开始，中国经历了连续三年的大饥荒，毛在党内的威信降至谷底。这些对毛产生了巨大的影响。对党内同志的不信任，是毛发动文革的原因之一。他把党内持不同意见的同志当作“修正主义”和“赫鲁晓夫式的人物”看待。斯大林死后受到赫鲁晓夫的批判，给毛泽东一个非常深刻的教训。毛泽东认为，党内的好人都死光了，把党内的大多数人看作是赫鲁晓夫式的人物。毛认为自己是孤立无援的孤家寡人（日吉秀松，2016）。

毛发动文革的目的，是要树立真正的接班人，以确保他的路线得以继续，而且可以在他死后防止中国的赫鲁晓夫式的人物对他进行清算（胡平，2016a）。简言之，文革是毛“生前防篡权，死后防清算”（张显扬，2006）。近年来，该派观点似乎在华人学界中得到不少学者的认同，成为普遍接受的共识。

15.2. 毛的党内思想动员

关于毛如何发动文革（按社会运动学的说法，“毛如何动员？”），Andreas（2007）提出了官僚型动员（Bureaucratic Mobilization）和魅力型动员（Charismatic Mobilization）的分析模型。韦伯把官僚权威和魅力权威看成是互相对立的。官僚权威基于理性，遵循已经建立的规则，魅力权威却反对这些规则。魅力本能地对体制的科层、规则和程序等存有敌意。从本质上说，革命党需要同时依赖于两者。一方面，为了吸引和保持追随革命党的目标，必须通过魅力加以美化和巩固。另一方面，持续的动员需要纪律和协调，纪律和协调需要通过官僚科层才能实现。因此激进的社会运动（即魅力型的运动，因为它们挑战现存的社会秩序）也需要官僚型动员。在这里，魅力型动员指的是动员的方式，该方式依赖魅力而非官僚科层的理性。

中共作为执政党，负责管理中国的社会。这一社会却是基于中共试图摧毁的阶级结构。这就不可避免地导致动荡的管理，各种政治运动连年不断。虽然这些运动具有高度破坏性的可能，但由于运动都是自上而下地进行的，命令是从中央到地方一级一级传下来的，所以运动基本上是官僚型的动员，实际破坏并不大。

在文革的初始阶段，中共的领导层仍然采用派工作组的老办法执行毛的旨意。但是毛此次的目的不仅仅是处理犯错误的干部，还要摧毁整个党组织的官僚权威。从外部派来的工作组，可以有效地打击当地的官僚及其关系网，但是这样的动员却不能摧毁整个党组织的结构，权力仅仅转移到工作组手里。当工作组一走，权力又重新回归到原来的当权派手中。毛在文革初期同意中央派工作组到学校指导运动的作法，不过他很快通过报纸和电台发表一系社论和文章打击工作组的权威。毛后来召回工作组，号召民众“自己教育自己”，成立造反组织，向当权派发起进攻。党组织机构很快瘫痪，毛直接领导造反的民众，反对处于中层的官僚阶级。用 Andreas（2007）的话说，是“上层和下层协力对抗中层”。

对于毛的自上而下的动员，我们试图从党内和党外、思想和组织两个不同的维度来进行分析。毛在党内为文革做的动员准备，必须从大跃进说起。1953 年 3 月，斯大林逝世，世界共产主义运动失去了领袖。此时在共产党领袖中，没有一个人的威望能与毛相比。毛具备了充当国际共运领袖的条件，但有一条不够：前苏联是超级大国，中国是个一穷二白的国家，无法与苏联相比。毛下决心向苏联挑战，使中国赶上苏联。这就是毛发动大跃进的背景和动机。

当时中共对钢铁、煤炭、粮食和棉花等主要生产项目都提出具体指标，把产量看得非常重要。中共把物质生产的发达程度视为衡量社会先进与否的标准，中共的媒体充斥着不切实际的浮夸目标。许多中国人受此影响，真的以为共产主义近在眼前了。然而大跃进不可避免地失败了。如果毛继续遵循生产力标准，中国的情况令人绝望。毛及时地转移目标，提出了另外的价值标准。“赶超英美”的口号悄悄地收起，取而代之的是“反修防修”的口号。

这一转变，可以用社会运动学中的构框理论来解释。Snow 等人（1986，1988）提出框架整合（Frame Alignment）的概念，其核心思想是，一场社会运动背后的目标或意识形态，由于种种原因可能会不为动员目标群体所理解或接受。为此，运动的组织者会创造出一些容易被接受的话语以达到有效动员的目的。在 Snow 等人看来，社会运动中的话语形成过程，实际上是一个运动组织者为了成功地动员参与者建立策略性框架（Strategic Framing）的过程。为了能够吸引参与者获得更多的支持，必须创建新的价值观、新的意义和理解。

为了摆脱困境，毛需要寻找新的目标、新的主意和新的基础来整合他的党。迫于党内的压力，毛不得不在 1962 年 1 月召开七千人大会。刘少奇坦陈经济困难是“三分天灾，七分人祸”，毛被迫作了自我批评。虽然毛在党内的职务并没有变动，但是刘在党内获得巨大的声望。

然而仅仅八个月之后，在 1962 年 9 月举行的中共八届十中全会上，毛夺回了话语权。毛在会上突然提出：“今天来谈共产党垮得了垮不了的问题。”中共的高层很快明白个中的原因。中共在大跃进的运动中犯下了巨大的错误，不改不行。可是正因为犯的错误太大，如果真的要彻底改正，发扬民主，让民众讲话，人民会饶过中共吗？中国在高压统治下，消息受到封锁，真相被掩盖，民众对实情并不了解。但是如果他们知道了真相，后果不堪设想。中共的高层明白，毛的讲话不是没有根据的臆想。

毛接下来说的话更让中共的高层担心：“共产党垮了谁来？反正两个大党，我们垮了国民党来。”毛看到的威胁是令人震撼的，深刻的危机感促成了中共高层的一体感（胡平，2016a）。毛成功地通过告诫党内高层所面临的潜在威胁，把党内的高层动员起来了。正如有的学者指出的，威胁同时也是机会（Francisco, 1996）。有的时候运动更侧重防止某些坏的方面，不是保住好的方面。因为群体对威胁反应更敏感，威胁比机会更能动员群体加入运动（Tilly, 1978）。

15.3. 毛的党内组织动员

当中共在“可能垮台”的威胁下团结起来准备共度难关后，毛需要组织上的保证。1966 年 4 月 9 日至 12 日的中央书记处会议决定，成立“文化革命文件起草小组”，报毛和政治局常委批准。该起草小组后来成为“中央文革小组”（简称“中央文革”）。5 月 4 日到 26 日，在北京召开中共中央政治局扩大会议（也称为“五月会议”）。参加会议的除了政治局委员和候补委员，还有有关部门负责人和该起草小组成员张春桥、关锋、戚本禹等八人。会议通过了文革纲领性文件《五.一六通知》，标志着文革的正式启动。

5 月 28 日，中央文革小组正式成立。毛泽东任命陈伯达为组长，康生为顾问，江青、王任重、刘志坚、张春桥为副组长。中央文革直接受中共中央政治局常委领导，实际上中央文革是毛直接领导下的特殊机构。毛甩开了中央政治局和书记处。

中央文革成立后立即做了以下三件事：（1）建立中央文革的办公机构，把钓鱼台 16 号楼作为中央文革办公室；（2）建立信息收集系统——办《快报》，抽调 100 名团以上的政工干部作为中央文革的联络员和巡视员，以《红旗》、《解放军报》、《人民日报》和《光明日报》记者的名义到各地和各部门了解文革情况；（3）建立碰头会制度，每天下午 3 点碰头，中央文革全体成员参加。

文革初期，中央文革碰头会和刘少奇主持的中央政治局常委碰头会同时存在。1967 年 2 月以后，中央决定以中央文革碰头会的名义处理中央日常工作（杨继绳，2016）。中央文革取代了中央政治局，成为指挥全国党政军的中心。毛在党内的组织动员，在很短的时间内迅速完成了。

毛通过秘书与常规的国家权力体制相抗衡并非偶然。早在合作化运动中，毛越过中央官员直接向省级领导人发出呼吁。为了保证省级领导人不受中央农村工作部的限制，1955 年夏天，毛将他以前的秘书陈伯达和陈正人安插到该部担任副部长。为了保证通过秘书进行政治运作的有效性，毛泽东对秘书的基本要求是：他们绝对不能被国家和党的常规权力体制所控制。在中国传统政治体系中，专权（即“秦制”确立的“天下事无大小皆决于上”原则）不仅是君主个人的主观意志，与此相比更重要的是，它还必然演化出一整套可操作的权力运行程序和具体有效的制度架构。中央文革的一系列政治禀赋和行为方式，其实无一不是对历史上那种非常成熟的政治组织架构（“天子私人”）的承袭（王毅，2018）。

15.4. 毛的党外思想动员

毛不仅需要中共党内高层的支持，而且需要亿万群众参与，这样才能实现他的目的。要使民众动员起来，就必须消除民众在心理上的恐惧。自从中共建国以来，各级党组织和党委书记成了党的化身。谁反对党委、反对党委书记就是反党，已经成了人们的“共识”。尤其是反右运动以后，人民已经失声，知识界更是噤若寒蝉。正如奥尔森（Olson, 1965）指出的，镇压行动增加恐惧。因为大多数持不同政见者不愿遭受骚扰、殴打、逮捕、动刑甚至死亡的危险，所以当聂元梓等人在北京大学贴出大字报批评校党委对文革的态度以后，师生们的反应极为强烈。1957 年参加鸣放后被打成右派的北京大学学生谭天荣，当年也是把大字报贴在大饭厅的东山墙上。这一巧合，使人联想起当年的右派。对于毛来说，需要营造一个有利的氛围，通过注入希望，激发群众的情感，来减少人们心中的恐惧（Goodwin et al., 2000)。

6 月 1 日，毛泽东在杭州对聂元梓大字报作了批示。毛示意可以由新华社全文广播，在全国各报刊发表。毛还赞扬大字报是 20 世纪 60 年代北京公社宣言，比巴黎公社的意义更大。6 月 1 日晚 8 时，中央广播电台全文播放聂元梓等人的大字报。毛泽东称赞它是“全国第一张马列主义的大字报”。紧接着发表《人民日报》评论员文章：《欢呼北大的一张大字报》。评论写道：“凡是反对毛主席，反对毛泽东思想，反对毛主席和党中央的指示的，不论他们打着什么旗号，不管他们有多高的职位、多老的资格，他们实际上是代表被打倒的剥削阶级的利益，全国人民都会起来反对他们，把他们打倒，把他们的黑帮、黑纪律彻底摧毁。”

《人民日报》的社论和聂元梓的大字报是文革的重要里程碑。正如我们在第一篇介绍的 12 个省的文革情况显示的那样，在《社论》和聂元梓的《第一张大字报》的鼓舞下，各省相继出现类似的大字报，矛头直指当地的党委。多年来植于中国民众心中的恐惧在一部人心中开始消失，取而代之的是敢于向当权者挑战的勇气。

然而文革的第一波群众运动，很快在刘邓主持的党中央控制下转向了。刘邓派出的各级工作组，把斗争的矛头指向他们抛出的替罪羊。例如在第一篇提到过的北京大学的陆平，清华大学的蒋南翔，北师大女附中的卞仲耘，天津的万张集团，湖南大学副校长魏东明，南京大学校长匡亚明，以及许多所谓的反动学术权威和普通群众。

对于毛为什么在文革的最初阶段放手让刘邓来主持运动，华人学界似乎有共识：这是毛为刘设下的圈套（徐友渔，2018）。这一观点与西方学者（如 Andreas）有所不同。毛有足够的智慧，不至于愚蠢到真心让刘来操控文革的进展。无论毛发动文革的真实目的是什么，扳倒刘少奇是其中的一个重要目标是不争的事实，让自己的对手主持一个自掘坟墓的运动有点不可思议。唯一的合理解释是：毛另有所图。毛是引诱刘少奇犯错误，从而进一步动员群众。毛接下来做的，就是进一步消除民众的心中的恐惧。当地的党委不可怕，上级派来的工作组也不可怕。毛要的是群众敢于挑战除了毛的最高统治外的中共体制。王年一把该阶段的动员称之为“文革的第二次发动”（王年一，1988）。

8月1日，毛泽东写信清华大学附中红卫兵，赞扬他们的“革命造反精神”。毛在信中说道：“说明对反动派造反有理。……我向你们表示热烈的支持。不论在北京，在全国，在文化革命运动中，凡是同你们采取同样态度的人们，我们一律给以热烈的支持。”“造反”一词过去主要用作贬义，指“犯上作乱”。即使是古代的造反者，一般也不敢在自己的旗帜上明目张胆地写上“造反”二字，毛却鼓吹起“造反”。当然毛的本意不是想鼓动民众造他的反、造共产党的反，而是向“修正主义”造反。8月5日，毛泽东发表《炮打司令部——我的一张大字报》。全文如下：

> 全国第一张马列主义的大字报和人民日报评论员的评论，写得何等好呵！请同志们重读这一张大字报和这个评论。可是在50多天里，从中央到地方的某些领导同志，却反其道而行之，站在反动的资产阶级立场上，实行资产阶级专政，将无产阶级轰轰烈烈的文化大革命运动打下去，颠倒是非，混淆黑白，围剿革命派，压制不同意见，实行白色恐怖，自以为得意，长资产阶级的威风，灭无产阶级的志气，又何其毒也！联想到1962年的右倾和1964年形“左”实右的错误倾向，岂不是可以发人深醒的吗？

8月9日，中央公布《中国共产党中央委员会关于无产阶级文化大革命的决定》（即《十六条》），宣称要让群众在运动中自己教育自己。《十六条》强调要相信群众，让群众运动用“四大”增长才干，明辨是非，分清敌我。这就意味着中共放弃了多年坚持的所有政治活动必须在各级党组织的领导进行的传统。经过17年强力压制的人们有了《十六条》，就可以利用“四大”来表达自己的意愿了。

毛和中央提出一个全新的理论，通过《人民日报》8 月 23 日的社论传达出来。社论破天荒地提出：“党中央就是党中央，一个地区和一个单位的党组织，就是一个地区和一个单位的党组织。任何一个地区和一个单位的党组织，如果违背了以毛泽东同志为首的党中央的正确领导，违背了毛泽东思想，为什么批评不得？为什么人家一批评就叫做‘反党’、‘反党中央’和‘反革命’？”这一理论对解除民众多年的顾虑解放思想起了至关重要的作用，恐惧终于开始从中国民众的心中悄然退去。

15.5. 毛的党外组织动员

毛不仅在思想上为民众解禁，而且采取果断的组织措施保证民众的动员。8 月 18 日，毛在天安门城楼上接见百万红卫兵。为了表明对红卫兵的支持，毛接受了红卫兵代表宋彬彬献上的红卫兵袖章。那张记录了宋为毛戴上红卫兵袖章的照片，成为文革的经典之作。以后《人民日报》和《光明日报》刊载以宋要武[①]为作者的文章《我为毛主席戴上红卫兵袖章》。此后毛又七次接见 1,000 多万红卫兵。

1966 年 7 月 18 日毛回到北京后，公开批评派工作组的作法。7 月 25 日，毛决定撤销工作组。7 月 29 日晚，北京市委在人民大会堂召开大专院校和中等学校文化大革命积极分子大会，被工作组打成“右派”的人全部平反。

文革中毛打出的“平反牌”，是他赢得人心的关键。对于毛的动员，民众在文革初期的反应并不热烈。一方面是他们有疑虑和顾忌，另一方面是他们可能对一些被指责为修正主义和资本主义的东西或多或少有些好感。更重要的是，各级党委和工作组依照以往的经验

[①] 毛在接见宋彬彬时提议她改名为宋要武。

搞运动，把自己视为党的化身，把有不同意见的人打成“反革命”。工作组走了以后，老红卫兵和工作组筹建的“文革会”，在压制群众方面更加变本加厉。就在群众受难之时，毛一反常态，出人预料地打出“平反牌”。不但被工作组打成“反革命”的人得到平反，那些因为历史问题、家庭出身问题或其他问题被批斗被关押的群众纷纷得到解放。

这是中共建国以来从未有过的。过去中共搞运动整群众，搞错了也不会认错，搞的材料会永久地保留在个人档案里。这一次，毛却允许群众抢出“黑材料”并付之一炬。群众扬眉吐气，受到鼓舞，发誓永远忠于毛，积极投身文革（胡平，2016b）。许多被打成“反革命”的群众，以后成了造反派的领导人和中坚。许多人认为，是以毛为首的无产阶级司令部解放了自己。人们感到站在群众一边的党，不是压制群众的党，才是真正的共产党（徐友渔，1999b）。没有这一波的大规模平反运动，就不会有造反派在全国范围内的出现（何蜀，2007）。

与此同时，中央允许红卫兵免费乘车和免费住宿，到全国各地串联，到运动还没有起来的地方煽风点火，冲击官僚体系。开始是北京的红卫兵到外地去“煽风点火”，支持各地的造反派冲击各地打击造反派的领导人。因为当时各地造反派还是少数派，处于被压制、被围攻和被打击的地位。几千万年青人在全国各地激荡，发动群众，交流经验，冲击官僚体制。文革的群众运动开始风起云涌了。

在1967年1月开始的夺权并未建立起新秩序，也并未带来“抓革命，促生产”的新局面。相反夺权加剧了社会大动乱，生产急剧下降。面对这一混乱形势，在毛和中央的指示下，各地区相继开始“二月镇反”运动，试图恢复稳定秩序。然而毛却发现，各地大有恢复旧秩序，结束文革的趋势。毛发动文革的目的尚未达到，为了重新发动群众，毛不得不转舵，把“二月镇反”打击造反派的罪责全部推到其他高级领导人头上。毛发起了第二波的大规模平反运动。毛批准发出中央文件，明确宣布：不得随意宣布群众组织是“反革命组织”，不得把群众打成“反革命”，不准乱抓人。被打成“反革命”的一律平反，被抓的一律释放。

1966 年 10 月开始的第一次平反运动，解救了被各级党委和工作组迫害的群众。1967 年 4 月开始的第二次平反运动，解救了被各地驻军和公安机关迫害的群众。第一次平反导致党政机关的瘫痪，第二次平反引发各地“揪军内一小撮”和“砸烂公检法”的高潮。没有两次大规模的平反运动，广大的民众不可能敢于起来造反。许多处于观望和犹豫状态的民众，毫无顾忌地加入到造反队伍中来。全国终于迎来“全民造反”的情景（何蜀，2007）。

第16章 民众的动员

前一章我们讨论自上而下的动员。讨论围绕着上层，以毛为中心。本章将转而关注群众的动员（即自下而上的动员）。本章的观点是，群众的动员与民众参加文革中的哪个派别组织，是有区别的。前者只注重群众为什么参加、如何参加群众组织（无论是保守派组织还是造反派组织），后者注重群众因何种原因参加某派组织（如保守派或造反派）。

从第一篇12个省份的简述中，可以看到群众投入文革运动是有不同原因或动机的。北京大学的聂元梓率先贴出大字报并被毛肯定为第一张马列主义的大字报，她的首要动机是响应毛的号召。聂写大字报的另外原因，是当时她受到陆平和彭真的整肃。因彭真被中央点名批判，聂就希望通过大字报澄清自己的问题。清华大学的高干子弟贴出大字报，把矛头指向他们的校长蒋南翔，与聂的动机则完全不同。这些高干子弟或多或少从父辈那里得知中央高层的动向。紧紧跟上形势，打击已经无力反抗的“死老虎”，对于他们来说不失为投机妙着。清华大学附中、北京师范大学女附中、天津十六中的几位中学生、湖南长沙一中的党员学生反党委（支部）或反工作组，均属此类。黑龙江哈尔滨师院的范正美因为不满院党委抛出替罪羊，贴了大字报。云南大学的学生曹文康和保荣卿属于与范正美同一类的造反。南京大学首先贴大字报造党委反的溧阳分校的胡才基，是因为反对匡亚明搞极左的农村办学，胡更多地是出于自身的利益。内蒙古的高树华和西藏中学的陶长松带头站出来造反，更像是纯粹地响应毛的号召。

凡此种种，各人有不同的原因、情况和动机。对于文革群众组织及民众造反原因（包括造反动机）的研究相当多，如Chan（1985），

Walder（2009），徐友渔（1999a，1999b），王绍光（1993），印红标（1997），唐少杰（2000），卜伟华（2000），叶青（2004），徐海亮（2005），叶长青（2018）等。王芳（2008）的研究值得一提。围绕普通工人为何与如何参加一派组织的问题，王芳进行了深入的调查研究。她采访多位“钢工总”的领导人和一般成员。该研究发现，领头造反者的动机有以下几种：争取个人权利，改变政治处境，对本单位的当权派不满，同情受打压者，响应毛的号召等。普通成员的动机则有以下几种：发现“钢工总”观点与己吻合；把“钢工总”作为一个发泄口；自我保护；泄私愤；捞政治资本；获得经济利益；好玩等。

迄今为止的研究均存在一个普遍的问题：大多数的研究仅限于研究者的推测分析。Chan 等曾经收集过数据，可惜他们没有把参加组织的动机包括在调查之中。因此，他们的调查结果仅仅是发现家庭出身与红卫兵的派别有关。迄今为止，还没有学者采用大规模地直接询问文革当事人的方式，了解他们为什么参加群众组织。

持“社会冲突说”的西方学者，发现了家庭出身与红卫兵派别的关系，因此推断出家庭出身不好的人参加造反派是对现实的不满。这种推断非常符合逻辑也符合直觉，但是缺乏来自当事人的证实。有更多的学者通过研究其他地区（如北京、江苏、浙江和上海等地）发现，家庭出身与派别的关系并没有明显的关系。这一现象是否说明，在这些地区的民众中，参加群众组织的民众对现实并不存在抱怨？

参加一派群众组织（无论是造反派还是保守派），只是一种手段不是目的。同一个手段可以服务于不同的目的，不同的手段也可以服务于同一个目的。黑五类为了改善自己的政治处境，既可以参加造反派也可以参加保守派，因为参加保守派未必不能达到同样的目的。我们将在第 18 章里举出清华大学范雨臣的例子来说明这一点。

这里举例来说明，旁观者是如何错误地理解和分析当事人的心情的。1968 年 7 月，清华大学的武斗进入白日热化阶段。“团派”把“四派”包围在科学馆里，蒯大富下令，“四派”必须交出凶手和肇事人员，否则凡出入科学馆者格杀勿论。7 月 4 日凌晨，樊思清开枪打死“四派”的一个人。蒯大富打电话问樊：“刚才是不是大礼堂那边打的枪?”由于非常害怕和紧张，樊回答蒯大富说：“我不知道啊!”这段通话被“四派”录了音。后来“四派”的人告诉樊思清：“我们的录音对你有利，说明你开枪以后并没有立刻向蒯大富去邀功。”一听到此话后，樊即刻发愣了，当时不知道如何回答。过了一会心里才想：“怕都来不及呢！还去邀功？”樊不禁感叹道：

> 旁观者和当事人的想法的确大相径庭啊！旁观者可发奇想，随意推断。事不关己的旁观者在事后所发挥的无穷尽想象力和无穷尽推断力，不可小觑。我与蒯大富的电话内容，呈现出当事人本人的罪恶感。当事人的同伙也具有连带罪恶感或怕被牵连感。其表现在，事发之后的第二天我就开始感觉到，大礼堂的同伙已经怕我回避我不理我了！也根本就没有人拿我当英雄对待，去蒯大富那里“报功”“庆功”（樊思清，2018）。

我们曾设想，如果两派分裂武斗时，当事人能够预见到最终结果是两败俱伤，他们是否会做出妥协和让步？我们对清华大学“四派”领袖人物孙怒涛先生就这个问题，于 2018 年 1 月 11 日通过电子邮件进行了采访。得到的回答却出乎我们的预料：“在当年，我根本就没有想过两派会两败俱伤，都是走一步看一步。所以谈不到因为预见有这样的后果而怎么样。”

我们对全国第一张大字报的第一作者聂元梓女士进行一次远程采访，她的回答也出乎我们所料：

> 问：您写大字报是不是为了平反？

答：社教（我）给领导提意见，给陆平提意见，到了国际饭店会议却挨整，受了压制。听了传达《五一六通知》，（我）觉得北京大学问题有希望澄清，自已和社教积极分子受到批判和冤屈有希望得到解决了，于是想给毛主席写信报告。后来 6 个人商量改为写大字报。当时没有多想自己，没有为自己打算。（我）觉得应该响应党中央、毛主席的号召。

问：您写大字报，是不是为了拼一下，奋力一搏？

答：当时我并不害怕，我有勇气！但没多想自己。觉得这样正确，应该这样干，这样做对。

问：彭真倒了，《五一六通知》下达了，您是不是觉得贴大字报胜算大？

答：考虑胜算？谁问这种问题？西方人、美国人才会这样问问题。当时我没有计算胜算有多大，现在的中国人可能会这样思考。当时我想的是应该不应该这么做？中央文件说干部问题这么严重，修正主义这么猖狂，自己真诚地要保卫党中央，保卫无产阶级专政。

问：如果您知道后来会吃大苦，会入狱，您还会贴大字报吗？

答：真奇怪，怎么这样问。我当然会！我想的是应该不应该，想的是响应号召，干应该干的事。我还会贴的！[①]

帮助我们安排采访的友人对我们说，聂老在回答我们的第三和第四个问题时，“显得不太高兴”。从以上两位当事人的回答，可以看出研究者与当事人之间的思想差距。为了能够更准确地理解民众为什么被动员的问题，我们采用问卷调查的方式直接询问当事人，试图对民众在文革中为什么参加群众组织进行分析。

16.1. 关于参加群众组织的问卷调查

我们于 2017 年 4 月 16 日，在 Survey Nuts 网站上启动“关于民众在文革中参加群众组织情况的问卷调查”。该问卷调查目前仍然开放，数据仍在收集中。同时我们通过电邮、电话、微信以及面谈的

[①] 根据我们在 2018 年 1 月 14 日通过聂元梓的儿子于晓东对聂元梓的远程采访。

形式，对经历过文革的亲戚、朋友、同学和老师进行采访。我们在美国的纽约、得克萨斯州的奥斯汀和休斯敦地区，对部分华人进行采访调查。在友人的帮助下，我们还从北京向国内的一些民众发放问卷调查表。

考虑到大多数的受访者已经进入垂暮之年，我们把问题设计得尽量简单，并且明确告知问卷调查的参与者，可以在了解情况的条件下代亲友填答。笔者曾考虑对参与者付费，以鼓励更多的人参与。在调查过程中，也曾有人提出这样的要求。采用付费鼓励的措施，有利也有弊。如果有人因金钱鼓励多次反复填答，会影响调查的可靠性。在权衡利弊后，笔者决定宁缺勿滥，坚持本次调查以自愿为宗旨[①]。令人欣慰的是，仍有许多不知名的民众积极参与此次调查。

我们的问卷调查共有十个问题：（1）文革开始时所在地（省、市）；（2）出生年份；（3）性别；（4）家庭出身；（5）政治面貌；（6）职业；（7）参加群众组织情况（多选）；（8）群众组织属于社会哪一大派；（9）参加群众组织的原因，（10）是否因参加群众组织受到审查和迫害[②]。

我们的问卷调查，很有可能成为前无古人后无来者的“世纪绝唱”。因为文革开始时只有 12 岁的小孩子（这是问卷调查设定的最低年限），在 2017 年（问卷调查的起始年）时已经 63 岁了。当年 30 岁左右的年轻人，现在全都进入垂暮之年（80 岁左右）。再过十年，即使想对当事人进行大规模的调查，也将不可能了。

我们的问卷调查是在文革结束后 40 多年进行的，受访者在经历了几十年后，一般能够以超脱的态度看待这段历史。大多数人以匿名的方式，通过填写网上问卷的方式受访。没有人（包括作为调查主持人的我们）能够追踪到受访者，而且此次调查完全出于自愿。

[①] 我们坚持参与调查自愿的原则的另一个原因是没有经费来源。我们的研究完全是个人行为，没有任何政府部门或科研机构的资助。

[②] 问卷调查细节详见附录 D。

受访者不受任何政治和经济因素的影响。当年的民众由于大环境的压力，对参与文革的真实动机不能直言，必须加以掩盖；需要打着革命的旗号，把自己扮成忠诚的革命追随者（Unger, 2016）。在几十年后的今天，受访者无需再掩饰自己，无需对自己当年的追求（包括私利）加以掩饰。

16.2. 数据

截至 2019 年 1 月 31 日[①]，共有 1,804 人参与此次问卷调查。其中有三人因填写不完全无法使用，有效答卷为 1,801 人。问卷调查的参与者中有一些年龄偏小者，我们决定舍去，仅保留 1966 年时已进入中学或者年龄已经达到 12 岁或以上者[②]。因此，本问卷调查的实际有效受访者人数为 1,670 人。其中网上受访者为 1,477 人，其他方式受访者为 193 人。以下是受访者在 29 个省（当时的行政划分）的分布情况：

表 16.1. 问卷调查受访者省、自治区分布

受访者人数	省份数	省份
300 以上	1	北京（345）
201—300	1	江苏（228）
101—200	2	上海（121）、四川（107）
51—100	5	湖南（68）、山东（67）、陕西（67）、河南（55）、广东（52）
41—50	5	山西（48）、湖北（45）、辽宁（44）、河北（43）、

[①] 此次问卷调查中，我们主要依靠微信向民众发送调查问卷链接。由于自 2018 年下半年开始国内对舆论加强了控制，尽管我们从未发表过任何过激言论，但是我们的微信账号还是于 2018 年 7 月 15 日和 10 月 4 日两次遭到封杀。

[②] 我们的基本思路是选择 1966 年时已经进入中学的受访者。规定 12 岁界限是因为当时有为数不多的试点小学采取五年制的学制。因此有一些初中一年级的学生年龄是 12 岁。我们在调查中观察到一些 12 岁的受访者参加了群众组织。

受访者人数	省份数	省份
		浙江（42）
31—40	4	黑龙江（39）、甘肃（34）、新疆（33）、内蒙（31）
21—30	4	广西（29）、安徽（27）、天津（26）、福建（22）
11—20	5	江西（20）、云南（16）、吉林（15）、贵州（13）、青海（11）
6—10	1	宁夏（10）
1—5	1	西藏（2）
合计	29	实际有效受访者 1,670，其中 10 人地区不明

表 16.1 显示，受访者来自全国 29 个省市自治区。受访者最多的来自北京，超过 300 人。江苏位于第二，达到 200 多人。其次来自上海和四川两地，均超过 100 人。再次是湖南、山东、陕西、河南和广东，均超过 50 人。山西、湖北、辽宁、河北、浙江、黑龙江、甘肃、新疆和内蒙九个省份均超过 30 人。除西藏自治区的受访者较少（仅二人），其他十个省份的受访者达到 10 至 30 人。

受访者不仅来自大城市和各省的省会（如北京、上海、广州、天津、重庆、南京、武汉和长沙等），还来自中小城市和农村的专区、地区和县。受访者既有来自人口密集的华东地区，也有来自最北端的黑龙江的黑河和哈尔滨，西部边陲新疆的乌鲁木齐和阿克苏，西南边陲云南的昆明，以及华南广西的南宁和桂林等。问卷调查虽然在地区分布上存在着个别边远地区人数偏少的缺陷，但是从总体上看，还是具有一定的代表性。

受访者来自 102 个大中小城市和 191 个地区、专区和县（有些地区、专区和县现在已经建市或成为城市的一个区，我们按当时的划分）。本次调查涉及的城市和农村地区和县的实际数字，可能超过我们统计的数字，因为受访者中有 209 人没有注明具体的城市、地区、专区或县。下表是问卷调查地区分布：

表 16.2. 受访者地区分布总览

省	类别	城市或县
安徽	市（3）	安庆、蚌埠、芜湖
	地专县（4）	池州、六安、寿县、和县
福建	市（2）	福州、泉州
	地专县（10）	崇安县、福清县、古田县、建瓯县、同安县、上杭县、长汀县、建宁县、莆田、三明
广东	市（3）	广州、江门、湛江
	地专县（8）	从化县、遂溪县、封开县、信宜县、梅县、汕尾、佛山、高鹤县
甘肃	市（3）	兰州、天水、玉门
	地专县（12）	定西、渭源县、会宁县、靖远县、文县、民勤县、临潭县、正宁县、陇南、庆阳、酒泉县、永靖县
广西	市（4）	南宁、桂林、柳州、北海
	地专县（3）	贵县、廉州、钦州
贵州	市（2）	贵阳、都匀
	地专县（4）	毕节县、赤水县、大方县、遵义
河北	市（7）	保定、承德、邯郸、石家庄、张家口、沧州、唐山
	地专县（5）	定县、魏县、崇礼县、南宫县、衡水县
河南	市（6）	郑州、洛阳、三门峡、新乡、焦作、开封
	地专县（13）	宝丰县、邓县、孟州、伊川县、南阳、平顶山、信阳、唐县、息县、永城县、固始县、开封（地区）、周口
黑龙江	市（5）	哈尔滨、大庆、牡丹江、佳木斯、鸡西
	地专县（6）	萝北县、密山县、黑河、绥化县、伊春、宁安县
湖北	市（3）	武汉、黄石、鄂城
	地专县（9）	黄梅县、随县、黄冈、洪湖县、十堰、荆州、荆门县、汉川县、孝感
湖南	市（3）	长沙、衡阳、湘潭
	地专县（19）	澧县、桂阳县、江永县、黔阳、新宁县、溆浦县、茶陵县、邵东县、零陵县、常德、醴陵县、湘乡、浏阳县、邵阳、武冈县、永州、益阳、岳阳、津市
吉林	市（5）	长春、吉林、四平、通化、辽源
	地专县（1）	磐石县

省	类别	城市或县
江苏	市（10）	南京、常州、连云港、南通、苏州、无锡、徐州、杨州、东台、镇江
	地专县（8）	灌云县、淮安县、淮阴县、沭阳县、兴化县、盱眙县、盐城县、宿迁县
江西	市（2）	南昌、九江
	地专县（8）	修水县、乐安县、上高县、赣州、德兴、临川县、新余县、抚州
辽宁	市（6）	沈阳、丹东、大连、抚顺、阜新、鞍山
	地专县（5）	本溪县、昌图县、朝阳、阜新蒙古自治县、铁岭
内蒙	市（4）	呼和浩特、二连浩特、集宁、包头
	地专县（3）	固阳县、鄂尔多斯、临河县
宁夏	市（2）	银川、石嘴山
	地专县（2）	中卫县、巴音
青海	市（1）	西宁
	地专县（2）	化隆县、天峻县
山东	市（8）	济南、济宁、青岛、临沂、潍坊、烟台、淄博、枣庄
	地专县（10）	定陶县、高密县、惠民县、昌乐县、邹平县、临朐县、平阴县、德州、崂山县、新泰县
山西	市（3）	太原、长治、大同
	地专县（10）	晋中、五台县、榆次县、左权县、晋城县、运城、候马县、临汾、吕梁县、朔州
陕西	市（2）	西安、宝鸡
	地专县（9）	户县、咸阳、商洛、蒲城县、汉中、镇安县、延安、渭南县、榆林
四川	市（3）	成都、重庆、泸州
	地专县（17）	叙永县、平昌县、万源县、仪陇县、南溪县、万县、安县、夹江县、德阳、绵阳、江油县、南充、雅安县、什邡县、遂宁县、西昌、宜宾
新疆	市（1）	乌鲁木齐
	地专县（4）	伊犁、建设兵团、阿克苏、五家渠
西藏	市（0）	无
	地专县（1）	灵芝县
云南	市（2）	昆明、东川
	地专县（5）	红河州、开远县、景洪县、腾冲县、保山县
浙江	市（5）	杭州、金华、宁波、温州、绍兴

省	类别	城市或县
	地专县（10）	丽水、龙游县、吴兴县、天台县、海宁县、绍兴（地区）、台州、义乌县、湖州、舟山
北京	市（1）	北京
	县（2）	大兴县、通县
上海	市（1）	上海
	县（2）	松江县、白茅岭农场（位于安徽境内的监狱）
天津	市（1）	天津
	地专县（0）	无

受访者中年龄最大的出生于 1916 年（年龄较大者估计多半由其子女或朋友代为填写），最小的出生于 1954 年。受访时（按调查起始的 2017 年计算），年龄最大的已有 101 岁，最小的也有 63 岁。他们在文革开始时，分别是 50 岁和 12 岁。正如有的学者所呼吁的，如果再不抓紧时间进行调查，文革的参与者将逝去，再也没有机会对他们进行调查了（Unger, 2007）。受访者年龄分布如下：

表 16.3. 问卷调查受访者出生年份分布

出生年份	受访者人数
1916—1920	8
1921—1925	20
1926—1930	31
1931—1935	66
1936—1940	103
1941—1944	151
1945	96
1946	117
1947	95
1948	91
1949	118
1950	148
1951	125
1952	120
1953	113

出生年份	受访者人数
1954	86
合计	1,488[①] （另有 182 人出生年份不明）

我们在问卷表中询问受访者参加的群众组织属于社会上的哪一个大派。问卷调查对该问题采用开放式回答，回答中不乏一些较著名的群众组织。受访者中有 967 人参加过群众组织，其中 557 人参加的组织比较有名。还有 410 人因填写的组织较小或未填，无法确定它们的大派组织。以下是受访者参加组织的情况：

表 16.4. 受访者参加的群众组织一览表

省	群众组织
北京	天派、地派、红三司、清华大学四派、清华大学团派、新北大公社、新北大公社井冈山、北京师范大学井冈山、北京中学四.三派、北京中学四.四派、联动
上海	工总司、红革会、新复旦、红上司、红卫兵总部、柴油机厂东方红、红东北[②]、红西南[③]、上海东方红、松江县炮轰派
天津	南开大学卫东、天津大学八.一三
安徽	P 派、G 派、九.二九、八.二七（G 派）、芜湖一中敢死团
福建	革造会、泉州县八.二九、同安县一中三司、莆田新派
广东	东风派，旗派、湛江井冈山
甘肃	红联、联总、革联、红三司、兰州红色长征团十八团（红联派），庆阳市合水干秋子安置农场红联、民勤县抗大派、文县五.二三
广西	四.二二、联指、柳州工机联、好派
贵州	四.一一、支红派、遵义三.二五
河北	石家庄八.一八红色风暴（拥军派）、张家口联总

① 参见附录 D 的说明。

② 毛泽东主义红卫兵上海东北地区指挥部（简称红东北）。

③ 毛泽东主义红卫兵上海西南地区指挥部（简称红西南）。

省	群众组织
河南	二.七公社、河造总、十大总部、开封八.二四、许昌市红尖兵、三门峡八.一五、郑州铁军（属十大总部派）
黑龙江	炮轰派，哈尔滨市红色造反团、黑河市红色造反团
湖北	钢派，新派，钢二司、钢工总、新湖大
湖南	高司，工联，湘江风雷，长沙新派，长沙工人联总、岳阳红造军、岳阳反到底、湘潭井冈山兵团
吉林	长春红革会（红二派）、长春公社（公社派）、吉林造反委员会
江苏	好派、P 派、八.二七（P 派）、连云港市人民公社派（对立派是反到底派）、东台二.一五、南京红卫军
江西	（南昌）井冈山兵团、（共产主义大学武夷山分校）红色兵团
辽宁	辽联，八.三一、大连革联、大连三联部
内蒙	呼三司、内蒙东纵、呼和浩特工农兵革命委员会
宁夏	宁夏总指挥部、宁夏一月风暴兵团
山东	山东大学主义兵、济南天桥区教育局第四野战兵团、青岛红代会、青岛红卫兵第一总部、青岛八.一兵团、青岛反到底、济宁红色劳动者、平阴县井冈山
山西	山西红总站、山西红联指、山西红联站、山西兵团派、山西革命造反兵团、太原红旗、长治红字号，长治联字号，晋中革命造反总部，晋中炮轰派，晋中总司、晋中东方红（大寨派）、候马市三.一八、临汾五.二三、运城地区革联/红总、左权县红联
陕西	工联、工总司、西安交通大学派、榆林红卫兵造反司令部、渭南工联、渭南缚苍龙
四川	成都红成、成都八.二六、成都工人造反兵团、成都川油司、成都川大八.二六、重庆八.一五、重庆反到底、泸州捍红总（反到底派）、
新疆	红二司、红一司、红三司、新疆人的一三师
云南	八派、炮派
浙江	红暴，联总，杭州红一司、宁波工联，宁波工自联，宁波红革造总
军队	三军冲派

16.3. 参加群众组织的比例

在 1,670 名有效受访者中，参加群众组织的情况可以用下表来总结：

表 16.5. 受访者参加群众组织的情况

类别	参加组织的情况	人数	百分比
1	未参加过任何群众组织	703	42%
2	文革初期参加过保守组织，后来未参加群众组织	82	5%
3	文革初期未参加过保守组织，后来参加群众组织	767	46%
4	文革初期参加过保守组织，后来又参加群众组织	118	7%
合计		1,670	100%

由于本章的研究重点是民众参加文革群众组织的情况，我们并不区分受访者参加的是保守派组织还是造反派组织。因此表 16.5.中第 2、3、4 类的受访者，均视为参加过群众组织（967 人）。只有第 1 类 703 人（占总数的 42%）从未参加过群众组织。换言之，调查中约有 58%的受访者在文革中参加了群众组织。下表是性别与参加群众组织的关系：

表 16.6. 性别与参加群众组织的关系

性别	参加组织情况		受访者人数
	否	是	
女	221（49%）	231（51%）	452（27%）
男	480（40%）	724（60%）	1,204（73%）
合计	701	955	1,656[①]

如上表所示，女性参加本次调查的人数明显少于男性，只占总数的约四分之一（27%）。女性参加组织的比例是 51%，相对于男性

[①] 受访者中有 14 人未注明性别。

（60%），女性似乎没有男性的积极性高。性别在参与群众组织比例上差异，在统计学上有显著意义（χ^2=72.4，L^2=72.4, 自由度=1，P<0.0001）。受访者的职业与参加群众组织的关系如下表所示：

表 16.7. 受访者职业与参加群众组织的情况

受访者的职业	未参加群众组织	参加过群众组织	人数
中学生[①]	283（35%）	517（65%）	800（53%）
大学生	73（31%）	163（69%）	236（17%）
工人	52（46%）	62（54%）	114（6%）
知青	47（46%）	56（54%）	103（6%）
农民	95（71%）	38（29%）	133（4%）
干部、教师、科员	94（50%）	94（50%）	188（10%）
军人	10（67%）	5（33%）	15（0.5%）
无业人员	29（66%）	15（34%）	44（1.5%）
其他	20（54%）	17（46%）	37（2%）
合计	703	967	1,670

上表显示，学生（尤其是大学生）在文革中最积极。中学生和大学生参加群众组织的人数，分别占学生总体的 65%和 69%。仅次于学生的是工人和知青，占总数 54%的工人和知青参加了群众组织。干部、教师和科员（以下简称"科员"）等参加的人数要少一些，约占总数的一半。农村的群众运动不如城市普及，所以相对来说农民参与的人数最少，参加组织的只有 29%。军人中也有一些人参与了群众运动。不同职业之间参与比例的差异，在统计学上有显著意义（χ^2=95.9，L^2=96.1, 自由度=8，P<0.0001）。

上表为我们提供了受访者在文革中参加群众组织的一些信息，但是还不能直接用来估算民众参加群众组织的比例。这是因为，女性参加调查的人数比例严重失调（仅占受访者总数的 27%）。根据 1964 年人口普查资料，中国当时的男女比例是 51.33%比 48.67%，约

[①] 有个别小学生，因达到 12 岁，也在样本之中。

为 1.05:1。此外，总体上说，受访女性参加群众组织的积极性不如受访的男性（女性为 51%，低于男性的 60%）。因此上表中各职业的比例被无形中抬高了，没有真实地反映文革的实际情况。同时全国的群众运动发展不平衡，城市与农村之间存在巨大的差别。

为了能够更准确地估算民众在文革中参加群众组织的比例，我们将受访者分为两组。第一组是来自省会城市的受访者。由于四川的重庆虽然是非省会城市，但在四川文革中占据极其重要的地位，我们将该市也列入第一组。符合这一条件的受访者共有 921 人。第二组包括明确说明具体地方但属于非省会的受访者，该组共有 539 人。那些没有注明具体城市或地专县的受访者（210 人）未列入分析。以下是省会城市与非省会城市参加比例的分布以及调整后的估算：

表 16.8. 民众参加群众组织的估算

	中学生	大学生	工人	职员	知青	农民	其他	人数
	调整前							
省会	66%	70%	55%	61%	–	–	50%	921
非省会	63%	56%	61%	42%	56%	28%	36%	539
	调整后							
省会	65%	67%	53%	56%	–	–	40%	–
非省会	57%	45%	56%	43%[①]	47%	28%	32%	–

具体的调整计算参见附录 I。上表显示，在大城市中参加群众组织最积极的是大学生，参与率达到 67%。其次是中学生，达到 65%。工人和科员（即干部、教师和科员）均超过半数。其他类较低，只有 40%。我们可以说，在省会城市（含重庆），平均有超过一半的民众参加过群众组织。在非省会城市和农村中，民众的参与率要低一些。中学生和工人最高，分别达到 57%和 56%。农民最低，不足三成的农民参加过群众组织。受访者参加群众组织与家庭出身的关系

[①] 因非省会科员女性参加群众组织比例高于男性。

如下表所示：

表 16.9. 受访者的家庭出身与参加群众组织的情况

家庭出身	未参加群众组织	参加群众组织	人数（占总数%）
革干革军	77（28%）	203（72%）	280（22%）
工人农民	217（46%）	257（54%）	474（28%）
灰五类	197（39%）	309（61%）	506（34%）
黑五类	181（56%）	146（44%）	326（16）
合计	672	914	1,586①

上表显示，尽管同属红五类，革干革军子弟参加群众组织的积极性比工农子弟高得多（72%对比 54%）。黑五类出身的受访者参加群众组织的比例最低（只有 44%）。值得注意的是灰五类出身的受访者，他们参加组织的比例（61%）高于工农子弟，仅次于革干革军子弟。革干革军和灰五类出身的受访者参加组织的比例，超过总体平均值。工农子弟略低于平均值，黑五类大大低于平均值。不同的家庭出身之间参与比例的差异，在统计学上有显著意义（χ^2=53.2，L^2=54.1, 自由度=3，P<0.0001）。

受访者参加群众组织与本人政治面貌的关系如下表所示：

表 16.10. 受访者的政治面貌与参加群众组织的情况

本人政治面貌	未参加群众组织	参加群众组织	人数
红类	147（30%）	337（70%）	484（30%）
中等类	426（44%）	537（56%）	963（59%）
黑五类	115（62%）	70（38%）	185（11%）
合计	688（42%）	944（58%）	1,632（100%）②

如上表所示，受访者参加群众组织的积极性与本人政治面貌成

① 受访者中有 84 人未填写家庭出身。

② 受访者中有 38 人未填写本人政治面貌。

递减关系。红类的最高，达到 70%；中等类（即一般群众）的受访者次之，达 56%；黑五类最低，只有 38%。一方面，可能他们本人并不愿意参加群众组织。另一方面，群众组织（无论是保守派还是造反派）对他们均取排斥态度。不同的政治面貌之间参与比例的差异，在统计学上有显著意义（χ^2=59.6，L^2=60.2, 自由度=2，P<0.0001）。

在收集的数据中，我们发现家庭出身与本人政治面貌有着明显的相关关系：

表 16.11 受访者家庭出身与本人政治面貌的相关关系[①]

1	2	3	4	5	6
本人政治面貌	红五类			灰五类	黑五类
	革干军干	工农	合计		
红类	127 （45%）	144 （30%）	**271** **（36%）**	155 （31%）	41 （13%）
中等类	144 （52%）	325 （69%）	469 （62%）	**326** **（66%）**	126 （39%）
黑五类	8 （3%）	4 （1%）	12 （2%）	17 （3%）	**154** **（48%）**
合计	279	442	752	498	321

上表显示，36%的红五类出身（第 4 列）的受访者的政治面貌属于红类，62%的红五类出身的受访者的政治面貌属于中等类，只有 2%的出身红五类的受访者在政治面貌方面属于黑五类。出身灰五类（第 5 列）的大多数是一般群众（66%），属于红类政治面貌的占 31%。成为黑五类的也不多，只有 3%。相比之下，出身黑五类（第 6 列）的受访者，近一半（48%）本人的政治面貌也属于黑五类，属于党团员和积极分子的只有 13%。从这个意义上讲，血统论是“有根据的”。家庭出身好，本人政治面貌也会好。出身不好的人，则本

[①] 表 16.10.中总数为 1,571，有 99 人家庭出身或本人政治面貌未填。

人政治面貌多半也会属差类。这一相关性是非常显著的（ χ^2=525.6，L^2=424.7，自由度=4，P<0.0001）。当然，这种情况不是由民众自身造成的，而是由于中共长期推行的阶级路线所造成的。

家庭出身事实上是父辈的社会地位，本人政治面貌是子女辈的社会地位。上表部分地反映了中国当时的代间社会流动（Intergenerational Social Mobility）情况。社会流动指的是社会阶层体系中不同的地位间的流动。这些地位有的具有优势，有的相对处于劣势，为不同地位者提供不同的权益。个人和集团占有或者进入不同权力地位的机会并不均等。政治自由主义哲学认为，出于公平竞争或者依靠不同贡献和成就获得不同的地位是合法的。西方学者对由于家庭出身造成个人发展中的影响非常感兴趣。随着社会由前工业社会向工业社会转变，社会流动明显增加。学者们认为，在没有受到封建主义影响的国家或者没有经历过以阶级为基础划线分层的国家里，社会流动更加多一些（Muller and Pollak, 2015）。

在中国的封建社会里，社会地位是世袭的。普通民众很难有升迁的机会，有才能的人不能充分发挥作用。虽然中国封建社会的科举制度使一些读书人有了点盼头，但是有幸获得上升机会的人是很少的，所以就有了范进中举这样的悲剧。受封建社会的影响，文革前的中国仍然是一个阻碍社会流动的社会，与其他共产主义国家不相同。

有关社会流动历史的研究表明，前苏联（在上世纪的 20 至 30 年代）和东欧国家（在上世纪的 40 至 50 年代）均出现过明显的向上流动的现象。当然，这些向上流动只限于这些国家的初期阶段。对上世纪 70 至 80 年代的研究表明，该时期的苏联和东欧国家向上流动现象已不复存在。这是因为，这些国家的政治和管理精英开始自我封闭并贵族化了（Kaelbel, 2015）。

教育为进入更好的社会阶级并保持较高的社会地位提供了机会，

但是社会阶层和财富的不平等却直接影响着人们受教育的机会（Greenstone et al., 2016）。在美国，由于社会经济地位的不平等正在进一步扩大，位于社会地位两端的人们更有可能原地踏步，并无社会流动可言。当时的中国也是如此，特别是位于社会底层的人们（即灰五类和黑五类出身的人们）。

在表 16.10.中，从左上角到右下角的对角线（即表中粗体字的三个格子，271，326，154）代表父辈和子女辈处于同样的社会地位。子女辈保持父辈社会地位的人数，占了总人数的 48%。处于最低端的两档（即灰五类和黑五类子弟）继承父业的最多，分别占了各自人数的 65%和 48%。这些人走出父辈的阴影非常困难。

邻近对角线上方一格，表示子女辈比父辈的社会地位上升了一步（即表中人数分别是 155 和 126 的格子）。邻近对角线下方一格，表示子女辈比父辈下降了一步（即人数为 469 和 17 的两个格子）。这两类情况占了总人数的 49%。剩下的上升或下降两档（即人数为 36 和 12 的两个格子）是少数，仅占总人数的 3%。需要指出的是，本问卷调查中有许多中学生（占总人数的 48%），其中又有许多是初中生。他们中的红五类子弟，还没有足够的时间入党或入团，成为红类政治面貌的人员。

本章采用对数回归（Logistic Regression）模型，分析性别、家庭出身、本人政治面貌和职业对参加群众组织的影响（关于对数回归模型的解释请参见附录 E）。也许有读者会问，既然已经对影响参加群众组织的各因素逐个分析，为什么还要用对数回归模型来分析？这是因为，上面章节讨论的各因素与参加组织的关系是孤立静止的，没有全面地观察各因素同时对参加组织的影响。用对数回归模型分析可以同时考虑各种因素，获得对这一问题更全面的理解。以下是对数回归模型分析结果（N=1,559[①]）：

---

① 因为有受访者未填写性别，家庭出身和本人政治面貌，分析模型实际人数略低

表 16.12. 受访者是否参加群众组织的对数回归模型分析

变量编号	变量	对数系数	OR 比值比	P 值
X0	截距	−0.2544		0.7811
X1	男性	0.5446	1.724	<0.0001
X2	学生	1.3954	4.037	<0.0001
X3	科员	0.8393	2.315	<0.0001
X4	工农出身	−0.5623	0.570	0.0013
X5	灰五类出身	−0.5089	0.601	0.0028
X6	黑五类出身	−0.7588	0.469	0.0002
X7	中等类政治面貌	−0.5378	0.584	<0.0001
X8	黑五类政治面貌	−0.8750	0.417	0.0001

OR（Odds Ratio）常译为比值比（也译为优势比）。这是描述概率的另一种方式，告诉我们相对于参考类，某种推测的概率比其反向推测的概率大多少（更详细的解释请参见附录 E）。简单地说，如果比值比大于 1 则表示概率大，超过 1 越多概率越大。比值比小于 1 则表示概率小，越接近零表示概率越小。例如上表显示，男性是 1.724，就是说，相对于女性，男性参加运动的积极性要高些。这一点从本次问卷调查的情况也可以看出。参与调查的男性比女性的人数多许多，似乎中国的女性对政治感兴趣的要少于男性。

关于性别，只有两种情况：男性或女性。我们在计算中把女性作为参考类，比值比计算比较方便和直观。但是在许多情况下，一个变量会有两个以上的数值。如政治面貌有三类人：红类、中等类和黑类。通常的做法是任意选择其中的一类作为参考类，与其他类进行逐个比较。

如上表中，红类政治面貌被选作为参考类，逐个与中等类和黑类进行比较。相对于红类政治面貌，中等政治面貌的受访者参加文

于总人数。

革群众组织的可能性较小些（比值比是 0.584），属于黑五类的人员则更少（比值比是 0.417）。这一发现符合常理。文革中本人政治面貌不清的人，参加群众组织的并不多。一则是因为他们自己不敢参加，二则是因为即使他们想参加，造反派和保守派组织也会将他们拒之门外，生怕被对手抓住把柄（陈益南，2006a）。

文革期间（尤其是文革初期），学生起了煽风点火的作用。广大学生积极投入文革的群众运动，他们的革命热情是有目共睹的。学生在群众运动中起了重要作用。我们将人群的职业分为三大类：（1）学生；（2）工人/科员/知青[①]；（3）其他，并将其他作为参考类。相对于其他类，学生最具有革命热情（比值比是 4.037），工人/科员/知青次之（比值比是 2.315）。这就是说，如果其他情况不变，假设其他民众参加与不参加群众组织的比是 2:5，那么学生参加与不参加之比约为 8.1:5；工人/科员/知青的参加与不参加比是 4.6:5。

家庭出身有四类：革命家庭（即革干革军家庭），工农家庭，灰五类家庭和黑五类家庭。我们选择革命家庭作为参考类。相对于革命家庭出身的受访者，灰五类子弟参加群众组织的概率次之（比值比是 0.601），工农子弟又稍次之（比值比是 0.570），黑五类子弟则更低（比值比是 0.468）。假设革干革军子弟参加与不参加群众组织之比是 6 比 4 的话，推测黑五类子弟参加与不参加之比约是 2.8 比 4。值得注意的是，灰五类子弟比红五类中工农子弟参加群众组织的积极性稍高一些，也许灰五类对于改善自身状况的迫切性更高一些。

我们采用的对数回归模型是线性的。换言之，这些因素是线性叠加的关系。举例来说，如果有一位男性学生和一位女性工人，男性学生参加群众组织的可能比那位女性工人的可能要大得多。这是因为，不仅男性比女性参加的可能大，而且学生比其他职业的人可

[①] 把知青归于工人和科员一类是因为他们参加群众组织的积极性相仿。从身份角度他们与农民有点格格不入，尽管他们被迫下了乡。

能也大。这是一个双重的关系。由于具体计算较复杂，此处不赘，有兴趣的读者可以参见本书的附录 E。

总之，男性、学生、革干革军子弟、红类政治面貌的更容易参加群众组织。黑五类子弟和黑五类政治面貌的人参加群众组织的可能最低。

16.4. 参加群众组织的原因

前一小节分析受访者参加群众组织的情况，接下来的问题是，受访者为什么参加群众组织，他们的动机是什么，是什么原因促使他们投入到文革的群众运动中去？这一分析需要通过那些参加过群众组织的受访者。我们的问卷调查，符合这一条件的有 967 位受访者。以下是几个原因与家庭出身关系的情况。因有 53 人未填写家庭出身，因此下表的总人数为 914 人。

表 16.13. 受访者参加群众组织的原因与家庭出身关系

变量	原因		革干革军（203）[1]	工农（257）	灰五类（309）	黑五类（145）	χ^2P 值
Y1	响应毛的号召	是	77%	68%	61%	43%	<0.0001
		否	23%	32%	39%	57%	
Y2	争取改变处境[2]	是	6%	11%	19%	34%	<0.0001
		否	94%	89%	81%	66%	
Y3	对当权派不满	是	4%	12%	12%	17%	0.0027
		否	96%	88%	88%	83%	
Y4	同情受打压者	是	7%	12%	19%	20%	0.0005
		否	93%	88%	81%	80%	

[1] 括号内是人数，下同。

[2] 只有为数不多的受访者出于经济利益，下同。

变量	原因		革干革军（203）①	工农（257）	灰五类（309）	黑五类（145）	χ²P 值
Y5	受周围影响	是	12%	18%	17%	19%	0.3270
		否	88%	82%	83%	81%	
Y6	好玩	是	0%	1%	1%	1%	0.5137
		否	100%	99%	99%	99%	
Y7	其他原因	是	2%	2%	2%	3%	0.9514
		否	98%	98%	98%	97%	
Y8	不满/争取改变①	是	9%	18%	27%	40%	<0.0001
		否	91%	82%	73%	60%	

问卷调查在关于参加群众组织问题上采用多项选择，受访者可以同时选择多个原因，所以原因 8（Y8 对当权派不满和/或争取改变）的人数小于或等于原因 2（Y2）与原因 3（Y3）的总和。上表显示，革干革军子弟参加群众组织的主要原因是响应毛的号召。在这一原因上，按照革干革军、工农、灰五类、黑五类出身顺序，呈现依次递减的关系：77%、68%、61%、43%。

但是在对当权派不满（Y2），争取改善处境（Y3），以及两者之和（Y8），则呈现反向的递增关系。争取改善处境（Y2）的比例分别是：6%，11%，19%，34%。对当权派不满（Y3），则依次为 4%，12%，12%，17%。两者合一的原因（Y8），依次为 9%，18%，27%，40%。同情受打压者的原因（Y4），也呈现相同的上升趋势。作为受伤害最重的黑五类子弟有切身体会，他们同病相怜，对受打压者最具有同情心。他们参加组织不仅为自己，也为了帮助与自己一样的受迫害者。

统计检验结果拒绝以下变量的零假设：响应毛的号召（Y1），争取改善处境（Y2），对当权派不满（Y3），同情受打压者（Y4），不

① 即 Y2+Y3。

满和/或争取改变（Y8）。换言之，在这几个原因方面，家庭出身之间的差别是显著的（P 值均小于 0.01，有的甚至小于 0.0001）。但是在受周围影响（Y5）、好玩（Y6）、其他原因（Y7）上，家庭出身未显示出明显的作用。

以下是几个原因与本人政治面貌的关系。因有 23 人未填写本人政治面貌，因此下表的总人数为 944 人。

表 16.14. 受访者参加群众组织的原因与本人政治面貌关系

变量	原因		红类（337）	中等类（537）	黑五类（70）	χ^2 P 值
Y1	响应毛号召	是	69%	62%	43%	0.0002
		否	31%	38%	57%	
Y2	争取改变处境	是	14%	15%	39%	<0.0001
		否	86%	85%	61%	
Y3	对当权派不满	是	10%	12%	13%	0.5516
		否	90%	88%	87%	
Y4	同情受打压者	是	13%	14%	23%	0.1013
		否	87%	86%	77%	
Y5	受周围影响	是	13%	19%	21%	0.0574
		否	87%	81%	79%	
Y6	好玩	是	0%	1%	1%	0.4455
		否	100%	99%	99%	
Y7	其他原因	是	1%	2%	3%	0.5840
		否	99%	98%	97%	

如上表所示，红五类和中等类政治面貌的人们参加群众组织以响应毛的号召（Y1）为主，红五类、中等类、黑五类依次为 69%，62%，43%。在争取改变处境（Y2）问题上，依次为 14%，15%，39%。显然，黑五类对于改善自身处境最为迫切。对当权派不满

（Y3），同情受打击者（Y4），受周围影响（Y5）、好玩（Y6）和其他原因（Y7），似乎不分红五类、中等类或黑五类，他们之间的差别并不大。由于本人政治面貌与对当权派不满没有明显关系，所以没有把不满与争取改变处境合起来作为一个综合原因进行分析。

统计检验结果拒绝以下变量的零假设：响应毛的号召（Y1），改善处境（Y2）。也就是说，在这两个原因方面，政治面貌之间的差别是显著的（P 值至少小于 0.001）。在对当权派不满（Y3）、同情受打压者（Y4）、受周围影响（Y5）、好玩（Y6）、其他原因（Y7）方面，政治面貌未显示出明显的差别。

我们对上述的几个原因，分别用对数回归模型进行分析。由于"好玩"（Y6）参加群众组织的人数太少，我们就不作分析。在分析模型中，因变量分别是 7 个原因（Y1 至 Y5，Y7，Y8），自变量是家庭出身、本人政治面貌、性别和职业[①]。为方便起见，以下表中只列出 P 值小于或等于 0.20 的自变量。因为 P 值过大的自变量，在统计学上一般认为推测不太可靠。

表 16.15. 受访者参加群众组织原因对数回归分析模型结果

应变量	参加组织的原因	自变量	指数系数	OR 值	P 值
Y1	响应毛的号召	工农家庭	–0.3654	0.694	0.1014
		灰五类出身	–0.7444	0.475	0.0004
		黑五类出身	–1.4053	0.245	<0.0001
		中等政治面貌	–0.2846	0.752	0.0696
Y2	争取改变处境	男性	0.5890	1.802	0.0205
		工农家庭	0.5043	1.656	0.1675
		灰五类出身	1.2286	3.417	0.0002
		黑五类出身	1.7512	5.762	<0.0001
Y3	对当权派不满	学生	–0.6364	0.529	0.1179

[①] 职业分为三类，（1）学生；（2）工人/科员/知青；（3）其他。"其他"作为参考类。因为有受访者未填写性别、家庭出身和/或本人政治面貌，所以分析模型实际人数略低于参加群从组织总人数为 894。

应变量	参加组织的原因	自变量	指数系数	OR 值	P 值
		工农出身	0.8178	2.266	0.0413
		灰五类出身	0.9385	2.556	0.0159
		黑五类出身	1.4279	4.170	0.0013
Y4	同情受打压者	学生	1.3151	3.725	0.0320
		工农出身	0.6725	1.959	0.0460
		灰五类出身	1.1190	3.062	0.0003
		黑五类出身	1.0301	2.801	0.0080
		黑类政治面貌	0.5473	1.729	0.1835
Y5	受周围影响	中等政治面貌	0.4367	1.548	0.0348
		黑类政治面貌	0.7670	2.153	0.0722
Y7	其他原因	–	–	–	–
Y8	不满/争取改变	男性	0.4871	1.628	0.0237
		学生	–0.6114	0.543	0.0610
		工农家庭	0.4742	1.607	0.1141
		灰五类出身	1.1837	3.266	<0.0001
		黑五类出身	1.6382	5.146	<0.0001

上表显示，本人政治面貌在有的分析模型中影响不明显（Y1、Y2、Y3、Y4、Y8）。这是因为，由于家庭出身和本人政治面貌有极为密切的相关性（统计学中叫做多重共线性 Multicollinearity），当它们同时进入一个模型时会产生干扰，使得其中的一个自变量变得似乎无足轻重。例如在单个分析时，本人政治面貌对于响应毛的号召和争取改变处境的因变量均呈显著相关关系。但是当该变量与家庭出身同时放入模型时，作用却不明显了。这是多重共线性造成的结果。因为这一现象涉及较深的统计理论，此处不赘，有兴趣的读者可以参见附录 E 的解释。在解释上述对数回归模型时，需注意这一情况：本人政治面貌并不是不起作用，而是因为家庭出身已足以解释它们之间的区别。

对于响应毛的号召这一原因（Y1），工农子弟、灰五类子弟和黑五类子弟与革干革军子弟是有差异的。出身越是不好，对响应号召的反应越低（估算的比值比分别是 0.694，0.475，0.245）。特别值得指出的是，黑五类子弟响应毛的号召与非响应毛的号召之比，仅为革干革军子弟之比的四分之一左右。

在争取改变处境的原因（Y2）方面，工农、灰五类和黑五类子弟显示出与革干革军子弟的明显不同（估算的比值比分别是1.656，3.417，5.762）。尤其是黑五类子弟，他们争取改变与非改变处境之比，是革干革军子弟之比的近六倍。这一结果突显出身不好的人群要求改善自身处境的强烈愿望。相对于女性，男性显示了更强烈的争取改善自身处境的愿望（估算的比值比是1.802）。

在对当权派不满方面（Y3），工农子弟、灰五类子弟和黑五类子弟因对当权派不满参加组织与非因对当权派不满参加组织之比，至少是革干革军子弟之比的二倍以上，黑五类子弟则更高达到四倍多（比值比分别为2.266，2.556，4.170）。革干革军子弟的大多数成为“保爹保妈派”，在这里得到证实。他们对当权派不满的程度，明显小于其他出身的受访者。

在同情受打压者方面（Y4），相对于革干革军子弟，工农、灰五类和黑五类子弟比值比分别为1.959，3.062，2.801。灰五类和黑五类由于同病相怜，愤而参加群众组织造反的比例，要比红五类高得多。本身是黑五类的受访者，因同情受压者参加群众组织的倾向也较明显（比值比是1.729）。这里要特别提一下学生。在同情受压者方面，学生比其他职业者显得态度更加鲜明，行为更加激烈，比值比达到近四倍。由此可见，学生因为年轻，更富有同情心，也更加仗义。

在对当权派不满和/或争取改善处境方面（Y8），工农、灰五类和黑五类子弟在这个问题上比革干革军子弟更迫切，估算的比值比分别是1.607，3.266，5.146。男性比女性更加迫切，比值比是1.6倍多。学生缺乏因不满希望改善自身处境的热情，估算的比值比是0.543。因为学生还没有步入社会，他们对自身的处境和当权派的官僚主义、搞特权、压制群众尚无切身的感受。他们投入群众运动，更多的是革命热情。

在受周围环境影响方面（Y5），相对于红五类政治面貌，灰五类和黑五类的估算比值比分别是 1.729，1.548。这一情况显示了灰五类和黑五类政治面貌的受访者参加群众运动时的状况。由于自身的政治面貌不容乐观，他们需要外界的鼓动和消除恐惧。当周围参加群众组织的人多时，他们会有“法不责众”和“抱团取暖”的想法，恐惧减少，勇气增加。

归纳起来，因对当权派不满和/或争取改善自身处境参加群众组织，相对于革干革军出身的受访者来说，工农子弟、灰五类子弟和黑五类子弟的比值比呈现依次递增。这说明，民众参加群众运动，除了我们通常讲的响应毛的号召外，还另有原因。这些原因与个人的家庭出身、政治面貌、性别和职业有着密切的关系。忽略这一情况，我们就不能正确地理解文革的群众运动。

16.5. 参加运动的民众的分类

前面两个小节对民众参加群众组织的动机进行了分析。为了进一步分析参加运动的原因，本节对参加群众组织的民众进行分类。我们在这里的分类有别于派别的分类。当人们谈起派别时，常会使用“造反派”和“保守派”这两个名称。对于这一问题，我们将在后面的章节里进行讨论。在这里，我们暂时撇开派别问题，仅从民众的动机，对参加群众组织的民众进行分类。

因为选择 Y6（好玩）和 Y7（其他原因）的民众较少（仅 27 人），我们以其他五个原因作为指标进行分类。每一个原因有两种可能的回答（即“是”或者“否”），共有 32 种可能，其分布情况请参见附录 F。我们在这里列出人数较多的五组受访者（人数为 746，占参加群众组织总数的 77%）：

表 16.16. 参加群众组织原因的分布

组别	Y1	Y2	Y3	Y4	Y5	人数
1	是	否	否	否	否	466
2	否	否	否	否	是	99
3	否	否	否	否	否	73
4	否	是	否	否	否	61
5	否	否	否	是	否	47

第 1 组受访者除了响应毛的号召外，其他原因均为否定。此类受访者以响应毛的号召为唯一原因。第 2 组受访者受周围影响为唯一原因，第 3 组受访者参加组织的原因均为否定，属于无原因类，第 4 组受访者以改变自己处境为唯一原因，第 5 组受访者以同情受害者为唯一原因。我们采用隐类别分析模型（Latent Class Analysis 简称 LCA）对参加过群众组织的受访者以其参加的原因进行分类，得出四大类（具体分类计算请参见附录 F）。下表总结四类受访者的特点：

表 16.17. 基于参加原因，对受访者的分类

类别	原因	人数
I（随大流类）	Y5=是，Y1=Y3=否	103
II（响应类）	Y1=是，Y3=否	546
III（复合响应类）	Y1=是（除 1 人）	63
IV（争取变革类）	Y1=Y5=否	255

第 I 类受访者的特点是，受周围影响，既没有不满，也不是响应毛的号召，Y2 和 Y4 的回答有肯定也有否定。我们把这类受访者称为“随大流类”。第 II 类受访者的特点是，响应毛的号召，没有对当

权者不满，Y2 和 Y4 的回答有肯定也有否定，我们称此类受访者为“响应号召类”。第 III 类受访者的特点是，响应毛的号召（除一人以外），Y2，Y3，Y4 和 Y5 的回答既有肯定也有否定，我们称这类受访者为“复合响应类”。第 IV 类受访者的特点是，既非响应毛的号召也非受周围影响，但是 Y2，Y3 和 Y4 的回答有肯定也有否定，我们称这类受访者为“争取变革类”。如上表所示，响应号召类（即第 II 类）人数最多，达到 546 人，占总人数的一半以上。争取变革类（即第 IV 类）人数次之，达到 255 人。

以上分类与家庭出身、个人政治面貌、职业有一定的相关性。下表是分类与家庭出身的关系（N=914，因有 53 人未填报出身）：

表 16.18. 受访者分类与家庭出身的关系

家庭出身	I 类	II 类	III 类	IV 类	人数
革命家庭	7%	72%	5%	16%	203
工农家庭	9%	62%	6%	23%	257
灰五类	12%	54%	7%	27%	309
黑五类	12%	35%	9%	44%	145

属于第 II 类（响应号召类）的按革命家庭、工农家庭、灰五类、黑五类顺序从 72%到 35%依次递减。属于第 IV 类（争取变革类）按相同顺序从 16%到 44%依次递增。另外两类（第 I、III 类）非红类和红类家庭出身似乎区别不大。分类与家庭出身有显著相关关系（χ^2=54.7，L^2=54.4，自由度=9）。分类与个人政治面貌也有一定的相关性（N=944，因有 23 人未填报政治面貌）。

表 16.19. 受访者分类与个人政治面貌的关系

政治面貌	I 类	II 类	III 类	IV 类	人数
红五类	7%	63%	6%	24%	337
灰五类	13%	55%	7%	25%	537
黑五类	11%	34%	10%	44%	70

属于第 II 类（响应号召）的按红五类、灰五类和黑五类顺序从 63%到 34%依次递减，而属于第 IV 类（争取变革类）则按相同顺序从 24%增至 44%。分类与政治面貌有显著关系（χ^2=24.7，L^2=24.3，自由度=6）。以上分类与职业也有一定的相关性（N=951，因 16 人未填报职业）。

表 16.20. 受访者分类与职业的关系

职业	I 类	II 类	III 类	IV 类	人数
学生	11%	60%	6%	24%	680
工人	11%	35%	13%	40%	62
知青	11%	57%	5%	27%	56
农民	13%	58%	8%	21%	38
职员	9%	48%	10%	34%	94
其他	14%	43%	5%	38%	21

除了工人，大多数受访者属于第 II 类（响应号召类），从 43%（其他）到 60%（学生）不等。工人中更多的属于第 IV 类（争取变革类），达 40%，属于第 II 类的占 35%。不同的职业与分类之间有显著关系（χ^2=25.4，L^2=24.4，自由度=15）。

以上讨论从另一个角度分析了民众参加群众运动的原因与家庭出身、本人政治面貌和职业的关系。总体上说，文革中参加群众组织的民众可以大致分为四类：响应号召类、争取变革类、随大流类和复合响应号召类。这一分类与家庭出身、本人政治面貌、职业不无关系。

16.6. 民众参加群众组织的原因分析

从上一节对民众参加群众组织的原因的分析中，可以窥见当时中国社会的一斑。在响应毛的号召方面，革干革军子弟尤其多，工农子弟、灰五类子弟和黑五类子弟依次递减。在争取改变处境和/或不满当权派方面，却是朝相反方向依次递增。这看似不同，实质上却是一回事，即都与自身的处境有关。作为红五类子弟，特别是革干革军子弟，是共产主义事业的当然接班人。他们只要听从党和毛的号召，前途是有保障的。通过历来的运动，人们明白这是铁定的规律。所以响应毛的号召只是表面的原因，实际上与红五类的前途密切相关。当然，是否响应毛和党的号召，也与灰五类、黑五类的前途命运相关。如果他们胆敢与党和毛唱反调，下场是可想而知的。所以这些人也需要打着响应毛的号召的旗号，或主动或被动地顺应当时的潮流。民众的心里是清楚的，他们不能在文革中被历史的列车甩出车外。

对于争取改变处境这一目的动机，红五类子弟可能不屑一顾。也许他们会认为，出于这样的动机参加群众组织未免太自私了。但是对于非红五类子弟来说，这是非常实际的目的。文革前的 17 年里，中共执行的阶级路线把灰五类和黑五类划为二等公民。他们在升学、就业、提干、事业发展和生活等各方面受尽歧视。文革的发动，使他们看到从未有的机会。他们带着这一目的积极投入文革，希望能在文革中打个翻身仗。红卫兵第二号领袖蒯大富的“三十六条权经”，最后一条道出了造反群众当时的心态：“得到政权后就得运用，而且不容得稍稍犹豫，正是‘一朝权在手，便把令来行’（蒯大富，2014a）。”

所以，响应毛的号召是红五类子弟的一种积极防守性的心态和举动，目标是保住他们已有的特权和益处。争取改变处境，则是灰五类和黑五类子弟的一种积极进攻型的心态与举动，旨在争取获得自己以前没有的权力和益处。两种心态与举动只是从不同侧面展现相同的动机，殊途同归。

从受访者对这两个问题的回答，可以看到当时的中国分裂成为两大阵营：红色阵营和非红色阵营。在红色阵营里，有革干革军子弟、工农子弟、党团员积极分子以及中共的各级干部等。在非红阵营中，有黑五类子弟、灰五类子弟和本人是黑五类或灰五类的人们，以及被淘汰下来的原来属于红色阵营中的少数人们。

即使在同一阵营里，还有更细化的分层（Strata）。红色阵营中，还可细分为革干革军子弟、中共的干部、党团积极分子、工农子弟等不同的阶层。在非红阵营中，最为底层的是本人属于黑五类的人们，其次是黑五类子弟，再其次是灰五类等阶层。社会阶层（或社会分层，Social Stratification）是社会学的一个概念。它指的是一种依照不同的社会政治和经济状况，将人们区分为不同群体的分类方式。它牵涉一系列关系性的社会不平等，包括经济、社会、政治和意识型态等方面。

文革前和文革中的中国不仅以阶级划线，还存在着不同的阶层。社会阶层的归属，在很大程度上决定了人们在文革中的思想和行为。如前所示，越是处于底层的人们，越具有改变自身处境的愿望。处在上层的人们，则力图保住已有的地位和特权。在文革初期，革干革军子弟把斗争的对象锁定在黑五类，正是一种力保已有地位的表现。当这些人的爹妈被打成走资派成为革命的对象以后，他们力图反抗，不再听从毛的号召，转而成为保爹保妈派。当他们的努力失败后，许多人成了逍遥派（在以后的章节会专门讨论这一问题）。

处在下层和底层的民众，将斗争的矛头对准他们往日所憎恨而又惧怕的走资派，美其名曰批判走资本主义道路的当权派。他们的目的非常清楚，希望通过文革打倒过去整肃过自己的当权派，夺取他们手中的权力，从而改变自己二等公民的处境。在憎恨当权派方面，相对于红五类子弟，工农子弟、灰五类子弟和黑五类子弟依次递增，比值比分别是 2.3，2.6 和 4.2，足见黑五类子弟对当权派的痛恨程度。

总之，无论民众参加的是哪个派别，都是为了改变自身的处境而战，或者为了保持自身的处境而争。

16.7. 民众的动员

前面章节讨论民众为什么动员的问题，现在研究民众在文革中是如何动员起来的。福柯（Foucault）的关于话语（Discourse）和权力（Power）的概念，为我们提供了研究社会运动的新视角，从而避免使用过于简单化的理性人概念。从这一新的视角，我们可以研究抗议的非策略性方面，例如社会运动参与者（或潜在的参与者）的主观先决条件和世界观。相对于主流的社会运动研究，福柯更注重社会运动背景的各个方面。在可以想象的范围内，我们可以分析社会运动的构框。对构框的共鸣不仅取决于文化因素，还取决于场所和演讲者的作用。运动能够影响话语的限制范围，通过促进建立主流话语中没有出现的或者是与主流话语敌对的思想，还可以通过运动实践建立新的观念。话语还塑造人的主观意识。用福柯的话来说，话语能够塑造个人与话语的关系，从而影响潜在的社会运动的动员。一个社会运动要想成功，它的构框必须在文化上产生共鸣，与主流构框相适应（Baumgarten and Ulrich, 2016）。

社会运动的研究，很长一段时间注重构框和建立群体行为的框架，从而使运动能够发现不满、招募运动成员并组织群体行为（Benford and Snow, 2000）。近期的社会运动注意到情绪共鸣在促进构框有效性方面的重要性。这是因为，群体构框不仅需要组织得紧密，混然一体，还需要能够刺激民众参与行动，造成团结的感觉，帮助排除恐惧心理（Voronov, 2014）。

本节在研究文革中民众是如何被动员起来时，试图从构框和构框共鸣的视角来分析。因为大跃进的失败，毛在党内与高层领导人存在着尖锐的矛盾，但下层的普通民众对此一无所知。聂元梓等人的大字报发生在中国顶尖的大学里，会产生巨大的影响。毛看到了这张大字报的潜力。这张大字报的批评，远比此前新闻媒体上的批判更有威力。毛立即下令在 1966 年 6 月 1 日晚广播这张大字报。

这张大字报看似有点偶然，其实毛早就为红卫兵运动的构框进行了铺垫。即使没有聂元梓等人的大字报，也会有其他人的大字报或者事件被毛选中，作为发动红卫兵运动的工具。毛不仅发表给红卫兵的信，还派出中央文革成员促进大字报的普及，以便使广大的民众吸收消化。

文革前开始的造神运动发挥了重要作用。尤其是林彪通过军队搞的那一套迅速扩散到全国各地，触发了激进的红卫兵运动。红卫兵们急于表现对毛的忠诚，向一切不利于毛泽东思想的事物和现象开战，这就为创建新的话语开启了大门。红卫兵和造反群众利用具有魅力的领袖话语，为他们自己的构框和造势提供了合法性（Andreas, 2007）。群众运动的积极分子们把毛的话语充填到他们的构框中，成功地把毛的权威和威望转换成他们发动民众、壮大自己队伍的有力工具（Holland, 2014）。

例如以党言川为领袖的河南红卫兵组织，接过毛的打击走资派的号召，向河南的民众发出呼吁：多少年来，河南省搞得很不像样子，五千万河南人民被穷白两座大山压得喘不过气来。尤其是在1958 年以来，出现了一系列极其严重的问题和骇人听闻的反革命事件。这些事件必须彻底追查清楚。坚决把根子挖出来！他们成立了一个专门的战斗队，并派人专程赴广州去，揪回原河南省第一书记吴芝圃。他们在河南的省会郑州市召开大会，指控省委领导是历史反革命，因为河南大搞浮夸风，造成数十万人饿死的悲剧。

党言川等人的构框非常成功。他们利用历史悲剧和毛的打击走资派的号召，实现了一呼百应的效果。他们的构框，在广大河南民众中引起强烈的共鸣。民众们纷纷站出来，投入到批斗省委领导的洪流中去。河南省的群众运动，是以党言川揭批原河南省委在 1958 至 1961 年间大搞“左”倾蛮干的错误政策开始的。这是文革中一个典型的成功构框引起巨大共鸣的案例。

南京的“王金事件”也是一例。南京外国语学校的老红卫兵无故打死工人王金，死讯传到王金生前的单位，同事们愤怒了，立即贴出“强烈抗议南京外国语学校的学生打死工人”的大字报。一夜之间，全城的大街小巷布满大字报和大标语，引起全城巨大的震动。他们迅速成立有 40 多个单位的工人和红卫兵参加的联合调查团。调查团派人四处请愿告状，在本市和周边城市大造舆论，组织集会，抗议红卫兵的暴行。工人们冲破校门，涌进学校并占领礼堂，召开大会，要求惩办凶手。工人们的造反行动得到全市民众的同情和支持。

南京曾是中华民国的首府和国民党的老巢。国民党败退台湾时，百姓并没有撤离，这一强大的社会基础保留了下来。同时，南京地区过去比较富裕，中共建政后生活并没有得到太大的改善，民众心中存在不满。尽管当局想方设法平息民众的愤怒，但造反的工人不依不饶，坚持必须严惩凶手。工人们非常策略地避开某些不利于引起共鸣的方面，没有把矛头指向红卫兵全体，而是突出打击少数涉事的红卫兵。工人们声称，广大红卫兵是好的。这样做，使得他们得到部分红卫兵（包括南京外国语学校内的部分红卫兵）的支持，变可能的反对力量为友军。

更重要的是，工人们把矛头对准当权派和走资派。他们接过毛提出的打击走资派的号召，用以实现自己的最终目的。他们牵强附会地说，走资派才是真正的凶手，把祸水引向本已摇摇欲坠的省市委领导。他们的口号非常巧妙："杀人偿命"是任何国度和任何制度都说得通的要求，这一要求引起一大批对现实制度不满的人们的强烈共鸣，形成声势浩大的群众运动。抗议运动终于以造反群众的暂时胜利告终。这一单独存在，为期五个月的群众运动，在文革中极为罕见，有着特殊的意义。

对构框的共鸣还取决于演讲者的口才。文革中造反群众人才济济，不乏雄辩之人。清华大学的蒯大富就是一位杰出的辩论家（许爱晶，2011）。1966 年 6 月 9 日，工作组进驻清华大学。6 月 16 日，蒯大富等人贴出大字报，批评工作组的方向问题。6 月 23 日，蒯大富因为王光美未践约参加座谈会，却派了个助手来摸情况，大为不满，贴了大字报。24 日凌晨 2 点左右，工作组把一些可靠的同学从床上叫起，让他们赶写围攻蒯大富的大字报。很快，以工化系为主的反蒯斗争开始了。工作组把清华大学文革的斗争方向指向蒯大富，把蒯大富骂成"牛鬼蛇神"和"反革命"。

工作组让贺鹏飞出面，组织全校大辩论。6 月 24 号，清华大学的学生们把没有空调的礼堂里面挤得满满的，楼上楼下全是人。本来只能容 1,700 多人的礼堂，至少挤进了 2,000 多人。晚 7 点半，辩论开始，王光美亲自拿着话筒坐镇。有工作组撑腰的贺鹏飞一派以势压人，想把蒯大富他们吓唬倒。他们上来就说：蒯大富，你总贴大字报，搅乱文化大革命秩序，把矛头指向我们新市委派来的工作组。新市委是我们党中央刚刚任命的，工作组是新市委直接派来的，是代表党的。你这样处处与工作组为难，是什么意思？

蒯大富应声做第一次发言。蒯首先念一段毛主席语录："共产党员对任何事情都要问一个为什么，都要经过自己头脑的周密思考，想一想它是否合乎实际，是否真有道理，绝对不应盲从，绝对不应提倡奴隶主义。"蒯继续说道，我们认为，我们是保卫党中央保卫毛主席的。我们要不放过任何一个可疑的事情，对任何一个可疑的事情都要追查到底。王光美同志来我校，这已是不小的事情，而且她要参加某个具体班级的讨论。我们认为根本不是简单的事情。我们不知道是谁使用了偷梁换柱之计，竟对王光美同志也来了个冒名顶替。这个人是谁？抱着什么目的？这个难道只是政治上的不严肃吗？这难道只是对领导同志的侮辱吗？我们认为这里可能有阴谋。

王光美在后台气极了，说蒯大富简直是顶级的打着红旗反红旗，一定要把他的气焰压下去。贺鹏飞又上来发言。他说：很多同志质问蒯大富，为什么在大字报上不提王光美同志可能来也可能不来这一重要事实？为什么在这个问题上大做文章？想达到什么目的？

参加辩论会的学生当时并没有派性，都是冲着真相而来的。在这种情况下，他们认为蒯大富的话不是没有道理啊。你说王光美要到蒯的班上来听取对工作组的意见，不来又不解释原因，这不是搞欺骗吗？学生们要求工作组解释这个问题。

蒯大富上台做了第二次发言。他说，我们要求解决的问题非常简单，就是要求解释清楚这个问题。我们的这个要求不合理吗？听众们哗啦啦地全鼓掌了。从那个时候开始，只要蒯大富一上台学生们就鼓掌。只要贺鹏飞他们一上台，学生们就跺脚说下去！贺鹏飞他们无话可说，工作组的人上台做解释。

蒯大富做第三次发言。他说，他们从来没有说过这是一个大阴谋。刚才工作组的解释是不能令人满意的。工作组只好让副组长杨天放上台来解释，他是林业部副部长。杨天放说，他们是代表毛泽东思想的、代表党中央的。蒯大富企图夺工作组的权，这是什么性质的问题？

杨天放的话有点莫名其妙，答非所问，同学们又把他轰下去了。不得已，工作组的周赤萍上台发言，他是国家经委副主任。周赤萍上来说，他们都是长征过来的老红军，跟着党走了多少年。他们是党培养的干部，现在受党的委托，到这里领导清华大学的文革。可是有蒯大富这样的少数人，处处和工作组为难，这是什么性质的问题？

工作组实在没有人才。周赤萍这样大讲光荣经历，与当时的辩论风马牛不相及，他也被学生赶下了台。最后清华大学工作组组长、国家计委副主任叶林出场了。叶林本来不想出面的，可是不出面无法收场。叶林有点抖索，是因为激动、生气还是害怕，不得而知。他知道自己是压不住阵了，念了一段《人民日报》的社论，讲了几句空话，毫无效果。

蒯大富做第四次发言。他对工作组的大方向提出质疑，提出判断工作组的大方向是否有错，需要全校同学来证明。有些学校的工作组已经证明有问题，撤走了。工作组说是毛主席派来的，他们代表党中央。谁能代表党呢？只有党中央。谁能代表毛泽东思想呢？只有党中央能代表。工作组只是新市委下面的一个办事机构，我们不承认你代表党。关于王光美到班级听取汇报的事，如果工作组解释不清楚，我们不会放过这个问题。

学生们在下面鼓掌，根本就不把工作组当回事。辩论进行了 4 个小时，以蒯大富的胜利告终。沈如槐（2004）写道：工作组的做法不仅没有孤立蒯大富，相反却激起了广大群众的强烈反感，同学们纷纷贴大字报反对工作组。……我们班一共 30 人，有 26 人贴了反对工作组的大字报。足见工作组在辩论会上的表现多么拙劣，多么不得人心。

这一次辩论使蒯大富赢得了人心，为他日后成为中国的第二号红卫兵领袖奠定了基础。在辩论中，蒯大富并没充分展示出他的辩才，只是因为他的对手实在太愚蠢，成全了蒯大富。其实问题原本很简单。王光美没有按原先计划参加会议，认一个错或道个歉就可以完事的，却因为放不下面子，把事情搞砸了。

蒯大富不仅有辩才，而且还有令人佩服的勇气和气魄。辩论会后，工作组把 700 多名学生或其他人员打成“反革命分子”、“右派”或“蒯氏人物”等等。校园内还发生数起自杀事件以及自杀未遂事件。蒯大富忠实的追随者樊思清回忆道（孙怒涛，2018）：

> 7 月 6 日，蒯大富写出《向党、向全校革命师生承认和检讨错误》的这一天，我已经被我班的工作组作为重点学生，由我班上的两位同学“陪伴”着到大礼堂去听蒯大富作检查。会议开始，鲍长康、刘泉先认错了。之后，绝食多天的蒯大富病恹恹地出场。从蒯“假装要检讨”到“当场反口”的那一时刻，我的第六感官告诉我：重点学生们的呼吸和表情明显发生了“同步共振感应”。
>
> 正是这一天听蒯大富假借检查之机，行控诉和反击之实，才开了我的眼界，当场就对蒯的精神佩服之至，有极大的崇拜感！这一天几乎完全决定了我在文化大革命，以至于整个这一生的命运。估计去大礼堂的重点学生都受到了被蒯大富鼓舞的反向教育。过去佩服右派分子不如今天佩服蒯大富。我没有说出来，但已潜入我的思想。

在工作组的重压下，曾经支持蒯大富的人全都被迫作检查，承认犯了错误，作出战略性退却。而蒯大富死守阵地，孤军奋战，以一当万。正是由于蒯大富具有过人的辩才和勇气，日后他成功地动员清华大学的许多学生乃至全国的许多红卫兵，成为他的忠实追随者。蒯大富成为文革中叱咤风云的红卫兵领袖决非偶然，辩论会和大字报是帮助文革群众运动领袖号召、动员民众的最有力的工具。

第 17 章 省级群众组织的分类

当人们谈论文革的群众组织或派别时，常会使用“造反派”和“保守派”这两个名称。这是文革中群众组织最常见的两个类别。对于群众组织派别的分类，不少学者有过研究。如周伦佐（2006）将红卫兵分为“保守红卫兵”和“造反红卫兵”。三年大饥荒以后，中共对知识分子政策有所调整，大学和中学里那些品学兼优但历来遭受等级歧视的灰五类子女逐渐受到重视。这就使得缺乏文化根基的红五类子弟深感愤怒，认为自己在学校里的特权受到了侵犯。文革的发动给他们带来机会，他们的斗争锋芒指向谁就不难想象了。这些保守红卫兵的斗争目标可以归纳为：教育路线、四旧、反动学术权威和牛鬼蛇神。他们大搞血统论，以家庭成份划线，大搞红色恐怖。他们的背后有各级党委的支持。

真正意义上的造反红卫兵的出现，是 1966 年 8 月 4 日周恩来亲自到清华大学为蒯大富平反，并推荐蒯担任清华大学造反组织司令为正式标志。但是这些造反红卫兵开始时普遍处于被压制、打击和围攻的少数派地位。各地的党委组织号召保守的学生、工人和机关干部出面，围攻、批斗和打击造反红卫兵。到了 1966 年 10 月，这些造反红卫兵才在毛和中央文革的支持下开始支配运动的局势。造反红卫兵的成员主要是灰五类的子女，他们的造反有着更为深刻的社会背景和政治背景。

徐友渔（1999b）认为，红卫兵组织最重要和最基本的区别是它们分为保守派和造反派。当北京的第一批红卫兵（即老红卫兵）发现毛的意图并非要他们造牛鬼蛇神的反，而是造走资派（即他们父辈）的反时，他们不干了，当起了“保爹保妈派”。在外地，各级党委操控红卫兵打击其他学生造反。毛和中央文革不得不改弦易辙，倚重被党委和工作组打成反革命的学生，以及被老红卫兵的血统论排斥的灰五类学生。于是保守派和造反派壁垒分明，誓不两立。

印红标（1992）提出，应该对红卫兵的概念做出细致分析，并指出，红卫兵有许多整体特征。聚集在红卫兵大旗之下的，并非始终如一的统一整体，而是具有不同思想和行为倾向、互相矛盾和冲突的派别。他把红卫兵细分为老红卫兵、保守派、造反派、极左派等不同的群体，并对其中具有鲜明政治个性和突出思想特征，先后在红卫兵运动中起主导作用的老红卫兵和造反派红卫兵进行分析。

董国强（2015）对造反派的概念提出几点重要的限定，即时间限定（1966 年下半年到 1967 年初），社会身份限定（学生、工人、农民、其他社会底层民众和一部分中下层机关干部），政治倾向限定（只反贪官、不反皇帝，奉旨造反）和军地限定（主要指地方）。

陈益南（2015）提出的造反派定义是：那些对 17 年来体制的某些方面不满、文革初曾被官僚伤害或者对受害者极感不平，借文革之机反抗但又接受当时官方政治意识形态的人们。造反派有两个特征，一是反抗与批判地方官僚集团，二是依然接受当时的官方政治意识形态。

张光渝（2015）定义的造反派是，响应文革号召，以夺权为目的，发起或参加群众造反组织并在其中担任一定职务，在有影响有代表性的造反活动中起骨干作用的人。周伦佐（2015）对造反派的定义是：凡受压而反者为造反派。这些人多少对个人处境和社会现实感到不满，不太喜欢用阶级出身标准看人，用阶级斗争观点看事，用阶级分析方法看书。何蜀（2007）认为，一般所说的造反派，主要是指出现于 1966 年秋冬至 1968 年秋冬期间的造反派群众组织。这是文革中造反派活动最具代表性的时期。

尽管以前对群众组织的派别分类有不少研究，但是到目前为止，还没有学者对全国各省级群众组织的派别进行系统性的分类。由于派别存在不同的类型，派别斗争分属不同的性质，研究结果莫衷一是也就在预料之中。本章试图先从最基础的工作开始，对全国各省的群众组织进行系统的、客观的和定量的分类，然后再讨论派别斗争的有关问题。

17.1. 各省级群众组织派别

文革中各省级的群众组织可以归纳如下表：

表 17.1. 各省级群众组织派别一览表

编号	省份	派别简称	组织派别全称/主要成员/名称来源	类别[①]
X1	安徽	安徽好派	安徽一.二六夺权好得很	激
X2	安徽	安徽P派	安徽一.二六夺权好个屁	温
X3	北京	北京天派	以北京地质学院东方红为首	激
X4	北京	北京地派	以北京航空学院红旗为首	激
X5	北京	新北大公社[②]	新北大公社	激
X6	北京	新北大公社井冈山	新北大公社井冈山	温
X7	北京	清华大学团派	清华大学井冈山兵团	激
X8	北京	清华大学四派	清华大学井冈山兵团四.一四总部	温
X9	福建	福建八.二九	福建省八.二九革命造反总司令部	温
X10	福建	福建革造会	福建省革命造反委员会	激
X11	福建	福建四.二零革造会	福建省四.二零革命造反委员会	激
X12	甘肃	甘肃红三司	甘肃省红色造反派联合第三司令部	激
X13	甘肃	甘肃红联	甘肃省红色造反派联络委员会	保
X14	甘肃	甘肃革联	甘肃省革命造反派联络委员会	保

[①] 类别的意义：激=激进派，温=温和派，保=保守派。具体分类请参见下一节和附录G。

[②] 由于北京大学和清华大学在文革群众运动中占据特别重要的地位，我们在讨论省级群众组织时把它们也包括在内。

编号	省份	派别简称	组织派别全称/主要成员/名称来源	类别[①]
X15	广东	广东旗派	中大红旗、华工红旗、广医红旗、红旗工人等	激
X16	广东	广东东风（总）派	广东地总、广东红总	保
X17	广西	广西四.二二	广西四.二二革命行动指挥部	激
X18	广西	广西联指	广西无产阶级革命派联合指挥部	保
X19	贵州	贵州四.一一	贵州四.一一	温
X20	贵州	贵州支红派	支持红代会派	激
X21	贵州	贵州红卫军	贵州省毛泽东思想工人红卫军	激
X22	河北	河北保定工总	保定工人革命造反总部	激
X23	河北	河北保定工筹	保定工代会筹委会	保
X24	河北	河北石家庄（东派）反军派	石家庄狂人公社总社，或称狂派	激
X25	河北	河北石家庄（西派）拥军派	河北石家庄拥军派	温
X26	河南	河南二.七公社	河南二.七公社	激
X27	河南	河南河造总	河南省革命造反总指挥部	温
X28	河南	河南十大总部	河南十大总部	保
X29	黑龙江	黑龙江捍联总	捍卫革命三结合总指挥部	激
X30	黑龙江	黑龙江炮轰派	炮轰联络站	温
X31	湖北	湖北钢派	钢工总、钢九.一三、钢二司	激
X32	湖北	湖北新派	新华工、新湖大、新华农	温
X33	湖北	湖北百万雄师	湖北百万雄师	保
X34	湖南	湖南湘江风雷	毛泽东主义红卫兵湘江风雷挺进纵队	激
X35	湖南	湖南工联	长沙市工人造反联合委员会	温
X36	湖南	湖南高司	长沙市高等院校红卫兵司令部	保
X37	吉林	吉林红二派	二总部、红革会	温
X38	吉林	吉林公社派	长春公社、东方红公社	保
X39	江苏	江苏好派	江苏一.二六夺权好得很	激
X40	江苏	江苏 P 派	江苏一.二六夺权好个屁	温
X41	江西	江西大联筹	江西省无产阶级革命派大联合筹备委员会	激
X42	江西	江西联络总站	江西省市无产阶级革命派联络总站	保
X43	辽宁	辽宁八.三一	辽宁八.三一革命造反总司令部	激

编号	省份	派别简称	组织派别全称/主要成员/名称来源	类别[①]
X44	辽宁	辽宁辽联	辽宁省革命造反派大联合委员会	温
X45	辽宁	辽宁辽革	辽宁无产阶级革命派联络站	温
X46	内蒙	内蒙呼三司	呼和浩特市革命造反红卫兵司令部	激
X47	内蒙	内蒙红、工、无	内蒙红、（卫军）工（农兵）无（产者）	保
X48	宁夏	宁夏总指挥部	宁夏无产阶级革命派总指挥部	激
X49	宁夏	宁夏总司	宁夏无产阶级革命造反派总司令部	温
X50	宁夏	宁夏三司	宁夏无产阶级革命造反派第三司令部	温
X51	宁夏	宁夏筹革造	宁夏筹革造	保
X52	青海	青海八.一八	青海省八.一八红卫战斗队总联络站	激
X53	青海	青海捍卫队	青海省捍卫毛泽东思想战斗队	保
X54	山东	山东四.二八	支持王效禹派	激
X55	山东	山东四.二二	反对王效禹派	温
X56	山西	山西红总站	山西省革命造反总指挥部	激
X57	山西	山西红联站	山西省大中院校红色造反联络站	温
X58	陕西	陕西东派	西安工人造反总司令部等	温
X59	陕西	陕西西派	西安工人联合会等	激
X60	上海	上海工总司	上海工人革命造反总司令部	激
X61	上海	上海红革会	红卫兵上海市大专院校革命委员会	温
X62	上海	上海支联站	支援上海柴油机厂革命造反联合司令部联络总站	温
X63	四川成都	四川成都八.二六	八.二六战斗兵团	激
X64	四川成都	四川成都红成	红卫兵成都部队	温
X65	四川成都	四川成都产业军	成都产业工人战斗军	保
X66	四川重庆	四川重庆八.一五	重庆大学八.一五为首	温
X67	四川重庆	四川重庆反到底	西南师范学院八.三一、工人造反军等	激
X68	西藏	西藏造总	拉萨革命造反总部	激
X69	西藏	西藏大联指	拉萨无产阶级大联合革命指挥部	保
X70	新疆	新疆三新派	新疆职工总司、新疆红二司、新疆	激

编号	省份	派别简称	组织派别全称/主要成员/名称来源	类别[①]
			农民造反司令部	
X71	新疆	新疆三促派	新疆革命工人大联合促进会、新疆红卫兵革命大联合促进会、新疆农民大联合促进会	保
X72	云南	云南八派	以昆明工学院八.二三造反兵团为首	激
X73	云南	云南炮派	以云南大学炮兵团为首	温
X74	浙江	浙江省联总	浙江省革命造反联合总指挥部	激
X75	浙江	浙江红暴会	浙江省红色暴动委员会	温
X76	天津	天津大联筹	天津市革命造反派大联合筹备委员会	温
X77	天津	天津五代会	工代会、干代会、农代会、大专院校红代会、中学红代会	激

17.2. 分类指标和分类

对省级的群众组织派别分类需要分类指标。我们采用以下六个客观指标进行分类：

表 17.2. 派别分类指标

指标	分类指标内容
Y1	文革初期的保守派，或改头换面，或成员主要来自文革初期的保守派
Y2	受军队打击（特别是二月镇反）
Y3	组织代表进入省革会常委会
Y4	进入省革会常委会的代表文革后受到整肃
Y5	支持该派的领导在文革后受到整肃
Y6	支持该派的领导在文革后复出重新上台

如前所述，我们对派别的分类不包括文革初期有明显官方色彩的保守组织。因为对此类保守组织的分类，学界没有分歧意见，而且这些保守组织在“一月革命”中大多解体不复存在。有些省的保

守组织在省委倒台后改头换面，继续与造反派组织抗衡，但是在革委会成立前解体，如湖北的“百万雄师”、江西的“联络总站”。在有些省，保守派得以幸存，一直与造反派对峙到省革会成立，如广西的“联指”、广东的“东风派”等。指标 Y1 用来衡量这一情况。

1967 年“一月革命”以后，各级官僚机构瘫痪，党的组织活动停止，天下大乱。中共的元老们开始抗争，这就是史称的“二月逆流”。伴随着北京的“二月逆流”，全国各地的军队对造反派施行新的一轮镇压（即“二月镇反”）。这一轮对造反派的镇压，从 1967 年 2 月开始一直持续到夏天（杨继绳，2016）。许多省的造反派组织在“二月镇反”中深受其害，不少人进了监狱，更多的人受到审查批斗。这些组织的阶级成份一般都存在问题，用当时的话来说，是“阶级成份复杂”或“阶级成份不纯”。在中央为其平反后，这些组织造反更加激烈。因此，是否遭到军队镇压（尤其是“二月镇反”），是衡量群众组织的一个重要标准。只要该派组织或其部分下属组织被军方取缔或遭到军方打击，Y2 指标均记为肯定。如“江苏好派”下属的部分组织被联缔，受到不利的影响，所以“江苏好派”的 Y2 指标记为肯定。

不少群众组织的领袖在成立省革委会时有幸进入省革会常委会。由于一些省的革委会名单中无法区分其派别，我们采用定性记法（即该派组织只要有人进入常委会，Y3 指标则记为肯定）。同理，只要该派组织进入革委会常委的成员有人在文革后受到整肃，Y4 则记为肯定。如“江苏 P 派”进入省革委会常委代表中，只有曾邦元一人被判十年徒刑。其他人虽然也遭到清洗，但没有被判刑。该组织的 Y4 指标也记为肯定。由于绝大多数成为省革会常委的群众代表在文革后均遭到解职，这里所说的整肃指的是被判刑、免于刑事处分和开除党籍等更为严重的处罚。Y5 指的是背后支持该派群众组织的领导干部或上层人物。支持者受整肃与 Y4 一样，指的是判刑、免于刑事处分或开除党籍的处罚。指标 Y6 指的是支持该派组织的领导干部文革后复出重新上台。如支持“青海捍卫队”的赵永夫，因为下令开枪屠杀无辜学生被审查关起来。但是文革结束后，赵永夫咸鱼翻身，很快被放出来。他不仅没有受到处罚，还担任北京军区装甲兵顾问，最后以正军职干部离休，所以青海捍卫队 Y6 记为肯定。

在附录 J 里，我们对各省的大派组织进行简明扼要的介绍。有兴趣的读者可以参看附录 J。分类数据是根据这一介绍整理的。我们把省级群众组织分为 3 类（如表 17.1.所示）。具体的数据和分类计算请参见附录 G。

17.3. 基于派别对立的省市自治区分类

曾有学者对各省群众组织派别对峙的情况做过讨论（如徐友渔，1999b），但是没有学者进行系统的分类。我们根据以上派别的分类，对各省进行分类。从上述的派别分类中可以看到，有些省的斗争是保守派与造反派之间的冲突，有些省则是分裂的造反派之间的争斗。也有少数省是造反派“一家天下”，局势基本上由一个大派群众组织控制，没有严重的矛盾冲突。如果以 1968 年下半年各省级组织最终解散时为参照点，各省可以分为以下三类：

表 17.3. 各省文革中派别斗争的分类

编号	类型	数量	成员
1	造反派一派掌权	3	上海、内蒙、青海
2	分裂的造反派争斗	16	安徽、北京、福建、贵州、湖北、黑龙江、湖南、江苏、辽宁、四川、山东、山西、陕西、天津、云南、浙江、(河北石家庄)
3	保守派与造反派冲突	9	广东、广西、甘肃、河南、吉林、江西、宁夏、新疆、西藏、(河北保定)

注：由于河北省没有形成全省统一的群众组织和派别，我们分别对石家庄和保定两市进行分类。

第一类是造反派“一家天下”的省（直辖市），最突出的例子是上海。上海“工总司在上海处于主导地位长达近十年之久。在第二类省中，分裂的造反派进行殊死的搏斗和厮杀，死伤无数，最后是两败俱伤。在此类省中，有的是两大造反派对抗，如安徽、湖北、湖南、四川和江苏；也有的省是三派混战，如辽宁。在第二类省中，四川的武斗相当惨烈。这是由于四川有不少军工厂，文革中成了两派武斗的军火库。第三类省中的保守派，一直坚持下来与造反派对峙，如广东、广西、新疆和西藏。尽管此类省中有的省的造反派曾有分裂倾向，但迫于外部保守派的压力，不得不携手共同对付保守派。在第三类省中，有些省的派别是一对一的对抗，换言之，是一个大的保守派与另一个大的造反派并存，如广东和广西。保守派“广东东风派”和“广西联指派”，分别与“广东旗派”和“广西四.二二派”对抗。也有的省是一对多的混战，即一个保守派组织与多个造反派别混战。如河南的保守派“十大总部”与“二.七公社”、“河造总”对峙，宁夏的保守派“筹备处”与造反派的三大组织分庭抗礼。也有的省是多对一的斗争形势，即两个保守派组织与一个造反派组织对抗，如甘肃的保守派“红联”和“革联”与“红三司”

对垒。

第一篇介绍的 12 个省市自治区中，包括以上三个类别的省。如第一类造反派“一家天下”的三个省（上海、内蒙和青海），均在第一篇作了介绍。第一篇还介绍分裂的造反派对峙的省份：北京、湖北、黑龙江、湖南、江苏、天津。属于第三类保守派与造反派对峙的省，介绍了新疆和西藏。这一着意的安排，体现了笔者对第一篇中代表性问题的关注。

综上所述，各省的派别斗争是不同的。所以当我们分析民众为什么参加不同的派别时，应该注意到各省的差别。下一章将进一步讨论这一问题。

第 18 章 群众组织的派别

前一章叙述各省级群众组织的分类以及根据派别斗争对各省的分类。本章首先分析讨论民众为什么会加入不同的派别组织，其次再讨论他们又是如何组织起来的。有学者认为，群众组织的分派与家庭出身有着密切的关系。家庭出身是中共建政后制造出来强加在民众头上的政治标签。中国人被分为三大类，即红五类、黑五类和灰五类。这些身份决定每个中国人的社会地位、受教育的机会、政治前途、事业发展和家庭生活；也就是说，决定一个人的一切。文革中家庭出身，在派别决择中起了重要作用。

Chan 等人（1980）调查广州中学红卫兵的情况，发现出身好的学生倾向于参加保守派组织（即“东风派”），家庭出身不好的学生则倾向于参加造反派组织（即“旗派”）。而且出身好的学生参加群众组织的积极性高，如革干革军子弟达到 92%，黑五类出身的学生大多选择或被迫做逍遥派（高达 60%）。我们将认为家庭出身与组织分派密切相关者称为“社会冲突派”。

“社会冲突派”很快遭到质疑。Andreas（2002）在研究清华大学和清华大学附中的分派情况时，通过分析政治资本和文化资本发现，清华大学附中的学生派别受家庭出身的影响，但清华大学的学生派别却与家庭出身无关。清华大学附中的派别依政治资本和文化资本划线，与 Chan 等人的发现相似，但是清华大学的派别划线的情况却完全不同。激进派既攻击政治领导层，也攻击文化领导层；温和派却既保护政治领导层，也保护文化领导层。这是因为两校的学生构成不同：清华大学有大批的工农子弟，使得派别的选择机制有别于清华大学附中。工农子弟既不被血统论完全排斥，也不被血统论完全接受。因此，以文化资本和旧知识分子为攻击目标的血统论在清华大学不占主导地位。激进派既攻击政治领导层，也攻击文化领导层。

Walder（2006）在研究北京大学红卫兵时发现，红卫兵的权力和特权的状况，对文革中的派别没有影响。北京大学的派别冲突，实质上反映了运动各方为反对党的旧领导展开的一场竞争。他们并没有提出对抗的纲领，表达不同的政治观，也没有否定反对现存的政治和社会格局，或表现出不同的政治取向。在两派没有重大政治分歧的情况下，很难想象学生会根据自身的既得利益和政治观点去选择加入哪一方。派别冲突产生于造反突然转向夺权和再掌权这一过程中。"天派"和"地派"，正是源于组织中错综复杂的联盟关系。这些特征有助于我们理解，不同的利益集团在对政治格局不具有明显的立场分歧，没有依据自身所处的社会状况采取行动的情况下，派别斗争是如何升温并最终演变成暴力冲突的。

Walder（2009）对北京的红卫兵运动的研究，得出了相似的结论。他认为，把北京的分裂说成是先前社会地位分裂的表现是不对的。社会分裂只适合初期，"天派"和"地派"不是温和与激进的问题。北京的派别斗争，并非不同取向的利益集团之间的斗争。他们有相同的背景，其身份和利益是一系列互动中形成的。

董国强和 Walder（2001）对江苏南京的分析发现，南京派性斗争的起源，与利益集团的政治类型相似之处很少。尽管利益集团政治孕育了文革期间冲突的观点在学界颇为流行，但南京的派别却显示出是官僚政治语境中的不同派别。那些在现行体制中获益的人们并未团结一致地捍卫它，从而与那些受排斥试图颠覆现行体制的人形成对抗。具有相同或相似背景的人们，在局势瞬息万变、各方信息含混不清的情况下，阴差阳错地采取不同的政治立场，形成相互敌对的阵营。他们的分野也不是一成不变的，因为冲突的每个阶段都会产生一批赢家和输家，促使人们不断地变换政治归属，派性的分野也处于不断的变化之中。江苏和南京的运动，是伴随着官僚政治的变动展开的。官僚政治促使效忠现行政治体制的人们相互斗争，从内部瓦解了现行政治体制的权力架构。

Forster（1990）对浙江的研究，Perry 和李逊（1997）对上海工人运动的研究，也对家庭出身与派别选择之间的关系说提出挑战。我们将这一派学者称为“政治过程派”。

也有学者（Yang, 2005）试图弥合两派的观点分歧，认为以往的研究主要关注文革前存在的恩庇侍从关系（Patron-Client Relationship）和/或阶级关系。从资源动员论的视角观察，无论是恩庇侍从关系还是阶级关系，本身并不会导致派别间的暴力，派别暴力依赖于这些关系是如何动员的。该学者对山西省的一家纺织厂的研究有以下三个发现。首先，该研究发现两个主要的动员形式：政治领导的政治动员（来自上层）和派别领导人的资源动员（来自当地）。暴力往往是政治领导与派别领导之间互动的结果。第二，派别领导人在派别形成以及与其他派别的竞争中，起了很大的作用。暴力不仅是来自上层政治动员的结果，更重要的是来自下层资源动员的结果。第三，派别组织的形成是政治的。文革前来自上层的动员和文革中来自下层的动员，产生了社会群体之间巨大的矛盾。这些矛盾成为派别形成和派别斗争中重要的工具。在这些派别斗争中，恩庇侍从关系的人们或阶级关系的人们，能够动员起来争取某种政治目标。

第三方的观点似乎并没有真正解决两派学者之间的分歧。那么，造成以上两派学者观点分歧的根源在哪里呢？

18.1. 家庭出身和派别之间的四种因果关系

以上两派学者尽管观点不同，但有一点是相同的，即均把家庭出身与派别抉择作为因果关系来分析；家庭出身是因，派别选择是果。因果关系的分析，是社会科学中最常见的分析之一。一个变量（自变量 Independent Variable）的变化导致另一个变量（因变量 Dependent Variable）的变化，这种关系叫做因果关系。可以用下表来体现这一关系：

表 18.1. 各种可能的因果关系

<table>
<tr><th>关系类别</th><th>自变量取值</th><th>因变量取值</th></tr>
<tr><td rowspan="2">1</td><td>A</td><td>M</td></tr>
<tr><td>B</td><td>N</td></tr>
<tr><td rowspan="2">2</td><td>C</td><td>P 或 Q</td></tr>
<tr><td>D</td><td>P 或 Q</td></tr>
<tr><td rowspan="2">3</td><td>E</td><td rowspan="2">R</td></tr>
<tr><td>F</td></tr>
<tr><td rowspan="2">4</td><td rowspan="2">G</td><td>S</td></tr>
<tr><td>T</td></tr>
</table>

上表中的第一种关系是常见的因果关系。自变量可能出现两种变化：A 和 B。如果自变量的值是 A，因变量的值则为 M。如果自变量的值是 B，因变量的值则为 N。运用到家庭出身和派别选择的因果关系上，当家庭出身是红五类（A）时加入保守派（M），当家庭出身是黑五类（B）时则参加造反派（N）。这样的情况，我们称两者之间存在因果关系。在第二种关系中，自变量的值是 C 时，因变量的值有时会是 P，有时会是 Q。当自变量的值是 D 时，因变量的值也是有时会是 P，有时会是 Q。自变量的变化并没有给因变量带来固定的变化。因此，自变量与因变量之间不存在明确的因果关系。第三种关系中，尽管自变量的取值有变化，有时会是 E，有时会是 F，但是因变量的值永远是 R，并不随着自变量的变化而变化。自变量和因变量之间的关系也不是因果关系。第四种关系中，虽然因变量的值有变化，可能会是 S 或 T，但是自变量的值永远是 G，没有任何变化。这种自变量与因变量的关系，也不是因果关系。

虽然第二、第三和第四种关系均属于非因果关系，但是它们的性质是不同的。在第二种关系中，自变量和因变量都有足够的变化空间，但是它们的变化并没有直接的联系。联系家庭出身与派别抉择的关系，尽管家庭出身分为红五类和黑五类，尽管派别存在着保守派和造反派，但是这两者之间没有必然的联系。红五类既会加入保守派，也会参加造反派。黑五类有的与保守派为伍，有的却与造反派为伍，之间的关系是随机任意的，没有固定的模式。

但是第三和第四种的因果关系，自变量或因变量根本没有变化的空间。在第三种关系中，无论自变量的值如何变化，因变量的值只有一种情况。第四种关系中，无论因变量如何变化，自变量也只有一种情况。联系家庭出身和派别选择之间的关系，北京红卫兵的派别属于第三种关系，北京的“天派”和“地派”同属激进派。无论学生出身如何（红五类或者黑五类），他们在参加派别的问题上，其实并没有选择的余地。因为无论是“天派”或“地派”，都是激进的造反派。两派并没有对抗的纲领，没有不同的政治观，也没有不同的政治取向。两派的分裂不是社会地位的分裂。

必须指出的是，北京全市性的派别分为“天派”和“地派”，但按照我们在前一章的分类，都属于激进派。不过，北京大学和清华大学校内的两派，分别属于激进派和温和派。“新北大公社”和“清华大学团派”是激进派，“新北大公社井冈山”和“清华大学四派”是温和派。这一现象说明，低层、基层单位的派别与省市更高层单位的派别不一定同步。学校的温和派可能与全市性（或全省性）的激进派联盟。

有的单位因为出身好的人员占绝大多数，家庭出身与派别选择之间也不形成明显的因果关系。这类情况是上表中的第四种关系。尽管对于派别有选择，但是参加派别的人却是清一色的相同家庭出身，例如中共的军队院校和许多军工厂就存在这样的现象。由于保密的需要，这些工厂的成员经过严格的政治筛选，大多由成份好的复员转业军人和年轻毕业生所组成。尤其是中共的军队院校（如本书第一篇提到的南京军事学院），学员经过严格的政治筛选，成份均为清一色的红五类。在这些单位里，出现家庭出身与派别没有直接的关系的现象，不是家庭出身不起作用，而是由于自变量没有变化而已。所以，第三种、第四种关系中的家庭出身与派别选择不存在因果关系，不是它们之间不存在因果关系，而是自变量（即家庭出身）或因变量（即派别）缺乏变化的缘故。

概言之，北京“天派”和“地派”间的区别，与广州“旗派”和“东风派”之间的区别，有着本质上的不同。前者是同一阵营里不同派别之争，我们把它叫做“宗派性派别”。后者是不同阶级阵营的对峙和冲突，我们把它叫做“阶级性派别”。忽略派别斗争存在着不同性质的类别，将两者混为一谈，是产生两派学者不同观点的主要原因。

18.2. 保守派与造反派对峙省份的情况

Walder（2009）在研究北京红卫兵的分裂时，承认社会分裂只适合文革初期，即保守派与造反派对峙时期。徐友渔（1999b）认为，红卫兵的派别对立首先有保守派和造反派的斗争。保守派失败后，造反派内有温和派和激进派的严重对立。大武斗往往发生在造反派内部，派性斗争长久不能解决。印红标（1997）在分析北京红卫兵派别时指出，在红卫兵运动的派别分歧中，具有政治和社会意义的主要流派有四个：老红卫兵、保守派、造反派和极左派。在四个主要政治流派中，老红卫兵和造反派先后充当了红卫兵运动的主导流派，先后成为运动中的主要派别。向前（2012）则认为，在北京之外的很多省市，保守派和造反派才是红卫兵组织的主要派别。社会分裂不仅存在于文革初期，而且始终存在于整个文革时期。只是由于各省运动发展的轨迹不同，有些省成为上节中提到的第三种因果关系，社会分裂被掩盖了。

我们对文革中始终存在保守派与造反派对峙的九个省（见表17.4.）的受访者进行分析。在这些省，凡是能够明确回答参加的群众组织属于保守派或者造反派的受访者加以保留，共有 92 人符合以上条件[①]。以下是他们的家庭出身与派别的关系：

表 18.2. 保守派与造反派对峙省的家庭出身与派别的关系

派别	家庭出身				合计
	革干革军	工人农民	灰五类	黑五类	
保守派	12（80%）	11（38%）	3（12%）	11（48%）	37（40%）
造反派	3（20%）	18（62%）	22（88%）	12（52%）	55（60%）
合计	15	29	25	23	92

上表显示，革干革军子弟钟情于保守派（80%），工农子弟以及灰五类参加保守派的比例递减，分别是 38%和 12%。尽管黑五类子弟参加保守派的比例高于工农子弟和灰五类子弟，但是他们的比例（48%）还是大大低于革干革军子弟。家庭出身与派别选择的关系有显著差别（χ^2=18.8，L^2=20.3，自由度=3， P=0.0003）。由于数据量较小，我们还采用费雪尔的精确检验法（Fisher’ s Exact Test, P 值 <0.0001），说明家庭出身与派别之间关系纯属偶然的可能小于 0.0001（即小于万分之一）。如上表所示，绝大多数革干革军出身的受访者参加了保守派，远高于其他出身的受访者，工农、灰五类和黑五类

[①] 另有 4 人因家庭出身未填写不在分析之中。此外还有 38 人派别不明，我们在附录 H 中进行了分析。

子弟大多参加了造反派。可以说，在阶级性派别斗争的省中，家庭出身在“阶级性派别”的抉择中起了明显的作用。以上结果支持“社会冲突派”的观点。

18.3. 造反派内斗省份的情况

在保守派与造反派对峙的省里，家庭出身与派别的选择存着明显的关系；但在造反派分裂对垒的省份，情况却有所不同。在问卷调查中，我们选取 16 个造反派对峙省份的受访者。有 394 位受访者能够确定他们参加的是激进派还是温和派[①]。以下是受访者的家庭出身与宗派性派别的关系：

表 18.3. 分裂的造反派对峙省的家庭出身与派别关系

派别	革干革军	工人农民	灰五类	黑五类	合计
激进派	38 （63%）	47 （53%）	113 （64%）	50 （71%）	248 （63%）
温和派	22 （37%）	41 （47%）	63 （36%）	20 （29%）	146 （37%）
合计	60	88	176	70	394

如上表所示，工农出身的受访者参加激进派，比革干革军、灰五类和黑五类子弟稍少一些。但是，各类家庭出身的受访者参加激进派与温和派的比例相差并不大（χ^2=5.71，L^2=5.70，自由度=3，P=0.1264）。从统计学的角度看，各类出身之间的差异并不显著，这就印证了“政治过程派”的观点。自身的社会地位和阶级属性与派别（此处是“宗派性派别”），没有明显的因果关系。因此，宗派性

[①] 另有 40 人未填写家庭出身，以及派别不明的 290 人不在以上分析之中。我们在附录 H 中对这些人进行了分析。

派别的选择与其说是与受访者的家庭出身有关，不如说与运动的走向及过程更有关联。正如何蜀（2005）指出的，到了夺权时，群众组织中文革初期的“革”与“保”、“造反”与“保守”的区分，实际上已经不复存在。此时两大派群众组织的性质，已经不能再以文革初期的“革”与“保”、“造反”与“保守”的概念来简单区分。

从以上的分析结果，我们可以有把握地预测，如果未来有研究者对保守派与造反派对峙的九个省进行研究，一定会发现家庭出身与派别选择之间存在相关关系，其中广州（Chan et al., 1980）已经被证实。但如果是研究其他 16 个造反派内斗的省和三个造反派一派独大的省的话，一定会发现家庭出身与派别选择之间没有关系，或关系甚微，其中北京（Andreas, 2002; Walder, 2006, 2009）、上海（Perry and Li, 1997）、江苏（Dong and Walder, 2001, 2011; 董国强，2012）和浙江（Forster, 1990）已经被证实。以下是我们的预测：

表 18.4. 两种理论各自适合的省

	适合的理论	
	社会冲突说	政治过程说
省	广东、广西、甘肃、河南、吉林、江西、宁夏、新疆、西藏、（河北保定）	上海、内蒙、青海、安徽、北京、福建、贵州、湖北、黑龙江、湖南、江苏、辽宁、四川、山东、山西、陕西、天津、云南、浙江、（河北石家庄）

18.4. 清华大学红卫兵派别分析

我们的调查，收集到 59 名来自清华大学两派组织受访者的问卷。他们的家庭出身与派别之间的分布如下（因人数较少，我们把出身分为红类和非红类）：

表 18.5. 清华大学红卫兵的家庭出身与派别关系

派别	红类	非红类	合计
四派	12（71%）	16（40%）	28（49%）
团派	5（29%）	24（60%）	29（51%）
合计	17	40	57[①]

上表显示，“四派”的红类出身稍多一些（70%），“团派”中非红类出身稍多一些（60%）。基于这一样本，“四派”与“团派”的差异呈显著关系（Fisher’s Exact Test, P=0.0454）。清华大学“团派”与“四派”的派别，与家庭出身的关系是显著的。我们推断两派家庭出身的比例如下（95%的置信水平 Confidence level）：

表 18.6. 清华大学四派和团派与家庭出身关系的推算

派别	红类	非红类
四派	不低于 48%	不高于 54%
团派	不高于 52%	不低于 46%

根据上表的推算，清华大学两派的家庭出身有可能相差不大（如“四派”在红类出身中为其最低可能的 48%，“团派”在红类中为其最高可能的 52%），但是这种可能性是非常小的。更大的可能是，“四派”的成员家庭出身好的多，“团派”的成员出身不好的多。

关于清华大学两派的本人政治面貌与派别的关系，可以参考文革时期的统计。1967 年 4 月至 5 月间，清华大学“团派”发表一系列调查报告（沈如槐，2004）。有一份调查报告说，学生干部党员中“四派”占了 62.6%，“团派”仅占 27.4%（笔者理解，余下的 10%为中间派）。虽然由于缺乏具体数据，无法对学生的干部党员与派别进行统计分析，但是另一份教职员工统计却有具体数据。以下是教职员工党员与派别的分布：

---

① 有 2 人未填写家庭出身。

表 18.7. 清华大学教职员工的政治面貌与派别关系

派别	党员	非党员	合计
团派	338（25%）	988（75%）	1324
四派	528（53%）	471（47%）	999
中间派	249（26%）	694（74%）	943
合计	1,113	2,153	3,266[①]

上表显示，“团派”成员中党员比例为 25%。中间派成员中，党员比例与“团派”相近（26%）。“四派”成员中党员却较多，是两者的二倍多（53%）。这一差异，从统计学角度上说是显著的（χ^2=226.1，L^2=220.3，自由度=2，P<0.0001）。如果除去中间派，仅分析“团派”与“四派”的差异，两者间的差异仍然是显著的（χ^2=184.0，L^2=184.6，自由度=1，P<0.0001）。“四派”的学生党员比例比教工更高。由此我们可以推断，清华大学的两派在政治面貌与家庭出身之间的差异是显著关系。

我们的发现与其他西方学者（如 Andreas 和 Walder）的发现有不同之处。为什么清华大学的派别与北京其他高校有区别呢？文革研究学者、清华大学文革的直接经历者孙怒涛先生认为：清华大学造反派的分裂是伴随着对 17 年的估计（黑线主导还是红线主导）以及对干部队伍的分析（是多数好的还是基本坏的）的争论而发生的，因而红五类及党员干部在这两个问题上的表态有明显的倾向性也是很自然的。其他单位和地区两派分裂的原因与清华大学有所不同。清华大学有点特殊，这是因为清华大学两派争论的焦点层次更深一些[②]。

---

① 原统计表中自控系总人数可能有误。“团派”111 人，中间派 61 人，“四派”76 人，该系总人数应为 248，但表中是 249，所以我们的总人数比原表总人数少一人。

② 以上孙怒涛先生的观点和解释是我们通过微信在 2019 年 2 月 7 日至 8 日间进行沟通的。

以前的研究存在着样本小，仅凭肉眼分析，没有采用统计工具的缺陷。这些问题我们将在后面的章节里进一步讨论。

18.5. 运动初期保守派的流向

运动初期的保守派重新站队，也是造成家庭出身与派别选择关系复杂化的原因之一。在我们的问卷调查中，有 188 人[①]曾在文革初期参加保守派组织。随着运动的发展，有 77 人（41%）退出运动变成了逍遥派，另有一部分人分别参加了激进派和温和派。以下是这部分人的分布：

表 18.8. 文革初期保守派重新站队的情况

重新站队后的派别	家庭出身				合计
	革干革军	工农	灰五类	黑五类	
保守派	17（18%）	14（29%）	3（11%）	2（12%）	36（19%）
激进派	9（9%）	0（0%）	7（25%）	8（47%）	24（13%）
温和派	5（5%）	5（10%）	4（14%）	2（12%）	16（9%）
派别不明	19（20%）	8（17%）	6（21%）	2（12%）	35（19%）
逍遥派	45（47%）	21（44%）	8（29%）	3（18%）	77（41%）
合计	95	48	28	17	188

上表显示以下两点：（1）运动初期参加保守派的民众在遭受挫折后，有近四成以上的人（41%）成了逍遥派。在保守派变成逍遥派的人群中，红五类子弟占了绝大多数（86%），即 77 名逍遥派中有

① 另有 12 人因家庭出身不明，所以不在分析之内。

66 人是红五类子弟（45+21=66）。（2）初期的保守派中约 24%是灰五类和黑五类子弟（[28+17]/188=24%）。这一点值得注意。因为按照"社会冲突派"的观点，灰五类和黑五类子弟更应该投身到造反派的队伍之中。

事实上正如我们在下面章节要讨论的，参加一派组织只是一个政治手段，并不是目的。黑五类和黑五类子弟为了改善自己的政治处境，既可以参加造反派也可以参加保守派。参加造反派可以直接向曾经欺压过自己的走资派和当权派发动攻击，趁机出口恶气，参加保守派未必不能达到同样的目的。他们吸取 1957 年的反右斗争和其它政治运动的教训，心存恐惧，不敢反对党委和工作组。由于多年的宣传，他们对革命领导干部心怀崇敬，一直把领导干部当作神圣不可侵犯者。根据以往的经验，运动过后提意见的人不会有好下场。所以，不如现在向当权派示好，表示忠心，或许今后的日子好过些。因此从长远的观点看，也可以达到改善处境的目的。

不仅如此，即使是出身好的参加了保守派（或相对保守的温和派），也有不同的原因。更重要的是，有的出身好的人在文革前已经沦为受压迫的一类，因此会加入造反派或激进派的行列。这一点与文革的发展进程并无关系。

例如清华大学的学生范雨臣虽然出身工人，但是由于清高，没有巴结班内的党员，遭多人诬陷，小报告进入他的档案。一次偶然的机会，他看到自己档案里的"黑材料"，他已经沦落为众矢之的的另类。他所在班里，文革前已经分裂成两派，且十分对立。一派是党员和准备发展入党的，另一派是班内一群"臭鱼烂虾"。有人把前者叫做"优质生"，后者叫做"差质生"（孙怒涛，2013）。尽管后来学校文革起伏跌宕，不断分派，但是班里的两派一直同步跟进，阵容从未错乱。

优质生基本上是"四派"，差质生全是"团派"，但范雨臣

（2018）是个例外：他本是铁杆“团派”。文革开始后，长期感到压抑的差质生们终于有了说话权。他们仿照“四清”，把班干部通通都轰上“楼”，指控他们忠实执行了修正主义路线，并成立批判优质生小组。在批判优质生之初，范作为一名典型的差质生，出自本能立即投入批判。但是他很快意识到此举的危险性：他的档案已经十分严重，再参加批判，会激怒档案掌管者，从而添加更严重的诬陷材料。经过再三考虑，他退出了批判。他的这一行动，引来差质生们的唾骂。此时，他唯一的选择只能是媾和。班里优质生们最后都成了“四派”，范雨臣这位投降者也跟随他们成了“四派”，一个不积极的“四派”。范雨臣的例子很有代表性。它说明，在文革前，有些人虽然家庭出身尚可，但因为被认为表现不好，已成为落后分子，近似黑五类。同时也说明，即使是黑五类或已经滑到黑五类边缘的人，也会出于政治考量参加保守派。在这里，派别的选择与文革的发展进程没有关联。

18.6. 对广州中学红卫兵的计算机模拟分析

以上的讨论，部分地解释了家庭出身与派别选择之间出现的不同情况。家庭出身对于“阶级性派别”的选择仍起作用，但在“宗派性派别”的选择中，家庭出身失去了影响。在这一节里，我们试图从另一个角度来解释这一问题。广州中学红卫兵的家庭出身，对于派别的选择作用是显著的。以下是我们基于 Chan 等人（1980）发表的文章中的数据，将家庭出身分为四类得出的结果：

表 18.9. 广州中学红卫兵派别与家庭出身的关系

派别	革干革军	工农	灰五类	黑五类	合计
旗派 （造反派）	55 （19%）	181 （34%）	525 （54%）	143 （36%）	904 （41%）
东风派 （保守派）	208 （73%）	215 （40%）	76 （8%）	17 （4%）	516 （24%）
未参加 任何派别	22 （8%）	141 （26%）	365 （38%）	239 （60%）	767 （35%）
合计	285	537	966	399	2187

如上表所示，革干革军子弟倾向参加保守的“东风派”（73%），灰五类和黑五类子弟参加造反的“旗派”更多一些（分别为 54%和 36%）。黑五类子弟有 60%没有参加派别组织，自觉或不自觉地成为逍遥派。家庭出身与派别的关系，在统计学上有显著差别（χ^2=749.0，L^2=723.0，自由度=6，P<0.0001）。

假如这些学生成为诸如北京大学或清华大学的学生，情况会是怎样呢？尽管历史没有“如果”，但是现代化科技手段可以帮助我们实现这一假设，这就是计算机模拟。假设 Chan 等人调查的广州中学生升入大学，我们对其进行调查。进一步假设，这些学生在大学中按家庭出身比例如下：红五类子弟占 85%，灰五类子弟占 10%，黑五类子弟占 5%。也就是说，如果采访 100 名这些假设升入大学的广州中学生，其中有 85 人来自红五类家庭，10 人来自灰五类家庭，5 人来自黑五类家庭。以下是我们用计算机模拟 10,000 次得出的平均分布：

表 18.10. 计算机模拟的 100 人随机采访

派别	革干革军	工农	灰五类	黑五类	合计
旗派（造反派）	6	19	5	2	32
东风派（保守派）	21	22	1	0	44
未参加任何派别	2	15	4	3	24
合计	29	56	10	5	100

上表显示，尽管红五类子弟倾向保守的“东风派”的趋势隐约可见，但是已经不太明显。工农出身的学生有 19 人参加造反派，有 22 人参加保守派，还有 15 人未参加任何派别。参加造反派与保守派的人数几乎势均力敌。灰五类和黑五类子弟因为人数太少，几乎无法引起人们的注意。为什么原来非常明显的家庭出身与派别之间的关系消失了呢？有两个原因。首先是大学的入学筛选。大量的灰五类和黑五类子弟被排除在大学校门外，根本无法进入研究者的视野，阶级矛盾被掩盖了。其次是样本较小的缘故。由于样本小，灰五类和黑五类子弟的人数不足以引起关注。

综观中西方学者对文革的研究，除了 Chan 等人对广州中学红卫兵采用较大规模的统计，大多数研究者仅小规模地采访了一些当事人。数量太小的样本，在代表性方面容易出现问题。对于像清华大学和北京大学这样拥有万人左右的学校，所需的样本最好应达到 187 人；如果条件允许的话，研究者一般应争取达到 386 人（具体计算请参见附录 1）。显然，很少有学者进行如此规模的调查。更为遗憾的是，至今为止，很少有人运用统计学工具对家庭出身与派别抉择的关系进行定量分析。虽然是小规模的调查，统计分析也能说明一些问题。如表 18.10.中显示的计算机模拟数据，如果我们采用统计工具分析的话，出身与派别之间的关系差别仍是显著的（ χ^2=20.3，L^2=23.2，自由度=6，P=0.0025 ）。仅凭感觉和肉眼估计，缺乏统计学工具分析，以致于调查结论失真，是文革研究中的重要缺陷之一。

18.7. 阶级分裂与派别选择的关系

以上讨论，从几个方面探讨家庭出身与派别选择之间存在不同观点的原因。由于以往的研究忽略了家庭出身（即阶级地位）与派别选择之间关系的复杂性，忽略了不同派别之争的类型，没有分清

“阶级性派别”和“宗派性派别”之间的重要区别，以致于将两者混为一谈。以往的研究均试图采用过于简化的因果模型（Causal Model）来解释派别现象，因此结论莫衷一是。我们先来讨论过于简化的因果模型的问题。“社会冲突派”学者对家庭出身与派别选择的研究，可以归纳成以下的因果模型：

图 18.1. “社会冲突派”的因果模型

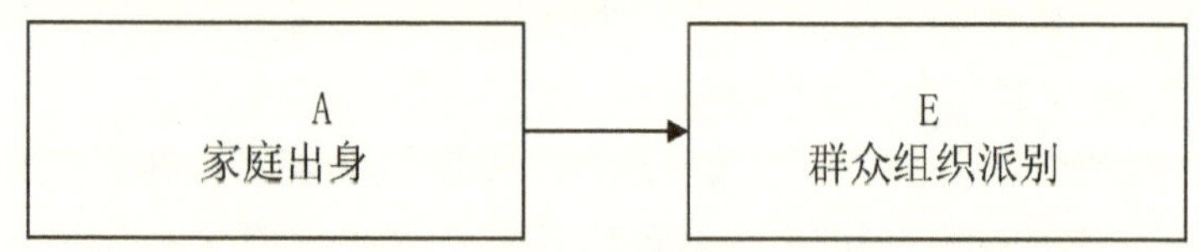

在以上的模型中，“社会冲突派”的学者试图以家庭出身来预测派别组织的归属。“政治过程派”的学者发现该模型存在缺陷，提出以下改进型因果模型：

图 18.2. “政治过程派”的因果模型

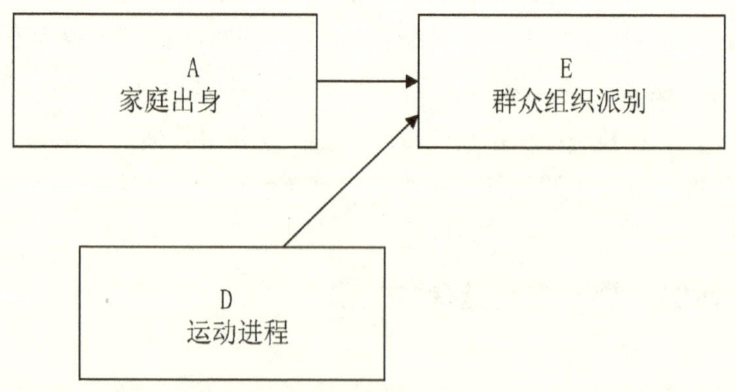

“政治过程派”的模型，相对于“社会冲突派”的模型有所改

进。民众在进行派别选择中，不仅家庭出身起了作用，运动的进程也发挥了影响。有的时候，运动进程发挥的作用较小。如文革初期保守派和造反派阶级界线分明时，家庭出身与派别的的区分非常明显。当运动深入发展，在有的省和地区，运动进程的作用大于家庭出身的作用。所以仅从家庭出身很难预测派别的选择，此时它们的关系模糊了。

从家庭出身到最后做出省级大派别的选择（无论是“阶级性派别”还是“宗派性派别”），远非像以上两个因果模型显示的关系那么简单。派别的抉择，是在多层次多因素的影响下的结果。需要指出的是，在文革中，极少有人以个人的名义直接加入大派组织，个人都是通过参加本单位（如系、科、车间、班级等）的基层群众组织加盟于大派组织。以下是我们提出的个人与派别之间的因果模型图：

图 18.3 个人与派别实际关系的因果模型图

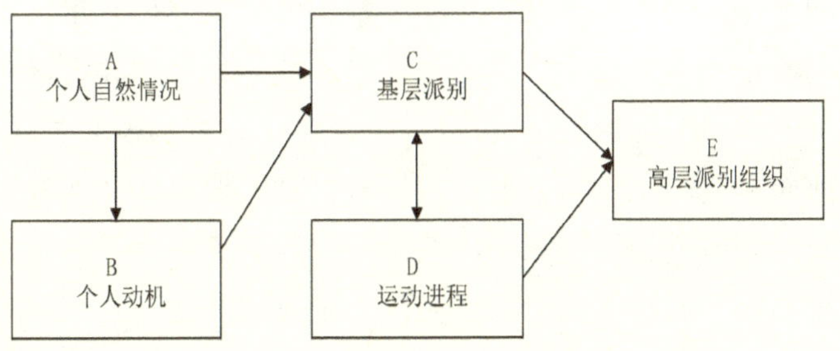

在上图中，个人自然情况（即变量 A）包括年龄、性别、职业、家庭出身、政治面貌、社会地位、个人的性格、道德水准等。个人动机（即变量 B）包括响应毛的号召、改善政治处境、改善经济处境、对当权派不满、同情被打压者、受同事影响和随大流等。个人的自然情况与参加基层单位群众组织之间关系（即变量 A 与变量 C

间的关系），同时受到个人动机（即变量 B）的影响，不同的动机决定着是否参加群众组织。如果个人做出参加的决定，个人动机又决定参加基层单位的哪一派群众组织。个人自然情况（变量 A）对个人动机（变量 B）也有影响。

正如在前一章里提到的，出身不好社会地位低下的民众，往往具有强烈的改变自身政治处境的愿望。出身好的民众，则多半希望保持现状。他们之所以响应毛的号召，是因为对于出身好的民众来说，只要听从党跟随党，后果一定不会差。个人情况与个人动机，决定一个人参加基层的派别组织。一旦个人参加了基层组织，在选择更高层的大派组织（即变量 E ）的决断中，个人的自然情况（变量 A）和个人动机（变量 B）的影响力就变得十分有限。此时具体选择哪个大派，在很大程度上受基层派别（变量 C）和运动进程（即变量 D）的影响。基层派别与运动进程之间，是互相影响的。在基层组织（变量 C）加入高级大派（变量 E）的抉择中，与其说是个人选择，不如说是团队抉择（Block Selection）和运动进程的影响。团队抉择和运动进程与个人的家庭出身的关系，就不是那么直接了。

以北京为例。北京大学的聂元梓、清华大学的蒯大富和北京航空学院的韩爱晶观点相近，形成“天派”。北京师范大学的谭厚兰和北京地质学院的王大宾，形成“地派”。“天派”和“地派”没有什么大的原则差别，同一派的内部则往往看法不一样。北京地质学院的“东方红”和清华大学的“团派”观点比较接近，清华大学的“四.一四派”却参加“地派”。作为个人，民众一般不会轻易地公开宣布退出某个组织投奔另一个组织，除非该组织面临倒台和解散。这是因为，中国文化对于投降和叛变者相当排斥。

浙江著名的造反领袖翁森鹤，原是浙江“联总派”的。他后来改变立场，成为浙江“红暴派”，被造反派讥笑为“叛徒”，不受待见。清华大学的范雨臣考虑再三，退出差质生对优质生的批判，遭到差质生们的痛骂。作为个人，“新北大公社”、“清华大学团派”和“北京航空学院红旗”的一般成员，无论出身与政治面貌如何，是整体加入北京市的大派组织(即“天派”或“地派”）的。换言之，是聂元梓、蒯大富和韩爱晶等领袖人物，决定了他们的大派别选择。

在江苏，最早起来造反并成为工人运动领袖的一批工人造反派（“省工总”），来自市政建筑公司、码头货运公司和人力三轮车行业协会的小企业。这是一批被边缘化的，生活在社会底层的人物。尽管也算作工人，但他们的政治、经济和社会地位与大工厂里的产业工人相比天差地别。他们的造反激情最高涨，革命精神最为彻底。但张春桥认为“省工总”组织不纯，不是以产业工人为主力军，建议改组。“省工总”改组后，新当选的领导人（后来称为“新工总”）表示支持“好派”。老的“省工总”领导人坚决反对改组，所以带领一些下属组织（后来称为“老工总”）投靠“好派”的死对头——“P 派”。在南京市民的眼里，江苏的温和派（即 P 派）是保守派，因为该组织力挺军区司令许世友镇压激进的造反派。

最能说明这一问题的是南京师范大学附中的两大派别。文革初期，校园里出现五个红卫兵组织。三个是由革干革军子弟为主要成员的保守派组织，二个是以平民子弟为主的造反组织。经过“一月革命”，几个组织重组，形成两大派别：以革干革军子弟为主的保守派“造反军”和以平民子弟为主的造反派“红联”。保守派“造反军”并未与社会上的大派结盟，造反派“红联”在与社会上的大派结盟时发生分歧。一小部分人与江苏的 P 派（温和派）结盟，大部分人与江苏的好派（激进派）结盟。在南京师范学院附中的校园中出现了奇特的现象：校园内“造反军”与“红联”是保守派与造反派对峙，在校园外则是造反派内部分歧造成的两派对垒。“社会冲突派”只能解释校园内的斗争，“政治过程派”只能解释校园外的斗争。事实上，南京师范大学附中校园内的斗争是阶级性派别斗争，校园外的则是非阶级性的宗派性派别斗争。我们要充分认识到，这是两类性质完全不同的派别斗争。

“社会冲突派”和“政治过程派”的因果模型存在两个问题。首先，两派的模型均忽略了中间变量（Intermediate Variable）——基层派别组织（变量 C），直接研究变量 A 与变量 E 之间的关系。此举使得中间过程变成了“黑箱”，从而使家庭出身与派别的选择关系蒙上神秘的色彩，导致这一关系难以预测。一般来说，基层组织派别的阶级界线比较清晰，尤其是小战斗队或战斗组。较高层组织派别的变数就大得多。

其次，两派的模型混淆了派别的类型，忽略了“阶级性派别”与“宗派性派别”的区别。由于广州中学红卫兵的大派（变量 E）与基层单位组织（变量 C）属于同一性质的“阶级性派别”，“社会冲突派”发现家庭出身（变量 A）与大派组织（变量 E）之间有正向关系。“政治过程派”学者研究的注意力集中在运动过程（变量 D）上，忽略了基层组织的派别（变量 C）与高层组织派别（变量 E）分属不同性质的派别。该派学者误以为运动过程（变量 D）是唯一的因素，忽略个人原因（变量 B）和基层派别组织（中间变量 C）的派别性质。

由于“社会冲突派”只注重个人情况（变量 A），“政治过程派”仅关注运动过程（变量 D），两派均未找到家庭出身与派别选择之间真实的因果关系。这里的关键是基层派别（变量 C）与大派别（变量 E）之间的关系。当它们同属“阶级性派别”时，家庭出身与派别选择的因果关系可以顺延，体现在大派别的选择上，从而使家庭出身与大派别选择显示出明显的关系。当两者分属不同性质的派别时（即一个属于阶级性派别，另一个属于宗派性派别时），家庭出身与大派别选择就成为表 18.1.中的第三种因果关系，家庭出身与派别选择之间不存在因果关系也就在情理之中了。

这里需要指出的是，北京大学和清华大学的派别（即“新北大公社”、“新北大公社井冈山”、“清华大学团派”和“清华大学四派”）是由许多大大小小的战斗组和战斗队组成的。我们的模型为了讨论方便，基层派别被简化为一层，实际情况可能更为复杂，此处不赘。

总之，“社会冲突派”和“政治过程派”只是部分地解释了民众为什么分派的原因。我们提出“两类派别斗争”的解释（Two-Type Faction Struggles Explanation），有助于更好地理解文革中的派别斗争，所以我们的解释可以称为“两类派斗说”。

18.8. 为什么会分派？

前面的章节已经分析了个人层面上参加派别的原因（变量 B），本节分析组织层次上的分派原因（变量 D）。在群众组织的派别斗争中，最重要和最基本的分派，是保守派与造反派的分裂，这是阶级性的分裂。建政以来，全国各地以阶级斗争为纲的政治标准，使得人们逐渐地分成界线不很分明的两个群体：一部分人家庭出身好，另一部分人家庭出身不好。前者是优势群体（Privileged Group），后者是劣势群体（Deprived Group）。前者在入党、提干、分配工作、晋级等方面都占有优势地位，后者则受到歧视，处于下风。在优势群体中，虽然都是红五类出身，但是革干革军子弟要比工农子弟更具有优越性。在劣势群体中，灰五类子弟要比黑五类子弟稍好一些。处于最底层的是黑五类子弟，他们几乎没有出头之日。

优势群体和劣势群体内的成员不是一成不变的，也会发生变化。我们把这一人为地制造人与人之间差别的过程，叫做“筛选差分”过程。原清华大学的孙怒涛（2018）先生提出优质群体和差质群体的概念，我们分别称之为先进群体（Advanced Group）和落后群体（Backward Group）。孙怒涛以他所在班级为例，说明这一筛选差分的过程。刚进校时，他的同班同学几乎全都是优质生。要说差别，也仅是优秀还是优良的程度差别，没有明显的差质生。因为在高中时，学生们已经形成明显的两个群体。凡是政治可靠、思想进步、出身好、成绩优秀的学生，通过高考送到清华大学、北京大学、军工院校及其他一些知名的大学。家庭出身不好的大多落榜，个别幸运一点的也只能上不入流的大专。高考就像是一架甄别筛选机，把两类不同的人送入不同的人生轨道。能进清华大学这样名牌大学的，绝大多数都是品学兼优的优质生。

在大学六年中，各种政治运动和繁多的活动从未间断过。如红专辩论、学《毛选》、忆苦思甜、学雷锋、评功摆好、学《九评》、农村“四清”、批“三家村”等等。这些运动和活动，基本上以正面教育为主，多数比较温和，偶尔也有点激烈。逐渐地，班上同学分成两个界线不很分明但是大致有点轮廓的群体：先进群体和落后群体。先进与落后的差别，主要在政治表现方面的不同。对党忠心耿耿，对毛主席无比热爱，无产阶级立场坚定，阶级斗争观念强，阶级感情深等等，都是政治表现好的重要标志。出身于革干革军及工人和贫下中农家庭的学生，当之无愧地成为先进群体的主体。政治辅导员、党员、党支部委员、团支书、班长等学生干部，则是其中优秀的先进生，是先进生中的佼佼者，先进群体的核心和中坚。

“思想反动”和“对党不满”的右派学生，是最落后的群体。在历次政治运动中认识模糊和立场动摇的学生，也沦入落后群体之中。出身于地、富、反、坏、右、资本家、小业主、四不清干部家庭的学生，有个性、有棱角、善于独立思考、不大爱听组织话的学生，都有成为落后群体成员的可能。在政治上表现不上进、不紧跟，以致给组织上留下政治落后印象的，个人品行（譬如有点小偷小摸）、思想意识（譬如受西方资产阶级思想影响比较严重）有点问题的学生，还有极端散漫、吊儿郎当、不求上进的学生，也可能属于落后群体，虽然这些与政治思想上犯错误、有问题有程度上的差别。

在先进群体与落后群体之间，有不少既算不上先进生也不算落后生的同学。所以在两个群体之间，有一片模糊的中间地带，这两个群体是动态存在的。本属于先进群体的先进生如果犯了政治错误，会掉入落后群体中去。落后群体的落后生中，有些仅仅出身不太好，但在政治上有突出表现，积极靠拢组织，能“彻底背叛剥削阶级”，会上升到先进群体中去，甚至有可能入党。这叫做“重在表现”。

组织上对先进生的政策，是信任、培养和重用，他们的前途光明，前景美好。所以，已经处在先进群体中的学生，想的是要不断地为党立新功，以确保在先进群体中的位置不断上升，至少不能下跌。组织上对落后生的政策，是帮助、团结和教育，使之脱离落后群体，上升成为先进生。对于极少数性质严重的落后生，则要进行批判、监督和改造，以防再往下滑，成为敌对分子。落后生都明白自己的前途暗淡，命途多舛，所以总是想方设法地抓住机会（特别是政治运动的机会）表现自己，以求摆脱落后群体的苦海，改变落后生的悲惨命运，力求进入先进群体。

这种人为的筛选差分过程，就像是一台高速旋转的离心机，不断地把一部分不能紧跟党的分子甩出核心圈，落入落后群体。先进群体在政治地位、社会地位方面占优势，落后群体在政治上受歧视，精神上受压抑。虽然从来没有明文公布过先进生和落后生的标准，也没有给哪个人贴上先进生或落后生的标签，但是组织上（辅导员们、党团干部们）实际上是有一个潜在的心照不宣的标准的。他们不断地给学生摸底排队，进行动态管理。到底是先进生、落后生还是中间生，他们心里很清楚，每个学生自己也能感觉得到。这一动态的先进群体和落后群体的划分，与以阶级分裂为界线的优势群体与劣势群体的划分并不完全吻合，两者之间的关系可以用下表来表示：

表 18.11. 阶级划线与筛选差分划线的关系

		阶线划线	
		优势群体	劣势群体
筛选差分	先进群体	I	II
	中间群体	III	IV
	落后群体	V	VI

第 I 类群体是最好的。他们出身好，经过筛选差分进入先进行列，各方面占尽先机。第 II 类次之。他们虽出身灰五类或者黑五类，由于积极表现，也进入先进行列；表明他们已经背叛了原来的阶级，成为先锋队的一分子了。当然，此类群体的人数比较少。第 III 类是出身好的中间群体。他们有可能上升为第 I 类，也有可能下降为第 V 类。第 IV 类是出身不好的中间群体。他们与第 III 类一样，可能上升也可能下降。这两类人相对来说不稳定。第 V 类是落后群体，仅比出身不好的落后群体略好一点，他们被看成是忘本者。第 VI 类是社会的底层。他们出身不好，表现也不好，故最受歧视和打击。

筛选差分过程不仅发生在清华大学的班级里，也发生在中国的每个角落。这种动态的不断变化的筛选差分过程，把中国民众分为对立的两类人群。筛选差分过程并不完全以阶级划线，但与阶级有着密切的关系。家庭出身不好的民众脱离落后群体升入先进群体，可能性是很小的，大多数人只能在原地踏步。带有阶级分裂色彩的黑五类有明显的标签，是很明确的，经过筛选差分被淘汰的落后群体则是暗的、不明显的。尽管看不见摸不着，却又确实存在。人们的社会地位，依类别顺序，第 I 类最高，第 VI 类最低。文革时的中国社会，可以说是一个以阶级划线分为优势群体和劣势群体，以筛选差分划分为先进群体和落后群体的分裂的社会。

处于较高地位的人，包括党员、团员、靠近领导的人、劳动模范，以及出身于革命家庭和工人贫下中农家庭，或表现积极的人。这些人在提拔、分配工作和调整工资等多方面享有不同程度的特权，而且有整别人、自己不会挨整的特权。他们是党和政府信任和依靠的对象，是党组织多年培养训练的积极分子。他们的优势地位，是文革前的制度赋予的，理所当然地是文革前制度的维护者。他们肯定文革前 17 年的制度，肯定文革前的官僚集团。处于较低地位的人，包括家庭出身不好、表现不太好的人，或者出身虽好但表现不理想的人，还包括在分配工作、调整工资和分配住房等方面因掌权者的压制受到不公正待遇的人，或在某次政治运动中受到打击的人。这些人一直感到官员领导对他们的压制，看到官员被打倒，有一种痛快的感觉（杨继绳，2016）。

各省有一个共同的现象：保守派有“五多”，即红五类多、党员多、团员多、干部多和积极分子多，他们是文革前秩序的受益者。造反派中则包括从红五类到黑五类的各种人，其中有不少是历次政治运动中各单位的受害者或受牵连者（武丽丽、赵鼎新，2007）。不同的等级地位和现实处境所产生的不同等级利益，是造反派和保守派的根本区别（周伦佐，2006），两派都极力维护自身的根本利益（王芳，2008）。优势群体和劣势群体是以阶级划线的两个群体，它们之间的冲突基于阶级矛盾。

当今的中国，仍被这一阶级矛盾困扰。当年的保守派与造反派，直至今日在政治诉求上完全对立，没有共同语言。例如本书第一篇提到的南京师范大学附中，经过半个世纪，当年的两派仍没有相同的理念和价值观。保守派的多数人还在怀念毛时代，仍然赞同共产专制。

除了保守派与造反派的斗争以外，在同一阵营里的造反派内部，也存在着分裂和斗争。造反派为什么要闹分裂打内战，甚至发展到你死我活、势不两立的地步？按照当时流行的解释，其原因主要是以下三条：一是走资派的幕后挑动，二是混入群众组织的坏人捣乱破坏，三是造反派自身的“无政府主义倾向”。文革中的全面内战，两大派都有后台。除了中央文革到处插手外，地方上的实力派（即那些在中央有保护者和支持者的当权派）也不甘寂寞，尤其是军方。军方的立场并不一致，地方军区的立场和野战军的立场常常不一样。群众间的派别斗争，往往反映上层各派的权力之争。在两派恶斗不休的地方，恰恰因为双方的后台都红都硬。上层的斗争相持不下，下面的斗争也就没完没了。

胡平（2016b）提出："造反派闹分裂打内战，其源盖出于竞争，出于比赛革命。"造反派中的激进派，未必都是因为激进才分裂，有不少是因为闹分裂才变得激进，因为分裂总得有个冠冕堂皇的理由。整个文革的气氛是宁左勿右，所以分裂出来的一派大多以更激进的面目出现。一旦你扮演了激进的角色，以后的戏就得接着唱下去。到头来，连自己都弄不清楚究竟是因激进而分裂还是因分裂而激进。

造反派组织出现"山头"，是自然的过程，根本原因是造反派的指导思想和制度根源。造反派一旦成为领导人，路线斗争的观念、权力斗争的手腕、个人英雄主义和"以我为中心"的权欲就会表现出来。没有民主法治的观念，没有制度创新的合理目标，造反派组织一旦壮大起来，就会成为独霸一方的"山大王"（杨继绳，2016）。此类派性矛盾的激烈性，不亚于"阶级性派别"之间的斗争。这类分裂大多因"一月革命"夺权引发。我们可以把这些"宗派性派别"的分裂划分以下几类。

第一类是"排斥型"分裂。当"一月革命"风暴席卷全国时，许多地区的保守派已经被打垮，取得胜利的造反派进入夺权阶段。在夺权中，造反派通常为在夺得的权力中分一杯羹翻脸。这些造反派的领导们，当初冲破压力挺身造反时，并未想到能够夺权掌天下。当造反派真正开始夺权了，他们的野心和权欲就被诱发出来。如果他们联合与自己旗鼓相当的战友，意味着自己只能分享一半的权利。如果单独动手，就可能夺到完整的大权，也不枉冒风险造反一场。

这是涉及一派人重大利益的大事，谁也不甘落后。

例如江苏的造反派在打垮保守派“赤卫队”以后商议夺权，会议期间成立以“南大红色造反队”领导人文凤来为首的“夺权委员会”。有代表指责会议缺乏民主，宣布退出会议，因为“南大八.二七”的领导（曾邦元等）竟被排除在委员会之外。虽然“南大八.二七”原是“南大红色造反队”的外围组织，由于它对成员的政治条件要求较低，吸引了大量的南大师生，其规模超过“南大红色造反队”。此时的“南大八.二七”已经今非昔比，再也不甘心屈居外围组织了。凭借强大的实力，“南大八.二七”和“南京八.二七”原以为能在夺权中分享胜利成果。然而，文凤来等人根本没有把他们放在眼里，商议夺权分享成果根本不让他们染指。这种排斥昔日的战友、独吞胜利果实的做法，理所当然地遭到对方的强烈反弹。以“南大红色造反队”为首的“好派”夺权，遭到“南大八.二七”为首的“P 派”的坚决抵制。过去同一战壕的战友成为死敌，双方大打出手，死伤无数。安徽省也发生类似的情况，连派别的叫法都相同：反对夺权的叫“P 派”，支持夺权的叫“好派”或“好极了派”（即“G 派”）。我们把这类分裂称为“排斥型”分裂，因为一派在夺权圈内，另一派在夺权圈外。

第二类是“争核心型”分裂。此类分裂，是造反派内部争夺核心地位和领导地位引起的。湖南的“高司”与“湘江风雷”之争就是一例。湖南的保守派因中央表态瓦解，面对大好形势，湖南的造反派却在夺权的问题上分裂了。“高司”由长沙八所高校的红卫兵组成，约二万多人。“湘江风雷”在全省约有百万之众，主要由工人组成，还有社会各界人士。“高司”在文革初期充当造反先锋，是他们率先起来造反，唤醒了民众。日益壮大的工人造反组织是他们帮助建立的，“高司”首领们理所当然地自视为湖南省的造反派首领。羽翼丰满的“湘江风雷”的工人造反派们虽然承认“高司”的贡献，但已不再把这些学生放在眼里。他们认为，知识分子虽然有先锋和桥梁的作用，但只有工人阶级革命最彻底，是当然的领袖。“湘江风雷”拒绝承认“高司”在造反运动中的领导地位，“高司”自然不能接受。昔日的盟友成为敌手，打得不可开交。

第三类是“争席位型”的分裂。此类分裂，是造反派内部为争夺在新政权中的席位造成的。争夺席位的现象全国各省普遍存在，例如湖北的“钢新之争”。“七.二零事件”使“百万雄师”瞬间瓦解，“钢派”与“新派”随即陷入激烈的权力斗争，矛盾的主要焦点在于席位。宁夏的保守派瓦解后，造反派很快与军人在革委会人选问题上发生冲突，这一分歧导致造反派内部的分裂。四川的成都也是如此。随着对立的保守派的倒台，成都的局势并未走向安定，造反派发生重大分裂，原来一条战壕里的战友变为誓不两立的死敌。双方如同当初与保守派对抗一样，各自抢夺地盘，争权夺利。

造反派的“宗派性派别”斗争主要表现在争夺权力上，原因有二。(1)害怕对手一旦掌权，使自己处于不利的地位；(2)渴望通过掌握权力拥有各种好处。这是因为，各种资源和权力对于他们来说非常稀缺。计划经济时代的普通老百姓，赖以生存与发展的一切，几乎完全受控于那个高度集权的政体。只要旧有的体制没有发生根本的改变，他们不可能改变这种境遇。一旦让对手掌了权，就意味着会与文革前一样。曾是同一战壕的战友，此时成为你死我活的竞争对手。对立的任何一方感受到来自对方的威胁时，权力之争变成维护自身生存权力的斗争(王芳，2016)。权力斗争源于下层等级中相对不同的社会地位所产生政治利益和政治要求的分歧，文革使这种权力斗争无一例外地演变为惨烈的武斗。

第四类是“官僚介入型”的分裂。地方党政官员及军队势力对造反派的分裂产生了重要作用，因为他们是权力的象征，具有重要的影响和作用。中国权力的本质，来自于毛为首的官僚体制。为了更好地控制地方局势或实现某种目的，这些官僚往往打着毛和中央的旗号。毛有意无意地在他的话语中留下相当大的模糊空间，为这些官僚的一些行为提供了较大的合法性，他们实际上分享了毛的部分权力。

例如浙江省的造反派在中央表态后声威大振，但在夺权问题上分裂为两派。一派坚持要打倒原省委书记江华，另一派则要保江华。反江华的一派得到中央文革、空五军和二十军的支持，保江华的一派得到省军区的支持。福建省也是如此：福建省委随着省委书记叶飞的倒台出局了，军区和当地驻军分裂成两派。福建军区司令、三十一军和空军支持一派，军区副政委、二十八军和高炮支持另一派。两派之争，实际上演变为"外省人"与"本省人"的角力。处于前台的两派群众组织你死我活地搏斗，深受处于后台的官僚的介入和指使。不幸的是，最后的事实证明，造反派只是为人火中取栗的"倒霉蛋"。这些官僚在文革结束后大多复出，得以善终，造反派则受到严厉的惩罚。

最后一类是"掌权宗派型"的分裂。造反派进入权力机构以后，在掌权过程中发生分裂，例如江西省革委会中的造反派。胜利后的造反派在省革会中很快分裂为两派，一派叫做"好派"，另一派叫做"P 派"。"好派"人多势众，得到一些地方高级领导干部的支持。"P 派"虽然是少数派，却有个强硬的后台。黑龙江省也是如此，革委会的成立并不意味着矛盾的结束。省革委会的副班长暗中整省革会主任潘复生的材料，结果被后者以反革命罪抓进监狱，与副班长一派的造反派则公开打出反潘旗号。尽管此类分裂并不以权力斗争的面目出现，但在实质上与权力斗争有着千丝万缕的联系。

无论是保守派与造反派之间的"阶级性派别"斗争，还是造反派之间的"宗派性派别"斗争，都围绕一个"权"字。"湖北钢二司"主办的一份小报赤裸裸地说穿这个要害问题："革命大联合以谁为核心的问题，实际上就是革命的领导权掌握在谁手中的问题。‘权’是革命的根本问题。……钢工总是久经考验的，是江城文化大革命的顶梁柱。她来为革命掌权和用权，我们就一百个放心！作为钢工总人，为个人争权，为小团体争权，当然是错误的。但是为革命掌权，为无产阶级掌权，就是要当仁不让，理直气壮！决不要怕人议论讥笑，绝不能手软！也绝不能糊涂（王芳，2008）。”声称“为无产阶级掌权”，是为了使“争权”合理化。“湖北钢派”与“湖北新派”的权力角逐打着革命的旗号，其实是出于各自切身利益的需要。

造反派的分裂类型不是排他性的。一个省的造反派分裂，可以同时有几种类型。例如，“官僚介入型”分裂在许多省中均有体现，同时这些省的造反派分裂，还有诸如“排斥型”和“争席位型”等其他原因。一言以蔽之，“阶级性派别”和“宗派性派别”的斗争都是围绕权力进行的。前者是既得利益者与挑战者间的矛盾，后者是挑战者之间权力再分配之争。

如何避免以上的各类分裂，对未来具有借鉴意义。处理解决第一类“排斥型”分裂的矛盾，体现领袖人物的政治水准。张春桥处理上海夺权时的矛盾和问题的表现，让人叫绝。上海夺权时，在成立宣言的署名上遇到难题。上海当时有 32 个较有影响的群众组织参与夺权和宣言的起草，署上它们的名字是很正常的事，但这一行动遇到来自两方面的压力。在内部，32 个组织中，有的对排名顺序不满意，要求把本组织的名字排在前面。在外部，听说要成立上海市新政权，600 多个群众组织一下子冒了出来，都想挤进权力机构，占一席之位。面对这一困境，张春桥没有像江苏的文凤来那样独断专行，而是召集 32 个群众组织的代表开会。张提出，宣言上不署具体组织的名，但是许诺 32 个组织的代表是当然委员。就这样，张春桥成功地化解了危机，避免了因夺权引发的造反派分裂，其领导艺术和处理问题的能力可见一斑。这也是上海局势一直比较稳定的原因之一。

解决第三类“争席位型”分裂，最有效的办法是选举。按照“一人一票”的原则，谁得票多谁当选，无论输赢都会服气。北京大学进行的全校选举中，有选举权的是 13,836 人，实际在校参加投票的为 9,609 人。聂元梓顺利当选北京大学文革主任，42 名校文革委员由各系选举推出。但是这样的选举也有问题。天津的革命委员会夺权筹备小组是经过选举的，林启予进入筹备组。天津市作为试点，成立了“五代会”。选举中落选的造反派领导人张承明公开站出来另立山头，与“五代会”分庭抗礼。由于此次选举带来的问题，中央文革认为“选举不如协商”。因为协商可以让大家讨论，有进退的余地，选举一唱票，谁也没法改。所以，其他各省的革委会组成都是采用协商的方法，很少通过选举。采用协商的办法，又为无休止的争席位开启了大门。关键在于没有设立必须遵守的游戏规则：不能因为没有选上就破坏规则，另起炉灶。

“一人一票”选举原则的另一个问题，是无法照顾山头的利益。这是解决第二类“争核心型”、第四类“官僚介入型”和第五类“掌权宗派型”易造成分裂必须考虑的问题。如果只有一个席位（如革委会主任），问题相对简单，谁得票最多谁当选。如果有多个席位时，问题就复杂了。相应的办法有几种。第一种是比例代表制。譬如，革委会有 50 个席位，有三个群众组织分别获得 20%、30%和 50%的选票，三个组织瓜分的席位为 10 席、20 席和 30 席。第二种是简单全票制。所有具有选举资格的人投票选 50 人，谁得票最多谁当选。简单全票制的问题是，很有可能那个占总人数最多的组织拿下全部的席位，所以在选举中一般不采取这一方法。遗憾的是，当年偌大个中国，没有人想用选举的办法来解决席位的争端，而是用拳头、刀剑和枪炮说话。

18.9. 并非逍遥的逍遥派

“社会冲突派”和“政治过程派”学者们，试图通过社会分裂、阶级差别与派别选择之间的关系，推测民众参加派别的原因。这是一种间接的方法。必须强调的是，参加某派组织仅仅是一种手段，并不是民众参与文革的目的。尽管在许多情况下，参加某派组织能够部分地体现个人的目的，但这终究只是一个近似的替代变量（Proxy）。

前面的章节对个人参加群众组织的原因进行分析，获得更直接的发现。由于各种原因，文革中有部分民众没有参加群众组织，但这并不意味着他们在文革中置身事外。在我们的问卷调查受访者中，有 42%的受访者明确地表示没有参加任何群众组织（共计 703 人[①]），可是有些受访者却在“为什么参加群众组织的原因”一栏里仍然做了选择。根据分析，我们判断他们并没有参加组织。以下是那些虽未参加组织派别却仍回答参加原因的受访者情况：

表 18.12. 未参加过群众组织的民众的原因分布

原因		家庭出身				Fisher P 值
		革干革军 (77)	工农 (217)	灰五类 (197)	黑五类 (181)	
响应毛的号召（Y1）	是	16 (76%)	43 (56%)	24 (46%)	15 (35%)	<0.0001
	否	5	34	28	28	
改善政治经济处境（Y2）	是	1 (5%)	8 (10%)	8 (15%)	9 (21%)	0.0017
	否	20	69	44	34	
对当权派不满（Y3）	是	0 (0%)	2 (3%)	5 (10%)	7 (16%)	0.0003
	否	21	75	47	36	

① 有 31 人未填写家庭出身，实际分析人数 672。

原因		家庭出身				Fisher P值
		革干革军 (77)	工农 (217)	灰五类 (197)	黑五类 (181)	
同情受打压者（Y4）	是	3 (14%)	15 (19%)	13 (50%)	15 (35%)	0.1879
	否	18	62	39	28	
受亲友影响（Y5）	是	2 (10%)	17 (22%)	8 (15%)	4 (9%)	0.0014
	否	19	60	44	39	
其他原因（Y7）	是	0 (0%)	0 (0%)	2 (4%)	1 (2%)	0.0483
	否	21	77	50	42	
不满和/或改善处境（Y8）[①]	是	1 (5%)	10 (13%)	12 (23%)	13 (30%)	0.0001
	否	20	67	40	30	
无回答（正确回答）		56	140	145	138	

上表显示，有些受访者虽没有参加派别组织，但并没有完全置身事外，内心是有企图有目的的。在响应毛的号召上，呈现革干革军、工农、灰五类、黑五类子弟依次下降的现象，各类之间的差别有显著意义。在改善处境（Y2）、对当权派不满（Y3）及改善和/或不满（Y8）这些方面，则呈依次上升现象。换言之，红五类子弟以响应毛的号召为主，黑五类和灰五类子弟则以心怀不满、改善处境为主。这一结果，与参加群众组织的受访者是一致的。尽管这些属于误答，不能作为依据，但是民众的诉求却可以从中略见一斑。

18.10. 群众运动的组织形式

前面探讨群众组织的派别问题，现在讨论群众组织是如何操作运行的。文革期间的群众组织同一些正式组织一样，有自己的章程

① 因该问题可多项选择，所以 Y8 小于或等于 Y2+Y3 之和。

和组织制度，但是极具有文革色彩。较大型的群众组织一般都会有个宣言，表明该组织的立场和斗争目标，通常用当时最流行的语言。如“湖北钢工总”的宣言用了“唯有牺牲多壮志，敢叫日月换新天”，“马克思主义的道理，千条万条就是一句话：造反有理”等一类的话。湖北的造反派把“打倒王任重”作为战斗目标。这些组织还会有一个组织纲领，如实行民主集中制、坚持“团结—批评—团结”的原则、要求个人服从组织和小局服从大局等（王芳，2008）。

对于参加组织者，也有明确的规定。如云南的一个造反派组织规定，凡参加该兵团的成员必须具备下列条件：（1）高举毛泽东思想伟大红旗，坚决捍卫毛主席的无产阶级革命路线和毛主席的无产阶级司令部。遵循林彪副主席的教导，既要把自己当成革命的对象，又要把自己当成一份革命力量，参加革命斗争，并在斗争中改造自己。（2）认真并坚决贯彻执行本兵团的声明和组织章程。（3）只要不是三反分子而又坚持不改的干部，都可申请参加。参加手续是：（1）本人申请，（2）经团队批准。对于下属组织也有规定，如各单位战斗兵团和队组织需经兵团团支部批准（周孜仁，2017）。

其次，群众组织有完备的机构，与官方的党政军部门相似。规模较大的组织一般会有总部或委员会。总部负责组织的日常领导工作，设有中心组或勤务组，领导人或骨干都称“勤务员”。中心组一般下辖办公室、政治部、组织部、宣传部、作战部、对外联络部、秘书组和后勤组等常设部门。也有的组织模仿军队编制，把成员编为团、连、排和班。大组织还会有多层机构，以便于管理。

如“湖南湘江风雷”建有四级机构，第一级是总司令部，第二级是分司令部和战团，第三级是支队，第四级是分队。分司令部和战团是地区级的，支队是单位级的。有的支队因为本单位不大，所以没有下属的分队（无名，2018）。福建的红卫兵组织也是如此，他们十分重视基层建设，下设较完整的直属分部（或称分队）。“毛泽东思想福建革委会”（简称“革委会”）有十个直属分部，各直属分部内部具备健全的组织机构，内设勤务组以及分管组织、宣传、秘书和外事。除总部直属分部外，各组织在大学中学均设有分部。每个组织还在全省各地设有指挥部，以便统一指挥（叶青，2018）。

清华大学“四派”的组织机构分为四个层级。最高层为总部委员会，下辖总部办公室、作战部、政治部和行政总勤务站。在第二级层面上，作战部下辖校内外运动常务部、斗蒋作战部、斗批改办公室、保卫组专政组、全国动态组。政治部下辖干部办公室、干部参谋组、组织部、宣传部和联系各系分部。在第三级层面上，全国动态组下辖办公室、军事口和各地动态。宣传部下辖广播台、井冈山四.一四报、动态组、简报组和宣传队。

清华大学“团派”的组织机构分为五个层级。最高层为总部委员会，下辖总部办公室、作战部、政治部和后勤部。第二级层面上，作战部下辖对内作战部和对外作战部。政治部下辖办公室、学生部、教工部、二办（干部办）、组织部、宣传部、科技、财务和生活。在第三级层面上，对内作战部下辖办公室、保卫部、罗-李专案、斗蒋兵团、八五支队专案组、第三编辑组、斗批改办公室和文攻武卫指挥部。对外作战部下辖办公室、动态组和全国联络站。教工部下辖工总司和教工分部。宣传部下辖井冈山广播台、前哨广播台、井冈山报和井冈山杂志。在第四级层面上，保卫部又下辖政保组、保卫组和一科。动态组下辖一动（井冈山通讯）、二动（四.一四动态，校内）、三动（全国首长）、四动（中学动态）和五动（军事动态）。可见，大学群众组织的机构相当严密（孙怒涛，2018）。

第三，群众组织的成员构成有两大特点。领导层的成员（即勤务员），大多由出身好（红五类子弟）、本人政治面貌好（党员）的成员担任。在选择这些成员时，会考虑平衡各个山头间的关系。头面人物一般由出身好、造反早和影响大的人物担任。如福建的郑火排家庭出身贫民，又是学生党员。湖北的胡厚民、朱鸿霞和江苏的文凤来等，都是出身好、本人政治面貌好、影响力巨大的造反人物。对于组织的一般成员的要求相对低一些。有的组织（如山西的“决死纵队”）甚至不要党员，是“清一色的工人阶级”。但是无论是保守派还是造反派，对于刑事犯都是不欢迎的（陈益南，2006a）。

领导人的选择，有的遵循“巴黎公社”选举原则，各级代表由群众充分讨论，选举产生。如北京大学的校系两级文化革命委员会的民主选举，采取“一人一票”的直接选举，聂元梓当选北京大学文革主任，其他 42 名校文革委员由各系选举推出。也有的采用推选领袖的方法。如上海“工总司”的王洪文被推选为一号领袖，湖北“钢派”领袖胡厚民和朱鸿霞等人也是通过推举产生的。原则上，各级代表和领袖人物如果不称职，通过群众讨论可以改选撤换。每个成员有申请加入和自由退出的权利。

第四，组织的名称虽然五花八门，但仍有一定的规律可寻。无论是大派组织还是基层的小组织，一般按照以下几种方式命名。（1）使用中国革命的词句和术语。如北京地质学院的“东方红”、北京航空学院的“红旗”、南京大学的“红色造反队”、湖南的“湘江风雷”、山西的“敢死纵队”、北京大学的“延安战斗队”和广州的“东风派”等。（2）以伟人或烈士的名字或革命圣地来命名。如“毛泽东思想红卫兵”、“鲁迅兵团”和“井冈山兵团”等。（3）以具有特殊意义的日期命名。如南京大学的“八.二七”、福建“四.二零革造会”、四川重庆的“八.一五”和四川成都的“八.二六”。（4）取用毛的诗词命名。如北京大学的“橘子州战斗队”、南京市下关区服务行业的“下五洋捉鳖战斗队”等。文革中群众组织的名称，生动地反映了文革话语体系的特征和属性。

文革时期，中国的通信联络技术相当落后。本市主要通过有线电话，外地主要依靠长途电话和电报。对于瞬息万变的文革形势，尤其是武斗期间的调兵遣将，远远不能适应。一个单位被对方包围，从消息的发出、求救信号的传送、上级指挥部发出增援令、队伍的集结、增援部队的行进，到最后的解围，无不需要准确和及时的同步协调。当时的人们，充分运用土办法来解决这些问题。许多大型工厂、机关和单位人员居住相对集中，出现情况时人们可以一呼百应，不需要一家一家地通知。例如新疆的保守派人员包围毛纺厂的工人住宅区，强行搜查丢失的步枪。但是他们很快被毛纺厂的对立派团团围住，无法轻易脱身。另一个有效的通迅联络工具是有线广播。这是文革中最常见的宣传工具，同时也是最有效的联络工具。一旦需要发出紧急通知，召集人马，平时的宣传工具立即成为召集成员的集合号。集中的居住和简陋的有线联络网，为派别斗争（特别是武斗）带来便利，弥补了通讯技术落后的不足。

文革前夕，中国的社会经过建政以来 17 年一系列的政治斗争，已经两极分化，充满以阶级为线和不断筛选差分所造成的社会矛盾。文革的发动，给了中国民众（尤其是受压迫的低层民众）一次绝好的翻身机会。抱有不同目标的民众为了自身的利益，形成三大群体：保守派、温和派和激进派。这三个群体与党内的保守派、温和派和激进派，进行了一场非合作式的、不完全信息的博弈。

这是一场混战。由于中国的经济落后，资源极为匮乏，这六个群体间的搏斗异常剧烈。他们之间没有真心的合作，也没有持久的联盟，关心的只是自身的利益。1967 年初，在“一月革命”的影响下，各省的保守派基本被打垮。造反派在大好形势下，未能充分利用机会巩固来之不易的胜利，而是立即陷入分裂和你死我活的派战。中国陷入激烈的内战，天下大乱。如果没有分裂，没有造反派的内讧，中国的这段历史或将改写。可惜历史没有“如果”。

第 19 章 文革群众运动的自毁

前一章论述群众组织为什么分派，以及是如何组织的。由于各省的分裂，群众组织陷入你死我活的派战，中国处于内战状况。这一形势是毛及其追随者没有预料到的。这一章将讨论文革群众运动的内斗和自毁，试图回答群众运动“为什么”和“如何”走向自毁的结局。

19.1. 文革的武斗[①]

文革结束后成立的“中共中央文化大革命武斗事件调查组”，于1978 年 6 月至 1979 年 8 月，经调查后统计得出：从 1966 年至 1975 年间，向当地革命委员会、政法部门和军管会（组）报案备案伤亡 10 人及以上的武斗事件有 57,227 件，其中伤亡 100 人及以上的武斗事件有 9,790 件。地方驻军奉命介入的事件有 2,355 件。申报亲属失踪的有 227,300 多人。

以下仅举几个有官方档案可查的地区为例。《黑龙江省文革大事记》记载，1967 年 8 月 27 日下午 2 时许，哈尔滨 674 厂和港务局等单位的造反组织出动装甲车一辆、坦克 3 辆共 1,000 人，在市内举行武装游行。28 日下午 2 时多，674 厂和港务局 200 余人手持机枪、步枪和手榴弹等，在两辆坦克的配合下，用机枪扫射另一派造反派组织人员，造成 12 人死亡 20 人受伤。

《宝鸡市志》记载，1968 年 6 月 6 日，陕西宝鸡岐山县蔡家坡地区发生大规模武斗，涉及岐山、扶风、眉县、陇县、凤翔和宝鸡

[①] 本节参考资料还基于：杜钧福（2015），佚名（2012）。

等 6 县 1 市的 30 多个单位。参加武斗的有 800 多人，动用不同口径的土炮 40 门，各类枪支 500 余支，手雷近千枚以及坦克等重型武器，当场打死 20 人，打残 32 人。

湖南怀化的《怀化大事记》记载，1967 年 8 月 1 日，黔阳地区两派群众组织展开武斗。在其后的 3 个月时间里，发生全区性武斗 18 次。武斗期间，两派都成立指挥机构。全区 12 个县和地直机关、单位和厂矿，共有 3,000 多人分别在不同场合参加武斗。黔阳军分区、各县武装部和四十七军 415 团等单位的部分支左人员，也介入武斗事件。武斗中，两派动用各种枪支 6,700 多支，子弹 75 万多发，60 炮 12 门和手榴弹 5,000 多枚。武斗中共死亡 268 人，耗费粮食 220 万斤，资财 508 万元。

文革中，武斗双方使出浑身解数，试图打垮对方。凡是能得到的常规武器都用上了，从冷兵器的刀、剑和长矛到热武器的手枪、步枪、机关枪、手榴弹、火炮和坦克。从这个意义上看，说文革是一场“内战”并不为过。

19.2. 文革中独一无二的“海战”[①]

文革中的武斗基本上属于陆战，1967 年 8 月 8 日发生在四川省重庆市的一次武斗却是例外。两派在水上进行战斗，被称为“重庆八.八海战”。当日下午 4 时，一支由三艘武装舰艇组成的“重庆反到底派”的“军工井冈山第一舰队”沿长江溯流而上，向上游的九龙坡驶去。舰队此行的目的，是给国营建设机床厂的“反到底派”的战友送去四门陆用三七炮（配备数百箱炮弹）、大批药品、香烟、生猪和粮食。舰队还打算运回一万多支半自动步枪。

打头阵的“望江 101 号”原是国民党的江防舰，舰长约 40 米，

[①] 本节参考材料还有：刘世秀（2014），李彤（2016）。

本是望江机器厂的交通艇。经过改装，该舰前段装有一门双联海三七高炮和一挺海四联 14.5 毫米高射机枪，后段装有一门双联海三七高炮和一挺海二联高射机枪。紧随其后的是“人民 5 号”。该舰过去是一艘美制登陆艇，在运输物资途中，被劫来重新装上铁甲。该舰船头驾驶台左右两侧，各安装一门陆三七高炮。驾驶台前装重机枪一挺，驾驶台后装高射机关炮一门，船尾装海三七高炮一门。该舰的旗杆上高悬“反到底一号”的标志，是舰队的旗舰。垫后的“嘉陵 1 号”，原是国营嘉陵机器厂的运输船，由望江厂改装成炮艇，参与舰队的行动。

从望江厂到建设厂 40 余公里的长江航道两岸，是“八.一五派”的势力范围。舰队驶达唐家沱，这里有一个东风造船厂，是西南最大的造船工业基地，此地的“八.一五派”有一定的实力。舰队的炮手们，对着岸边庞大的浮船坞和轮船一阵猛轰。随着阵阵爆炸浓烟的升起，岸边的“人民 6 号”等多艘轮船起火，多人死伤。

舰队来到两江交汇的朝天门，这里是进入重庆市区的门户，“八.一五派”的铁杆组织“长航兵团”和“港口兵团”总部驻扎在这里。“八.一五派”拉响紧急警报，十万火急呼叫“长江 207 号”、“人民 28 号”和“人民 30 号”等几艘船只马上驶向长江，武装拦截即将抵达的“反到底派”舰队。舰队的炮手们朝对方船只和港口阵地开炮，民用拖轮“长江 207”显示大无畏的革命造反精神，被无情的炮弹击中，迅速起火燃烧，侥幸未死的勇士们只得弃船跳水逃命。他们遭到舰载机枪的疯狂扫射，不少人脑浆迸裂，葬身鱼腹。两艘非武装的小型火轮“水运 104 号”和“水运 204 号”看见“长江 207 号”起火，迅速开进长江，企图对其施救，但被机枪子弹击穿顶篷，只得被迫退回小河，以求自保。

随后赶到的“人民 28 号”从嘉陵江口驶出。“八.一五派”战士手持步枪和冲锋枪，面对旗舰“人民 5 号”一阵狂射。无奈密集的子弹在舰艇厚实的铁甲钢板面前无能为力。在“反到底舰队”的三七高炮平射下，“人民 28 号”顷刻中弹倾斜。船的高压油箱被打坏，熊熊烈焰直冲天空。船体随波逐流，到下游数百米处的岸边沉没。“反到底舰队”又集中火力，猛攻刚刚赶到的“人民 30 号”。数十发炮弹在该船周围爆炸，船尾受伤，不得不带伤拼命退回嘉陵江内，躲避锋芒。

“望江 101 号”完成护航任务后返航，沿途又击伤多艘轮船。“反到底舰队”的旗舰和“嘉陵 1 号”逆长江继续上行，到达黄沙溪江面。舰队遭到南岸国营长江电工厂“八一兵团”的猛烈射击，旗舰上出现多起伤亡。舰队立即开炮，长江电工厂的油库被击中燃爆，拖轮“长江 1 号”被击沉。

因武斗交战被围困多日的建设厂“反到底派”，早已陷入断炊境地。随船送来的四门陆用三七炮以及活猪、罐头和其他日用品，无异于雪中送炭。绝地逢生的他们，后来把“八.一五派”赶出该地区，取得“八月战争”的阶段性胜利。

在这场惊心动魄的“海战”中，“反到底舰队”共发射炮弹 1,975 发，机枪子弹难以计数。据文革后官方出版的《重庆大事记》记载，“当场打死 24 人，打伤 129 人，打沉‘长江 207 号’等船只 3 艘，打坏 12 艘，长江航运为之中断数月之久。”

19.3. 武斗的战场纪律

文革期间的两派武斗虽然堪称内战，但是与真正的战争还是有差别。无论在保守派与造反派对垒的武斗中，还是在分裂的造反派的冲突中，大多数参加武斗的两派群众，最多只是业余级的战士。武斗人员未受过正规训练，有的只是在战前受简单的训练，于是在战场上洋相百出。有后面的人胡乱开枪，打死前面冲锋的自己人，有投手榴弹不拉弦，还扔到战友面前的。战场上没有严格的纪律，来去自由；打累了打怕了，可以自行退出战斗，没有人会硬逼着队员上战场。

更要命的是，大的战役往往缺乏统一的指挥，下属部队不知如何打。陈益南在回忆中讲述他的一次武斗经历。一路上，向湖北省湘潭市进军的汽车，远不止“青年近卫军”一个组织的人。有几十个造反组织的旗帜，出现在一辆又一辆飞驰的汽车上，车上是荷枪实弹、情绪高昂的武斗人员。武装车队在离长沙市 20 多公里的一处高山边停下来，这时天已全部黑了。只见长长的车队像一条乌龙，汽车灯光组成了两串平行的星链，一直向后延伸，弯弯曲曲，直到看不见的地方。

后来车队又前进，其实并没有人发出继续前进的命令。前面那辆汽车开动了，后面的汽车马上启动跟了上去。再后来车队又停下不动，同样没有人来通知是该休息，还是在车上待命，一停就是几个小时。如果此时对立派“高司”来袭击，这批造反派肯定会遭受重大伤亡。很幸运，“高司”的军事指挥水平也不高（陈益南，2006a）。

武斗中的人们杀红了眼，时有杀俘现象。四川省西昌铁路退休职工杨里克曾记叙过一件杀俘事件。武斗期间的一天晚上，他突然感到口渴，就到工厂食堂找水喝，看见四个武斗队员在悄悄商议什么。工厂食堂里关押着一个成都知青，是对立派的武斗队员，是被当地农民捉住后交给他们的，据说他对当地农民很凶悍。他 20 出头，中等身材，身体非常强壮。但是送来时被暴打一顿，已经奄奄一息。武斗队员骗他说，准备释放他，他强打精神，勉力而行。

在漆黑的夜里，一行人向工厂旁的海河边走去，周围都是齐腰深的荒草。那位知青发觉情况不妙，便开始哀求饶他一命。他说家里还有一个孤苦无靠的老母亲，非常可怜，说着说着就停下不走了。

武斗队员们威胁他，不走就当场打死他。事已至此，插翅难逃。他绝望地抬头仰望星空，发出一声长叹："难道今天是我活在世上的最后一天吗？"说完后他就再也不说话，默默随着他们来到河边。他一个人站在海河岸边，身后是四名武斗队员。杨里克站在一群人后边几米远，抱着看热闹的心态。

突然，"砰、砰、砰"，几声手枪声划破夜空。成都知青身中数弹，应声落入水中。沉入水中的知青慢慢浮出水面，无声无息地顺流向下游漂去。杀完人后，五个人默默返回。中途，没有开枪杀人的杨里克（2012）说了一句："这年头，杀个人比杀只鸡还容易！"

19.4. 葬送一线希望的爆炸

清华大学的"百日武斗"，是文革历史中的一个重大事件。这是因为，首先，它作为文革中的武斗典型曾经轰动全国。虽然在规模上，该武斗算不上是最大的，但是它发生在首都北京，全国的最高学府，历时三个月，死伤数百人，战况十分惨烈。尤其是 1968 年 5 月 30 日一仗。双方近千名现代大学生，身穿护甲，手持长矛，在东大操场摆开原始阵形，血淋淋地相互搏杀，实在是惊心动魄。其次，它是全国文革历史的一个转折点。清华大学武斗进行到 1968 年 7 月 27 日，数万首都工人进清华大学制止武斗，发生大规模的流血事件。这一事态，使得全国文革从群众运动时期转换到工宣队时期。工人和军队开始占领上层建筑，从而导致轰轰烈烈，历时两年多的文革群众运动全面终结（陆小宝，2009）。

"百日武斗"中，"四派"的 100 多位战友被围在科学馆，情况十分紧急。"四派"总部决定从动农馆与科学馆双向对挖地道，以解救被围的战友。"四派"还采取一系列措施向中央施压求救，但未果。面对困境，"四派"的领导人沈如槐做出决定，如果被围的"四派"

人员能够脱离险境，他将带领全体“四派”人员撤出清华大学。

就在“四派”的地道即将挖通时，“团派”的一位绰号叫做“狗熊”的队员用地下埋缸法，居然测出了地道的方位，用炸药把地道炸坍了。有的“老团”听到这个消息后，大骂“狗熊”是蠢蛋。“老四要逃走，就让他逃走不好吗？打了半天，不就是要把老四赶出清华大学吗？”从某种意义上说，是“狗熊”改写了清华大学武斗的结局。如果让科学馆的老四逃出去，沈如槐也跟着撤离学校，也许工宣队就不会进校了（孙怒涛，2018）。

19.5. 群众运动的终结

1968 年，全国的武斗达到顶峰，有些地方的造反派采取一些极端的对抗行动。“广西四.二二派”为了对抗部队暗中支持和武装起来的“广西联指派”，拦劫援助越南的武器。中央为此发出严厉的针对广西和全国造反派的“七.三布告”。中央要求恢复秩序，态度十分强硬。7 月 24 日，中央又颁布针对陕西和全国各地造反派的“七.二四布告”，要求任何群众组织、团体和个人，必须坚决、彻底和认真地执行毛亲自批准的“七.三布告”。

造反派当初作为毛整治官僚们的“石头”，现在成了实现“天下大治”的绊脚石，成了新生政权革委会的对立面。造反派预感到末日的来临，在走途无路的情况下，一些省的造反派领袖们聚集北京寻找对策。1968 年 7 月 17 日，“广州旗派”负责人武传斌等在北京航空学院聚会。参加者有“贵州四.一一派”、“广西四.二二派”、“青海八.一八派”、“辽宁八.三一派”、“河南二.七公社派”、“广东旗派”和“四川反到底派”等全国著名的造反派。造反派商讨对策的聚会，被中央定性为“黑会”。毛对造反派已经失去耐心，决定用快刀斩乱麻的方式解决群众组织的问题。军管和派庞大的工作队是最有效的办法。

1968 年 7 月 27 日，毛泽东派三万工人和解放军毛泽东思想宣传队进驻清华大学，强行结束武斗并接管清华大学的全部权力。两派群众组织在内战中终于同归于尽。从这一天起，毛利用造反派的战略终于结束。毛泽东告别了造反派（杨继绳，2016）。

文革结束以后，参加群众组织的民众结局如何呢？在我们的问卷调查中，最后一个问题是受访者是否因为参加群众组织受到审查和处理。我们并没有明确定义何为"受到审查和处理"，因为各省在处理造反派的问题上有很大的差别，有的省处理较重，而有的省相对轻一些，没有统一的标准。因此，受访者的回答可能存在一定的模糊性。这里的审查和处理，不仅仅指受到判刑那样的严重处罚。以下是因参加群众组织文革后受整的情况：

表 19.1. 受访者因参加群众组织文革后受到迫害的情况

	类别	χ^2P 值
家庭出身	革干革军（16%），工农（19%）、灰五类（23%）、黑五类（28%）	0.0380
政治面貌	红五类（24%）、中等类（17%）、黑五类（33%）	0.0022
性别	男性（23%）、女性（14%）	0.0115
组织派别	激进派（30%）、温和派（23%）、保守派（18%）、派别不明者（14%）	<0.0001

上表显示，家庭出身不同，受整的情况是不同的。受整比例依革干革军、工农、灰五类和黑五类子弟顺序逐步上升。从革干革军子弟的 16%逐步上升至黑五类子弟的 28%，且他们之间的差别在统计学上呈显著意义。政治面貌与受整也呈显性相关。我们可以看到，政治面貌的作用是两头大中间小，即党团员的红类和黑五类在文革后受整程度比一般群众要高。党团员和积极分子的身份未能成为护身符，反而是一般群众的身份能够逃脱受整治的命运。

派别组织的参加，对受整也有关系。激进派受整的最多（30%），其次是温和派（23%），最少的是保守派（18%）和派别不明者（14%）。所谓派别不明者有两种情况。一是受访者没有填写派别组织，另一种是本单位的小组织或者自己搞的小组织。此类组织的成员一般活动不多，所以受整程度也低。

下面进一步讨论职业与文革后受整的情况。以下是各职业受整的比例：

表 19.2. 不同职业的受访者因参加群众组织受迫害的估算

中学生	大学生	工人	职员	知青	农民	其他	人数
调整前							
14%	29%	37%	38%	20%	16%	35%	967
调整后							
12%	26%	27%	37%	11%	23%[①]	38%[②]	959[③]

由于女性参加本次调查的人数大大少于男性，而且大多数职业中女性受整比例低于男性，我们根据女性人数和受整比例进行了调整[④]。从总体上说，受访的中学生受整比例最低，只占全体学生的12%，而且我们判断受整的大多是高年级的学生。由于其他类的人员总体人数（37 人）不多，我们不作讨论。受访的大学生受整的比例，相对于知青和农民要高些。但是相对于工人和科员，大学生受整的比例还算是低的。这是因为，文革后大多数的大学生毕业，换了单位，所以受整的机会要小些。

工人和科员的单位归属相对固定，如果他们在文革中冲击当权派，文革后容易受到整肃。科员（即干部、职员和教师）受整是最

---

① 该职业中女性受整高于男性。

② 原因同上。

③ 因为有 8 人未填写性别，所以比调整前的人数少。

④ 调整方法与前面章节调整民众参加群众组织的比例相同（参见附录 I）。

高的。按照调整后的比例，受访者因参加群众组织文革后受整的，工人、农民和大学生大约在四分之一左右，科员受整比例高达近四成。其他人，如中学生和知青，约有十分之一的人受到整肃。总之，文革后受访者的受整面相当大。

我们建立对数回归模型，对受访者是否因为参加群众组织受到审查和处理进行分析。受访者的家庭出身（革干革军出身作为参考）、本人政治面貌（中等类作为参考）、职业（中学生、知青、农民、无业等作为参考），以及参加的派别（派别不明者作为参考）作为自变量。下表是回归模型的计算结果（N=704[①]）。

表 19.3. 受访者因参加群众组织受审查和处理的对数回归结果

编号	变量	对数系数	OR 比值比	P 值
X0	截距	−2.6958		<0.0001
X1	工农出身	−0.0963	0.908	0.7217
X2	灰五类出身	0.0074	1.007	0.9771
X3	黑五类出身	−0.0197	0.981	0.9530
X4	红五类政治面貌	0.1969	1.218	0.3098
X5	黑五类政治面貌	0.5524	1.737	0.1282
X6	男性	0.5845	1.794	0.0080
X7	大学生	0.5691	1.767	0.0152
X8	工人	1.1092	3.032	0.0005
X9	科员	1.1452	3.143	<0.0001
X10	参加过激进派	0.9494	2.584	<0.0001
X11	参加过温和派	0.4112	1.509	0.1219
X12	参加过保守派	0.3263	1.386	0.3775

如上表所示，家庭出身和本人政治面貌在统计模型中，均变得不显性相关了（P 值大于 0.05）。这是因为家庭出身和政治面貌与其

[①] 因为有受访者未填写出身、政治面貌等，所以模型分析的总人数略少于参加群众组织的总人数。

他变量有多重共线性相关的原因，所以在回归模型中未显出相关性，具体说明请参见附录 E。男性比女性更易受到整肃（P 值=0.0080）。文革中，大多数造反的领袖（尤其是知名的领袖）还是男性占多数，他们在后来都受到严厉的整治。职业与受整的关系，仍保持表 19.1. 中显示的那样（P 值均小于 0.05），大学生受整比例比其他人高（比值比为 1.767）。工人比大学生高（比值比为 3.032），最高的是科员（比值比为 3.143）。干部、科员和教师受整的比例较高，最大的原因可能是，他们参加群众组织，很容易被推举成为组织的领导人。

例如“上海工总司”开始的领导人是潘国平，号称“潘司令”，但他不是干部。王洪文不仅是党员，而且是科室干部。这样的人才，在群众组织中并不多见，所以王洪文一举成为叱咤风云、响当当的造反领袖。虽然王洪文缺乏治国安邦的能力和水平，但管理百万人的工总司绰绰有余。再如江苏“好派”的一号领袖文凤来，是位党员转业干部，担任南京大学的辅导员。这一根红苗壮的政治背景，使他顺理成章地成为江苏学生运动和工人运动的第一号领袖。造反派领袖在文革后的遭遇，是路人皆知的，他们几乎全军覆没，几乎无人逃脱被整肃的下场。

其次，由于科员本来是旧体制中的成员，深知内情，所以他们的造反对当权派的杀伤力更大，这样的人更遭当权派的记恨。一旦昔日的当权派重返政坛，这些当年曾是同盟的科员的下场就可想而知了。

相对于不明派别的受访者来说，参加过激进派的人员更容易受到秋后算账（比值比为 2.584）。这一结果符合常理，是可以预见到的。温和派和保守派的受整，较激进派要少一些，相对于不明派别要多一些，比值比分别为 1.509 和 1.386。所以，激进派是最大的受害者。

综合所有的因素考虑，受访者中男性（相对于女性）、科员、工人、大学生（相对于其他职业）、激进派（相对于保守派、温和派和不明派别）更容易受到整肃。家庭出身和本人政治面貌，因为有其他因素同时考虑，所以显得并不重要。我们的调查是全国性的，并具有较好的代表性，有理由相信以上的分析适用于全国的民众。

19.6. 群众运动内讧自毁的原因和教训

虽然文革的群众运动最后以失败告终，但民众并非一无所获。民众在文革初期对基层党组织的冲击，对党组织的瘫痪起了重要作用。党组织的瘫痪带来党支部专政体制的崩溃，特别是身份等级制度的结束。在文革期间党组织瘫痪以后，代替掌权的依次是红卫兵、造反派、革委会和工宣队。后者力图恢复文革前的秩序，但是都不成功，群众中未形成相对固定的等级结构。文革后期党组织恢复，但已不再是当年的党组织了。这张由中共各级党团组织十几年来苦心经营织成的巨网，一旦破坏就再也无法重新织成了。

由于文革的首要目标是解决“党内走资本主义道路的当权派”的问题，各级党委同仇敌忾、一致对敌的局面不再。当群众运动以空前的气势汹涌而来时，一些领导为了自保，往往将同为党委成员的同事抛出来“顶缸”，即所谓“舍车保帅”，这种情况屡见不鲜。它使各级党委成员离心离德，严重削弱了党委的领导能力，党和党员的威信和作用均受到严重挑战。

就这一点而言，民众的基本政治诉求得以实现。造反派没有完全失败，它完成了这一历史任务，尽管很多群众运动的领袖在文革中和文革后遭到迫害。从文革后期开始，基层不再进行划分左中右的政治排队，也没有听说什么人被党支部打成反革命。老百姓有了相对自由支配的生活空间，不再在政治学习会上说些言不由衷的假话。政治迫害当然还有，但是与文革前不可同日而语（杜钧福，

2018）。

遗憾的是，群众运动最终还是失败了。造反派是被自己的内讧打败的。他们的失败，加之中共的故意歪曲，使得造反派的声名狼藉。1989 年发生举世闻名的民主运动，当年的红卫兵领袖蒯大富来到天安门广场，问学生领袖王丹："假设我支持你们，会不会欢迎？"王丹答道，"你千万不要支持我们。……你们在我们心目中是什么形象？你们在我们心目中如果不是坏蛋，至少是笨蛋！……你们在我们心目中始终不是好人（许爱晶，2011）。"

事实上，当年的大多数造反群众既不是坏蛋也不是笨蛋，他们是犯有错误的平常人。造反群众是文革中出现的"史无前例"的特殊群体。虽然其组成形形色色，因为各地的发展不平衡，表现千差万别，由于生活在同一个时代，他们的思想和行为有着许多共性。总结他们的失败教训，需要发现他们自身的问题。有学者对此做过研究和总结。

首先，造反群众没有明确的政治纲领，没有独立的思考，更没有人成为出色的政治家，为群众运动"指点江山"。文革前 17 年形成的思想禁锢，是多层次多方面的。这些桎梏，不是以暴力的形式强制施加于中国的民众，是通过长期强制性的教育，使民众自愿接受的。在文革中，人们破除思想桎梏，只能从最低的层次开始。民众不可能一下子完全摆脱 17 年以来形成的思想桎梏，达到完全的独立思考与思想自由。民众的要求很低，造反群众的最低政治纲领，就是不要再区分"左、中、右"，不要随便把群众打成"反革命"。这种造反的局限性，必然导致他们夺权之后，除了维护既得权益，无所作为甚至走向反面（孙怒涛，2018）。

文革中，盛行"怀疑一切"。这是对文革前日益强化的思想禁锢的反弹，是社会政治生活从"听党的话"突然转变为"自己解放自己"的大转折时期必然出现的现象。"怀疑一切"在群众运动形成之初达到顶峰。造反群众当时最常引用的毛语录是："共产党员对任何事情都要问一个为什么，都要经过自己头脑的周密思考，想一想它是否合乎实际，是否真有道理，绝对不应盲从，绝对不应提倡奴隶主义。"造反群众敢于对许多权威进行怀疑，各级党政军的领导干部几乎都遭到怀疑和炮轰，甚至包括中央文革的成员。但是造反群众并不是什么都怀疑，什么都不相信的。他们迷信毛的绝对权威，有人甚至提出：怀疑一切，就是用毛的思想检验一切。符合毛的思想的就要相信和拥护，违背毛的思想的就要批判和打倒（何蜀，2007）。

其次，造反群众（包括当时绝大多数的民众）缺乏正确的思维方式，信奉"非白即黑"的逻辑。这一思维方式过度简化了复杂的处境。"非白即黑"的思维方式在中国由来已久。建政以来，政治运动接连不断。在政治运动期间，"非白即黑"逻辑谬误特别泛滥，它的特点是"一刀切"。在"三反五反"、"反右"和"大跃进"等运动中，许多失误都是由此而起。不加分析、不作区别、不分青红皂白，只讲左右；左就是正确的，右就是错误的。主观主义和命令主义泛滥成灾，给全国的经济造成严重混乱，甚至造成饿死几千万人的大饥荒。"一刀切"是"非白即黑"逻辑谬误的一种表现形式。一刀下去切成两块；一块是对的，一块是错的。文革从批"海瑞罢官"、批"三家村"、批黑《修养》到批林批孔批邓，无不是为了消灭不同意见，全国民众只能有一个脑袋。

文革中对立的双方互相攻击都很厉害，但有一个共同点，即都自称毛泽东思想红旗举得最高，竞相表忠心。文革中极端行为的原因很多，"非白即黑"的思维方式是其中的一个重要原因。造反群众内战不休，是因为思想一元化和独尊一家的思维方式。这是两派不能联合，只能以兵戎相见的根本原因。无论是哪一派，一旦掌握了一定的权力，有了发言权，就会不容异端（孙怒涛，2018）。

文革中虽然官方宣称实行"大民主"，是资本主义国家的人民不可能享受的大民主，但这只是假象。所谓的“大民主”，是没有法制保障的虚假民主，只是毛动员群众的一种手段。毛从来认为民主只是手段不是目的。由于长期以来接受阶级斗争教育，被灌输“不是东风压倒西风，就是西风压倒东风”，在路线问题上没有调和的余地，造反群众普遍不懂得民主的真实含义。大字报、传单、小报和广播中，时常出现不负责任的危言耸听的内容。对批判对象进行人身攻击，剥夺对方的发言权、辩护权，甚至以武力使对方屈服（何蜀，2007）。

第三，担心秋后算账的恐惧，始终笼罩着造反群众的心头。恐惧的结果是，无论在保守派与造反派对阵的地区，还是在造反派与造反派搏杀的区域，双方均不能停手，直至自毁。一位西方学者分析北京的大学生运动，认为大学生们斗得死去活来，既不是为了保护应有的权利，也不是为了争取新的更多的权益。他们斗来斗去，只是为了不输（Not to lose）。在中国当时的语境下，如果在政治斗争中输了，最轻的结果是事业发展的机会大大减少，最严重的结果则是坐牢或身体上的伤害（Walder, 2009）。

文革前，清华大学学生早已把“党员的政治优势”对自己政治生命的价值，锁定在“共产党员政治面目（身份标签）”上。人性的趋利本质，导致聚焦于申请入党。文革期间党团组织生活没有恢复正常，于是他们只能抱住派别集体，趋利避害，争取进步、当左派。这是两派红卫兵共同的秋后梦。双方在内心深处都在想：“秋后我是共产党，你是国民党，我找你算账！”因为红卫兵是临时的，共产党员才是稳定的正规名称。先争取进步当左派，秋后就会成为共产党员。双方举起派性的大旗，只是暂时抱团趋利避害。有人坦言，如果文革重复1957年反右斗争的结局，他就会是一个可怜凄惨的右派分子，因此他有一种害怕秋后算账的恐惧。正是这一恐惧，使他义无反顾地一头扎进武斗的深渊（孙怒涛，2018）。

第四，造反群众的失败，还在于缺乏包容和妥协。按照著名的政治学家 Lasswell[①]的说法，“政治决定何人在何时、何地、以何种方法得到何物。”换句话说，政治通过非暴力的方式决定权力和资源的分配。无论一个人的目的多么崇高（例如为了天下劳苦大众的幸福），或者多么渺小（例如为了一己私利），争夺有限的权力和资源的斗争都是政治行为。要想做到在争夺有限的权力和资源的过程中不使用武力，只有通过妥协、合作、协商和争论(有时甚至通过贿赂和欺骗)来实现。由于资源有限，每个人对权力和资源的愿望不可能全部实现，因此在争夺资源的斗争中会有输有赢。“妥协”和“胜负难料”是政治的两大特点，但是造反群众却很少有人愿意通过妥协、合作和协商来解决他们之间的矛盾。

清华大学“四派”第二号领袖孙怒涛先生在文革结束 40 多年后总结认为，妥协是现代政治的重要理念。他说[②]：

> 从小到大，我们这一代人见到的是人与人的斗争，受到的是阶级斗争的教育，在斗争哲学的熏陶中长大。对于阶级敌人，坚决斗争不留情面。“宜将剩勇追穷寇，不可沽名学霸王”。
>
> 妥协？在无产阶级的字典里没有这一说。谁想妥协，谁就是机会主义，就是投降主义，就是出卖革命。文革中，尤其在两派争斗中，时时针锋相对，处处绝不妥协。蒯大富掌权以后迅即打压不同意见者。他在半年前被工作组整得绝食，此时他整起人来一样地凶狠残酷。由此激起更多的清华大学师生站在他的对立面，许多人对他的做派非常反感。成立“四.一四串

---

① 哈罗德·拉斯韦尔（Harold Lasswell, 1902-1978）是美国著名的政治学家，社会学家、心理学家和传播学者。

② 这是孙怒涛先生应作者邀请专为本书写的感言。孙怒涛，生于 1942 年，著名文革研究学者，1960 年进入清华大学学习，后留校任教，1980 年调入浙江省计算技术研究所，1999 年退休，着有回忆录《良知的拷问：一个清华文革关头的心路历程》（2013），主编《历史拒绝遗忘：清华十年文革回忆反思集》（2015），《真话与忏悔：文革 50 周年清华校友讨论集）（2018）。

联会”是一个必然的结果，具有积极进步的意义。此后蒯大富视“四.一四”为非法组织不予承认，并加紧打压。两派争斗渐趋激烈，两派联合的机会一再丧失。极端思想膨胀，恶性事件频发，中间群众被彻底撕裂。分裂前的唇枪舌战已经不再，代之以真枪实弹的武斗，造成了人员的重大伤亡和财物的严重破坏。分裂不一定必然导致武斗，但是分裂为武斗打开了一道闸门。这点是肯定的。

近半个世纪后，我在回忆录《良知的拷问》中重新评述清华大学文革的这段历史，认为组织上分裂是“四.一四”所犯诸多错误中最严重的错误。我的这一认识受到“老四”朋友的一致批评和反对，无人公开表示支持。经过三四年的再思考，我仍然坚持这个观点，而且更坚定。

是的，我们不能以现时的理念和觉悟水平来要求那时的我们妥协处理政治斗争。但是我们在评判历史的时候，应该站在现时能认识到的人性和现代政治文明的高度，不能还依旧在那时的话语系统中打转转。如果当年两派都能遵守四项协议，在此基础上实现大联合成立革委会，虽然清华大学两派最终还是会被赶下历史舞台，文革最终还是要失败，但是清华大学文革的具体路径肯定会不一样的。师生的伤亡也可能会少一点。更重要的是，在政治斗争中实行必要的妥协，本身就是一笔宝贵的政治遗产。

这一经验教训对于今后的政治斗争具有重要的意义。

妥协表示通过斗争所得的阶段成果落到实处。

妥协表示对对手的尊重，对他们代表的另一部分群体利益的尊重。

妥协表示拒绝全胜的诱惑。因为在大获全胜之后必然导致失败方的疯狂报复，仇恨会更深，矛盾更难解决。

妥协是一步一步向着目标稳步前进，不是大起大落最后还是在原地踏步。

善于在适当的时机以适当的方式妥协，需要智慧。

敢于在适当的时机以适当的方式妥协，更需要勇气！

我们认同孙怒涛先生总结出来的关于妥协的见解。善于妥协需要智慧，敢于妥协需要勇气。不幸的是，造反群众不仅缺乏善于妥协的智慧，更缺乏敢于妥协的勇气。

最后，造反群众的失败还源于群众组织领袖自身的问题。这些领袖在政治上并不成熟。他们没有认识到派性斗争的严重后果，没有采取积极的行动去解决这一问题，更没有“化敌为友”的能力。只有少数领袖除外，如内蒙的高树华、黑龙江的范正美和上海的王洪文等人，特别是王洪文。1966 年底保守派组织“赤卫队”瓦解之后，“工总司”曾经开会彻夜辩论如何对待“赤卫队”的工人。许多造反派领导人不愿意接纳保守派。王洪文毫不妥协，在辩论会上拍了桌子，坚决主张接纳保守派成员。他的主张得到很大程度的实施。由于上海“工总司”没有排斥保守派工人，各个单位的造反派组织顺利地吸纳保守派成员，后来“赤卫队”头头几次想要重新拉队伍都未能成功。自 1967 年以后，上海再也没有出现强大的保守派组织。与此成鲜明对照的是武汉。1967 年夏，武汉的造反派在保守派“百万雄师”失势后，对其进行疯狂的报复，结怨极深。结果在 1969 年到 1973 年的多次运动中，很多原保守派人员成为整造反派的主力，大搞“逼供信”，参与制造“五.一六冤案”。

在上海，由于没有出现成建制的保守派力量与造反派进行角力，大多数当权派从自己的权力地位着眼，只能乖乖地向造反派靠拢，承认从前的错误并表示悔改，保证以后与造反派合作。到 1967 年秋，上海的部局长一级干部解放了百分之五十至六十。王洪文利用 1967 年底有利于造反派的大好形势收编保守派“赤卫队”，从根本上避免了群众组织的分裂，也从根本上改变上海的文革走向。上海工人造反派的团结，受到毛的多次表扬，这是王洪文在文革实践中的最大贡献（老田，2014）。这也是王洪文能被毛选中，试图培养他成为接班人的原因之一。

从文革中造反群众执政的情况看，上海的稳定局势值得关注。上海的长期稳定，除了毛和中央文革的支持以外，上海造反领袖的水平起到十分重要的作用。他们中的主要人物，均是原中共体制内的官员。例如徐景贤是原市委的干部，王洪文是一位从事政工的基层干部，他们的政治素质远高于普通的学生和工人。

更能说明这一问题的，是北京地质学院的“东方红公社”。该组织文革中独树一帜，是全国造反最早、影响最大、号召力最强的造反组织之一。当清华大学和北京大学等高校两派武斗打得天昏地暗时，北京地质学院竟然能相对平静。这在北京高校中显得很不寻常，即使在全国也极为罕见。当该学院的保守派“斗批改”垮台以后，造反组织“东方红公社”一统该院的天下。但是其内部却一直存在两派，一派以朱成昭为首，另一派以蔡新平为首。人们习惯上把两派称为“朱派”和“蔡派”。“朱派”比较激进，“蔡派”相对温和。两派曾三次面临分裂危机，但“蔡派”却始终没有另拉队伍出去。即使毛的女儿李讷来地院鼓动另立山头，也未动心，心甘情愿地做“内部反对派”。

该派领导人蔡新平做出这样的决定，与倾向该派的原体制内的干部有很大关系。他们是“蔡派”的智囊团，由原院长兼党委书记高元贵、原院团委书记、党委委员安静中、原党支部书记郑伯让等人组成。尤其是安静中，是智囊团的智慧核心。当“蔡派”犹豫动摇是否另拉队伍时，安静中说了一句给人印象极为深刻的话：“你们就做内部的反对派吧”。他说，共产党内历史上从来就不缺不同意见的斗争。他列举共产党建党以来的党内斗争历史，说毛泽东在中央苏区不是也被剥夺了领导权嘛，不也是一直坚持内部斗争？他还说，党内有不同意见可以搞斗争，但是不能搞组织分裂。这是一条原则。

虽然安静中讲的是中共的组织原则，但是对于群众组织也是适用的。文革中的造反派往往一遇不同意见就分裂，就拉队伍另起炉灶。当然，坚持内部斗争是要付出代价的。“蔡派”的成员后来受到对立派的残酷打压，但是他们没有一个后悔。因为浩劫之后，每当回校的师生看到一个完整的没有一点武斗痕迹的地院时，都会不约而同地感叹：奇迹啊！幸亏地院没有发生武斗（蔡新平，2018）。

所以我们可以预测，如果将来中国出现大规模的成功的群众运动，其领导者应该是中共体制内的官员，而不会是毫无执政经验的草莽英雄。

群众运动的领袖不仅需要政治上成熟，个人的品性也很重要。例如，江苏的造反派领袖文凤来是一位正直的教师。按照当时的标准，他本身的政治条件非常过硬，既是党员又是转业军人。他对工作组将矛头指向普通教师和学生的做法提出批评，完全是出于为民请愿，打抱不平。他可以像大多数人那样保持沉默，但他却不惧风险，勇敢地贴出大字报，遭到工作组的打击和围攻。文凤来挺身而出贴工作组的大字报，并不是因为他有个人恩怨，而是出于对受工作组打击的师生的同情和正义感。正是由于他的正直，他成为江苏群众运动传奇式的领袖。后来受到军方的迫害时，文凤来只承认反许有错误，始终没有牵连昔日的战友，受到人们的好评和尊敬。

云南大学的方向东在万马齐喑的高压下，写出大字报支持被全校师生围攻的两名同学。他当时能这样做，需要相当的人格力量和勇气。很快，方向东成了众矢之的。但正是那张伸张正义的大字报，使方向东日后成为该省赫赫有名的造反派英雄。新疆大学的吴巨轮也是如此。作为团委和学生会干部的吴巨轮，反对工作组把矛头指向学生的做法，贴出揭露工作组的大字报，批判工作组执行“形左实右”的错误路线。他的大字报立即使他受到批判和围攻。正因为他敢于仗义执言，吴巨轮成为新疆造反派的领袖。

不正派的领袖会对运动带来不利的影响，江苏的曾邦元就是一例。江苏的“八.二七”（P 派）内部分为两派，一派以曾邦元为首，另一派以袁服武为首。分裂的原因是在对待其支持的干部高啸平的问题上。当中央决定把高啸平作为替罪羊抛出来时，曾邦元无情地将过去的盟友抛弃。袁服武等人对此表示不满，认为曾邦元两面三刀，为了保自己升官，不够厚道。他们倒向曾经的对立派（即“好派”）寻求支持。

“清查五.一六”时，军方主要是抓“好派”的人。结果曾邦元趁机打击本派内部的不同政见者袁服武，把袁也关起来。袁服武被关起来后，痛恨曾邦元。清查运动本身就是无中生有，结果被关进去的“袁派”串通起来，一口咬定自己是曾邦元发展的。最后曾邦元也被打成“五.一六分子”关了起来，真是搬起石头砸了自己的脚。这场造反派的内斗，本来是完全可以避免的。由于领袖的品质问题，受到军方支持的造反派在内斗中两败俱伤。

造反群众组织的分裂，有其历史原因和文化原因。这就扯出中国人“窝里斗”的话题。柏扬先生的《丑陋的中国人》一书，把中国人内斗的恶习描述得入木三分，把中国人的“卧榻之侧，岂容他人酣睡”的内斗潜质揭示得淋漓尽致。中国人热衷于内斗有以下几个原因。

首先，是由于单一的价值取向引起的。千百年来，中国人信奉“万般皆下品，唯有读书高”的理念。“读书高”的核心是做官。在权位的金字塔下，读书人千军万马挤独木桥，你争我夺，你死我活。这种单一的价值取向，是形成内斗的重要原因之一。

其次，是统治阶级不把人民当人。为了维持他们的统治，统治阶级挑唆并制造人民中的冲突。当人民忙于自相残杀时，他们的统治才是稳定和安全的。所以中国人好内斗，是统治者培养出来的。

第三，中国人的内斗与中国的继承制度不无关系。西方人（如英国人）很早开始实行“长子继承权”。英国规定，只有长子可以继承父母的不动产。这样一来，多数的英国人（除了长子以外）不能指望父母的财产，必须自行开拓创业。他们的眼睛不是只盯着父母手里的那点家产，不是只盯着英国国内那块巴掌大的地盘，而是放眼世界，开拓海外殖民地。澳大利亚、加拿大和美国就是这种开拓的结果。他们开拓外疆的精神，在美国牛仔的身上充分地体现出来。

牛仔们不断地向西进发，从美国的东海岸一直打到西海岸。几千英里的地盘，没有多少年就被他们征服了。相对于英国的长子继承法，中国除了皇帝的位子是长子继承外，其他的人是平等继承的。普通百姓平等继承的坏处是，眼睛都盯着父母手上的那份家业，你争我夺窝里斗。

第四，与中国人受到的限制有关。限制包括地域的限制、思想的限制和社会流动的限制。中国的农民世世代代被束缚在土地上，没有任意迁徙的自由。中国人的思想被独尊的儒家所禁锢。更重要的是，旧时的中国没有正常的社会流动。中国的下层百姓很难有机会爬上升迁的阶梯，只有科考一条狭窄的道路。由于有如此多的限制，自由空间很小。中国的人口又是如此众多，没法子，只好你争我夺，斗得不亦乐乎。

第五，是中国没有经过真正的大工业阶段。大工业的特点是严密分工。工厂里的工人往往重复干一个简单的工作，年复一年，日复一日。社会分工使大多数人的头脑变得简单，每个人像机器上的一个零件。因此不少西方人安于做下手，不在乎为别人打工。对于他们来说，只要有工作做有钱挣就满足了。中国人受儒家思想和小农经济的影响，有强烈的出人头地和光宗耀祖的欲望，望子成龙是大多数家长的心态。中国人个个想当老板，人人想当领导，只要有机会总想拉队伍自己干。所以在国外中餐馆林立，但是办得特别好的，成为全国连锁的却并不多见。大家在有限的空间里互相倾轧，靠降价吸引顾客，直到做烂为止。在国外提起中餐馆，人们常把它们与“低”字联系在一起：低价、低质、低品味和低档次。大工业的高度分工使得人们相互依赖，习惯于相互间的密切合作，讲的是团队精神（乔晞华、张程，2014）。

当然，造反群众组织并非永远“死磕”，没有联合。例如湖南的两大造反派从“清队运动”开始逐步丧失权势，一步一步跌入牛鬼蛇神的集中营。到了“一打三反”运动时，造反派们遭到几乎全军覆没的厄运，造反派的领导人和骨干分子都成了挨整对象。到了“批林批孔运动”时，造反派们把谋求翻身，再次造反的斗争锋芒指向省革会中的军人代表。

文革中，造反派一次又一次地分裂。每当造反派获得一个大的胜利，他们立即分裂，陷入内战，造反派在内战中能量消耗殆尽。但在此次的造反中，湖南的两大造反派们尽弃前嫌，共同对敌。在省革委会中的造反派们曾有过内讧，后来一派主动向另一派示好，邀请他们出山，使另一派东山再起。造反派们重组力量后，呈现一致行动的独特态势，出现“各派团结、一致造反”的新局面。两大造反派不仅能较为顺利地平反，再次烧毁“黑材料”，恢复革委会的职务，还能入党，被提拔为领导干部。

湖北的造反派也是如此。湖北造反派在“清理阶级队伍”、“一打三反”、“批林整风”等一系列政治运动中，遭到毁灭性打击。“钢、新”两派这才又一次深感唇亡齿寒，终于走向团结与联合，发动“反复旧”运动。虽然这是造反派们的最后挣扎，只是强弩之末，但他们毕竟在你死我活的搏杀后又联合起来抗争过。

江苏的情况也如出一辙。军人在“清队”、“一打三反”和“清查五.一六”中，沉重地打击两大造反派别，两派的领袖在清洗中均成为阶下囚。“批林批孔运动”中，被整肃的造反派领导们把此次运动视为争取为自己平反的最后机会。两派的造反领袖与地方干部，在对付军人专权上终于联手出击。军方不得不做退让，同意释放一批被关押的造反派领导，军人专权终于以垮台告终。虽然地方干部在两大造反派的帮助下从军人手中夺回权力后，很快把造反派又一次打入十八层地狱，但是曾经敌对的造反派联合起来为自己的权益斗争的历史不应被忽略。

为什么造反派们以前在毛和中央一再号召大联合的情况下拒绝

联合，打得死去活来、天昏地暗，非要到双方都被打翻在地后才想到联合呢？这一迟到的联合揭示了什么？在当时的语境下，造反派们仍然没有明确的政治纲领，缺乏独立的思考，也没有出色的政治家为他们"指点江山"。造反派仍然缺乏正确的思维方式，仍然信奉"非白即黑"的逻辑。他们不可能在短短的一两年内就学会用正确的思维方式考虑问题。而担心秋后算账的恐惧，比以往更加沉重地笼罩在造反派的心头。为什么他们以前在胜利的时刻不能联合，非要在两败俱伤时走向联合，做临终前的最后挣扎？文革研究学者王复兴总结道[①]：

> 两派都错，没有一派政治正确。同一校园的师生本应互敬互爱，却热衷派仗，直至发展到冷兵器武斗，企图以武力打垮对方。北京大学武斗长达半年之久。到了最后，坚持武斗的人员，"井冈山派"只有 200 多人坚持武斗，"公社派"也只剩下 400~500 人。当时在校师生有 13,000 人左右。那么大多数的师生那里去了？绝大部分人都成了逍遥派，许多人回家了。
>
> 然而校园却被两派激进的头头所掌控。两派核心层的理性"鸽派"，被激进的头头称为"机派"[②]。这似乎表明，在群众运动中，越运动越激进，谁激进谁上台，谁激进谁掌权，理性者则失去话语权。这些激进的掌权人只知进不知退，不懂妥协，不懂见好就收，直到碰了南墙，碰得鼻青脸肿，甚至粉身碎骨。如果在 1968 年的夏季，北京大学和清华大学的学生领袖够冷静有智慧，能够停止武斗，实现联合，相互妥协，结合双方支持的干部组成联合政权，或许就不会发生工军宣队开进校园。那么历史将改写。

群众组织是由个人组成的，每个人都想通过组织获得某些利益。在研究组织机构时，有的西方学者认为，组织行为可以看成是为得

[①] 这是王复兴先生应作者邀请为本书写的感言。王复兴，著名文革研究学者，生于 1943 年，1965 年考入北京大学，1970 年毕业，主要着作有《抢救记忆：一个北大学生的文革回忆录》(2016)，《回顾暴风雨年代：北大文革亲历者文集（2）》(2018)，《回顾暴风雨年代：北大文革亲历者文集（3）》(2020) 等。

[②] 右倾机会主义的"机"。

到某种利益的努力（特别是加强组织的利益）。但也有学者认为，应该把组织看成是战场。在组织内部，有不同的派别不同的利益竞争，试图控制组织。因此，某个时期的组织行为反映了获胜一派的决定。还有学者提出，组织最后走向寡头政治，似乎是一条铁的定律。组织必将分裂成两派：一派是小而稳定的精英圈，另一派是众多的普通成员。虽然表面上看，精英圈代表了全组织的利益，事实上只是代表了他们个人的利益（Tolbert and Hiatt, 2009）。

群众组织内部的温和派与激进派的斗争，演变成争夺组织内部的权力斗争。由于大环境的作用，文革中的群众组织大多是激进派取胜。正如王复兴所言，到了群众运动的后期（1968 年），许多民众已经对运动失去兴趣，逐渐逍遥起来。真正的死硬派并不多，但是他们的能量很大，两派（也有的个别地方是三派或四派）都被激进派绑架。它们之间的斗争，只能一条道走到黑。

我们（Zhang and Wright, 2018）曾对文革做过定义：文革是党内和党外的激进派、温和派、保守派六个集团之间以及集团内部进行的一场非合作式的不完全信息的博弈。在这场六个集团参与的混战中，激进派和温和派以前没有能够联合，是因为对形势发生误判。这是文革群众运动失败的最根本的原因。

这一误判，部分源于他们没有分清真正的敌友。他们以为保守派已经完败，不可能死灰复燃。在对权力贪婪的驱动下，把曾经的同一战壕的战友当成敌人，试图一揽大权，独霸天下。正是由于这一错误的策略（这是致命的错误策略！），才出现激进派和温和派的分裂，才会有后来的对秋后算账的恐惧。对秋后算账的恐惧，不是造成分裂的原因。从时间上看，是先有分裂然后才有你死我活的搏杀，最后才有对秋后算账的恐惧。如果造反的群众在胜利后立即着手联合掌权，哪里会有对秋后算账的恐惧呢？！如果他们联合掌权，到秋后，也许会以胜利者的身份对保守派进行清算。

在造反派与保守派对峙的省里，情况有所不同。有些省的保守派在掌握实权的当权派的支持下，对造反的群众进行打压，但这些省不占多数。在全国，造反派独霸天下的和造反派分裂对峙的省，占了 29 个省份中的 20 个。只有九个省是保守派与造反派对峙的局势，而且这些省也并非都是保守派占上风。如果不是由于大多数省的造反群众分裂打内战，造成局势失控，天下大乱，毛也许不会派出军宣队和工宣队，他们的下场也许不会那么惨。

这一误判也源于造反群众对自己的力量不切实际的高估和对于保守派势力的低估。当造反群众内讧厮杀时，他们没有预料到“鹬蚌相争，渔翁得利”的结局。结束这场 50 多年前内战的最后战场，是在清华大学校园。当工宣队进入清华大学校园，造反派即将灭亡时，蒯大富下令向工宣队开枪。

难道蒯大富真的反了？不是！是他发生了严重的误判，以为对方有黑后台支持，毛是不会派工宣队来缴他的械的。当毛亲口告诉蒯，黑手就是毛自己时，蒯就无话可说了。蒯大富的开枪令标志着造反群众组织走向灭亡，也是造反群众误判形势的最明显的例证。

在文革结束 40 多年后，清华大学的学子们合作出版了一本专著《真话与忏悔》，对文革进行了反思。最为可贵的是，这批当年在校园里昏天黑地拼杀的精英们，终于尽释前嫌，握手言和。当年斗得你死我活，付出过鲜血和生命的两派同学，坐在一起回顾历史，有讨论有争论，一起反思并达成许多共识。脱离政治漩涡走入社会以后，清华大学的两派同学大多都能和谐相处，对大势的认识也逐渐趋同。80 年代末期，“四派”领袖人物汲鹏不记前仇，不避嫌疑，热情接待新婚的蒯大富夫妇。90 年代，深圳的两派校友做了很多努力，促成蒯大富与沈如槐握手言和，成为和解的一个新标志。2008 年初，清华大学曾经敌对的两派主要人物蒯大富、沈如槐、汲鹏和陈育延等，在卢沟桥举行聚会。这些迟到的和解虽然晚了，但毕竟发生了。

虽然上述和解中仍存在争议，但意义非常重大。

研究上述和解发生时的中国社会背景，有助于加深我们对和解的认识。在文革初期，老红卫兵与平民红卫兵都有罪错。文革后清查“三种人”时，陈云认为老红卫兵“不属于‘三种人’，其中好的还应是第三梯队的选拔对象。”平民造反派，是“绝不能让他们混进第三梯队”的。为了让不会掘自家坟墓的“红二代”接班，必须把最有竞争力的平民造反派领袖（无论有无过错）统统打下去。于是，给他们戴上“记录在案”的紧箍咒，成了最行之有效的办法。

在这样的背景下，清华大学“团派”和“四派”的58位领袖和骨干被记录在案。其中有两位即便“未发现问题”，也没有逃脱“记录在案”的命运，就因为他们曾经当过一年多的造反派领袖。中组部的文件明文规定，凡是“高等院校学生造反组织的重要头头”，都要记录在案，不管他们是否有问题。那么，对老红卫兵的头头呢？因为他们是“红二代”，就全都赦免了。如拉倒二校门，毒打“走资派”和“反动学术权威”，策划制造“八.二四打砸抢事件”的贺鹏飞们，按其罪错完全应该被记录在案的，但他们却逍遥法外，并步步高升（孙怒涛，2018）。陈云的“自己的子女可靠论”，使“无数梦者”醒悟：红二代真的发了！而且不是某一派。两派终于同时愤怒了（樊思清，2018）。

如果清华大学两派的和解，进而全国各地造反派的和解早来几十年，中国的历史将如何？历史没有“如果”，但历史却在不断重现。中国人民在50多年前痛失一次打败保守派的绝好机会。如果当年的造反群众能看清形势，及早联合，保守派未必能够东山再起。当然，毛是否会让造反群众当权；如果造反群众当权，中国的情况将如何，并不令人乐观。但是如果造反群众没有内讧自毁，运动的走向和结局肯定会不一样，至少他们的下场一定不会这么悲惨。

历史会再给中国人民机会。中国人是否会像罗征启校长的夫人梁教授说的那样："再搞文化大革命，（我们）和蒯大富一起造反，就是要彻底砸烂旧清华大学（许爱晶，2011）！"中国向何处去？中国的未来全靠中国人民自己救自己。中国人民会把握好将来的机会吗？

广东的文革群众运动领袖武传斌在临终前，为纪念文革五十周年提前写了两句话，"如有机遇我当再中流击水，为将中国民主再推进一步（阿陀，2016）。"也许这就是中国人民的回答。

第 20 章 结语：中国未来社会运动展望

“社会冲突派”和“政治过程派”学者们，在研究家庭出身与派别选择之间的关系上存在严重的分歧和争论。他们试图通过这一关系，推测民众参加派别的原因。事实上，参加一派群众组织（无论是造反派还是保守派）仅仅是手段，并不是目的。尽管在许多情况下，参加某派组织能够部分地体现个人的动机和原因，但终究只是一个近似的替代变量。同一个手段可以服务于不同的目的，不同的手段也可以服务于同一个目的。

对当权者和制度不满的民众参加造反派，可以直接向曾经欺压过自己的走资派和当权派发动攻击，趁机出口恶气并改变自己的处境。这些不满的民众参加保守派，未必不能达到同样的目的。鉴于 1957 年反右和其它政治运动的教训，他们心存恐惧，不敢反对党委和工作组。根据以往的经验，运动过后提意见的人不会有好下场，不如此时向当权派示好，表忠心，或许今后的日子好过些。这样的想法做法，同样可以达到最终改善自己处境的目的。

本书对于文革中民众参加不同派别的问题，采用了不同的研究方法。首先分析民众为什么参加群众组织（无论派别），其次才分析民众参加不同派别的动机。在分析第一个问题时，我们通过问卷调查，直接询问当年参加群众组织的民众。发现无论是参加造反派还是保守派，人们的根本目的都是相同的。文革时的中国无形中分裂成为两大阵营：红色阵营和非红色阵营。无论民众参加哪个派别，都是为改善（对于弱势群体而言）或者保持（对于优势群体而言）自身的处境而战。

在分析第二个问题时，首先区分民众所参加的不同派别。我们将各省的大派别分出三大类，即保守派、温和派、激进派。温和派与激进派都是造反派，只是造反的程度不同。各省的派别虽不同，其派别斗争总体而言可分为“阶级性派别”和“宗派性派别”两大类型。前者是保守派与造反派之间的阶级斗争，后者是造反派之间（即激进派与温和派之间）的内斗。“阶级性派别”与民众的家庭出身有着密不可分的关系。这是因为，家庭出身是民众自身阶级地位的一个重要指标。“宗派性派别”与阶级没有什么关系。所以，作为阶级地位指标的家庭出身与派别选择，自然失去了联系。

“社会冲突派”没有充分注意分裂的造反派之间的内斗，因此没有意识到文革中的派别斗争不仅是既得利益者与挑战者之间的斗争，也存在挑战者之间的内部冲突。“政治过程派”忽视中国社会的基本矛盾，片面强调运动的多变过程。真实的情况是，文革是一场博弈，是既得利益者的保守派与作为挑战者的激进派之间的斗争为主，造反派内部冲突为辅的博弈。文革是保守派、温和派和激进派之间进行的一场非合作式的、信息不明的利益斗争。我们用“两类派别斗争”（Two-Type Factional Struggles Explanation）来解释文革中的派别冲突，也可以称作“两类派斗说”。

文革研究中两个重要的问题，也是被许多学者忽略的问题是：（1）造反派为什么分裂？（2）他们的分裂对文革中的群众运动带来了哪些害处？由于中共当局对造反派的丑化，尽管有些人对造反派抱有同情心，但很少有人能正视他们。更少有人认真总结他们失败的教训，为中国今后的群众运动探寻方向。

造反群众没有能够联合有多种原因，归根结底是因为误判形势。他们没有分清真正的敌友，以为保守派已经完败，以致在对权力贪婪的驱动下，把曾经同一战壕的战友当成敌人，试图独霸天下。正是由于这一错误的策略，出现造反群众的分裂。你死我活的斗争，导致对秋后算账的恐惧；在对秋后算账的恐惧下，造反群众只能相互拼斗到底。斗争到底的结果，是两败俱伤的自毁。如果造反群众在保守派失败后迅速联合，共享胜利果实，中国的当代历史或许会改写。

文革研究学者王复兴认为，文革给中华民族带来深重的苦难，然而反中有正，正中有反，不能以非黑即白和非白即黑的思维方式分析评价文革历史。文革要否定，但是否定之下仍有正面因素可以挖掘。文革是个多层面多线索多元化的社会运动，各种矛盾错综复杂，相互交织。复杂的事物不能简单化分析，不能一刀切一面倒，否则会失于片面，偏离真相。

例如，人民的自主性在文革中便有所进步。毛泽东为发动群众打倒政敌，暂时给予人民言论自由结社自由，这在客观上使人民获得短暂的自由。人民享有了民主，解放了思想，学会思考并得到锻炼，从而焕发出人民群众的历史主动性。当毛想收回给予人民的自由时，就不那么容易了，“四.五天安门事件”便是典型事例。毛发动起来的群众，走到他的对立面，全国有上千万人卷入“四.五运动”。这是 1949 年以来从未有过的大规模公民运动，它要求结束文革，结束秦皇的专治统治。“四.五运动”为迎接改革开放新时代的到来，奠定了思想基础，做了舆论准备。文革后期的“四.五运动”，不是凭空发生的。它是在文革前期和中期各阶层的人民群众逐渐累积和蕴酿的不满的最后爆发。今天，我们应该去深入挖掘埋藏于地下的思想火种和反专制争民主的萌芽[1]。

严家祺先生认为，最早公开指出毛泽东专制独裁的，既不是造反派和激进派，也不是保守派和温和派，而是父母受到冲击的“联动”分子。由“红二代”中学生组成的“联动”，在 1966 年 8 月公开印刷的《中央秘字零零三号》文件中提出：“坚决彻底全面干净地粉碎中共中央两个主席的左倾机会主义路线，取消一切专制制度。”也正是林彪的儿子林立果的《571 工程纪要》，在中国第一次全面系

[1] 摘自王复兴为本书写的感言。

统地提出“全面非毛化”和反对当代秦始皇的主张，指明了中国民主运动的基本方向[1]。

文革结束至今已有 40 多年了。文革结束后，中国曾发生过几次大规模的民主运动，但自从 1989 年民运遭到血腥镇压以后，再也没有出现过大规模的民主运动。这是专制体制的结果。一党专制的国家，不可能允许人民自由结社自由集会，也不可能允许社会运动（无论是政治的还是经济的或其他性质的）的存在。但是，中国民众的抗议活动从未停止过。由无数抗议活动组成的社会运动，将使专制国家向民主化发展（Porta and Diani, 2006）。

多年来，中国民众的抗议活动不断。2012 年初，中国多个城镇年关前陆续爆发讨薪抗议潮。广西梧州一家港资玩具厂，因为拖欠工资及元旦没有赶工加班费，上千名员工集体罢工。广州番禺有家工厂的员工三度举行罢工，要求加薪及改善待遇。江苏无锡的一家洗衣机厂，有千余名工人举行罢工，抗议没有年终奖金和低工资。根据总部设在香港的“中国劳工通讯”（China Labour Bulletin）报导，中国大陆的罢工次数，从 2011 年的 200 次增加到 2017 年的 12,256 次。

除了讨薪，还有另类经济性质的抗议。河南安阳在 2012 年发生大规模抗议事件。因融资公司老板资金链断裂而逃逸，令数千民众的多年积蓄血本无归，甚至倾家荡产。他们集体“散步”，要求当局协助。数千名市民聚集在工人文化宫和人民公园附近，向火车站进发，沿途高唱国歌。中午时分，在火车站广场有近万人聚集。部分民众声称，要搭乘火车到北京上访。河南的非法集资案，在其他城市也引发抗议。焦作市数百位民众，因不满担保公司集资未能按承诺付息，聚集在其中一家担保公司前示威。郑州市也有 40 家担保公司发生问题，导致超过十万市民未能得到利息。当局不得不加强戒

[1] 摘自严家祺先生为本书写的感言。

备，所有特警武警都取消休假，气氛十分紧张。

作为中国南方重镇的上海也不安宁。2017 年 6 月 10 日晚间，社交网站上出现近千人聚集在上海闹市区抗议的视频。他们是受到政府突然改变规定影响住房权益的业主。上海市政府于 5 月 17 日出台整改商住两用房（酒店式公寓）的新政策。除了停止审批同类型项目，还要求完工的单位按照商业办公房屋的功能整改，拆除厨房、卫生间和夹层等居住功能，不符合商办要求的物业不得办理过户。在新规定下，已交房的单位将被清查，列为违规建筑，督促整改，未整改的不能进行二手交易。示威的业主们认为，当初在购房时发展商声称可以商住两用，因此政策改变的后果不应该由业主承担。业主们要求，在新政策公布前网签的房屋，按照原来的政策使用。

2018 年 5 月 27 日，安徽六安市金安和裕安等区县的在职公办教师约两百人，为讨回拖欠工资进行维权。在接近市政府时，教师们遭到警察的暴力拦截。视频疯传于社交媒体，产生令人震撼的效果，大批网友表示愤慨。迫于舆论压力，六安市公安局做出回应，确认教师因待遇集体上访的事实，并承诺调查六安教师维权遭警方殴打的事件。后来，教师们拿到了拖欠的工资。

2018 年 6 月 8 日开始，为抗议高油价和官方削剥等，全国多地的车主及司机发起全国卡车司机大罢工。虽然因受到官方恐吓和协调方面的困难，全国 3,000 万卡车司机的大多数未能同步参与罢工，但是罢工仍造成很大的影响。一些地方的激进罢工司机，与继续营运的司机发生冲突。视频显示，包括重庆、安徽合肥、贵州铜仁、江西修水和山东聊城等地的卡车司机参加了罢工。大批卡车集结在公路和停车场，要求降低油价，提高运费，并要求交警及运管部门停止对大卡车的随意罚款行为。为了协调行动，各地卡车司机组成联盟，要求外地卡车司机不要前往装卸货物，以便为争取整体权益创造条件。虽然罢工很快平息，但是其影响不容忽视。

更加引人关注的是复转军人的抗议。这些曾是国家专政机器的成员也走上抗议的道路，维护自身的权益。2016 年 10 月 11 日清晨 6 时，逾万名来自中国多个省市的复转军人，在北京八一军委大楼前举行大规模维权行动。中共高层紧急出动各路人马灭火，先后有中央军委、公安部和中央政法委出面安抚。多省的省级官员及复转军人聚居的市级领导被紧急召往京城，地方官员向复转军人作出承诺。军方、政法系统和地方政府也达成一致口径：在第二年元旦前解决问题。参与维权行动的老兵们介绍说，最先是公安部人员以威吓手段要求他们撤离。但是复转军人手拉手搭成人墙，高唱军歌，表明如果得不到答复，就会一直围驻在北京八一军委大楼外。此次大规模维权行动，通过网络召集的方式，筹备半年之久。复转军人由原来的碎片化维权，渐渐走向聚合。

令中共高层始料不及的是，上述抗议过后仅几个月，2017 年 2 月下旬，大批身穿迷彩服的中国退伍军人又一次聚集在北京的中央纪律检查委员会大楼前，静坐示威维权。示威者们索取被拖欠的退伍福利，要求解决住房和就业等问题。与 2016 年 10 月中旬中国退伍军人包围中央军委八一大楼示威的做法类似，这些退伍军人身穿作战迷彩服，在中纪委前的街道上示威。他们排列整齐，呼喊口号。中国国内微信上传来的消息称，有 2 万名复原军人聚集北京维权，人数之多创进京维权人数的记录。作为一个特殊的维权团体，退伍军人进京上访维权给中国政府出了一个难题。如果强力镇压，他们担心会动摇现役军人的军心。

一波未平一波又起。自 2018 年 6 月 2 日起，近 2,000 名退役老兵集结在镇江市政府大楼外维权，要求得到公平待遇。镇江京口、润州、丹徒、丹阳等地，19 日有近百名退役老兵聚集在镇江市政府前示威，并在求见市长。会谈无果之后，一直留守门外。6 月 20 日凌晨，多名不明人士与留守的老兵发生冲突，其中一人被打伤。该批不明人士事后进入政府大楼，多名老兵先后被警方带走。这些举动触发全国各地老兵响应网上的号召，大批老兵赶往镇江，集结抗议维权。鉴于聚集人数愈来愈多，各地的维稳人员都赶到镇江支援。该事件愈演愈烈，对当局的维稳形成巨大压力。全国各地的退伍军人，对频发的暴力对待退伍军人申诉感到愤怒，各种号召集结的信息铺天盖地，从全国各地远征而来的声援老兵也越聚越多。当地民众也出手援助示威的退伍军人。

由于中国的专制性质，真正意义上的社会运动根本无法生存。如果我们将上述抗议行为看成是未来长期维权运动的组成部分，把这些分散无联系的抗议行为作为社会运动的一部分来研究，就有了意义。近 30 年来，中国的民主运动遭受前所未有的挫折。借鉴国外成功的经验，对研究中国未来的社会运动不无益处。“阿拉伯之春”涉及多个国家，如突尼斯、埃及、叙利亚和利比亚等。因篇幅原因，我们仅举突尼斯和埃及两国的例子来讨论。

2010 年 12 月 17 日，26 岁的突尼斯青年穆罕默德·布瓦吉吉自焚，该事件触发境内大规模的街头示威游行。这一突发事件导致该国总统本·阿里政权倒台，成为阿拉伯国家中第一个因人民起义导致推翻现政权的革命运动。事情的起因是，布瓦吉吉拉着一部摊车在街上卖水果，因为没有申请执照被警察部门没收摊车。不久之后，他为抗议警察执法自焚。布瓦吉吉自焚之后，数百名抗议者进行示威，聚集在市府大楼前，警察用催泪弹驱赶。社交网站脸书和油管立即将警察与示威人群的冲突视频上传，使得更多的民众了解此事。抗议活动逐渐扩大，民众除了要求总统和其他官员下台，还要求政府取消网络审查。突尼斯政府涉嫌进行网络钓鱼执法，控制网站用户密码，压制批评言论，国有和非国有网站遭到骇客攻击。2011 年 1 月 14 日，总统被迫离开突尼斯，出走沙特阿拉伯，结束了他长达 23 年的统治。

在突尼斯革命的影响下，埃及民众也行动起来。从 2011 年 1 月 25 日开始，埃及爆发一系列的街头示威、游行、集会和罢工等抗议活动，向政府表达不满。1 月 25 日，正值埃及法定警察假日。一个青年运动组织选定该日作为示威活动开始的日子。抗议示威活动在开罗市和亚历山大市最为激烈，埃及的其他城市也有明显的抗议示威活动。抗议者要求埃及总统穆巴拉克下台。此次持续 18 天的大规模示威，约有 1,500 万人参加，成为人类历史上最大规模的抗议运动。示威者围绕埃及警察粗暴执法、对国家紧急安全法不满、公民缺乏自由选举权和言论自由权、政治严重腐败等政治问题以及失业率严重、低工资和高物价等经济问题进行抗议。示威活动组织者的要求包括：穆巴拉克总统下台，军队结束戒严，终止紧急状态法，民众有自由的权利，组建一个负责任的民选政府并由他们管理整个埃及的资源。内外交困的穆巴拉克最后不得不宣布下台。埃及的此次大规模抗议行动，后来被称为“埃及 1.25 革命”。

“阿拉伯之春”不仅因为参加的人数众多和非暴力等特点著称，还有以下三个特点引人注目。“阿拉伯之春”被称为是“三无”运动：即“无线”（Wireless）、“无领导者”（Leaderless）、“无阶级”（Classless）（Mahmoud, 2015）。“无线”，是指“阿拉伯之春”革命运动的爆发是由新一代的信息和媒体技术（英特网、脸书和推特等）煽起并构框的。早在 2005 年，突尼斯的首位电子博客博主因公开批评专制政府遭到囚禁，死于监狱之中，政府加强了英特网的管制。许多博主采用 Proxy driver 来保护他们的账号，以防网络警察的侦破。有些年轻人到该国的信息部大楼前抗议，要求信息自由。

在“阿拉伯之春”运动中，英特网、脸书、博客和推特起到了联结个人、群体和各社会团体的作用。运动消息的散布、民众的动员和鼓动、群体行动的协调，无不依靠这一新技术。现代信息技术手段，是此次革命成功的关键（Shahin, 2012）。当局关闭和阻断英特网和无线联络网。可是当局的安保部队与军队也依赖同一信息技术，进行自身的联络和协调。对峙的双方谁都离不开这一新技术，所以当局的措施“害人更害己”。

其次，这是一场“无领导者”的革命。“阿拉伯之春”源于民众突然爆发的对当局的愤怒，没有事先周密的计划。在突尼斯的革命中，自焚青年突瓦吉吉成为一个象征，这一象征是由他人塑造的。他本人并没有通过自己的决定和行为来动员民众的计划，但是他一时的决定却产生了涟漪效应。他被塑造成反腐象征，成为抗争的旗帜，激励了成千上万的民众投入运动。如果没有他人的塑造，他的死充其量不过是一个当地事件，只会影响他的家人和朋友。

在阿拉伯的革命运动中，没有处于领导地位的人物、小组、先锋队或组织。此次革命中，没有传统意义上的具有层次的领导结构。革命是不同的组织共同努力的结果。虽然并没有某个（或某些）组织占据领导者的地位，但是革命运动却组织得非常出色。民众团结在一个目标下，即要求变更政权。这一共同的目标，使得革命运动团结一致，坚持到胜利。埃及的革命运动中，开罗的解放广场成为一个“小国家”。食品和各种后勤供应、防御和安全、联络和通讯等，安排得井然有序。

按照法国心理学家勒庞的分析，聚众是对个体的否定。自勒庞到弗洛伊德，聚众心理学的兴趣从一时的和即时的聚众转向策划的聚众，从群众转向群众的首领（Adorno, 1991）。按照这一观点，似乎运动离不开有效的和有号召力的领导人物。但是“阿拉伯之春”的实践却表明，运动的发动和发展离开了领导者似乎也能进行。无领导者对运动的发展的另一个好处是，保护了运动的精英和骨干。在专制国家里，传统的运动常常因为运动组织的主要领袖遭到暗杀和监禁陷于群龙无首的困境。“阿拉伯之春”的无领导者状况给专制政权出了一道难题，当权者不知该如何下手，大规模的滥杀无辜毕竟不是明智的选择。电子网络的出现，为运动的领袖提供了前所未有的保护。

“无阶级”指的是，参加“阿拉伯之春”的民众抛开意识形态和宗教的分歧，为改变政权万众一心。阿拉伯国家的现代社会运动不是与世界其他地区的社会运动毫无联系的。当突尼斯、埃及、也门、阿尔及尼亚和巴林等国的民众起来反对他们的专制统治者时，这些国家的抗议运动既不是由意识形态和宗教煽动，也不是由某个（或某些）领导者或政党煽动的，而是由一系列的经济、社会、心理和政治因素造成的。“冰冻三尽非一日之寒”。“阿拉伯之春”源于积重难返的政治、经济和社会危机。

造成 2011 年突尼斯民众造反的根源，早在 2008 年就因“加夫萨磷矿事件”而埋下。埃及的革命，更是早在 2005 年时的 Kefaya（阿拉伯语“受够了”之意）运动中就埋下了伏笔。而且，根源还可以追溯到更早发生的冲突。正是由于这些综合因素，阿拉伯国家的民众能够抛弃政治、宗教和意识形态上的歧见，齐心合力地推翻强加在他们头上的专制政权。

根据政治过程论的观点，运动的参与者并非在真空中选择他们的目的、策略和手段，政治结构对参与者的行为具有重要的影响（Meyer, 2004）。有学者分析美国因种族和贫困发生的暴乱，发现如果城市比较开明，有正规的渠道沟通，发生暴乱的可能较小。如果一个城市比较封闭，没有明显的沟通渠道，这样的政治结构会压制民众，发生暴乱的可能也较小（Eisinger, 1973）。Tilly（1978）提出，政治开明与抗议之间存在着非线性的曲线关系。

这就是说，当政府为民众提供正常渠道时，民众抗议很少，因为民众能够通过代价较小又更直接的方式施加他们的影响。当政府采取强硬路线时，当局能够压制民众，使他们无法拥有足够的资源以便组织起来发声。抗议的爆发，常常发生在政权有适当的容忍度，民众既没有足够的渠道满足自己的诉求，又没有完全被压制得不敢尝试采取体制外的手段达到自己的目的。换言之，政治开明度与抗议爆发之间的关系是“倒 U 型”关系（Smith and Fetner, 2010）。“阿拉伯之春”能够爆发并取得成功，归功于相关的阿拉伯国家在政治和经济改革中（同时在国际舆论的压力下）采取了较开明的政策。但是这些国家的政策，还没有开明到足够的程度，以使革命运动没有理由。

当然，如果这些国家采用强硬的铁腕手段，民众走上街头进行抗议只会造成更多的流血事件。强硬的镇压只会使温和的民众屈服，强硬派则会更加坚强和更加激进。残酷镇压也可能起反作用，即会激起民愤，动员更多的民众起来反抗（Beck, 2008）。所以，铁腕镇压是一把双刃剑（Kurzman, 1996）。

民众投入抗议活动不仅取决于外部条件，而且还取决于内心的因素。当外部条件与内心的感觉相适应时，民众就会积极投入运动。内心的感觉指的是对外部环境的认知。外部条件不会自动转变成抗议行为，需要经过“思想上的解放”并转换成行动。这时被压迫的民众才能够冲破悲观压抑的思想状况，感到应该做些什么来改变现状（McAdam, 1982; McAdam et al., 2001）。

伊朗的 1979 年革命就是一例。从各项客观指标来看，当时的巴列维政府并非一个虚弱的政权，广大的伊朗人也不认为当局是个虚弱的政权。许多伊朗人担心当局会采取强硬手段镇压民众。随着运动的发展，伤亡人数不断上升，民众也意识到上街抗议的危险性。但是意识到危险并没有使民众变得顺从，反而激发民众的暴力抗争。从 1978 年 9 月开始，民众开始感觉到革命运动比政权更强大，感觉到革命能够成功。这一主观意识的变化，使得更多的民众加入到斗争行列之中（Kurzman, 1996）。全民都起来反对之日，就是巴列维政权只得灰灰溜溜下台之时。

在叙利亚的革命中，政府的暴力镇压和威胁也是一个动员因素。安保部队的行为使运动走向暴力化，激起民愤，使更多的民众投入运动（Leenders and Heydemann, 2012）。民众需要排除恐惧心理，才能大胆投入革命运动。正如一位埃及抗议者说的，“当人数少时，你会感到害怕。但是当我们看到那么多人时，我们感觉我们能成功，感到更有信心。”埃及的抗议者还采用祈祷的方式消除心理恐惧（Shahin, 2012）。“抱团取暖”和“法不责众”的心理，在这里发挥了作用。

社会运动（尤其是上述的革命运动）中的参与者之间，存在着复杂的联系网络。换言之，社会运动是一个复杂的和多样化的网络结构（Diani, 2002）。网络是由节点和关系组成的。节点可以是个人、组织或社区等。关系可以是直接的，也可以是间接的；既可是单线的，也可是多线的。研究人员对于社会运动与社会网络之间关系的兴趣，在不断地上升（Wellman, 1988）。

六度分隔理论（Six Degree of Separation）与社会网络的研究有着密切的关系。该理论认为，世界上任何两个互不相识的人，只需要很少的中间人就能够建立起联系（Newman et al., 2006; Barabasi, 2003）。哈佛大学心理学教授米尔格拉姆的实验表明，平均只需要六步，就可以联系任何两个互不相识的美国人。现代网络技术为人类的联系提供了更便利的途径，人与人之间的联系更加方便和简单了。一项脸书的研究发现，人与人之间的联系，现在只需四步就可以联系两个互不相识的人（Barnett, 2011）。推特的研究则发现，用户之间只需3.4 步（Bakhshandeh et al., 2011）。

英特网为民众的组织提供平台是有目共睹的（Yang, 2009）。英特网的多向联络和合作行动，能促进并动员社会运动。微信群、博客群、Skype 群、脸书群和推特群等等，都是社会网络的节点。当需要时，它们都可以成为动员的对象，实现整群动员集体加入（Block

Mobilization）。英特网能够使社会运动的组织以较低的代价进行沟通交流、产生信息和发散信息，并且有效地获得反馈（Salter, 2003）。"阿拉伯之春"的实践证明了这一点。从实际意义上说，"无领导者"并非真的没有领导者，而是因为领导者们活跃在英特网络中。他们不像传统的运动中那样需要亲自出面来号召和动员民众。面对专制体制，充分运用英特网的隐蔽性不失为一种有效的手段。

中国政府近年来采取了更为严厉的舆论控制，对英特网和社会媒体实行严格的管制措施。这对于民众进行抗争相当不利。类似中东地区大规模的民主运动，在中国出现的可能性似乎很小。但是，小规模的地区性的维权运动却将会成为家常便饭。对于在专制度下的反抗运动，匈牙利政治学家 Tokes（1974）提出，需要区分"反对党"和"持不同政见者"。反对党公开地企图取而代之，夺取政权。持不同政见者仍然忠于现政权，只是对某些不合理的方面提出批评意见。持不同政见者是"体制内的反对派"，他们要求通过改革扩大民主，改善以至最后消灭专制体制。另一位匈牙利哲学家 Taras（1993）提出，持不同政见人士大张旗地鼓地行使合法的权力，避免公开的煽动性口号。他们采用流行的社会批评，故意混淆他们自己的观点和官方准许的批评，这是专制条件下反抗运动的特色。以上这些观点值得我们思考。

"阿拉伯之春"的"无线"特点，应引起我们的关注。其实在中国发生过一系列事件，显示出电子网络的强大威力，例如江苏南京的"周久耕事件"。2008 年，周扬言"要查处低于成本价卖房的开发商"，引起网民的愤怒。周久耕参加南京国土局会议的一张官方照片，开始在互联网上广泛传播。网民对这张照片仔细查看之后发现，周某手上带着一只进口的价值十万元人民币的名表。他抽的烟，是 1,500 元人民币一条的"南京九五之尊"；他开的车，是美国豪华车凯迪拉克。周某的月薪只有 4,000 多元。周某后来被立案调查，并被判刑。在这场反贪官的斗争中，电子网络发挥了巨大的作用。2016 和 2017 年，复转军人的两次大规模维权行动，也是通过网络召集的方式秘密筹备的。两次高度隐蔽组织起来的大规模抗议行动，打得当局措手不及。

目前微信在华人中非常流行。微信群可以大致分为四类：（1）友情类，（2）兴趣类，（3）政治类，（4）商业类。友情类群占很大的比例，联系着亲人、朋友、同学、同事和战友等。兴趣类群是以共同兴趣为纽带，如旅游、绘画、书法、读书、投资、股票和理财等。政治类指的是群里的言论有明显的政治倾向，如追求民主、自由谈论、走向光明、八九、六四和民主正义等。此类群常被封群和封号，然而群主和群友们不屈不挠地与网管玩“猫捉老鼠”的游戏，封了再建、建了再封的游戏将无休止地循环下去。虽然此类群友和微信群的总数并不多，但其能量不容小觑。另外还有一些以商业为目的的群，如房地产交易、广告互利、拍卖、医疗和工程信息等。前三类群的群友间有着较紧密的关系，具备动员民众的潜力。一旦时机成熟，这些微信群会产生并散布消息，成为未来运动的网络基础。

根据几年前美国中央情报局对中国电子网络的一项调查，中国网民在网络中不满政府的言论具有一定的普遍性，中国政府一直进行屏蔽和打压。但中国政府真正打压的重点，并不是这些不满言论，而是利用网络的功能号召集会和抗议。一旦政府发现有网民或网群发出集会和抗议的号召，网管会立即封杀，绝不姑息。从这一研究看出，中国政府已经注意到网络发动民众的巨大潜力并采取相应的措施。如何对抗政府的这一措施，网民们需要找到更有效的办法。

有学者认为，在专制国家中，民主运动常以环保运动的形式出现（Smith and Fetner, 2010）。环保运动也属于维权范畴的社会运动。中国的经济发展迅速，但是环境污染问题相当严重。随着民众日益增长的环保意识和维权意识，此类抗争将不断增多。此类非政治性的与民众生活密切相关的抗争，会引起更为广泛的舆论同情和支持。当地政府出于经济利益的考虑，可能采取高压手段，但面对强大的社会舆论时，中央政府也不得不出面干预。围绕着环保问题的抗争，不仅是经济的和生态的，也是政治的。除此之外，在中国大陆，以经济利益为主要目标的维权抗议行动，在短期内还将占据主要地位。民工讨薪、复转军人安置、学生就业、全民医保、老年人生活保障等问题，都是解不开的结。

实行经济改革开放拒绝政治改革的一些中东国家，在“阿拉伯之春”的革命浪潮中先后倒台了。触发政治变革的事件是无法预料的。一个社会地位低下、无权无势的突尼斯青年的自焚，竟然能够导致巨大的中东社会变革，是任何人都没有想到的。“阿拉伯之春”的革命运动中，只有突尼斯成功地转型，实现了民主。其他国家的民主状况并未获得根本性的改善，有的甚至变得更糟。这就预示着，未来革命运动的走向更加捉摸不定。中国是否也会出现类似的突发事件，导致巨大的变革？如果出现类似的突发事件，民主运动的参与者能否接受文革中造反派的教训，避免重蹈覆辙？如果出现了类似的变革，将向哪个方向发展？

世人将拭目以待。

附录 A 样本量计算

计算抽样样本的大小，有多种算法，取决于抽样设计。属性抽样（Attribute Sampling），是保证在一定的精确度内和可靠程度的条件下，为了测定总体特征的发生频率而采用的一种抽样方法。例如，我们根据文革发展情况对全国各省进行分类，想知道成熟发展的省份有多少个。再如，我们对某大学进行调查，试图推测学生参加群众组织的人数是多少，或参加两派的人数各是多少。如果事先无法大概知道成熟发展的省份可能有多少个，参加组织的人数可能是多少，或两派的人数是多少，我们一般采用比较保守的估计，即占一半（50%）。属性抽样所需样本数量的计算公式如下：

$$\sum_{i=0}^{x}\frac{\binom{k}{i}\binom{N-k}{n-i}}{\binom{N}{n}} > \alpha/2 \qquad (1)$$

$$\sum_{i=x}^{n}\frac{\binom{k}{i}\binom{N-k}{n-i}}{\binom{N}{n}} > \alpha/2 \qquad (2)$$

上式中，N=总体数量，n=样本数量，k=总体中具有某种特性的数量，x=样本中具有某种特性的数量，α=置信度。公式（1）中的 k 是上限，公式（2）中的 k 是下限。下表是计算对全国省份抽样和对人数为 10,000 的学校所需的样本数量，精确度为 10%（表中的百分数为置信度）[①]：

附录表 1. 样本数量的要求

抽样单位	总体数量	80%	90%	95%	99%
全国省份	29	26	26	26	26
北京大学或清华大学	10,000	179	280	386	636

[①] 所需样本数量的计算采用美国卫生及公共服务部（HHS）总监察长办公室（OIG）发布的 Rat-Stat 软件。该软件普遍用于美国医保等方面的审计工作，可以在以下网址免费获得。https://oig.hhs.gov/compliance/rat-stats/index.asp

附录 B 省市自治区的分类计算

附录 B.1. 各省市自治的数据

关于各省份的数据，需要说明以下几点：（1）由于无法搜集到文革前和文革期间各省 GDP 的资料，用文革结束后 1978 年的资料代替；（2）省革委会第一把手在中央委员会的职务，以政治局候补委员为界；（3）文革期间省革委会第一把手的调动或死亡，不算作撤换；（4）文革期间，如果两任第一把手中一人是军人另一人是地方干部，计为一半（0.5）；（5）省革委会成立的时间以 1967 年为界。个别省份的资料因省区划分的原因无法获得，笔者对此进行推算。对各省市自治区收集的资料如下：

附录表 2. 各省市自治区的数据

省	X1	X2	X3	X4	X5	X6	X7	X8	X9	X10
安徽	3124	113.96	1037	是	19680408	60%	是	否	是	是
北京	757	108.8	0	是	19670420	55%	是	否	否	否
福建	1670	66.37	1981	否	19680819	50%	是	否	半	否
广东	4280	185.85	2179	是	19680221	42%	是	是	是	否
甘肃	1263	64.73	1622	否	19680124	52%	是	否	是	否
广西	2085	75.85	2373	是	19680826	54%	是	否	是	是
贵州	1714	46.62	2318	否	19670214	50%	是	是	是	否
河北	3986	183.06	292	是	19680203	52%	是	是	否	否
河南	5033	162.92	695	否	19680127	55%	是	否	否	否

省	X1	X2	X3	X4	X5	X6	X7	X8	X9	X10
黑龙江	2012	174.8	1230	否	19670131	38%	否	是	半	是
湖北	3371	151	1171	否	19680205	44%	是	否	半	否
湖南	3718	146.99	1516	否	19680408	47%	是	否	半	是
吉林	1567	81.98	979	否	19680306	59%	否	否	是	否
江苏	4450	249.24	944	是	19680323	45%	是	否	半	否
江西	2107	87	1458	否	19680105	37%	否	是	半	否
辽宁	2695	229.2	684	是	19680510	58%	是	否	是	否
内蒙	1235	58.04	480	否	19671101	55%	是	是	是	是
宁夏	215	13	1192	否	19680401	26%	否	否	是	否
青海	215	15.54	1819	否	19670812	38%	是	否	是	是
山东	5552	225.45	421	否	19670223	49%	是	是	半	否
山西	1802	87.99	506	否	19670308	35%	否	是	半	否
陕西	2077	87.07	1092	否	19680501	57%	是	否	否	是
上海	1082	272.81	1239	是	19670205	55%	是	否	否	否
四川	6796	256.31	1881	否	19680531	66%	是	否	是	是
天津	583	82.65	125	否	19671206	61%	否	否	否	否
新疆	727	39.07	3300	是	19680905	48%	否	是	半	是
西藏	125	6.65	3736	否	19680905	63%	否	否	是	否
云南	2051	69.05	2907	否	19680813	56%	否	否	半	是
浙江	2832	123.72	1322	否	19680324	47%	是	是	半	否

附录 B.2. 个别数据不全省份的推算[①]

1964 年人口普查时，天津属河北省，没有单独列出。河北（含天津）是 4569 万人。1982 年，河北（不含天津）是 5301 万人，天津是 776 万人。如果假设两个地区的人口从 1964 年到 1982 年增长率相同，可以推算出 1964 年天津的人口（x）。计算如下：

$$\frac{x}{776}=\frac{4596-x}{5301} \qquad x=583 \tag{3}$$

数据中，宁夏 1964 年的人口暂缺。1982 年人口普查，宁夏与青海的人口均为 390 万人。两省区地理位置相近，其他方面也颇为相似，有理由推测，两地 1982 年之前的人口增长率也相似。所以经过推算，将宁夏与青海 1964 年的人口均计为 215 万人。

附录 B.3. 数据的标准化

由于采用的数据单位不一（如有测量距离的千米，有测量 GDP 的亿元，有测量人口的万人），必须进行标准化（Standardization）后才能进行分类分析。换言之，需要将所有的变量转换成统一的单位。我们设定所有的变量的区间为 0 至 1 之间，具体计算公式如下：

$$x'=\frac{x-x_{\min}}{x_{\max}-x_{\min}} \tag{4}$$

---

① 本节采用的数据来自维基百科和百度百科。

X 为变量，X’为标准化后的数值。例如，1978 年的 GDP，最高的是上海，为 272.81 亿元，最低的是西藏，为 6.65 亿元，江苏是 249.24 亿元。所以，上海的 GDP 标准值为 1.0，西藏为 0，江苏为 0.91，即：

$$(249.24-6.65)/(272.81-6.65)=0.91$$

变量 X4，X5，X7，X8，X9，X10 的值："是"则为 1，"否"为 0。各省的十个变量的标准值如下表：

附录表 3. 各省变量标准化后的数据

省份	X1	X2	X3	X4	X5	X6	X7	X8	X9	X10
安徽	0.45	0.40	0.72	1.00	0.00	0.85	1.00	0.00	1.00	1.00
北京	0.09	0.38	1.00	1.00	1.00	0.72	1.00	0.00	0.00	0.00
福建	0.23	0.22	0.47	0.00	0.00	0.60	1.00	0.00	0.50	0.00
广东	0.62	0.67	0.42	1.00	0.00	0.41	1.00	1.00	1.00	0.00
甘肃	0.17	0.22	0.57	0.00	0.00	0.64	1.00	0.00	1.00	0.00
广西	0.29	0.26	0.36	1.00	0.00	0.69	1.00	0.00	1.00	1.00
贵州	0.24	0.15	0.38	0.00	1.00	0.60	1.00	1.00	1.00	0.00
河北	0.58	0.66	0.92	1.00	0.00	0.64	1.00	1.00	0.00	0.00
河南	0.74	0.59	0.81	0.00	0.00	0.72	1.00	0.00	0.00	0.00
黑龙江	0.28	0.63	0.67	0.00	1.00	0.30	0.00	1.00	0.50	1.00
湖北	0.49	0.54	0.69	0.00	0.00	0.46	1.00	0.00	0.50	0.00
湖南	0.54	0.53	0.59	0.00	0.00	0.51	1.00	0.00	0.50	1.00
吉林	0.22	0.28	0.74	0.00	0.00	0.81	0.00	0.00	1.00	0.00
江苏	0.65	0.91	0.75	1.00	0.00	0.47	1.00	0.00	0.50	0.00
江西	0.30	0.30	0.61	0.00	0.00	0.27	0.00	1.00	0.50	0.00
辽宁	0.39	0.84	0.82	1.00	0.00	0.80	1.00	0.00	1.00	0.00
内蒙	0.17	0.19	0.87	0.00	1.00	0.72	1.00	1.00	1.00	1.00

省份	X1	X2	X3	X4	X5	X6	X7	X8	X9	X10
宁夏	0.01	0.02	0.68	0.00	0.00	0.00	0.00	0.00	1.00	0.00
青海	0.01	0.03	0.51	0.00	1.00	0.31	1.00	0.00	1.00	1.00
山东	0.81	0.82	0.89	0.00	1.00	0.57	1.00	1.00	0.50	0.00
山西	0.25	0.31	0.86	0.00	1.00	0.21	0.00	1.00	0.50	0.00
陕西	0.29	0.30	0.71	0.00	0.00	0.78	1.00	0.00	0.00	1.00
上海	0.14	1.00	0.67	1.00	1.00	0.71	1.00	0.00	0.00	0.00
四川	1.00	0.94	0.50	0.00	0.00	1.00	1.00	0.00	1.00	1.00
天津	0.07	0.29	0.97	0.00	1.00	0.88	0.00	0.00	0.00	0.00
新疆	0.09	0.12	0.12	1.00	0.00	0.56	0.00	1.00	0.50	1.00
西藏	0.00	0.00	0.00	0.00	0.00	0.93	0.00	0.00	1.00	0.00
云南	0.29	0.23	0.22	0.00	0.00	0.75	0.00	0.00	0.50	1.00
浙江	0.41	0.44	0.65	0.00	0.00	0.52	1.00	1.00	0.50	0.00

附录C 统计学中的聚类分析法（CA）

对观察到的事物进行分类，是人类最基本的思维活动之一。分类也是科学研究中最基本的过程之一，是发展理论所需要的思维（Aldenderfer and Blashfield, 1984）。人类通过对事物的分类，把观察到的事物（如人、事件、物体）归入相应的组或类别，以便更好地理解和解释观察到的现象。用通俗的话说，分类就是把相近的事物归为一类，相异的事物归入另类。

早在1939年，就有学者（Tryon, 1939）提出聚类分析法（Cluster Analysis）。1963年，两位生物学家（Sokal and Sneath,1963）的著作《数值分类学原理》，使聚类分析法得到飞跃性的发展。计算机的发展，对数值分类法起到了推波助澜的作用。分类学在科学研究中的运用非常广泛，医学、生物学、心理学、社会学、犯罪学、教育学、人类学、化学、气象学、地理学等领域，都可以见到分类学的踪影。复杂的聚类分析与人工智能中的模式识别相关。

聚类分析法采用不同的计算方法进行分类（Tan et al., 2005），如K均值算法，凝聚层次聚类法，密度聚类算法等[①]。聚类分析也可以用于模糊分类（Zhang et al., 1994）。聚类分析法特别适合于对具有有序数值事物进行分类[②]。以下是我们采用聚类分析法对各省进行分类的经过[③]：

---

① 均值聚类法（K-mean），凝聚层次聚类法（Agglomerative Hierarchical Clustering），密度聚类算法（Density-based clustering algorithm, 简称 DBSCAN）

② 数学上有序数值称为连续函数。

③ 计算采用SAS软件（即Statistical Analysis Software 统计分析软件）。

附录表 4. 聚类分析历史

1	2		3	4	5
类别数	合并类		省的数量	伪 F 统计量	伪 t^2 统计量
9	CL17	CL14	11	4.0	5.8
8	CL28	CL9	13	3.8	3.0
7	**CL8**	**四川**	**14**	**4.1**	**1.5**
6	CL7	CL10	18	3.1	5.4
5	CL6	CL11	24	1.8	6.4
4	CL5	青海	25	2.0	1.3
3	CL4	CL23	27	1.5	2.9
2	CL3	天津	28	1.6	1.3
1	CL2	新疆	29	.	1.6

第 4 和 5 列是两个可以用来确定类别数的统计量。伪 F 统计量相对大表示类别数量较好；伪 t^2 突然增加，表示不好，应该保持在前一个分类上[①]。如上表所示，把各省分为七类（粗体字）比较好。

[①] SAS. Chapter 33: The Cluster Procedure, pp. 2060–2061. http://support.sas.com/documentation/onlinedoc/stat/131/cluster.pdf

附录D 问卷调查

附录D.1. 问卷调查表

关于民众在文革中参加群众组织情况的问卷调查

1.文革时，您（或亲友）所在的省、市/地区（如北京、江苏）

____

2.您（或亲友）的出生年份

____

3.您（或亲友）的性别

男　　　女

4.您（或亲友）的家庭出身

A 革命干部/革命军人　　　　B 工人/贫下中农

C 职员/小业主/知识分子　　D 黑五类（地、富、反、坏、右等）

其他 ________________________

5.您（或亲友）的政治面貌

A 党、团员、积极分子　　　　B 一般群众

C 黑五类　　　　　　　　　　D 其他

6.您（或亲友）文革开始时的职业

A　中学生 B 大学生（包括军队院校）　C 工人

D　下乡知青　　E 农村的农民　F 干部或科员

G　无业人员　　其他 ___________________

7.您（或亲友）参加群众组织的情况（多选）

A 未参加过群众组织

B 文革初期参加过保守派组织（如赤卫队、黑字兵等）

C 参加过群众造反组织

D 其他 ____________________

8.您（或亲友）参加的群众造反组织属于社会上的哪一大派？（如江苏的 P 派、好派；湖北的钢派、新派；重庆的八一五派和反到底派）

____

9.您（或亲友）参加群众造反组织的原因（多选）

A 争取改变政治处境　　　　B 争取个人经济权利

C 对当权派不满　　　　　　D 同情受打压者

E 响应毛的号召　　　　　　F 受同事亲朋好友影响

G 其他____________________

10.您（或亲友）因为参加群众组织后来受到审查、处理？

是　　否　　其他__________________________

（https://surveynuts.com/surveys/take?id=133016&c=2104845201JTVP）

附录 D.2. 问卷调查受访者的年龄问题

问卷调查在年龄上出现一些问题。例如，第 746 号受访者来自四川省的重庆市，1972 年出生，男，家庭出身灰五类，本人政治面貌一般群众，文革开始时职业是中学生，参加过群众组织，是四川“重庆反到底”成员，参加的原因是响应毛的号召，文革后未受整肃。很显然，出生年份有误。因为 1972 年出生时，群众组织早已解散不复存在，不可能参加文革中的群众组织。鉴于这一情况，我们决定将第六个问题（即文革开始时的职业）作为参考依据。凡是回答为中学生、大学生、工人、干部/职员/教师、农民、下乡知青、无业人员、军人等的受访者，一律视为符合年龄条件。如果是小学生，则根据出生年份，不得晚于 1954 年。

附录 E 对数回归模型

附录 E.1. 对数回归模型（Logistic Regression）

为了使对统计不太熟悉的读者能够理解，我们尽量用通俗易懂语言，因此这里的解释可能会显得不够专业。首先介绍线性回归模型（Liner Regression Model）。距离、速度和时间的关系如下：

距离 = 速度*时间　　（5）

等号左边的是因变量，随着等号右边的自变量速度和时间的变化而变化。只要知道速度和时间，就可以行驶的距离。把上述方法运用到社会科学中，可以分析、解释和推测很多社会现象,如个人收入（元/月）与一个人的教育（年）、工作年限和性别的关系。假设观察发现它们之间的关系是：

收入= 200 元*教育 + 300 元*工作年限 + 100*男性　　（6）

这就是说，一个人每多读一年书，他的月收入可以多挣 200 元;他每工作一年，收入可以多 300 元。假如有一个人，读了 12 年书，工作了五年，按照收集的情况，他的月收入大致在 3900 元左右。公式 6 中有一项是性别。如果是男性，每月的收入可以再加 100 元。社会科学（如经济学、心理学、社会学）试图从收集的数据,得出总结性的分析和推测。这就是所谓的线性回归模型。

在公式中，除了男性一个变量外，其他的变量都是连续性的函数，即数字可以从负无穷大（或从零）到正无穷大，中间没有断点。例如，教育年限可以从 0（未读过书）到 20 多年（读博士）之间的任何一个数。工作年限的范围则更大，可以从 0 到 40 多年，即 18 岁（甚至更小）开始工作，直至 55 或 60 岁退休之间的任何一点。

性别是另一种形式的数据，只有男和女，不是用数字来表达的。此类变量还有很多，如人们的职业（如工人、农民、教师、干部等）。这些变量是无法用数字来表达的,此类数据叫做类别式数据。它们必须经过特殊处理，才能放入统计模型中进行计算。在线性回归中，未知的模型参数是通过数据估计出来的。

公式 5 和 6 的左边都是连续函数。如果公式的左边是类别型数据，一般的线性回归模型就不适用了，必须用另外一类模型。这就是我们要介绍的对数回归模型。Logistic Regression Model 常被译为逻辑回归模型（也译为“分类评定模型”或“评定模型”）。根据模型的原意，其实是用对数计算比值比（Odds Ratio），与逻辑并无直接的关系。该英文词可以译为“逻辑的”,也可以译为“对数的”，所以译为“对数模型”更符合原意。这是因为,在统计学还有一个与对数回归模型同理的 Log-linear Model，译为“线性对数模型”。实际上，Log-linear 模型与 Logistic regression 模型本质上是一回事。

对数回归模型是一种特殊的线性回归，与线性回归模型有很多相同之处。它们的模型形式基本上相同，区别在于它们的因变量不同。线性回归模型的因变量一般是连续函数，对数回归模型的因变量一般是二分类的（当然也可以是多分类的），如“是”或“非”，“同意”或“不同意”，“通过”或“不通过”等。对数回归模型中，我们不像在一般回归模型中计算因变量的具体数值，而是计算其发生的概率 p。比值的计算是：p/（1-p）。以下是对数回归模型的一般表达式：

$$\ln(\frac{p}{1-p}) = \beta_0 + \beta_1 x_1 + \beta_2 x_2 + \beta_3 x_3 + ... + \beta_n x_n \quad (7)$$

由于对数回归模型的计算涉及较深的统计知识，此处不赘。

附录 E.2. 对数回归模型的结果

对数回归的计算结果有两种：一是参数（Coefficient），二是比值比。参数的解释比较直观，但是较抽象，不容易理解。参数可以从负无穷大到正无穷大。如果是负数，则表示该变量的影响小于另一个对比的类别（通常称为“参考类”）。如果是正数，则表示变量的影响比参考类大。举个具体例子来说明这一问题。假设因变量是“参加群众组织与否”，自变量是“红五类”，它的对应的参考类别是黑五类。如果红五类的参数是正的，则表示红五类比黑五类更有可能参加群众组织。如果是负的，则表示相对于黑五类，红五类更可能成为逍遥派。

虽然这样的理解比较直观，但如果需要分析到底有多大差别，参数很难给出直观的结果，所以一般用比值比来解释。比值比也叫做机会比、优势比、交叉乘积比、相对比值、两个比值的比。比值表示两数相比所得的值。例如，某个食谱要求面粉与水的重量比例是 1:4，也就是说，加 1 份重量的面粉和 4 份重量的水。其实比值与百分比是可以互换的。上述例子可以用百分比来表示：面粉占 20%（1/(1+4)），水占 80%（4/(1+4)）。在统计人口时，人们也会用到比值。例如，据国家统计局公布的数据，2014 年末，80 后非婚人口男女比例为 136:100。换言之，80 后非婚人口中，男性占到 57.6%（136/[136+100]），女性占 42.4%（100/[136+100]）。

如上所述，比值比与百分比有密切的关系。它们是可以互换的，可以推算出来。这里举一个例子来说明其意义。假设有以下一组数据：

附录表 5. 假设的家庭出身与派别选择情况

	红五类出身	黑五类出身
保守派	80	30
造反派	20	150

红五类子弟参加保守派与造反派的比是 80:20（即 4:1，比值是 4）。可以这样说，红五类子弟中，每 4 人参加保守派，只有 1 人参加造反派（这也意味着红五类子弟有 80%的人参加了保守派）。红五类子弟参加保守派的可能性，是参加造反派的可能性的 4 倍。黑五类子弟参加保守派与造反派之比是 30:150（即 1:5，比值是 1/5 或 0.2）。换言之，黑五类子弟中，每有 1 人参加保守派，就有 5 人参加造反派（这也意味着黑五类子弟中只有 16.7%的人参加保守派）。黑五类子弟参加保守派的可能，是参加造反派的可能的 1/5。比值可以从 0 到无穷大，大于 1 表示可能性大。如前例中红五类子弟参加保守派与参加造反派的比值是 5，说明红五类子弟更倾向于参加保守派。小于 1 则表示可能性小。例如黑五类子弟参加保守派与参加造反派的比值是 0.2（即 1/5），说明黑五类子弟更倾向于参加造反派。

两个比值的比叫做比值比。上例中，红五类子弟参加保守派与造反派的比值与黑五类子弟参加保守派与造反派的比值之比是（4:1）/（1:5）=20，就是说相对于参加造反派，红五类子弟参加保守派的可能是黑五类子弟参加保守派可能的 20 倍。由于在日常生活中用比值比的情况不太多，所以使用起来比较别扭。

附录 E.3. 多重共线性（Multicollinearity）

用以下的几个图来解释多重共线性的概念。假设因变量 Y 为群众组织派别，自变量 X_1 为家庭出身，自变量 X_2 为本人政治面貌。

附录图 1. 两个自变量 X_1 和 X_2 之间的关系

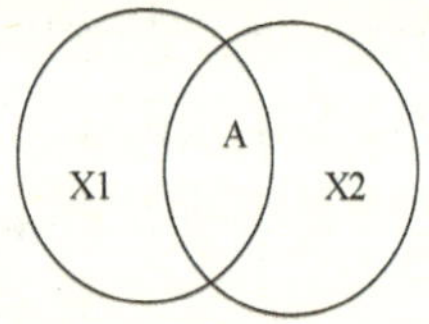

附录图 1.中的 A 是两个自变量间的重合部分，也就是相关之处。例如家庭出身（X_1）与本人政治面貌（X_2）之间的关系。红五类子弟多半在政治面貌上也是红五类，黑五类子弟在政治面貌上多半也是黑五类。

附录图 2. 因变量 Y 与自变量 X_1 之间的关系

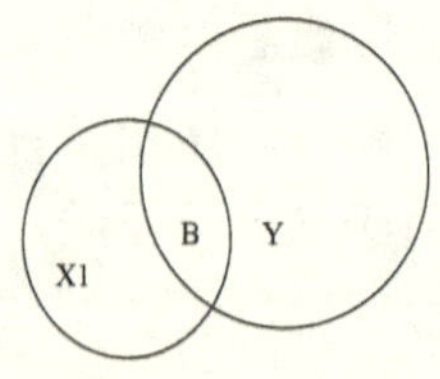

附录图 2.中的 B 是因变量 Y（群众组织派别）与自变量 X_1（家庭出身）间重合的部分，即自变量与因变量之间有关系。如家庭出身好的红五类多半参加保守派，出身不好的黑五类多半参加造反派。

附录图 3. 因变量 Y 与自变量 X_2 之间的关系

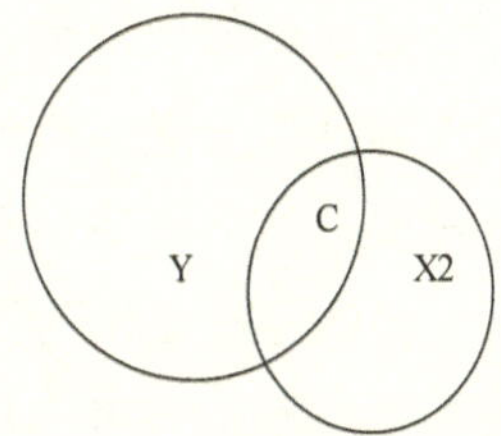

附录图 3.中的 C 是因变量 Y（群众组织派别）与自变量 X_2（本人政治面貌）之间重合的部分，即自变量与因变量之间有关系。例如，本人政治面貌好的红五类多半参加保守派，本人面貌不好的黑五类多半参加造反派。

附录图 4. 因变量 Y 与两个自变量 X_1、X_2 之间的关系

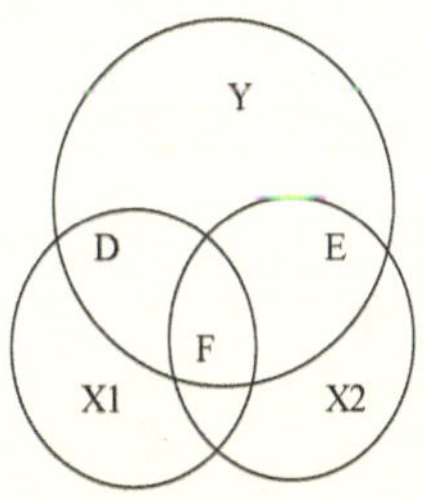

附录图 4.中的 D，E，F，分别表示自变量 X_1，X_2 与因变量 Y 有关系的部分。其中，F 部分是两个自变量共享的。如果只把自变量 X_1 放入模型，只有 D 和 F 两部分与因变量 Y 相交（如图 5.2.，即 D+F=B）。如果只把自变量 X_2 放入模型，只有 E 和 F 两部分与因变量 Y 相交（如图 5.3.，即 E+F=C）。当模型中已有一个自变量后，再加另一个自变量时，增加与因变量相交的部分就很小了，或者是 D（如果已有了 X_2），或者是 E（如果已有了 X_1）。F 部分是两个自变量共享的，所以加上另一个自变量并不显示出来。这种现象就是多重共

线性问题。

有时候，由于两个自变量共享的部分太多，以至于加上另一个自变量后，增加的单独与因变量的相交部分（即 D 或 E 部分）很小，可以忽略不计。此时，在统计模型中显示出该自变量 P 值大于 0.05 以上，似乎该自变量并不能很好地解释因变量的变化，或者说该自变量对因变量的意义不大。事实上，是因为该自变量与另一个已经在模型中自变量存在着共线性，不是该自变量与因变量间没有相关的联系。正如我们举的例子中的情况，家庭出身与本人政治面貌存在着共线性，所以当模型中已有其中一个自变量后，另一个自变量显得无足轻重。这不是说明它不重要，而是说明它的作用已经由另一个与其相近的自变量取代，它的作用显示不出来。

附录 F 参加群众组织的民众的分类

附录 F.1. 数据

附录表 6. 参加运动原因的分布情况

Y1	Y2	Y3	Y4	Y5	人数
是	是	是	是	是	3
是	是	是	是	否	8
是	是	是	否	是	0
是	是	是	否	否	6
是	是	否	是	是	0
是	是	否	是	否	9
是	是	否	否	是	0
是	是	否	否	否	19
是	否	是	是	是	2
是	否	是	是	否	6
是	否	是	否	是	1
是	否	是	否	否	10
是	否	否	是	是	5
是	否	否	是	否	22
是	否	否	否	是	3
是	否	否	否	否	61
否	是	是	是	是	2
否	是	是	是	否	7
否	是	是	否	是	0
否	是	是	否	否	19
否	是	否	是	是	3
否	是	否	是	否	9

Y1	Y2	Y3	Y4	Y5	人数
否	是	否	否	是	0
否	是	否	否	否	26
否	否	是	是	是	8
否	否	是	是	否	23
否	否	是	否	是	1
否	否	是	否	否	47
否	否	否	是	是	35
否	否	否	是	否	466
否	否	否	否	是	99
否	否	否	否	否	73

附录 F.2. 隐类别分析法

许多抽象性的概念无法用直接测量，我们用间接的办法进行测量。例如，虽然我们无法直接测量出一个人信仰宗教的程度，但是我们可以通过观察此人到教堂礼拜的次数、祷告的次数、向教会捐的金额、平时行为举止等等。这些可以观察得到的现象是此人宗教信仰的表现。当我们把礼拜次数、祷告次数、捐的金额、平时的行为举止作为指标的话，我们有理由相信这些指标的表现是受一个隐藏的因素的影响[①]，我们可以用下图表示隐藏因素的关系：

① McCutcheon, Allan. 1987. *Latent Class Analysis*. Newbury, CA: Sage Publications, Inc., p.5.

附录图 5. 可测指标与隐藏因素间的关系

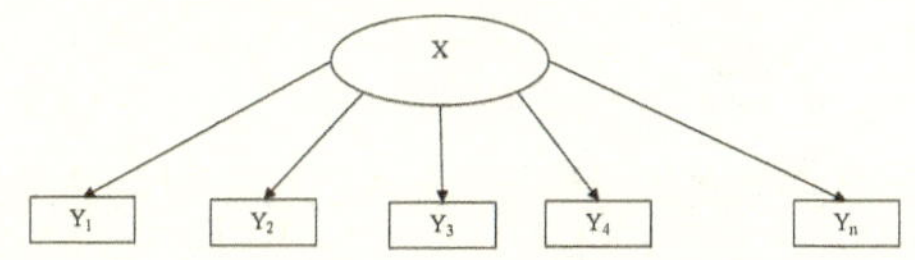

图中 X 是隐藏因素（不可直接观察到的隐变数），Y_1, Y_2, Y_3, Y_4, ... Y_n是可测指标（可以直接观察到的显变数）。早在 1950 年美国学者拉萨斯斐德（Lazarsfeld, 1950; Gibson, 1959; Lazarsfeld and Henry, 1968）提出隐藏因素的设想。1974 年，这方面的研究有了突破性的进展（Goodman, 1974）。上世纪 90 年代开始，在众多的学者努力下（Haberman, 1979; Hagenaars, 1990; Vermunt, 1997; Collins and Lanza, 2010），专门用于非数值数据的隐类别分析法走向成熟。由于电脑的飞速发展，隐类别分析法更加日臻完善。该分析方法可以用做许多用途，我们在这里只讨论其分类的用途。其基本思路如上图所示，各个可以观察到的指标（图中的方块）之间的变化完全受隐类（图中圆圈）影响。

隐类别分析的基本模型是多个显变数（即可以直接观察到的变数，如民众参加群众组织的五个原因）和一个隐变数（即无法直接观察到的变数，如民众的类别）。显变数被认为是隐变数的表现。我们假设显变数分别为 Y_1, Y_2, Y_3, ... Y_L，隐变数为 X，有 C 类。本文采用宾州州立大学研究方法中心提供的 SAS 隐类别分析软体插件进行分析计算（Lanza et al, 2007）[①]。

隐类别分析模型的基本概念是获得回答 y（即 1 或者 2）的概率

① Lanza, S. T., Collins, L. M., Lemmon, D. R., and Schafer, J. L. 2007. PROC LCA: A SAS Procedure for Latent Class Analysis. *Structural Equation Modeling*, 14 (4), pp. 671-694. The Methodology Center, Penn State. SAS Procedure LCA & Procedure LTA. http://methodology.psu.edu/

[①]：P(Y=y)定义为：

$$P(Y=y)=\sum_{x=1}^{C}P(X=x)P(Y=y\mid X=x) \tag{7}$$

其中，C 是隐类别数，P(X=x)是属于某类的人数比例。隐类别分析的一个假设是局部独立，即每一类之间独立，所以有：

$$P(Y=y\mid X=x)=\prod_{l=1}^{L}P(Y_l=y_l\mid X=x) \tag{8}$$

结合公式 2.3.1 和公式 2.3.2 得：

$$P(Y=y)=\sum_{x=1}^{C}P(X=x)\prod_{l=1}^{L}P(Y_l=y_l\mid X=x) \tag{9}$$

也有学者采用以下方式表示公式（Hagenaars, 1990）：

$$\pi_{ijklt}^{Y_1Y_2Y_3Y_4}=\sum_{x=1}^{C}\pi_{ijklc}^{Y_1Y_2Y_3Y_4X} \tag{10}$$

我们回到民众的分类问题。首先，我们需要确定民众分为几类。隐类别分析模型对这一问题有比较成熟的统计指标，较常用的有 AIC（Akaike, 1973），CAIC（Haughton, 1988; Bozdogan, 1987），BIC（Schwartz, 1978）和调整 BIC 或 BIC_{adj}（Sclove, 1987）。它们各自的定义如下：

$$AIC=-2\log L+2p \tag{11}$$

$$CAIC=-2\log L+p(\log(n)+1) \tag{12}$$

$$BIC=-2\log L+p\log(n) \tag{13}$$

$$BIC_{adj}=-2\log L+p\log(\frac{n+2}{24}) \tag{14}$$

其中，p 是自由度，n 是样本数量。有学者证明 BIC_{adj} 是选择隐类别数量的最有效的指标（Yang, 2006）。下表是隐类别分析法对民

---

① Vermunt, Jeroen K., and Magidson, Jay. *Latent Class Analysis*. March 18, 2015 retrieved from http://www.statisticalinnovations.com/articles/Latclass.pdf

众分为 1 类到 5 类的各项指标：

附录表 7. 运动分类的隐类别统计指数表

类别	自由度	G^2	AIC	BIC	BIC_{adj}
1	26	466.3	476.3	500.7	484.8
2	20	198.8	220.8	274.4	239.4
3	14	65.5	99.5	182.4	128.4
4	8	29.3	**75.3**	187.4	**114.3**
5	2	21.7	79.7	221.0	128.9

根据 AIC 和调整 BIC_{adj}（表中粗体数字），民众分为四类最为合适。

附录 G 省级群众组织的分类

附录 G.1. 各省级大派组织分类的数据

为了进行分类，我们将省级大派组织的数据转换为数值进行计算。"是"定为 1，"否"定为 0。以下是分类数据：

附录表 8. 各省级群众组织派别分类变量数据

编号	省份	派别简称	Y1	Y2	Y3	Y4	Y5	Y6
X1	安徽	安徽好派	0	1	1	1	0	0
X2	安徽	安徽 P 派	0	0	1	1	0	0
X3	北京	北京天派	0	0	1	1	1	0
X4	北京	北京地派	0	0	1	1	1	0
X5	北京	新北大公社	0	0	1	1	1	0
X6	北京	新北大公社井冈山	0	0	0	0	0	0
X7	北京	清华大学团派	0	0	1	1	1	0
X8	北京	清华大学四派	0	0	0	0	0	0
X9	福建	福建八.二九	0	0	1	1	1	1
X10	福建	福建革造会	0	1	1	0	0	1
X11	福建	福建四.二零革造会	0	1	0	0	0	0
X12	甘肃	甘肃红三司	0	0	1	1	1	0
X13	甘肃	甘肃红联	0	0	0	0	0	1
X14	甘肃	甘肃革联	1	0	0	0	0	1
X15	广东	广东旗派	0	1	1	1	0	0
X16	广东	广东总派（东风派）	1	0	1	1	1	0
X17	广西	广西四.二二	0	1	1	1	0	1
X18	广西	广西联指	1	0	1	1	0	1
X19	贵州	贵州四.一一	0	0	1	0	0	0
X20	贵州	贵州支红派	0	0	1	1	1	0
X21	贵州	贵州红卫军	0	1	0	0	0	0
X22	河北	河北保定工总	0	1	1	1	0	1

编号	省份	派别简称	Y1	Y2	Y3	Y4	Y5	Y6
X23	河北	河北保定工筹	1	0	1	1	0	1
X24	河北	河北石家庄反军派	0	1	0	0	0	0
X25	河北	河北石家庄拥军派	0	0	1	0	0	1
X26	河南	河南二七公社	0	1	1	1	1	0
X27	河南	河南河造总	0	0	1	0	0	1
X28	河南	河南十大总部	1	0	0	0	0	1
X29	黑龙江	黑龙江捍联总	0	0	1	1	1	0
X30	黑龙江	黑龙江炮轰派	0	0	1	0	0	0
X31	湖北	湖北钢派	0	1	1	1	0	0
X32	湖北	湖北新派	0	0	1	1	0	0
X33	湖北	湖北百万雄师	1	0	0	0	0	1
X34	湖南	湖南湘江风雷	0	1	1	1	0	0
X35	湖南	湖南工联	0	0	1	1	0	0
X36	湖南	湖南高司	0	0	0	0	0	1
X37	吉林	吉林红二派	0	0	1	1	0	1
X38	吉林	吉林公社派	1	1	1	0	0	0
X39	江苏	江苏好派	0	1	1	1	1	0
X40	江苏	江苏 P 派	0	0	1	1	0	1
X41	江西	江西大联筹	0	1	1	1	1	0
X42	江西	江西联络总站	1	0	0	0	0	1
X43	辽宁	辽宁八.三一	0	1	1	1	1	0
X44	辽宁	辽宁辽联	0	0	1	0	0	1
X45	辽宁	辽宁辽革	0	0	1	0	1	0
X46	内蒙	内蒙呼三司	0	1	1	1	1	0
X47	内蒙	内蒙红、工、无	1	0	0	0	0	1
X48	宁夏	宁夏总指挥部	0	1	1	0	0	1
X49	宁夏	宁夏总司	0	0	1	0	0	0
X50	宁夏	宁夏三司	0	0	1	0	0	0
X51	宁夏	宁夏筹革造	1	0	1	0	0	1
X52	青海	青海八.一八	0	1	1	1	0	1
X53	青海	青海捍卫队	1	0	0	0	0	1
X54	山东	山东四二八	0	0	1	1	1	0
X55	山东	山东四二二	0	0	1	0	0	0
X56	山西	山西红总站	0	0	1	1	1	0
X57	山西	山西红联站	0	0	1	0	0	1
X58	陕西	陕西东派	0	0	1	1	0	1

编号	省份	派别简称	Y1	Y2	Y3	Y4	Y5	Y6
X59	陕西	陕西西派	0	1	1	1	0	0
X60	上海	上海工总司	0	0	1	1	1	0
X61	上海	上海红革会	0	0	0	0	0	0
X62	上海	上海支联站	0	0	0	0	0	0
X63	成都	四川成都八.二六	0	1	1	1	1	0
X64	成都	四川成都红成	0	0	1	0	0	0
X65	成都	四川成都产业军	1	0	0	0	0	0
X66	重庆	四川重庆八.一五	0	0	1	1	0	1
X67	重庆	四川重庆反到底	0	1	1	1	1	0
X68	西藏	西藏造总	0	1	1	1	0	1
X69	西藏	西藏大联指	1	0	1	0	0	1
X70	新疆	新疆三新派	0	0	1	1	1	0
X71	新疆	新疆三促派	1	0	1	0	0	1
X72	云南	云南八派	0	1	1	1	0	1
X73	云南	云南炮派	0	0	1	0	0	1
X74	浙江	浙江省联总	0	0	1	1	1	0
X75	浙江	浙江红暴会	0	0	1	0	0	1
X76	天津	天津大联筹	0	0	0	0	0	0
X77	天津	天津五代会	0	0	1	1	1	0

我们对省级大派组织六大分类指标的数值进行统计分析，发现一些规律，提出以下分类方案：首先，如果省级的派别组织是文革初期的保守派，或改头换面，或其成员主要来自文革初期的保守派（即 Y1 记为“1”），分类为“保守派”。其次，其余的派别中如果受军队压制和打击（特别是“二月镇反”中的受害者，即 Y2 记为“1”），则分类为“激进派”。因为按照徐友渔（1999b）的说法，“在 1967 年的‘二月镇反’中，遭到军队镇压的肯定是造反派（虽然反之不一定成立）”。第三，对其余的派别进行得分计算，具体公式如下：

$$Z = Y3 + Y4 + Y5 - Y6 \tag{8}$$

指标 Y3 表示该派是否进入省革会常委，Y4 表示该派文革后常委是否受整肃，Y5 表示该派组织的支持者文革后是否受整。这三个指标均表示该派组织的造反倾向。大多数省级造反派，势力强大的进入省革会任常委，文革后受整，其支持者也在文革后遭殃。指标 Y6 则表示保守派倾向。保守派的支持者在文革后大多复出重掌大权。因此一个派别可能的最高得分是 3，可能的最低得分是-1。得分最高者（3 分）定为“激进派”，得分最低者（-1 分）定为“保守派”，得分居中者（0～2 分）定为“温和派”。把造反派分为“激进派”和“温和派”，是因为文革中不仅存在保守派与造反派之间的斗争，而且存在造反派内部的斗争。这一斗争延续的时间更长，斗争更激烈、更广泛。

附录表 9. 派别组织分类

编号	分类	标准	成员举例
B	保守派	Y1=1 Z=-1	广西联指、河北十大总部、吉林二社、内蒙捍卫兵、四川重庆产业军、新疆三筹、湖南高司
J	激进派	Y2=1 Z=3	河南二七公社、湖南湘江风雷、江苏好派、青海八一八、四川重庆反到底、清华大学团派
W	温和派	Z= 0~2	安徽 P 派、湖南工联、黑龙江炮轰派、四川成都红成、清华大学四派、浙江红暴

B[①]类是保守派或保守派的变种（即 Y1=1），如“湖北百万雄师”、“广东东风派”、“广西联指”、“河南十大总部”等，也有 Z=-1 的“湖南高司”和“甘肃红联”。“湖南高司”原为造反派，但后来与造反派分裂而转变立场，趋向保守。原为造反派的“甘肃红联”反对分裂出去的“红三司”，竟与保守派“甘肃革联”联手。

J 类是较激进的造反派。此类派别大多为“二月镇反”的受害者，如著名的“河南二.七公社派”、“湖北钢派”、“湖南湘江风雷派”、

---

① B 是“保”字拼音的第一个字母。以下 J 和 W 分别是“激”和“温”字拼音的第一个字母。

“辽宁八.三一派”、“广东旗派”等。“广西四.二二派”、“河南石家庄反军派”和“陕西东派”虽然没有在1967年初受到军方的镇压，但因为反对军方受到打击，所以Y2=1。激进派中还一些派别，是Z=3的组织。它们的代表进入省革会任常委（或实际掌权），文革后主要成员受到整肃，它们的支持者也受整，如“甘肃红三司”、“天津五代会”、“新北大公社”等。

W类是较温和的造反派。它们是Z得分为0至2的派别组织，如得2分的“安徽P派”、“福建八.二九”、“湖北新派”、“湖南工联”，Z=1分的“江苏P派”、“贵州四.一一”，和Z=0分的“清华大学四派”、“浙江红暴”等。温和派与激进派相比，只是造反的程度不同。例如，“清华大学团派”属于激进派，其对立派“清华大学四派”则属于温和派。前者坚持“黑线主导论”，认为文革前17年的教育路线是一条黑线，应该彻底否定。后者则坚持“红线主导论”，认为文革前17年还是在毛的领导下，不应完全否定。尽管它们在如何对待文革前的形势看法上有分歧，但两者对清华大学党委、对蒋南翔均持否定态度。

附录 H. 家庭出身与派别选择中派别不明者的分析

表 18.2.列出保守派与造反派对峙的省份家庭出身与派别选择的关系。在这些省份中，有 42 位受访者的派别选择不明。他们中有 11 人填写了参加的组织（如红卫兵、广东井冈山、广西好派等），但是无法确认属于哪一个省级大派组织。另有 27 人则未填写参加的群众组织。省级组织派别明确和不明确的受访者与家庭出身的分布如下：

附录表 10. 保造对峙的省份派别和家庭出身的关系

派别	革命家庭	工农家庭	灰类家庭	黑类家庭	合计
明确者	15 （74%）	29 （71%）	25 （69%）	23 （72%）	92 （71%）
不明确者	6 （29%）	12 （29%）	11 （31%）	9 （28%）	38 （29%）
合计	21	41	36	32	130

如上表所示，派别不明者占各类出身的 28 ~ 31%之间，比较接近。家庭出身与派别是否明确没有显著差别（ χ^2=0.0539，L^2=0.0538，自由度=3，Fisher 精确测试 P 值=1.0）。所以有理由相信，38 位派别不明者属于随机现象，没有系统性的偏差，不会影响表 18.2.的分析结果。

表 18.3.列出造反派内讧的省份家庭出身与派别选择的关系。有 290 人派别选择不明，另有 40 人家庭出身未填写，共有 330 人情况不明。由于人数较多，需要进一步分析。派别明确和不明确的受访者与家庭出身的分布如下：

附录表 11. 造反派内斗省内派别和家庭出身的关系

派别	革命家庭	工农家庭	灰类家庭	黑类家庭	合计
明确者	60 （37%）	88 （48%）	176 （75%）	70 （67%）	394 （58%）
不明确者	101 （63%）	95 （52%）	60 （25%）	34 （33%）	290 （42%）
合计	161	183	236	104	684

上表显示，派别不明者的不同出身之间有较大的差别。革干革军子弟和工农子弟，分别有 63%和 52%属于派别不明者，灰五类子弟和黑五类子弟却分别只有 25%和 33%。红五类子弟的派别不明者大大多于非红五类子弟。家庭出身与是否属于激进派或温和派有显著的差别（χ^2=66.0，L^2=67.2，自由度=3，P<0.001）。

在 290 人中，有 119 人参加的组织填写为“保守派”，或者组织属于保守派（如湖南的“高司”、“联动”）。显然这些人属于保守派，不属于造反派的内斗。余下的 171 人，少数人填写了派别组织。但是笔者无法确定属于哪一派省级组织，大部分人则没有填写派别组织。这种情况，可以从第一篇第五章中的南京师范学院附中的红卫兵组织得到解释。该校曾出现过五个红卫兵组织，最后成为两大派：“造反军”和“红联”。前者并未与社会上的大派组织结盟。我们在调查中发现的大派别不明者，很有可能与南京师范学院附中的“造反军”相似。以下是余下的 171 名派别不明的受访者在家庭出身方面的分布情况：

附录表 11. 派别不明的 171 名受访者的家庭出身的关系

派别	革命家庭	工农家庭	灰类家庭	黑类家庭	合计
填组织 但不能确定	4 （13%）	14 （21%）	4 （9%）	4 （14%）	26 （15%）
未填组织	27 （87%）	52 （79%）	41 （91%）	25 （86%）	145 （85%）
合计	31	66	45	29	171

填写的组织中，有“安徽九二九”、“湖南井冈山”、“山东反到底”等。上表中未填写组织的受访者，家庭出身的分布比较接近，在 79%至 87%之间。他们的差别在统计学上没有显著差别（ χ^2 =0.3324，L^2=0.3264，自由度=3，Fisher 精确测试 P 值=0.3626）。所以有理由相信，这些派别不明者属于随机现象，没有系统性的偏差，不会影响表 18.3.的分析结果。

附录 I. 民众参加群众组织比例的调整计算

表 16.7.列出各职业类别参加群众组织的信息，但不能直接用来估算民众参加群众组织的比例。这是因为，女性参加调查的人数比例太小，仅占受访者总数的 27%。根据 1964 年人口普查资料，中国当时的男女比例是 1.05：1。从总体上说，女性参加组织的积极性不如男性。因此，该表中各职业的比例大多高于实际情况。我们在这里讨论如何调整，使之正确反映实际情况。假设某地区、某职业的男女参加比例如下：

附录表 12. 某地区某职业中男女参加群众组织的情况

	女性（F）	男性（M）	合计	百分比
未参加（NO）	X_{11}	X_{12}	$X_{1.}$	P_1%
参加（YES）	X_{21}	X_{22}	$X_{2.}$	P_2%
合计	$X_{.1}$	$X_{.2}$	X	100%

调整公式为：

$$x'_{ij} = r_j * x * \frac{x_{ij}}{x_{.j}} \qquad (8)$$

式中，i=1,2（NO=1, YES=2），j=1,2（F=1,M=2），r_1=0.4867,r_2=0.5133。公式比较抽象，举一个具体例子说明。现有非省会地区中学生参加群众组织情况如下：

附录表 13. 非省会城市受访中学生参加群众组织的情况

	女性（F）	男性（M）	合计	百分比
未参加（NO）	25	47	72	37%
参加（YES）	20	101	121	63%
合计	45	148	193	100%

$$x'_{11} = 0.4867 * 193 * \frac{25}{45} = 52$$

$$x'_{21} = 0.4867 * 193 * \frac{20}{45} = 42$$

$$x'_{12} = 0.5133 * 193 * \frac{47}{148} = 31$$

$$x'_{22} = 0.5133 * 193 * \frac{101}{148} = 68$$

附录表 14. 调整后的非省会城市中学生参加群众组织的情况

	女性（F）	男性（M）	合计	百分比
未参加（NO）	52	31	84	43%
参加（YES）	42	68	109	57%
合计	94	99	193	100%

所以，调整后的非省会城市中学生参加群众组织的比例是 57%（见表 16.8.）。

附录 J. 省级群众组织简况

文革期间，中共允许民众成立自己的组织，向所谓资产阶级反动路线开火，向走资派夺权。各种群众组织如雨后春笋般涌现出来，让人眼花缭乱，目不暇接。这些组织人员庞杂、山头林立，但各省均存在为数不多的省一级的联合组织。毛不允许全国性的统一组织，只允许省市级的大组织。群众组织为寻求社会力量的支持，自动成立或者投靠社会上的跨行业大组织，以期在运动中与本单位的对立派抗衡。众多的群众组织形成不同的派别，派别斗争随着运动的进程展开。

从 1966 年 5 月 29 日红卫兵组织出现到 1967 年初，各省市自治区曾出现过官办的红卫兵组织和群众组织。这些组织具有浓厚的官方色彩，人们常把它们称作“保皇派”。如上海和江苏的“赤卫队”，四川的“赤卫军”，贵州的“工人纠察队”等。这些公认的保守派组织因其官方色彩性质非常明确，所以不在本章的讨论范围之内。我们仅对官办组织以外的群众组织进行研究和分类。附录 J 将以地区为序，对各省级大派组织进行简单的叙述。主要从六个方面，为第 17 章中述及的群众组织进行分类。这六个方面是：（1）各省级的大派组织是否文革初期保守派改头换面的组织；（2）它们是否受到军队的打击（特别是“二月镇反”）；（3）各大派组织的代表是否进入省革会常委会；（4）进入省革会常委会的群众代表文革后是否受到整肃；（5）支持各大派组织的领导干部在文革后是否受到整肃；（6）支持各大派组织的领导干部在文革后是否复出，重新上台。

附录 J.1. 中央直辖市：北京、上海和天津

北京的文革由大学的红卫兵左右。北京先后出现过三个松散的全市性组织,：“首都大专院校红卫兵司令部”（简称“一司”），“首都大专院校红卫兵总部”（简称“二司”），“首都大专院校红卫兵革命造反总司令部”（简称为“三司”）。“一司”是保守派红卫兵的联合组织，到 1966 年年底就解体了。“二司”由于成员混杂，没有搞什么大的活动，影响不大。“三司”在全国造反派中影响巨大。

1967 年春，北京的大学造反派组织围绕夺权发生争执和分化，重新组合为“天派”和“地派”。“天派”以聂元梓、蒯大富和韩爱晶为代表人物，“地派”以王大宾和谭厚兰为代表人物。聂元梓曾任北京市革委会副主任，中共九届候补中央委员。蒯大富、韩爱晶、王大宾和谭厚兰曾任北京市革委会常委。工宣队接管前，聂曾当选北京大学校文革主任（相当于校革委会），蒯是清华大学的实际掌权人，韩爱晶是北京航空学院革委会主任，谭厚兰是北京师范大学革委会主任，王大宾是北京地质学院的革委会主任。文革结束后，聂、蒯、韩和王均被判刑，谭厚兰因积极交代且患有子宫颈癌，得以免于起诉，保外就医，但很快不治身亡。支持这五位学生领袖的中央文革成员，在文革结束后被判刑。

北京大学和清华大学的群众组织在全国很有影响力，所以也在分析之中。北京大学和清华大学在工宣队进驻前没有正式成立革委会，聂和蒯均是实际掌权人。文革结束后，北京大学的“公社派”和清华大学的“团派”主要领导人受到严厉制裁，如聂元梓和蒯大富均被判刑。他们的对立面北京大学“井冈山”和清华大学的“四派”的主要领导似乎得到善终，不少人走上领导岗位，或从事专业工作，取得令人瞩目的成就。支持聂元梓和蒯大富的中央文革成员的命运已提过，此处不赘。

上海的大学红卫兵组织中，最大、最有影响力的是“红卫兵上海市大专院校革命委员会”（简称“红革会”）。上海最大的工人群组织是“工总司”。“红革会”一直与“工总司”并肩作战。但该组织在上海有了名气之后，其领导人自恃造反有功，不甘居人之下。他们收集炮打张春桥和姚文元的材料，甚至绑架张春桥的助手徐景贤。中央文革发出特急电报谴责“红革会”，其炮打张春桥的失败导致它的垮台。

上海市革委会由“工总司”一派的人员掌控。上海市革委会成立后，局势并未就此稳定。“工总司”因为对上海的群众组织支一派打一派，积怨甚多，又遇到劲敌——上海柴油机厂的“联司”。受压的群众组织纷纷支持“联司”，成立全市性的组织“支联站”，上海的局势面临动乱的危险。1967 年 8 月 4 日，王洪文召集“工总司”，动用 1000 多辆汽车，十多万人，强行攻打“上柴联司”。战斗以“工总司”的全面胜利告终，“上柴联司”司令杨仲池被抓获下狱。由于“上柴联司”和“支联站”的瓦解，“工总司”一家独大，直到 1976 年文革结束。

“工总司”司令王洪文曾任上海市革委会副主任，中共中央委员、政治局委员直至党的副主席。文革结束后，王被判刑。支持“工总司”的中央文革成员张春桥和姚文元（他们兼任上海市革委会正副主任）文革结束后被判刑。“红革会”的领袖之一——劳元一因很早被赶下历史舞台，因祸得福，未受惩罚。等到“四人帮”倒台邓小平掌权，他成为国家科委的干部。“上柴联司”的司令杨仲池，在华国锋时期得到平反。

天津市最早出现群众组织是从学校开始的，工矿企业的造反组织成立要稍晚一些。在大联合中，天津市成立“五代会”，即“工代会”、“干代会”、“农代会”、“大专院校红代会”、“中学红代会”。与“五代会”对立的造反组织，组成“天津市革命造反派大联合筹备委员会”，简称（“大联筹”）。两大组织在天津各占半壁江山。中央表态不支持“大联筹”，形势急转直下，“大联筹”土崩瓦解。

“五代会”的代表在天津市革委会中占有绝对优势，其主要代表人物林启予进入革委会任常委。如果不是因为他太年轻，资历不够，很可能当上革委会副主任。文革结束后，很多“五代会”的领导人判刑，“五代会”进入市革委会常委会的林启予被判十年。这是因为原天津市委书记张淮三在文革结束重新当权后说过：“我蹲了多少年，他们不能少于我！错了再改。”文革期间张淮三在监狱里呆了九年，按照不能少于他的指示精神，判了林启予十年。文革后“五代会”成员受整，“大联筹”基本上没有受整，因为“大联筹”早被打了下去。“五代会”方面掌了一段权，对迫害干部负有更多的责任。支持“五代会”的中央文革成员陈伯达和天津革委会主任、老干部解学恭，在文革结束后分别被判刑并开除党籍。

附录 J.2. 东北三省：黑龙江、吉林和辽宁[①]

黑龙江是早期造反的省份之一。1967 年 1 月 31 日，黑龙江省召开大会宣布夺权。2 月 2 日，中央给予公开支持，潘复生和江家道任一、二把手。革委会成立后，革委会的副班长暗中整理潘复生的材料，被潘复生以反革命罪抓进监狱。哈尔滨工业大学“红色造反团”公开打出反潘旗号，潘复生把反对派的 10 多人抓进监狱，并宣布哈尔滨工业大学“红色造反团”为右派组织，予以解散。4 月，黑龙江大学的“红色造反团”贴出大字报，炮轰省革委会，“炮轰派”由此问世。潘复生动员省革委会的群众代表出面，成立“捍联总”。反对派不甘示弱，立即成立“炮轰联络站”。哈尔滨省在革委会成立后出现新的两大阵营：“捍联总”和“炮轰派”。

[①] 本节参考资料还有：“长春公社”“首都红卫兵”（1967），水陆洲（2018a）。

1971 年 6 月，潘复生倒台，被撤职。“捍联总”的代表聂世荣和牛成山曾任省革委会常委，“炮轰派”的代表人物范正美曾任省革会副主任。文革结束后，聂世荣和牛成山均被判刑。范正美虽受过审查，但得以善终，成为大学教授。支持“捍联总”的干部潘复生被免职审查后，一直接受“监护审查”，直至 1980 年 4 月去世。1982 年，中共中央做出结论，潘的历史问题已经查清，没有问题；文化大革命中犯的错误，不作组织处理。

吉林省是东三省之一。1967 年“一月风暴”之后，长春的群众组织逐渐分化为两大派四个群众组织：（1）长春市大专院校和中等学校联合组织“红色造反者长春市红卫兵总部”（简称“二总部”），（2）以工农为主体，以“二总部”为中坚的“红色造反者吉林省革命委员会”（简称“红革会”），（3）以退出“二总部”的部分群众组成的“长春公社”，（4）以“毛泽东主义教育大学（即东北师范大学）毛泽东主义红卫兵”（简称“教大主义兵”）为核心的“东方红公社”。“教大主义兵”是东北师范大学的保守派红卫兵，因名声不好，后改名为“教大红色造反团”。“长春公社”和“东方红公社”持相同观点，是一派，称为“公社派”（也称为“长东二社派”或“社派”）。“红革会”与“二总部”为一派，常称为“红二派”。“红二派”在数量上占有绝对优势。

2 月 23 日，“公社派”与“红二派”在吉林大学发生武斗。吉林省军区派出军队去“支左”，不容分说，把属于“公社派”的“公安联总”打成反革命，强令解散工人造反组织，“长春公社”被压垮。吉林省军区要求“三个彻底”（彻底揭发、彻底批判、彻底改组），使“公社派”的许多组织解体。这是发生在吉林省的“二月镇反”。到了 4 月初，“公社派”才逐渐恢复组织。8 月，经过中央的调解，吉林省军区承认镇压群众是错误的。但是两派武斗仍然不断，直到 1968 年 1 月两派才达成协议，2 月成立吉林省革命委员会。

“公社派”进入省革会常委会的代表有张振标等，“红二派”的代表有姚美玲、许肇昌等。文革结束后，“红二派”的省革会常委许肇昌被判刑。支持“红二派”镇压“长春公社”的省军区副司令贺吉祥得以善终，1988 年 7 月，被中央军委授予解放军一级红星功勋荣誉章。

黑龙江省和吉林省都只有两个对立的省级群众组织，地处东北的辽宁省却同时并存三个跨省的群众组织。1966 年 8 月以后，沈阳地区的红卫兵开始把矛头指向辽宁省委。9 月中旬，省委书记被批斗。1967 年 2 月 16 日，“辽宁省革命造反派大联合委员会”（简称“辽联”）在沈阳宣告成立。东北局第一书记宋任穷在成立大会上讲话表示支持，表明他与“辽联”的关系。“辽联”得到相当大一部分机关中下层干部和已经“站出来”的高级领导干部的支持。“辽联”的政治立场是保宋任穷，反对沈阳军区司令陈锡联。

5 月 10 日，反对东北局的一派组织成立“辽宁无产阶级革命派联络站”（简称“辽革”），矛头直指宋任穷。“辽革站”受到军方支持，其政治立场是保陈（锡联）反宋（任穷）。

还有一些群众组织既不赞成保宋任穷，也不赞成保陈锡联，他们曾在 3 月被军区抓进监狱。这是辽宁的“二月镇反”。6 月 5 日，这些组织成立“辽宁八.三一革命造反总司令部”（简称“辽宁八.三一”），其政治立场是既反宋也反陈。

至此，辽宁地区三大派三足鼎立的局面形成。从辽宁的三大派别可以看出，东北局的宋任穷支持“辽联”，沈阳军区的陈锡联支持“辽革”，“辽宁八.三一派”背后有北京学生的支持。

1968 年 5 月 10 日，辽宁省革委会成立。省革委会常委会中，三派均有代表进入。例如，“辽革派”有尉凤英和魏礼玲任省革会副主任，尉凤英还是中共九届、十届的中央候补委员。“辽联派”有刘忠礼和郝义田任省革会副主任。“辽宁八.三一派”有任宝成、于桂兰和张治国任省革会副主任。

文革结束后，“辽革派”的尉凤英被撤销职务，回到省里。其他两派主要领导人的结局没有查到。有一点是肯定的，“辽宁八.三一派”的下场一定不会好。因为属于“辽宁八.三一”的“抚顺八.三一派”领导人武振良和郭大可早就被抓进监狱，生死不明，很少有人知道他们的最终结局。支持“辽联”的宋任穷文革结束后不仅官复原职，还进入中共核心。支持“辽革”的陈锡联在文革中出尽风头，文革结束后以退出政坛而告终，并未受到严惩。倒霉的是“辽宁八.三一派”的后台——北京的造反学生，文革后均受到严厉处置，判了刑。

附录 J.3. 华北地区：山东、山西、河北和内蒙[1]

山东文革较有特色的一点是，该省有位著名的造反干部——王效禹。王在山东的文革中扮演了极其重要的角色，以至有“地方出了个王效禹，军队出了个李再含”之说，他还有“山东小太阳”的别名。王在 1957 年反右时，为保护四位下属被打成右倾，受到撤职降级处分。曾经右倾的王效禹在文革初期很紧张，生怕揪到自己头上。他接受了反右时的教训，变成左派人物。他与中央文革的王力、关锋曾经关系密切，所以得到中央文革的支持。山东的群众组织与王效禹有着密切的关系。王效禹原本在山东的青岛市，当他夺权实际上控制了青岛后，中央文革让他杀到山东的省会济南去夺权。

1966 年 8 月 28 日，部分到北京串连的山东大学（简称“山大”）的学生，在天安门广场宣布成立“山东大学毛泽东主义红卫兵”（简称“山大主义兵”）。回到济南后，“山大主义兵”迅速扩大，成为济南和山东造反组织的中坚力量。另一所在山东文革中起着重要作用

---

[1] 华北地区群众组织简况参考资料：余汝信（2004），齐晋华（2011），要宝钟（2013），石名岗（2018），吴迪。

的大学是山东师范学院（简称“山师”）。工作组撤离后，对党委和工作组有意见的学生开始串连，成立“山东师范学院文革串连红卫兵指挥部”（简称“山师串连兵”）。

到 12 月，“山大主义兵”和“山师串连兵”团结一致，基本左右了济南的局势。然而在夺权问题上，两个造反组织产生矛盾，分裂了。“主义兵派”成立“山东省红卫兵造反总联络站”（简称“山红联”），“山东省革命工人造反联合会”（简称“山工联”）。“串连兵派”则成立“红卫兵山东指挥部”（简称“红山指”）和“山东省革命工人造反总指挥部”（简称“山工总”）。这样就形成以“山大主义兵”、“山红联”、“山工联”为一方（为方便起见，我们简称为“主义兵派”），以“山师串连兵”、“红山指”、“山工总”为另一方（为方便起见，我们简称为“串联兵派”）的两派局面。

1967 年 1 月 31 日，省公安厅发生武斗。省公安厅的造反组织参与两派造反组织的武斗，并且关押“主义兵派”的成员。“主义兵派”冲击专政机关省公安厅，殴打公安人员。王效禹迅速做出调整，弃用曾与他并肩作战的“主义兵派”，在中央文革和济南军区、山东省军区的支持下，于 2 月 2 日联合“串联兵派”的组织，在济南成立“山东省无产阶级革命造反大联合革命委员会”（简称“山东大联委”），并于次日宣布在山东夺权。2 月 7 日，中央批准承认王效禹在山东省的夺权。

王效禹掌权后，授意手下大肆抓捕反对夺权的“主义兵派”。他们中很多人曾同他一起共同冲击省市委，批判当权派。这些老造反被抓被打，有的致残。“主义兵派”的造反派与文革初期反对造反派的群众联合起来，在 4 月 22 日召开大会，要求恢复名誉。王效禹指示支持他的“串联兵派”，于 4 月 28 日也召开大会。至此，山东分成“四.二二派”（“反王派”）和“四.二八派”（“支王派”）两大对立的群众派别。

王效禹在文革中干的两件事值得一提。第一件事是，文革初期在青岛造反时，有些较正派的大学生造反派非常反感一些混混造反派的打砸抢行为，曾问为什么要用这样的人？王效禹回答说，这些人能冲能打，关键时刻稍一鼓动，就能冲上去。当年搞土改的时候，有些地方的贫下中农比较老实，难以发动，就是利用流氓无产者，先打开局面。第二件事是，九大前夕，王效禹为了使造反派能够成为九大代表，力排众议，把大批造反派拉进党内，这也成为他日后的一大罪状。

山东省革委会成立于 1967 年 2 月 3 日（正式更名为省革委会是 2 月 23 日），王效禹任省革委会主任。“支王派”进入省革委会常委会，其代表有杨保华、鹿田计和孟庆芝等。鹿田计曾当选九届、十届和十一届中央委员。“反王派”似乎也有进入省革委会常委会的[①]。王效禹于 1969 年 5 月就倒台，1971 年 3 月 30 日被正式撤销职务。文革结束后，王效禹被开除党籍，支持王效禹的中央文革也遭到清洗。“支王派”的成员均遭清洗，孟庆芝被判死刑，杨保华被判死缓。

山西的群众运动以省会太原为中心。1966 年 8 月，山西省委指使成立全省性的保守组织。面对保守派的联合，10 月 26 日（也有人说是 11 月 1 日），造反派成立“山西大中院校红色造反联络站”（简称“红联站”）和“山西革命造反兵团”（简称“兵团”）。太原工学院（简称“太工”）的“太工红旗战斗队”（简称“太工红旗”）是造反组织中较有影响的组织。“太工红旗”、“兵团”和“红联站”对省委均持反对态度。

有一个组织特别值得一提，这就是总部设在太原的冶金部第十三建设公司（简称“十三冶”）的“山西革命工人造反决死纵队”（简称“决死纵队”）。“决死纵队”的第一号领导人是杨承效（也有资料写成杨成孝）。杨敢打敢拼，是山西省著名的文革领袖。杨承效

[①] 但是其代表笔者暂时未能对上号，有待于今后进一步补充。

从一个普通工人成为夺权的总指挥，有着过人的胆量和能力。他最有名的一句话，出自他与一位学生造反领导人的对话。当红卫兵问他什么叫做“全是清一色的工人阶级”时，他答道：“就是他妈的一个共产党员也不要！”

11 月 8 日，山西工人造反组织“山西革命工人造反兵团”（简称“工人兵团”）成立。该组织主要由太原市的大型企业的造反派组成，全盛时期号称有 50 多万人。1967 年 1 月，全国掀起夺权高潮。毛表示让刘格平（原副省长）执掌山西的文革。刘格平联络省军区政委张日清，以“决死纵队”的杨承效为总指挥，成立“山西革命造反总指挥部”，于 1 月 12 日夺了省委的权。1 月 25 日，《人民日报》发表社论，公开支持刘格平等人的夺权。社论中有在毛的“关怀和支持下”的话，这在文革中空前绝后，其他省的夺权从未有这样的“殊荣”。山西省的保守派势力垮台了。

3 月 18 日，山西省革委会正式成立。刘格平担任省革委会主任，省军区政委张日清、六十九军长谢振华、昔阳县大寨大队书记陈永贵等任副主任。夺权以后，权力中心形成刘格平、陈永贵等人为一派，张日清等人为另一派的局面。5 月初，支持刘格平的群众组织宣布成立“山西省革命造反总指挥部”（简称“红总站”[①]），“决死纵队”属于“红总站”。另一派群众成立“山西省红色造反联络总站”（简称“红联站”），支持张日清一派，“太工红旗”是其重要成员。曾是同盟的造反派分裂了，成了势不两立的对手。在省革会常委会中，“红总站”的代表有陈永贵、杨承效等，“红联站”的代表有刘灏、段立生、宋捷等。以刘格平为首的“红总站”定下摧垮“红联站”的政策。杨承效率领“决死纵队”大开杀戒，挑起事端，从此山西陷入两派武斗。“红联站”绝非“红总站”的对手，很快招架不住。

[①] 按照通常简称的规律，不知“红”和“站”二字从何而来。

1968 年 1 月 3 日，中央确定六十九军长谢振华任山西支左委员会主任，刘格平的权力受到削弱。谢振华上任后为“红联站”平反，采取措施制止武斗。1969 年 7 月，刘格平和张日清被调离山西，谢振华接管山西，任山西省委核心小组组长。谢后来成为山西省委第一书记兼省革会主任。在谢振华的治下，杨承效于 1970 年 8 月被判死刑。杨承效是个劳改释放犯，在刘格平和陈永贵的支持下当上“红总站派”的总指挥。杨曾说过：“活着就干，死了就算，反正是个二级半。”杨承效在文革中造反，赌上了自己的性命。

文革结束后，“红总站”的支持者刘格平的结论是“没有任何政治问题”，安排为第六届全国政协委员等闲职，算是善终。另一位支持者陈永贵虽然追随“四人帮”，于 1980 年被迫辞去政治局委员、副总理等职，但并未受到其他更重的处罚。谢振华在 1974 年因得罪“四人帮”曾被罢官下狱，文革结束后谢得到平反，复出任沈阳军区副司令等职，并当选为十二届中央委员等，得以善终。支持“红联站”的张日清被调离山西后淡出政界，晚年迷上国画，出版画集，也算是善终。最倒霉的是“红总站派”的杨承效，被早早枪决。

华北地区中，河北省占据非常重要的地理位置。河北地处华北平原，北京和天津两个直辖市在其范围之内，是京城通往外地的门户。河北省与众不同之处是，其省会曾三次变迁。在天津于 1967 年初成为中央直辖市之前，是河北的省会。天津成为直辖市后，保定市成为其省会。然而仅仅过去两年，省会又搬到石家庄市。这一变动，使保定和石家庄都没有成为河北省文革的中心，河北省也没有像其他省一样拥有全省性的群众组织。本节着重讨论石家庄和保定两个市。保定市因为与著名的三十八军有关，在河北的文革中具有特殊的意义。

1966 年 9 月，石家庄先后出现许多群众组织，其中“石家庄工人造反联合司令部”（简称“工联司”）较有名。1967 年 1 月下旬，石家庄市委、市人委主要领导成员被“工联司”关押和批斗。23日，石家庄市委、市人委各部门被强行夺权，陷于瘫痪状态。2月1日，石家庄地区军事管制委员会成立，解放军开始介入文革。群众组织形成两大派，“工联司”被军管会否定受到镇压，成为“反军派”（“反军派”的统一组织名称叫做“石家庄狂人公社总社”，因此也叫做“狂派”）。另一派是“拥军派”，受到军队的支持。两大派有各自的势力范围，铁路以西是“拥军派”的天下，铁路以东是“反军派”的天下。

1967年5月开始，两派发生大规模武斗。10月18日，“拥军派”传达中央文革陈伯达的表态。陈迫达直截了当地说：“‘狂派’是个大杂烩，应该立即解散！”他的表态对“狂派”具有摧毁性打击，同时大大激发了“拥军派”的斗志，“狂派”被武力征服打垮。围剿最激烈的战斗在滹沱河农场。这里的职工很大一部分是劳改出来的，被称为“劳改释放犯”。他们成立造反组织，叫做“滹沱河义和团”，加入“狂派”。在大队人马的包围下，“滹沱河义和团”只剩下了三四十个死硬分子，但就是不投降，退缩到一座砖窑里。最后弹药打尽，全部被歼灭。

石家庄武斗早早平息，形成一派掌权，相对稳定的局面。12月20日，石家庄市革命委员会成立。1968年2月3日，当周边地区武斗正酣时，河北省革命委员会在石家庄正式成立，从此，石家庄成为省会城市。省革会主任是原北京市委第一书记、河北省军区第一政委李雪峰，副主任是原河北省第一书记刘子厚等。文革结束后，李雪峰和刘子厚均未受到整肃，得以善终。进入省革会常委会的群众组织代表，文革后被撤职，但未受其他更重的处罚。笔者没有查到未进入省革会的造反派的最后结果，也许因为他们早已退出历史舞台，故知晓者不多。

河北省的另一个重镇是保定。1966年10月开始，保定陆续出现一些群众组织。在上海“一月风暴”的影响下，全国各地出现夺权风潮。河北的造反派较之其他省要迟钝得多，直至此时，竟然尚无全省统一的组织，也未能产生全省性的造反领袖人物。1967 年 1 月 23 日，保定的造反派夺了权，但造反派内部为了核心地位争执不休。2 月 6 日，由省军区和六十九军领导人授意，一些非主流造反派组织成立“河北省无产阶级革命派联合夺权筹备委员会”，并宣布“一·二三夺权”是“非法的假夺权”，“反革命夺权”。

2 月 11 日，保定的造反派遭受重大打击，军人取缔了造反派组织。据不完全统计，总共抓捕 1,500 多名造反派。2 月 16 日，原驻吉林省通化地区第三十八军接到中央军委的换防调令，接替六十九军进驻保定。2 月 21 日，省军区和换防的三十八军组成的联合支左办公室开始办公。2 月 22 日，保定终于成立全市性的社会组织“工人革命造反总部”（简称“工总”），起到主导保定文革的作用。三十八军立即表态，承认其合法地位，并派出人员协助其开展工作。

这是保定文革史上一个重要事件。虽然“工总派”的群众造反较晚，左中右混杂，但这毕竟标志着保定年轻的产业工人队伍以造反派群众为主体，开始独立地走上政治舞台。7 月 11 日，保定原有的保守派成立“保定工代会筹委会”（简称“工筹”），标志着保定的保守势力在新的形势之下，从政治思想到组织系统的联合阵线已经形成。

保守的“工筹派”得到省军区的支持，受省军区排斥的较为激进的“工总派”主动对新来乍到的三十八军示好，寻求支持。三十八军与河北原当权势力没有任何牵连，在感情上亦倾向于“工总派”。三十八军与省军区在支持谁的问题上各持己见，水火不相容。北京军区支持省军区，对三十八军颇有微词。保定两派冲突四起，武斗不断。

1968 年 1 月底，省军区与省委为了避开与三十八军的矛盾，采取避其锋芒的策略，经中央同意将省会搬到石家庄。2 月 3 日，河北省革委会成立，原河北省委书记、省军区司令和政委、六十三军军长担任革委会副主任，三十八军军长仅担任省革委会中的常委。这样的安排，足见省军区和省委对三十八军的排挤。三十八军受到同级省军区、上级北京军区及中央文革陈伯达的挤压，举步艰难。两派均有代表进入省革委会常委。

1969 年 2 月，兼任北京军区政委的谢富治宣布：保定问题由三十八军全权负责，北京军区，河北省革委会和省军区不得介入。保定成了三十八军一家天下后，三十八军对两派都采取严厉的政策。7 月，三十八军和保定地区革委会联合发出布告，提出了两派制止武斗、上交武器，无条件回厂、回校，按系统、行业、班组搞大联合，坚决镇压反革命等一系列强制性措施，8 月底，保定地市实现“三结合”。到 10 月，收缴武器工作基本结束，武斗工事全部拆除，武斗人员全部返回原单位，武斗停歇。尽管此后仍有反复，但保定的局势基本稳定下来。

值得一提的是，文革中支持造反派的军人结局都不好，唯有三十八军虽然支持造反派，但是因为能坚持“骂不还口，打不还手”，没有对两派的群众采用暴力手段，而且能够一碗水端平，没有拉偏架，所以能全身而退。在“一打三反”和“清理五.一六”运动中，“工筹派”和“工总派”均受到整肃。两派各自的后台，三十八军军长王猛和省军区政委李雪峰，省委的刘子厚，北京军区的郑维山，均得以善终。

文革中，内蒙的群众组织有其特色。一般的省级地区存在两大派、三大派甚至四大派严重对立的局面，内蒙却很快形成一派独占天下的形势。1966 年 10 月 29 日，呼和浩特市的几大院校及中专中学师生成立“呼和浩特市革命造反红卫兵司令部”（简称“呼三司”）。在此之前，已经有呼市地区“毛泽东主义红卫兵临时总部”（简称

“呼一司”）和以呼市二中为基地成立的以革干子女为首的“毛泽东思想红卫兵第二司令部”（简称“呼二司”）。事实上，“呼一司”和“呼二司”为同一个阵营，以干部子弟为核心。“呼三司”是平民为主，属于另一个阵营。与“呼一司”和“呼二司”同属一个阵营的保守派，还有“工农兵革命委员会”（简称“工农兵”）、“内蒙古自治区革命职工红卫军联合会”（简称“红卫军”）和“无产阶级联合总部”（简称“无产者”）等。

1967年2月5日，军区的作战部副部长柳青打死一名学生。这是文革中军人向手无寸铁的百姓打的第一枪。军方虎视眈眈设下圈套，试图进行大屠杀，幸而造反派中有复员军人识破军方的阴谋，极力阻止学生的盲动行为，才避免了更大的伤亡。这起枪击事件，是内蒙地区的“二月镇反”。内蒙军区杀害学生的枪声惊动了中央。4月13日，中央发布处理内蒙问题的“八条决定”，承认以“呼三司”为首的组织是革命群众组织，与其对立的保守派组织必须立即解散。尽管保守派与军人进行了顽强的抗争，终因中央采取强硬措施，一度有百万之众的保守派终于土崩瓦解。“呼三司”成了内蒙境内唯一的革命群众组织。

内蒙革委会常委中“呼三司”的代表不少，如高树华、王金宝、郝广德和李枫等。文革结束后，“呼三司”的领导人遭到重创。高树华被判十年，关了五年后，在胡耀邦的干预下才得以释放，免于刑事处分。其他的造反派领袖就没有那么幸运了，不少人被判刑。支持“呼三司”的是中央文革，这一后台在文革结束后全军覆没。支持镇压“呼三司”的原军区副司令黄厚在文革结束后复出，升任内蒙军区司令。

附录 J.4. 华东地区：江苏、浙江和安徽[①]

江苏的文革中心是南京，南京的中心则是南京大学（简称“南大”）。1966 年 8 月，南京大学逐渐形成三个派别：一派是支持省委派来的工作组但反对南京大学校长匡亚明的“红旗战斗队”，以胡才基为首。第二派是既反对工作组和省委又反对南京大学党委的“红色造反队”，以文凤来为首。由于“红色造反队”过分强调组织的纯洁性，只接受政治表现和家庭背景无可挑剔的人员参加，文凤来授意成立一个外围组织，也就是第三派，叫做“南京大学八.二七串联会”，以曾邦元为首。因为该组织吸收成员的标准较低，其规模很快超过它的核心组织。

1966 年 11 月开始，南京大学的“红色造反队”走出校门，与工矿企业和社会其他阶层串联成立“省工总”和“省红总”，南京大学“八.二七”也在南京成立“南京八.二七”。南京大学的“红旗战斗队”则拉起官办的保守派组织“赤卫队”。1967 年 1 月 3 日，“红总”、“八.二七”为一方，与“赤卫队”在江苏饭店发生大规模的武斗，“赤卫队”被打垮并迅速瓦解。

1 月 22 日至 24 日，造反派的领导们开会商议夺权，会议期间成立以文凤来为首的“夺权委员会”。但是，造反派在夺权问题上分裂了。1 月 26 日凌晨，南京大学“红色造反队”、“省红总”、“省工总”等组织顺利夺得省委的权力。“一.二六夺权”并未得到中央认可。江苏的造反派分裂为“好派”和“P 派”；支持夺权的称为“好派”，反对夺权称为“P 派”。

3 月 14 日，许世友下令对“好派”属下的部分组织进行武装镇压，“好派”成为“二月镇反”的受害者，“好派”与军区结怨。1967 年夏，“好派”掀起“反许”浪潮，几十万人马抗议许的暴行，

---

① 本节参考资料还有：徐志高（2016）。

要求揪出并打倒许世友。许被迫躲进南京军区驻扎在大别山的某机要部队。谁知消息走漏，“好派”扬言进军大别山把许世友揪回南京，吓得许连夜逃到一支亲信部队里躲藏起来。

从 1967 年 1 月的夺权，到 1968 年 3 月 23 日江苏成立以许世友为第一把手的江苏省革委会，历经一年多的时间。在这一年多的时间内，两派经历了血腥的武斗。1967 年 7 月 3 日，江苏出现第三派组织“促进大联合委员会”（简称“促联”）。虽然“促联”在省革会常委会中占了一个席位，但是该派在江苏文革的历史中无足轻重，所以对该组织就不作分析了。江苏的文革，主要围绕“好派”和“P 派”进行。在省革会的常委会中，有两派的代表。“好派”代表有文凤来、华林森、朱开地和唐省智，“P 派”代表有曾邦元、陈克兴和周锡禄。“好派”的华林森当选为九届中央候补委员，十届中央委员。

文革结束后，“好派”的领导人均遭厄运，华林森被判刑，文凤来被整得死去活来，得了精神病，最终自杀。“P 派”的领导人因保许有功，深得许的好感。但是曾邦元自作聪明，为排除异己，与昔日“P 派”战友反目，两败俱伤。最后，为抗击复旧的官僚，“好派”与“P 派”联合，对抗重新上台的省委，遭到整肃，曾邦元也被判刑。“好派”支持者主要来自南京军区空军，如政委江腾蛟、副政委王绍渊、政治部主任高浩平。“P 派”的支持者是原省委统战部长高啸平和江苏省军区副政委梁辑卿。文革结束后，江腾蛟以参与“林彪反革命集团”的罪名被判刑。“P 派”的支持者，原省统战部长高啸平，在许世友的授意下，在关押地点被整死，是否平反不得而知。因为高与江苏省委其他成员，尤其是原省委书记江渭清不和，很有可能没有人为他平反翻案。但是支持“P 派”的许世友未受任何影响，还升了官。

安徽是江苏的近邻，有不少地方很相近。安徽对立的两大派，也称“好派”（也称为“G 派”，即好极了）和“P 派”（即好个屁），也是在“一.二六夺权”问题发生分歧。1966年8月下旬，安徽省学校的学生和工厂的工人纷纷成立组织。1967年1月初，夺权风潮从上海兴起后，1967年1月26日，安徽的部分组织宣布夺了省委的大权。

3月27日，中共中央发出文件，否定“一.二六夺权”，决定成立以南京军区副司令员钱钧为首的安徽省军事管制委员会。军管会偏向P派，人多势众的G派不肯善罢干休，安徽境内发生大规模的武斗。7月29日，周恩来在北京紧急召见十二军军长李德生，传达中央决定让十二军到安徽支左的指示。十二军进入合肥后，展开艰苦工作，采取“一碗水端平”的策略，促成两派的联合。李德生在安徽的工作卓有成效，得到中央的高度评价，在1968年4月8日成立的安徽省革命委员会中任主任，并在中共九大成为政治局候补委员，后曾升至十届中央委员会副主席的高位。安徽省革委会中两派都有代表，虽然有名单，但是目前尚无法分清谁属于何派。根据资料称，当万里接管安徽后，两派均遭到清洗。两派背后的支持者都是省内的干部，似乎均得善终。

浙江省的文革以其省会杭州为中心。文革初期，浙江曾出现过几个保守派组织，后来保守派失势。1967年1月30日，中央表态支持造反派进驻省军区，使造反派声威大振。在夺权问题上，造反派分裂形成两派：坚持要打倒江华的“浙江省革命造反联合总指挥部”（简称“省联总”）和保江华的“浙江省红色暴动委员会”（简称“红暴”）。“省联总”得到中央文革、空五军和二十军的支持，“红暴派”得到省军区的支持。

3月15日，浙江省军事管制委员会成立，龙潜（浙江省军区政委）任主任，阮贤榜（浙江省军区副司令）、曹思明（舟嵊要塞区政委）、南萍（二十军政委）、陈励耘（空五军政委）任副主任。军管会内部产生不同意见，南萍、陈励耘认为省军管会主要领导和省军区搞“二月逆流”。7月在京解决浙江问题，中央决议支持“省联总派”，称省军区犯了方向路线性错误，“红暴派”被称为是犯了错误的老造反派。8月，浙江省军管会和省军区改组。南萍为浙江省军管会主任，陈励耘为副主任，熊应堂代浙江省军区司令员，南萍代政委。保江华派受到重创。

1968年3月23日，浙江省革委会成立，两派代表均有进入省革会常委的。“省联总派”的张永生任省革会副主任，翁森鹤[①]和谢志明任常委。“红暴派”有方剑文、滕铸和张来根，任省革会常委。值得一提的是，翁森鹤在文革中有句名言，反映了一些造反派领导人的心理：“要么小轿车，要么小车桥”。小车桥是杭州监狱的所在地。

文革结束后，“省联总派”的张永生和翁森鹤被判无期徒刑，支持“省联总派”的中央文革、空五军都受到整肃。支持“红暴派”的江华文革后复出，1975年任最高法院院长，“四人帮”倒台后主持审理林彪集团和“四人帮”的反革命案。另一位支持“红暴派”的省军区领导人龙潜也于1975年复出，任河南省军区政委。

附录J.5. 华中地区：河南、湖北、湖南和江西[②]

1966年8月，在毛写了《炮打司令部--我的一张大字报》13天后，中共河南省委第一书记刘建勋也写了《我的一张大字报》，带头支持郑州大学（简称“郑大”）少数造反学生，此举带动了河南一大批领导干部支持造反派。这批老干部后来参加各级的革委会，掌握河南省的党政领导大权达十年之久。这是河南省文革的特点之一。

文革初期，由于省委主要领导人支持造反，河南的保守派力量

[①] 翁森鹤是浙江闻名的“老造反”，原属于“红暴派”。武斗被抓后，改变立场，“红暴派”的人视他为政治扒手。参见徐永良（2016）。

[②] 本节还参考了以下资料：一丁（2016），无名（2018a，2018b）。

并不强大。8 月 21 日，“郑州大学文化革命联络委员会”（简称“郑大联委”）正式成立。9 月 3 日，“郑大联委”发出《火急呼吁书》：“多少年来，河南省搞的很不像样子，五千万河南人民被穷白两座大山压得喘不过气来。尤其是在 1958 年以来，出现了一系列极其严重的问题和骇人听闻的反革命事件，这些事件，必须彻底追查清楚，坚决地把根子挖出来！”9 月 4 日，“郑大联委”成立“专揪吴芝圃战斗队”，派人专程去广州揪吴芝圃。

9 月间，在郑州市召开两次大会，指控省委领导是历史反革命。因为 1959 年前后，河南大搞浮夸风，造成数十万人饿死的惨剧。作为“郑大联委”领导人的党言川等人之所以能一呼百应，数万人起来批斗省委领导，正是基于这个背景。河南的文革运动，是以党言川揭批原河南省委 1958—1961 年在河南搞左倾蛮干、大刮“五风”，实行高指标、高征购、高估产的错误政策，造成骇人听闻的“信阳事件”[①]入手的。这是河南文革的又一个特点。

1967 年 1 月下旬，“郑大联委”发起成立“河南二.七公社”（简称“二.七公社”）。2 月下旬，郑州工学院的“红卫兵造反总指挥部”发起成立“河南革命造反总指挥部”（简称“河造总”）。重新崛起的保守派成立“十大总部”。河南形成“二.七公社”、“河造总”和“十大总部”三派并存的局面。

1967 年的“夺权风暴”，使得同为造反派的“二.七公社”和“河造总”在夺权问题上分裂。此时的刘建勋，已于 1966 年 9 月 1 日调到北京工作，任华北局书记、北京市委书记，省委代理第一书

[①] 1959 年，中国许多地区饥荒大面积出现并蔓延。河南省信阳地方政府采取封锁消息的措施，严格限制人口外流，一度出现人吃人的现象。信阳地区从发生缺粮现象到大批饿死人，前后持续半年之久。从中共中央着手调查到灾情完全暴露又拖延了半年，最终对责任者处理则到了 1961 年初。整个事件最终成为大饥荒时期典型的地方饥荒事例。据河南信阳地方 1961 年呈报中共中央报告显示，该事件至少造成 100 万人非正常死亡。

记是文敏。省军区对造反夺权并不认同，在3月初对“郑大联委”和“二.七公社”予以取缔。4月20日，中央广播电台宣布刘建勋参加北京市革委会，“二.七公社”的群众欢欣鼓舞，但是省军区不买账。在省军区的支持下，“河造总”和“十大总部”仍坚持开会批判刘建勋、文敏生和纪登奎，还派人到北京揪刘建勋，给中央施加压力。1967年5月，中央召集河南省三方势力到北京谈判。

7月25日，《人民日报》公开表态，说“二.七公社”是无产阶级革命派。1968年1月27日，河南省革委会成立。刘建勋任主任。由于中央表态支持“二七公社”，革委会常委中，“二.七公社”的代表占优势，40名常委中占14名。较有名的如唐岐山、党言川、部国荣、申茂功、陈红兵等人，唐岐山还当选为九届和十届中央委员。“河造总”的代表不多，有张宗海、丁素琴等。“十大总部”似乎没有人进入省革会。值得指出的是，这些学生造反派并没有真正受到重用。随着毕业分配下到了基层，常委的头衔只是个虚名。即使有的人在县里任职，也只是副职。

文革结束后，在清算文革的“揭批查”运动中，曾经在河南搞左倾蛮干，造成“信阳事件”者重新掌权，又挥起极左大棒，大搞派性清查，造成严重扩大化。从1977年到1983年，历时七年，处理“二.七公社”和支持过“二.七公社”的干部五万多人，取消党员资格10.6万人，逮捕判刑1,700人，突击判刑2,400人（均为官方数字），亲属子女因受株连被审查处理、不提工资、不评技术职称等不计其数。派性清查是河南省揭批查的重要特点。

在清查中，军区支持下掌权的“省委造总”、“河造总”、“十大总部”被视为正确派；不仅不清查，还被重用；一些武斗指挥者，还掌握清查工作的大权。群众说：“河南的揭批查是一派升天，一派坐监。”“二.七公社”进入省革会常委的党言川、唐岐山、申茂功、部国荣等均被判刑，支持“二七公社”进入省革会任常委的干部耿起昌（副主任）、张钦礼也被判刑。

支持“二七公社”的刘建勋于 1978 年 10 月被调离河南，最后结论是，不是“四人帮”的人，但是在河南工作期间是有错误的。支持“河造总”的省军区第二政委何运洪，虽在文革期间受到冲击，很快复出；1969 年至 1983 年间，任过武汉军区国防工业办公室主任、武汉军区政治部副主任、武汉军区顾问等职。

湖北的文革是以省会武汉为中心。武汉群众组织分为三大派：“钢派”、“新派”和“百万雄师”。“百万雄师”的支持者是武汉军区司令陈再道。1967 年“一月夺权”运动中，保守派垮台，两大派的造反派之间的矛盾上升。3 月 17 日，武汉军区以贯彻《军委八条》为名，宣布“钢派”的“钢工总”为“反革命组织”，勒令解散。并出动军区部队与公安机关，逮捕“钢工总”的领导人近 500 人。“新派”也同样受到军区的打压。深感唇亡齿寒的“新派”遂与“钢派”中的其他组织一道，要求为“钢工总”翻案，抗议武汉军区。保守派改头换面，成立“百万雄师”，人数超过百万。

5 月到 7 月间，受军区支持的“百万雄师”多次挑起武斗，打压“钢派”和“新派”，制造一系列惨案。“七.二零事件”使“百万雄师”瞬间瓦解，也使得同属造反派阵营的“钢派”与“新派”又一次陷入激烈的权力斗争。矛盾主要焦点在于席位之争。

湖北省革委会于 1968 年 2 月 5 日成立。“钢派”的朱鸿霞（副主任）、杨道远（副主任）、胡厚民和夏邦银等人进入省革会常委会。“新派”的张立国（副主任）和龙铭鑫等人任常委，“钢派”的董明会当选九届中央委员。文革结束后，“钢派”和“新派”均遭到毁灭性打击，“钢派”的朱鸿霞等人和“新派”的张立国等人被判刑。“百万雄师”的成员却因过早地退出纷争，没有受到打击。支持“百万雄师”的陈再道 1972 起复出，任福州军区副司令，文革后担任解放军铁道兵司令，得以善终。

湖南的工人群众运动在文革中显示出强大的力量。10 月中旬，以市民为主的“湘江风雷”和以大学生为主的“高司”两个造反组织相继成立。1967 年 1 月 16 日，中央点名湖南的保守派组织是走资派的御用工具，这些组织立刻瓦解。在上海“一月风暴”的影响下，湖南的夺权开始，胜利的造反派“湘江风雷”和“高司”不幸分裂。

湖南省军区支持“高司”。2 月 4 日，湖南省军区对“湘江风雷”进行镇压，一夜间摧毁了这个庞大的造反组织。这是发生在湖南的“二月镇反”。4 月中旬，一个以产业工人为主的造反组织“工联”正式成立。“工联”队伍迅速扩大，成为拥有数十万工人的湖南省内最大的工人造反组织，“湘江风雷”终获平反。这样，就形成以“高司”、“湘江风雷”和“工联”三派鼎立的局面。

8 月 10 日，中央认可“湘江风雷”和“工联”，批评省军区，指责“高司”是保守组织。“高司”顷刻土崩瓦解。胜利的双方还未来得及举行庆功会，“湘江风雷”和“工联”立即发生内战，湖南陷入武斗。1968 年 4 月 8 日，湖南省革委会成立，“湘江风雷”和“工联”代表进入省革委会常委会。“湘江风雷”的代表人物是叶卫东（任副主任）和李敬林，“工联”的代表人物是胡勇（副主任）、唐忠富、雷志忠和许云秋。唐忠富是中共九届、十届中央委员。

文革结束后，“湘江风雷”和“工联”均遭到整肃。例如，“工联”的唐忠富、胡勇和“湘江风雷”的叶卫东均被判刑。支持两个组织的应是中央文革。“高司”领导们由于很早就被迫退出斗争，因祸得福，得以保全，没有受到整肃。支持“高司”的省军区司令龙书金得以善终，最后享受大军区副职待遇，2003 年病逝。

江西省文革前是个农业省，经济基础较薄弱，该省曾是中共初期发展的主要根据地。1966 年 9 月 3 日，万里浪[1]等人带头造江西省

[1] 江西省内最大的军用航空工业企业、原代号为“320”厂的洪都机械厂一个车间的检验工。

委的反，许多大型的全市乃至全省性的群众组织相继成立，如以工人为主的“江西省无产阶级革命派大联合筹备委员会”（简称“大联筹”）。围绕如何对待省市委，群众组织分裂成势不两立的两派。坚持打倒省市委的是“大联筹”，属于造反派，坚持保卫省市委的保守派组织是“省市无产阶级革命派联络总站”（简称“联络总站”）。

1967年1月26日，造反派夺权，省军区表示支持。但在2月份，军区改变了态度，支持保守派，发给他们枪支弹药，打死打伤大批造反派，并在吉安、赣州等地区宣布造反派为反动组织，加以武装镇压，造反派与支左的解放军发生矛盾。4月23日，造反派冲击省军区机关，轮番静坐绝食长达60余天。

两派群众组织陷入武斗。据周恩来说，大规模的抢枪“是从江西开始的，影响到湖南，又影响到广州”。两派发展到动用手枪、步枪、机关枪甚至小钢炮，江西的文革进入残酷血腥的阶段。7月下旬，中央不得不调动驻扎在山东的第二十六军的76师，由军政委程世清带领，赴江西制止武斗。中央对省军区支持保守派提出批评，并改组省军区。8月初，中央公开表态“大联筹”是革命造反派，“联络总站”是保守派。江西的保守派组织垮台。

1968年1月5日，江西省革命委员会成立，程世清任革委会主任。省革委会常委中的群众代表是清一色的“大联筹”成员，如万里浪（副主任）、涂烈、蔡松林、陈全生、蔡方根等。可是，胜利的“大联筹”很快就分裂为两派：以万里浪为首的“好派”和以涂烈为首的“P派”。“好派”人多势众，得到一些地方高级领导干部的支持。曾经给毛泽东当过警卫员的江西省军区司令员支持“P派”。“P派”虽然是少数派，但是有这么个能通天的军队大官支持，腰杆硬得很。程世清因林彪事件，于1972年被撤职。

文革结束后，“大联筹”（无论是“好派”还是“P派”）的主要领导人遭受灭顶之灾，万里浪、涂烈、蔡松林、陈全生、蔡方根等被判刑。从目前能收集到的资料上看，“联络总站”的成员因很早就被迫退出历史舞台，似乎没有受到整肃，至少没有像“大联筹”的领导人那样判刑。曾经反对省军区并支持“大联筹”的省委干部刘瑞森，1984 年 3 月，因在文革中犯的错误极为严重并有罪行，被开除其党籍。1985 年 12 月，中央书记处同意开除刘瑞森党籍。江西省军区司令吴瑞山，曾因支持保守派镇压造反派被撤职。文革结束后，吴瑞山东山再起，升任福州军区副司令员和武汉军区副司令员，复出而得善终。

附录 J.6. 华南地区：福建、广东和广西[①]

福建地处东南沿海，海岸线长度居全国第二，是东海与南海的交通要冲，与台湾隔海相望，具有相当重要的军事意义。1966 年 8 月 20 日，福建省内出现省委支持的保守派组织。到 10 月中旬，又出现一批人数较多、规模较大的造反红卫兵组织，如以福州大学（简称“福大”）郑火排为首的“毛泽东思想红卫兵福建革委会”（简称“红革会”），以厦门大学（简称“厦大”）王云集为首的“福建省八.二九革命造反总司令部”（简称“八・二九派”），以王泉金为首的福建师范学院“红九.二”。三位学生成为福建省文革中的风云人物。在 1967 年 1 月“一月风暴”夺权行动中，立场和观点相近的造反组织结成松散的联盟，即“八.二九派”。

1967 年 1 月，支持省委的保守派组织，随着批判资产阶级反动路线以及省委书记叶飞的倒台，失去了存在的基础，队伍逐步瓦解。军区司令韩先楚支持造反派反对省委。1 月 26 日，军内的造反派冲

[①] 本节还参考了以下资料：叶青（2004），刘国凯（2006a），晏乐斌（2012），宋永毅（2013），中共南宁市委整党领导小组办公室（1987），水陆洲（2018b），叶曙明（2018a，2018b，2018c），余汝信（2018）。

击军区召开的会议。结果社会上的造反派也涉入其中，与军方发生冲突。造反派因为该事件开始分裂。厦门大学的王云集和福州大学的郑火排仍维持同盟，沿用“八.二九派”旗号。王泉金为首的福建师范学院“红九.二”等另起炉灶，组成与之对立的联盟——“福建省革命造反委员会”（简称“革造会派”）。

2 月 11 日，韩先楚在福州 20 万军民参加的大会上批评造反派冲击军区的行为，说这是“一股反革命逆流”。其后，“革造会派”遭到重创，“红九.二”被取缔，领导人王泉金被抓。全省各地军队、人武部和军管部门出面逮捕和拘留 2,000 多人，取缔和解散 80 多个群众组织，逮捕军内和军区机关造反人士八人，拘留 65 人。这是福建的“二月镇反”。

后来王泉金出狱，在“革造会派”中形成更激进的“四.二零革造会派”。王泉金出身渔户家庭，因为家里有船，阶级成份不太好，不像郑火排出身贫农又是中共党员，所以比较激进。省委随着书记叶飞的倒台出局，军区和当地驻军内部逐渐分裂成两派。军区司令韩先楚、三十一军和空军支持“八.二九派”，军区副政委刘培善、二十八军和高炮支持激进派“革造会派”。事实上，斗争演变为外省人（韩派）与本省人（刘派）的角力。两派的群众组织陷入武斗。

1968 年 8 月 19 日，福建省革委会成立，韩先楚任省革委会主任。“四.二零革造会派”因过于激进，遭到中央否定被排除在外，未能进入革委会。“八.二九派”和“革造会派”有幸进入省革会常委会。“八.二九派”的郑火排、王云集、庄志鹏担任省革会副主任，张益飞等人任常委。“革造会派”显然处于劣势，只有田毓民任副主任；常委也不多，只有黄祖德等。

后来，韩先楚调任兰州军区司令，1983 年当选全国人大常委会副委员长，得以善终。刘培善因与韩先楚斗争失败，于 1968 年 5 月 8 日上吊自杀，1978 年平反，追认为烈士。“四.二零革造会派”过早出局，因祸得福。他们没有继续走政治这条路，而是回归日常生活。作为领导人的王泉金，毕业后分配到福州文化局，日后从事电信事业。另一位知名领导人姜观，一直在《福建日报》工作。“八.二九派”因为韩先楚的调走失去保护伞，于是转投“四人帮”。最后结局是在 1976 年时彻底失败，郑火排、王云集、庄志鹏都被判刑。“革造会派”的成员倒未遭此厄运。

广东省的文革以广州为中心。1966 年 12 月 13 日，24 个广东和外地的群众组织联合发出封闭和接管《红卫报》(原《羊城晚报》)的通令。12 月 15 日，中南局宣传部正式发出停刊通知。封闭《红卫报》的行动，迅速导致群众分裂：一部分人支持，另一部分人则强烈反对。文革开始后，广州地区成立不计其数的群众组织，从封闭《红卫报》事件开始，逐渐分裂成两大派。

在“一月风暴”的影响下，1967 年 1 月 20 日，以中山大学（简称“中大”）的“中大红旗”为首的部分群众组织成立“广东省革命造反联合委员会”(简称“省革联”)。1 月 22 日，“省革联”宣布夺权，省委没有反抗，表示这是大势所趋，拥护毛主席支持的革命小将的行动，就把大印交给这部分造反派。但是，中央对于广东的“一.二二夺权”并未肯定。

因为广州军区不支持“一.二二夺权”，“省革联”与军区关系迅速恶化。2 月 8 日，“省革联”发动属下 30 多个群众组织冲击广州军区领导机关大院。3 月 2 日，广州警备区对广州公安局实行军管，并开始对“省革联”下属组织进行镇压、取缔。经过这一打击，“省革联”组织瓦解。3 月 15 日，广东省军事管制委员会正式成立，标志着广东省的权力中心正式转移到广州军区。

4 月 17 日，周恩来来到广州，督办春季广交会。周表态肯定“中山大学红旗”、“华南工学院红旗”和“广州医学院红旗”、“工联”、“红旗工人”是革命左派。该派统称为“红旗派”或“旗派”，是造反派。周指责“地总”(“毛泽东思想工人赤卫队广州地区总部”)和“红总”(“红色工人广州总部”)是“保守的群众组织”。该派统称为“总派”,也叫“东风派”,是保守派。

从这时起,广州的群众组织正式分化为“红旗派”和“东风派”两大对立派别。全国各地,凡以“工人赤卫队”命名的组织都是保守派,并且在“一月风暴”中全都垮台。但是,广州的“工人赤卫队”却坚持下来。广东“红旗派”也曾出现过分裂的迹象,由于军方的镇压和强大的保守派大军压境,它们终究团结起来对抗政治迫害。它们始终在某种程度上对现存统治秩序施加的压迫、迫害进行反抗。

1968 年 2 月 21 日,广东省革委会成立,广州军区司令黄永胜任省革委会主任。“红旗派”和“东风派”的代表均进入省革会任常委。“红旗派”有刘继发(副主任)、武传斌和高翔等人,“东风派”的有梁锦棠、梁秀珍和易作才等人。梁锦棠当选为九届中央候补委员和十届中央委员。文革结束后,两派的代表均遭解职。特别是梁锦棠,被开除党籍,撤销职务。虽然两派均遭受清洗,但没有像其他省的群众代表被判刑。支持保守派的军区司令黄永胜,因林彪事件被判刑。

广东省的文革有一位造反领袖人物值得一提,这就是“红旗派”的武传斌,他的壮举是高举平反大旗。1966 年底,他带领手下冲机要室,抢黑材料,为文革初期因为批评党委和工作队被打成反革命、右派的群众讨回公道。之后,他参与为“珠影[①]东方红”平反,为项明平反,为“八.一战斗兵团”平反,都是为被当局打成反革命的群众伸张正义。武传斌的平反行动不仅限于文革中的冤假错案,更发展到为 60 年代初因陶铸反瞒产受迫害的阳江、廉江等地群众平反,为解放初期受到党内错误整肃的“双陈案”(可加一条注释)平反。

[①] 即珠江电影制片厂。

总之，他高举平反大旗，为建政以来直至文革的各种不公不义、违反人权的冤案翻案。这是他的功绩，也是广东“红旗派”在文革中能发展壮大的缘由。

广西与广东是近邻，有一些相同之处。文革中的广西最具有特色的是，省委第一书记和广西军区第一政委韦国清，是全国 29 个省市中唯一没有倒台的省级第一把手。广西在文革初期并没有分成明显的两派。1967 年 3、4 月，围绕“支韦（韦国清）”还是“反韦”问题，群众组织开始形成两派，韦国清自然成了整个广西文革的焦点。两派形成后，从军队到地方，从自治区领导机关到各个基层单位，形成两大对立阵营。

1967 年 4 月 19 日，伍晋南发表声明支持“反韦派”。4 月 22 日晚，反韦的部分群众组织不同意《广西日报》报导有关广西大学数理系革命大联合的消息，集队到报社，同军管小组交涉、辩论，抗议、静坐，并成立“四.二二指挥部”，后改名为“广西四.二二革命行动指挥部”（简称“四.二二派”）。它得到驻广西首府南宁的一支直属北京的野战部队的支持。保韦的是“广西无产阶级革命派联合指挥部”（简称“联指派”），得到广西地方部队的支持。这支地方部队听命于兼任广西军区第一政委的韦国清。随着那支野战部队于 1968 年春调出广西，“四.二二派”失去部队的支持，平衡开始被打破。

1968 年 7 月以后，广西自治区革命委员会筹备小组、广西军区以“贯彻执行‘七.三’布告”为由，利用“清理阶级队伍”，以挖掘“反共救国团”，“对阶级敌人刮十二级台风”等名义，调动军队，在全省范围内武装剿杀“四.二二派”。据 1992 年北京权威的当代中国出版社出版的《当代中国的广西》一书披露，广西在文革中，被“无辜滥杀了八万多人”。这显然是一个接近事实但缩小了的数字[①]；

[①] 在《炎黄春秋》2012 年 11 期中，当年参加广西清查的公安部干部晏乐斌也写文章揭露了相近的数字：广西全省文革中“有名有姓有地址的死亡人数有 8.97

而且杀人方式非常残忍（宋永毅，2016）。

1968 年 8 月 26 日，广西壮族自治区革委会成立，韦国清任主任。两派均进入革委会常委会。“联指派”代表中任副主任的有韦世经、毛凤鸾、廖炜雄和颜景堂，常委有邓文光和李家海等。“四.二二派”担任副主任的有林福文、龙智铭和曾春生，常委有何作然等。“联指派”的岑国荣当选为九届和十一届中央候补委员、十届中央委员。

文革结束后，支持“联指派”的，号称“广西王”的韦国清曾担任政治局委员，并未因在广西犯下的罪行受到影响。支持“四.二二派”的广西书记处书记武晋南，于 1983 年获得平反，算是善终。文革结束后，两派后来都遭到清洗，“联指派”的岑国荣被开除党籍。

附录 J.7. 西北地区：陕西、宁夏、甘肃、青海和新疆[①]

陕西省的文革以西安为中心，首先从西安交通大学（简称“西安交大”）开始。1966 年 6 月 3 日，陕西省委派出工作组，进驻西安交通大学。由于工作组压制学生，6 月 6 日，工程物理系学生李世英贴出《工作组十大罪状》的大字报，还要向中央发电报，认为“工作组不能领导文革”。工作组把“六.六事件”定为反革命事件，李世英被定为现行反革命分子。8 月下旬，工作组撤走后，西安交通大学改组学校的“文化革命委员会”，由李世英任主任。改组后的文革委员会称为“文革总会”，李世英逐步成为西安和陕西闻名的造反领袖。

万人”，“另外，全区失踪 2 万余人，无名无姓的死者 3 万多人。”——由此可见，中共的内部档案中的真相比公开出版物中的“历史”要真实得多。当然，民间调查中的“非正常死亡人数”还要更高一些，有近 20 万之多。

[①] 本节还参考了以下资料：武丽丽、赵鼎新（2007），白磊（1999），田玉振（2018），芦学舜（2010），无名（2018c），宁夏大学毛泽东思想红卫兵各战斗团联合指挥部东方红六盘山（1967），水陆洲（2018c，2018d），白磊（2018），冼恒汉（2018）。

1967年2月，以胡炜为军长的第21军进入陕西以后，把李世英请到军队，奉为上宾，听取他的意见，表示支持。

保守派垮台后，受“一月风暴”影响，造反派酝酿夺权。在夺权时，西安地区的各造反组织都标榜自己“最忠心、最革命、最正确”，都想掌握更大的权力，于是造反派分裂成势不两立的两大派组织。位于东郊的西安交通大学、公路学院等高校和“工人造反总司令部”（简称“工总司”）是“东派”，位于西郊的西北大学、西北工业大学、西安电讯工程学院等高校和“西安工人联合会”（简称“工联”）是“西派”。“西派”是多数派，比“东派”更激进，他们把“东派”看做是保守派。

两派之间的斗争由辩论发展到武斗。为了维持秩序，从1967年2月21日开始，陕西省军区、兰州军区空军、第二十一军对陕西进行军事管制。军管后两派仍发生武斗，磨擦不断。直至中央于7月发布关于制止陕西武斗的“七.三布告”、“七.二四布告”，陕西的武斗才逐步结束。1968年5月1日，陕西省革委会成立。原陕西省委第二书记李瑞山任主任，省军区司令黄经耀、第二十一军军长胡炜等任副主任。“东派”和“西派”的代表均有进入省革会常委的。“东派”的李世英和马圣西任副主任，常委还有吴文等人。“西派”的张培信、单英杰、孙福林和杨梦林任副主任，常委还有安文保等人。“西派”的姚连蔚当选为九届中央候补委员。

文革结束后，支持“东派”的省军区司令黄经耀、第二十一军长胡炜均得善终。常委中，“西派”的张培信和“东派”的马希圣被判刑。其他两派的副主任和常委多人被逮捕，关押数年，最后免于刑事起诉，总算未受牢狱之苦。姚连蔚被逮捕后免予起诉，开除党籍。

宁夏回族自治区是中国五个少数民族自治区之一，是全国最大的回族聚居区，首府为银川。宁夏的文革也是以省会银川为中心。

在“一月风暴”的影响下，1967 年 1 月 26 日，宁夏成立“宁夏革命造反派联合委员会”（简称“联委会”），准备夺权。打出造反旗号的原保守派也在加紧准备夺权。迫于形势，“联委会”在 1 月 27 日匆忙提前夺权。军区表态，支持此次夺权。

仓促夺权面临来自内部和外部的挑战，首先是内部分歧。夺权后，为建立革委会，“联委会”内部对革委会的权力分配产生矛盾，部分成员退出“联委会”，成立两个新组织：“宁夏无产阶级革命造反派总司令部”（简称“宁总司”）和“宁夏无产阶级革命造反派第三司令部”（简称“宁三司”），削弱了“联委会”的力量。与此同时，原保守派组织和夺权前退出“联委会”的造反派组织组成“反联委会联盟”。“联委会”在反对力量的夹击下，根本无法行使其权力。

2 月 11 日，宁夏军区发表公告，撤销对“联委会”及“一.二七夺权”的支持。此后，军区强行解散“联委会”的一些下属组织，对“联委会”采取取缔行动。在军区的压力下，许多人退出“联委会”。3 月 10 日，原保守派成立“银川地区无产阶级革命派大联合筹备处”（简称“筹备处”）。3 月 12 日，宁夏军区公开表态支持“筹备处”。3 月 18 日，“联委会”改头换面，重新建立“宁夏无产阶级革命派总指挥部”（简称“总指挥部”）。于是，宁夏出现了三派四个组织：“总指挥部”为一派，“筹备处”为一派，“宁总司”和“宁三司”为第三派。宁夏陷入武斗。

为了稳定宁夏局势，8 月，中央判定宁夏军区犯了严重错误，军区司令被召到北京接受审查，第 62 师进驻宁夏，兰州军区副司令员康健民和 62 师师长徐洪学被指定为新领导。8 月 18 日，兰州军区宣布“总指挥部”为革命造反派。从此“筹备处”走向衰落，于 1967 年底瓦解。其中一部分人另组“筹革造”，取代“筹备处”。造反派很快与军人在革委会人选问题上发生冲突。这一分歧导致“总指挥部”内部的分裂，两派之争开始激化。在中央的督促下，宁夏的四派组织（“总指挥部”、“宁总司”、“宁三司”和“筹革造”）实现大联合，宁夏革委会在 1968 年 4 月 10 日宣告成立。

宣布“总指挥部”为革命造反派的兰州军区副司令康建民，于 1977 年突发心脏病去世。死后未见负面报道，算是善终。支持保守派“筹备处”的省军区司令朱声达被中央调离宁夏，到北京接受审查，后被降职使用，文革结束后中央为其平反。支持造反派“总指挥部”的省军区副司令张怀礼，1988 年获二级红星功勋荣誉章，也得善终。由于宁夏的文革资料不多，未查到四派组织进入革委会任常委的代表及文革后他们的最后结局。

甘肃省的文革以省会兰州为中心。得到省委支持的保守派组织被中央定为保守组织后失势，其大部逐渐加入“革联”。造反的学生在 10 月中旬开始跨单位联合，于 1967 年 1 月 22 日形成联盟组织“红色造反派联络委员会”（简称“红联”）。2 月 5 日，“红联”夺了省委的权。甘肃省军区主导了这场夺权，军区司令员詹大南在新成立的“红联”中担任第一把手。夺权后，“红联”分裂。被“红联”开除或后来自己杀出去造反的组织，于 5 月成立“甘肃红色造反派联合第三司令部”简称（“红三司”），从而形成“革联”、“红联”和“红三司”的三足鼎立的态势。詹大南因参与“红联”在工作中犯的错误，受到中央的批评。

1967 年 5 月 13 日，兰州军区表态支持“红三司”。“红联派”联合“革联派”，企图打垮“红三司”。1968 年 1 月 24 日，甘肃省革命委员会成立。公开支持“红三司”的兰州军区政委冼恒汉任主任。似乎只有“红三司”的代表进入省革委会任常委。“红三司”的代表任省革会副主任的有邱裕民、谢金胜、李宗虎等，常委有白富贵、张恒云等。“红三司”成员张恒云当选为九届和十届中央委员。

文革结束后，冼恒汉对叶剑英不通过正式手续，电话下令释放枪杀青海民众的赵永夫，未照办执行。冼恒汉后来遭到清洗，罪名是站在“四人帮”一边，但还不是“四人帮”的死党、亲信，免于刑事处分，提前离休，降低政治生活待遇。与冼恒汉一派的人员受“冼家帮”连累遭到清洗。“红三司”的代表人物张恒云和邱裕民被开除出党。支持“红联”的詹大南，文革结束后在南京军区任副司令，1982 年在中国共产党第十二次全国代表大会上当选为中央纪律检查委员会委员，算是善终。

青海的文革比北京慢一个节拍。1966 年 8 月底 9 月初，大批的外地红卫兵（尤其是北京的红卫兵）到青海串联，带来批判资反路线的消息。被省委压制的造反派咸鱼翻身，东山再起，纷纷成立战斗队，最后汇合成“八.一八派”。广大群众一股脑儿地倒向“八.一八”，声势浩大的造反派形成。保守群众多数是党团骨干，也揭竿而起，拉起队伍，最后汇合成“捍卫队”。省长王昭支持“捍卫队”，省委书记杨植霖转变立场，支持“八.一八”。

1967 年 1 月 13 日，青海的“八.一八派”的造反派，联合接管《青海日报》。兰州军区副司令员兼省军区司令员刘贤权在军内领导层开会，通过了支持“八.一八”的方针。省军区副司令赵永夫等人不接受这一决定，成立“造反指挥部”，夺了省军区司令员的权，赵永夫成为青海的实际最高领导人。2 月 23 日，赵永夫派出军队，取缔“八.一八”。荷枪实弹的军人包围并向占据《青海日报》报社的“八.一八”开枪，造成 347 人伤亡，其中 169 人死亡。3 月 29 日，中央决定支持“八.一八”，赵永夫被抓起来，“捍卫队”顷刻瓦解。

8 月 12 日，青海省革委会成立，刘贤权任主任。省革委会中群众代表，是清一色的“八.一八派”成员。七个副主任中，有四个副主任是“八.一八派”的人，另外还有一人任常委。进入省革会任常委的两名“八.一八派”的成员达洛和和隆光前，当选为九届和十届中央候补委员。可以说，青海的造反派在文革中是胜利者。

文革结束后，形势大变。赵永夫很快获释，任北京军区装甲兵顾问，后以正军职干部离休。“八.一八派”的中央候补委员隆光前被开除出党，另一位中央候补委员达洛被撤职。支持“八.一八派”的刘贤权比较幸运，于 1977 年至 1982 年任济南军区顾问，享受副大军区职务待遇。“八.一八派”保的省委第一书记杨植霖，在 1978 年后历任中共甘肃省委书记、顾问、甘肃省政协主席等职，1992 年在兰州逝世，得以善终。

新疆的群众组织分为两大派：“三新派”和“三促派”。“三新派”由三个大组织构成，即“新疆职工总司”、“新疆红二司”和“新疆农民造反司令部”。新疆建设兵团的“兵农造”与“三新派”是同盟。“三促派”由“新疆革命工人大联合促进会”、“新疆红卫兵革命大联合促进会”（即“红一司”）和“新疆农民大联合促进会”组成。新疆建设兵团的“八野”和“联总”与“三促派”是同盟。周恩来曾批评说，“红一司”是保守派。

1968 年 9 月 5 日，新疆成立革委会，副主任和常委中两派均有代表。担任副主任的有“三新派”的吴巨轮和杨立业，“三促派”的胡良才。常委还有“三新派”的杨贵尧和“三促派”的骆建新。“三促派”的胡良才当选为九届和十届中央候补委员。文革结束后，“三新派”的吴巨轮和杨立业均被判刑，“三促派”的人基本没事。支持“三促派”的王恩茂官复原职，1981 年重返新疆，成为第一把手。最后王恩茂成为全国政协副主席，得以善终。支持“三新派”的上层人物似乎没有。周恩来与“红二司”的吴巨轮关系密切，是出于实用，并不意味着真心支持。真正给予“三新派”支持的，是北京的红卫兵如“首都红三司”。所以，“三新派”的真正的上层支持者是中央文革。

附录 J.8. 西南地区：四川、贵州、云南和西藏[①]

四川是中国西南地区的一个重要省份，省会是成都市。四川历史悠久，风光秀丽，物产丰富，有“天府之国”的美誉。四川的文革有一个特色，这就是其省会成都与重庆两个城市同时扮演中心的角色。建政初期，重庆曾是中央直辖市，是中共西南局、西南军政委员会驻地和西南地区政治、经济、文化中心。1997 年，中央恢复设立重庆直辖市。所以研究四川的文革，对省会成都与重庆都需加以重视。

四川是造反派力量较强的一个省。刘结挺、张西挺是两位造反的老干部，得到中央文革的支持。成都文革前期的群众组织主要有以下几个：（1）青年学生组成的、属于造反派的红卫兵组织，有四川大学（简称“川大”）为首的“八.二六战斗兵团”（简称“八.二六”），成都电讯工程学院（现改名为电子科技大学）为首的“红卫兵成都部队”（简称“红成”）；（2）工人造反组织“成都工人革命造反兵团”（简称“兵团”）；（3）属于保守派的“成都产业工人战斗军”（简称“产业军”或“老产”）。

“产业军”的成员，来源于运动初期带有官方背景的保守的工人组织。他们不甘心被排斥在文革运动主流之外，串联酝酿，成立有别于造反派的工人组织，与造反派抗衡。到 1966 年底，成都“产业军”达到几十万之众。与造反组织相比，“产业军”有“几多”：党团员多，劳动模范、先进工作者多，历次运动中的积极分子多，部队转业复员军人多。由于这种背景，成都军区主要负责人选择“支左”对象时，自然选择“产业军”，不肯支持成员复杂，反地方当局色彩浓厚的造反派。

[①] 本节参考资料还有：何蜀（2009，2018），王锐（2012），邓振新（2018），无名（2018）。

1967 年 2 月上旬，军方正式介入地方文革，明确支持“产业军”。军方宣布，“兵团”和四川大学“八.二六”为代表的造反派为反革命组织，明令取缔。“产业军”在镇压中扮演了帮凶的角色，引起成都民众的公愤和对造反派的同情。4 月初，中央进行干预，改组成都军区。原西藏军区司令员张国华调任成都军区第一政委，原广州军区司令员梁兴初调任成都军区司令员。张国华比较接近造反派，被捕的造反派相继被释放，造反组织重新崛起。新崛起的成都各造反派，首先把矛头指向“二月镇反”中曾经打压过自己的“产业军”。

两派的对立越来越严重，冲突不断，终于爆发影响巨大的“五.六事件”。事件中，成都第 132 厂的“产业军派”的人员向进攻该厂的造反派开枪。从那一刻起，整个成都市的民心和舆论，以压倒性的优势倾向造反派。随着开枪次数的增多，伤亡者也越来越多；伤亡者的增多，又刺激进攻的造反派更加不顾一切地冒死攻击冲锋。由此形成恶性循环，是该事件伤亡惨烈（死 52 人，伤 3,100 多人）的重要原因。更恶劣的是，“产业军”向救援者（包括身着白衣的医务人员）开枪，彻底失去民心。这一事件导致“产业军”的垮台。6 月以后，作为一股政治势力的“产业军”销声匿迹。

然而，成都的局势并未走向安定。随着对立的保守派倒台，造反派发生重大分裂。原来一条战壕里的战友，变为誓不两立的死敌。“成都地区革命造反派联总部”和“地总”为一方（常称为“红成派”），“八.二六”和“兵团”为另一方（常称为“八.二六派”）。两派严重对立，先是互相“文斗”，后来演变为“武斗”。双方如同当初与保守派“产业军”对抗一样，各自武装，抢夺地盘，争权夺利，大打出手，武斗不止，伤亡不断。

四川省革委会成立于 1968 年 5 月 31 日，省革委会主任由张国华担任。著名的造反派干部刘结挺、张西挺任副主任。两派均有代表进入省革委会任常委。“八.二六派”的代表有邓兴国（副主任）、侯振东等，“红成派”的代表有杨至诚（副主任）等。受刘、张支持的“八.二六派”，似乎占的席位更多些。

文革结束后，刘结挺和张西挺均被判刑，“八.二六派”的侯振东也被判刑。张国华虽然倾向造反派，但因为于 1972 年病逝，没有看到对张国华不利的报道。

四川的另一个中心是重庆。重庆最早的较大的学生造反派组织是“重庆大学八.一五战斗团”（简称“重大八.一五”）。重庆最早的全市性工人造反派组织是“重庆无产阶级革命工人造反军”（简称“工人造反军”）和“重庆工人二.七战斗团”（简称“二.七战团”）。重庆市的造反派组织（称为“八.一五派”），到 11 月下旬已经形成较大声势，足以同得到党政领导支持的保守派分庭抗礼。10 月，中央工作会议批判“资产阶级反动路线”之后，保守派组织风光不再。不少保守派成员纷纷反戈一击，倒向造反派，保守派组织退出了历史舞台。

1967 年“一月夺权”风暴的影响，导致占据文革舞台的重庆造反派大分裂，群众组织出现又一轮重新组合。以“重大八.一五”为代表，形成得到部队支持、占主导地位的一派。以西南师范学院“八.三一战斗纵队”（简称“西师八.三一”）、“工人造反军”及“首都三司”驻渝联络总站等为代表，则形成与之对立的一派。对重庆驻军的评价，是两派分歧的一个焦点。驻重庆的第五十四军（兼重庆警备司令部）领导人在批判资产阶级反动路线之后，与重庆大学“八.一五”建立起良好的信任关系，反对派对五十四军抱怀疑态度。

1 月 24 日，“重庆大学八.一五”等组织在驻军支持下进行夺权。以“西南师范学院八.三一”为首的反对派向中央发电，称夺权是“假夺权”。首都的“地派”红卫兵站在“西南师范学院八.三一”、“工人造反军”一方，认定重庆大学“八.一五”“右”了、“修”了。北京的“天派”则坚决站在重庆大学“八.一五”一方。2 月 8 日，

“一.二四夺权”建立的临时最高权力机构“重庆市革联会”（简称“革联会”）宣告正式成立。

从 2 月下旬开始，“二月镇反”掀起高潮，重庆的许多反对“革联会”的群众组织被五十四军宣布为“反革命组织”，勒令解散，大批群众被逮捕，以西南师范学院“八.三一”为首的“反革联派”遭到重创。后来，“反革联派”得到平反。因为其“砸烂革联会”的立场被称作“砸派”，最后改称为“反到底派”。因此重庆形成两大派别：支持“革联会”的“八.一五派”和反对“革联会”的“反到底派”。

1967 年 6 月初起，两派拉开武斗的序幕。由于重庆是中国常规兵器工业基地，成了全面内战的武器弹药库，这是重庆武斗规模较大的重要原因之一。1968 年初，中央试图解决四川及重庆问题。4 月至 7 月间，重庆的两大派群众组织展开又一次血火厮杀的大规模武斗。武斗的目的十分明显，是为了争夺对一些基层单位的控制权，为建立自己一派独掌大权或基本控制大权的革命委员会扫清障碍。

1968 年 6 月 2 日，重庆市革委会成立。主任是蓝亦农（第五十四军政委），副主任白斌（第五十四军副军长）。两派群众组织均有代表进入常委会，如“八.一五派”有袁金梁（副主任）、熊代富（副主任）、方文正等六人，“反到底派”的有黄廉（副主任）、李木森（副主任）、汪友根等六人。

支持“八.一五派”的蓝亦农后调贵州任省委第一书记、省革委会主任、贵州省军区政委。蓝曾下放劳动，文革结束后，1983 年任昆明军区顾问，1988 年授予解放军独立功勋荣誉章，2008 年去世，算是善终。支持“反到底派”的刘结挺和张西挺被判刑，“反到底派”的黄廉被判刑，“八.一五派”的周家喻（任省革委会常委）也被判刑。

贵州地处中国西南腹地，是西南交通枢纽，省会是贵阳。贵州的文革以省会贵阳为中心。在省委第一书记贾启允的支持下，1966

年 9 月 28 日成立“红卫兵纠察大队”。因其红卫兵袖套上有编号，被称为“号码兵”。11 月 15 日，正式成立“贵州省工人纠察队”（简称“工纠”）。“号码兵”和“工纠”，是省委背后支持的保守派组织。

10 月初，工人造反组织“毛泽东思想工人红卫军”（简称“红卫军”）等相继成立。工人运动保守派和造反派两大派组织出现后，形成对立，贵阳地区接二连三地发生大规模工人冲突和流血事件。到夺权以前，“红卫军”迅速发展成势力最强大的工人群众组织，号称有 33 万之众，其基层组织遍布贵阳地区各大小厂矿以及部分专州县。“红卫军”领导人李铁乃是贵阳市南明汽车修配厂工人，这是一家集体所有制的小厂。省文革领导小组成员、贵州省军区副政委李再含公开支持“红卫军”。“红卫军”要求解散“工纠”，把躲藏在省军区地下室的省委第一书记贾启允揪出并扣押起来，轰动省城，“红卫军”声威大振。李再含和李铁乃被并称“二李”。

12 月 5 日，“红卫军”以查抄“黑材料”的名义，从《贵州日报》社抄出很多材料运回总部。李铁乃声称掌握了李再含的“钢鞭材料”，说“李再含比贾启允更坏”，从此“二李”开始交恶。不久，李铁乃成立“贵州省无产阶级革命派大联合委员会”，由“红卫军”为首的 74 个大小组织组成。他们的矛头对准在贵阳市的中国科学院地球化学研究所（简称“地化所”），认为地化所的知识分子想垄断贵州的文化大革命。造反派内部的工人与知识分子发生分裂。

1967 年 1 月 21 日，根据李再含的报告，中央文革派人在北京抓捕李铁乃，其同盟的领导人在贵阳也遭到抓捕。1 月 26 日，贵州某师部队和省公安厅查抄“红卫军”总部和甘荫塘分部，抓了 100 多人。省军区宣传车在贵阳市街头和市郊反复宣传“红卫军是反革命组织”。

2 月 14 日，贵州省革委会成立。李再含担任省革命委员会主任，张明为副主任。2 月 14 日，贵州“夺权经验”见报。夺权时“红卫军”总部被瓦解，夺权后“工纠”宣布解散。李再含总结贵州的夺权经验是，“上夺下扫，左右开弓”。其含义是：上夺省委第一书记贾启允的权，下扫李铁乃等牛鬼蛇神，向左打击“红卫军”等造反派，向右打击“工纠”等保守派。

继山西省和山东省之后，贵州省成为全国第三个夺权的省份。4月10日，贵州召开省“红代会”。贵州医学院等单位的一些组织因不满被排除在外，冲击了会场。4月11日，在军队的掩护下举行开幕式。多个院校的代表向主席团提出抗议，会场混乱，代表们纷纷离场。此事件称为“四.一一事件”。

李再含支持成立遍及全省、自上而下领导、跨行业的“支红派”（即支持“红代会”）队伍，省革会常委中均是“支红派”。反对派也形成联盟，叫做“四.一一派”。仅在贵阳地区，从4月18日至8月16日的四个月内，李再含对“四.一一派”发动武力围攻达13次之多，制造了一系列流血事件。李再含曾试图软化反“四.一一派”的立场，遭到“支红派”领导们的反对。骑虎难下的李再含转向另一极端，采用高压手段，试图压垮“四.一一派”，在全省各地武装一派、消灭一派。据不完全统计，全省各地被专业武斗队抓捕、关押、捆绑吊打、衔稻草游街和揪斗的，共达26万余人次，被迫外逃的达到六万多人。

1968年11月中旬，在黔野战部队换防：第49师调到云南省保山地区，第41师从那里调到贵阳。第41师因以前没有涉及派性斗争，比较公正，“四.一一派”的群众不断向该部队反映情况。李再含和“支红派”的罗锡康当上候补中央委员。李再含觉得腰杆更硬了，第41师扳不动他了，从北京回来后我行我素，置中央解决贵州问题的精神于不顾，再次制造开枪杀害无辜群众的“七.二九事件”。1968年10月16日，中央决定蓝亦农、张荣森领导贵州省的工作，李再含等人留在北京受审查，1971年5月被撤销职务。

李再含在贵州曾大搞个人崇拜。当时贵州的民众在祝毛“万寿无疆”、祝林彪“身体永远健康”以后，还要“祝贵州的小月亮李再含同志身体比较健康！比较健康！比较健康！”成为文革留下的一个笑料。也有人分析，正是所谓的“小月亮”，使得毛对李再含产生不良印象，导致其下台。

文革结束后，“支红派”的罗锡廉、孙昌德和徐英年均被判刑。李再含因早在 1975 年 8 月去世，似未受整肃，“四.一一派”似也未受整肃。“红卫军”早就出局，是否受整情况不明。

中国西南地区的另一个重要省份是云南。在上海“一月风暴”的影响下，1967 年 1 月中旬，以云南大学（简称“云大”）“炮兵团”为主形成“炮派”，准备夺权。以昆明工学院（简称“昆工”）“八.二三造反兵团”为骨干形成“八.二三派”，也加紧进行夺权准备。在全省范围内，形成“八派”和“炮派”两大派别。

参加“八派”组织的群众，家庭出身不好的多，历次政治运动中犯过错误、受过冲击的人多。从年龄层次上看，年轻人居多。参加“炮派”组织的群众，家庭出身是工人和贫下中农的多，老党员、老模范、老积极分子多。从年龄层次上看，中年以上的偏多。“八派”所支持的干部是省长周兴等人，“炮派”支持的是赵健民等人。“八派”的基层组织在“二月镇反”中受到迫害。

1968 年 8 月 13 日，云南省革委会正式成立。省革委会副主任，“八派”的有黄兆其和徐学惠，“炮派”的有李毅和段宝珍。常委中，“八派”的有九人，“炮派”的只有五人，明显处于弱势。炮派保赵建民打周兴，证明错了，因为赵建民被中央拿下；“八派”打赵保周，证明对了。省革委会主任、昆明军区第一政委的谭甫仁明显地站在“八派”一边，对“炮派”横加指责。

文革结束后，“八派”的黄兆其和刘殷农（省革委会常委）被判刑。支持“炮派”的赵健民 1975 年复出，任云南省政协副主席，第三机械工业部副部长，航空工业部顾问，当选中共第十二大、十三大中央顾问委员会委员。支持“八派”的谭甫仁在文革中被人刺杀。周兴于 1975 年病故，算是善终。

1966 年 12 月 22 日，拉萨成立“造总”，司令是拉萨中学的教师陶长松。与“造总”对立的组织是“大联指”，成立于 1967 年 2 月 5 日，得到军区的支持。西藏的文革围绕这两派进行。2 月 24 日开始，军队包围被“造总”占领的《西藏日报》报社。3 月 2 日，陶长松等人被军方抓捕。这是西藏的“二月镇反”。1968 年 9 月 5 日，西藏成立革委会，两派的代表均进入革委会。担任革委会副主任的“造总派”代表有陶长松和朱景尚，“大联指派”的代表有刘绍民。“造总派”的刘士毅等担任常委。

文革结束后，“造总派”的代表人物遭到打击。陶长松被撤销革委会副主任职务，拘留审查；审查的时间很长，差不多有一年半。后来陶调入自治区社科院，成为一位专业人士。“大联指”的人没有受到审查，他们大多成为审查“造总”人员的帮凶。“大联指”的刘绍民离开西藏自治区的副主任位置，最后当上山南地委副书记。支持“大联指”第一把手的任荣，后来担任武汉军区副政委，十一届中央委员、十二届中央候补委员，得以善终。2017 年 6 月 16 日逝世，享年一百岁。同情“造总”的原西藏第一把手曾雍雅，因受任荣排挤离开西藏，担任沈阳军区副司令员和顾问，也得善终。

参考文献

Aberle, David. 1966. *The Peyote Religion Among the Navaho*. Chicago: Aldine.

Adorno, T. W. 1991. "Freudian Theory and the Pattern of Fascist Propaganda." *The Culture Industry: Selected Essays on Mass Culture*, ed., J. M. Berstein. London: Routledge, 1991.

Andreas, Joel. 2002. "Battling over Political and Cultural Power during the Chinese Cultural Revolution." *Theory and Society*, 31, pp. 463-519.

Andrew, Joel. 2007. "The Structure of Charismatic Mobilization: A Case Study of Rebellion During the Chinese Cultural Revolution." *American Sociological Review*, Vol. 72, pp 434-458.

Bakhshandeh, Reza, Samadi, Mehdi, Azimifar, Zohreh, and Schaeffer, Jonathan. 2011. "Degrees of Separation in Social Networks." *Fourth Annual Symposium on Combinatorial Search.*

Barabási, Albert-Lászl6. 2003. *Linked: How Everything is Connected to Everything Else and What It Means for Business, Science, and Everyday Life*. New York: Plume.

Barnett, Emma. 2011. "Facebook cuts six degrees of separation to four." *Telegraph*, November 22, 2011

Barrett, Kimberty and Lynch, Michael J.. 2015. "Social Justice and Criminal Justice." *International Encyclopedia of the Social & Behavioral Science*, ed., by James Wright. 2nd, Volume 22.

Bateson, Gregory. 1972. *Steps to an ecology of mind: Collected essays in anthropology, psychology, evolution and epistemology*. San Francisco, CA: Chandler.

Baumgarten, Britta and Ullrich, Peter. 2016. "Discourse, Power and Governmentality: Social Movement Research with and beyond Foucault." *Social Theory and Social Movements: Mutual Inspirations*, ed., by Jochen Roose and Hella Dietz. Springer VS.

Beck, Colin J. 2008. "The Contribution of Social Movement Theory to Understanding Terrorism." *Sociology Compass*, 2/5, pp. 1565-1581

Benford, R. D., & Snow, D. A. 2000. "Framing Processes and Social Movements: An Overview and Assessment." *Annual Review of Sociology*, 26, pp. 611-639.

Chan, Anita, Rosen, Stanley and Unger, Jonathan. 1980. "Students and Class Warfare: The Social Roots of the Red Guard Conflict in Guangzhou (Canton)." *The China Quarterly*, No. 83, September, pp. 397-446.

Chan, Anita. 1985. *Children of Mao: Personality Development and Political*

Activism in the Red Guard Generation. Palgrave Macmillan, UK.
Chan, Anita. 1992. "Dispelling Misconceptions about the Red Guard Movement: The Necessity to Re-Examine Cultural Revolution Factionalism and Periodization." *Journal of Contemporary China*, Volume 1, Issue 1, pp. 61-85.
Cox, Laurence and Nilsen, Alf Gunvald. 2005. "At the Heart of Society Burns the Fire of Social Movements: What Would a Marxist Theory of Social Movements Look Like?" *Tenth International Conference on Alternative Futures and Popular Protest*, ed., by Barker, Colin and Tydesley, Mike. Manchester Metropolitan University. http://eprints.nuim.ie/460/.
David, James A. 1985. *The logic of Causal Order*. Newbury Park, CA: Sage Publications.
Davis, Joseph. 2002. *Stories of Change: Narrative and Social Movements*. SUNY Press
Defay, Jason Bradley. 1999. *The Sociology of Social Movements*. UCSD. http://www.weber.ucsd.edu/~jdefey/sm.htm.
Diani, Mario. 2002. "Social Movements, Contentious actions, and Social Networks: 'From Metaphor to Substance'?" *Social Movements Analysis: The Network Perspective*, eds., Mario Diani and Doug McAdam. Oxford University Press.
Dong Guoqiang and Walder, Andew W. 2011. "Local Politics in the Chinese Cultural Revolution: Nanjing Under Military Control." *The Journal of Asian Studies*, Vol. 70. No. 2 (May), pp. 425-447.
Dong, Guoqiang and Walder, Andrew. 2014. "Foreshocks: Local Origins of Nanjing's Qinming Demonstrations of 1976." *The China Quarterly*, 220, December, pp. 1092-11110.
Dong, Guoqiang and Walder, Andrew W. 2001. "Factions in a Bureaucratic Setting: The Origins of Cultural Revolution in Nanjing." *The China Journal*, No. 65, pp. 1-26.
Drury, John. 2015. "Social Movements: A Social Psychological Perspective." *International Encyclopedia of the Social & Behavioral Science*, ed., James Wright, 2nd, Volume 22.
Edwards, Gemma. 2014. *Social Movements and Protest*. New York: Cambridge University Press.
Eisinger, P. 1973. "The Conditions of Protest Behavior in American Cities." *American Political Science Review*, 81, pp. 11-28.
Ferree, Myra M and Merill, David A. 2000. "Hot Movements, Cold Cognition: Thinking about Social Movements in Gendered Frames." *Contemporary Sociology*, 29(3), pp. 454-462.
Forster, Keith. 1990. *Rebellion and Factionalism in a Chinese Province: Zhejiang, 1966-1976*. Armonk, ME: Sharpe.
Francisco, Ronald. 1996. "The Relationship between Coercion and Protest." *Journal of Conflict Resolution*, 39, pp. 263–282.

Gamson, W. A. and Modigliani, A. 1989. "Media Discourse and Public Opinion on Uncelarpower: A Constructionist Approach." *American Journal of Sociology*, 95, 1, pp. 1-37.

Gamson, William. 1975. *Strategy of Protest*. Homewood, IL: Dorsey Press.

Goodwin, Jeff, Jasper, James M. and Polletta, Francesca. 2000. "The Return of the Fall and Rise of Emotions in Social Movement Theory." *Mobilization: An International Journal*, 5(I), pp. 65-83.

Goodwin, Jeff. 2012. "Social-Movement Studies Today: An Insider's (self-)Critique." http://politicsandprotest.ws.gc.cuny.edu/files/2012/07/Goodwin-Contemporary-Sociology-Essay.pdf

Greenstone, Michael, Looney, Adam, Patashnik, & Jeremy, Yu, Muxin. 2016. "Thirteen Economic Facts about Social Mobility and the Role of Education." https://www.brookings.edu/research/thirteen-economic-facts-about-social-mobility-and-the-role-of-education/

Habermas, Jurgen. 1987. *The Theory of Communication Action*, 2 Vols. Vol. II. Cambridge: Polity Press.

Hetland, Gabriel and Goodwin, Jeff. 2013. "The Strange Disappearance of Capitalism from Social Movement Studies." *Marxism and Social Movements*, edited by Colin Barker, Laurence Cox, John Krinsky, & Alf Nilsen. Leiden: Brill, pp 83-102

Holland, Jeremy, 2014. "Narrative Fidelity to the Little Red Book in the Collective Action Framing Efforts of the Red Guard Movement: A Theoretical Model for Foundational Documents." *Discourse & Society*, Vol. 25.3, pp. 383-401.

Jasper, James M. 1997. *The Art of Moral Protest: Culture, Biography, and Creativity in Social Movements*. University of Chicago Press.

Jasper, James M. 2010. "Social Movement Theory Today: Toward a Theory of Action?" *Sociology Compass*, 4/11, pp. 965-976.

Kaelbel, Hartmut. 2015. "History of Social Mobility." International Encyclopedia of the Social & Behavioral Science, ed., by James Wright, 2nd, Volume 22.

Killian, Lewis. 1964. "Social Movements." *Handbook of Modern Sociology*, ed., by Farris, Robert E. Chicago: Rand McNally.

Kurzman, Charles. 1996. "Structural Opportunity and Perceived Opportunity in Social-Movement Theory: The Iranian Revolution of 1979." *American Sociological Review*, Vol. 61, pp. 153-170.

Kurzman, Charles. 2004. *The Unthinkable Revolution in Iran*. Cambridge, MA: Harvard University Press.

Kurzman, Charles. 2008. "Meaning-Making in Social Movements." *Anthropological Quarterly*, Vol. 81, No. 1, pp. 5-16.

Le Bon, Gustave. 2001/1895. *The Crowd: A Study of the Popular Mind*. Kitchener, Ontario: Batoche Books.

Lee, Hong Yung. 1978. *The Politics of the Chinese Cultural Revolution: A Case Study*. Berkeley, CA: University of California Press.

Leenders, Reinoud and Heydemann, Steven. 2012. "Popular Mobilization in Syria: Opportunity and Threat, and the Social Networks of the Early Risers." *Mediterranean Politics*, 17:2, pp. 139-159, DOI: 10.1080/13629395.2012.694041

Mahmoud, Abdesselem. 2015. "Social Movements in Tunisia and Egypt: A Tale of Two Revolutions." *International Journal of Social Science Studies*, Vol. 3, No. 3, pp 8-20.

McAdam, Doug, Tarrow, S. and Tilly, C. 2001. *Dynamics of Contention*. Cambridge: Cambridge University Press.

McAdam, Doug. 1982. *Political Process and the Development of Black Insurgency, 1930-1970*. Chicago, IL: University of Chicago Press.

McCarthy, John, and Zald, Mayer. 1977. "Resource Mobilization and Social Movements: A Partial Theory." *American Journal of Sociology*, Vol. 82, No. 6, , pp. 1212-1241.

McPhail, Clark. 1991. *The Myth of the Madding Crowd*. New York: Aldine de Gruyter.

Melucci, Alberto. 1980. "The New Social Movements: A Theoretical Approach." *Social Science Information*, Vol. 19 No. 2, pp. 199-226.

Melucci, Alberto. 1985. "The Symbolic Challenge of Contemporary Movements." *Social Research*, 52, No. 4, pp. 789-816.

Meyer, David. 2004. "Protest and Political Opportunities." *Annual Review Sociology*. 30, pp. 125-45.

Morris, Aldon and Herring, Cedric. 1987. "Theory and Research in Social Movements: A Critical Review." *Annual Review of Political Science*, 2, pp. 137-198.

Muller, Walter and Pollak, Reinhard. 2015. "Social Mobility." *International Encyclopedia of the Social & Behavioral Science*, ed., by James Wright, 2nd, Volume 22.

Newman, Mark, Barabási, Albert-László, and Watts, Duncan J.. 2006. *The Structure and Dynamics of Networks*. Princeton, NJ: Princeton University Press.

Offe, C. 1985. "New Social Movements: Challenging the Boundaries of Institutional Politics." *Political Science Review* 6(4), pp. 483-99。

Olson, Mancur. 1965. *The Logic of Collective Action: Public Goods and the Theory of Groups*. Cambridge, Mass.:Harvard University Press.

Perry, Elizabeth J. and Li, Xun. 1997. *Proletarian Power: Shanghai in the Cultural Revolution*. Boulder, CO: Westview Press.

Porta, Donatella D. and Diani, Mario. 2006. *Social Movements: An Introduction*, 2nd Edition, Malden, MA: Blackwell Publishing.

Rasler, Karen. 1996. "Concessions, Repression, and Political Protest in the

Iranian Revolution." *American Sociological Review,* 61, pp. 132–152.
Reicher, Stephen, and Drury, John. 2015. "Collective Behavior, Social Psychology of." *International Encyclopedia of the Social & Behavioral Science*, ed., by James Wright, 2nd, Volume 4.
Salter, Lee. 2003. "Democracy, New Social Movements, and the Internet." *Cyberactivism: Online activism in theory and practice*, eds., by Martha McCaughey and Michael D. Ayers. New York, NY: Routledge.
Shahin, Emadel-Din. 2012. "The Egyptian Revolution: The Power of Mass Mobilization and the Spirit of Tahrir Square." *Journal of the Middle East and Africa*, 3, pp. 46-69.
Smelser, Neil. 2015. "Collective Behavior, Sociology of." *International Encyclopedia of the Social & Behavioral Science*, ed., by James Wright. 2nd, Volume 4.
Smith, Jackie and Fetner, Tina. 2010. "Structural Approaches in the Sociology of Social Movemsnts." *Handbook of Social Movements across Disciplines*, eds., by Klandermans, Bert and Roggeband, Conny. Springer.
Snow, David. A. and Benford, Robert. D. 1988. "Ideology, Frame Resonance, and Participant Mobilization." *International Social Movement Research*, vol. 1, pp. 197-217
Snow, David. A. and Benford, Robert. D. 1992. "Master Frames and Cycles of Protest." *Frontiers in Social Movement Theory*, ed., by A. D. Moms and C. McClurg Mueller. New Haven, CT: Yale University Press.
Snow, David. A., Rochford, E. Burke Jr., Worden, Steven K., and Benford, Robert. D. 1986. "Frame Alignment Process, Micromoblization and Movement Participation." *American Sociological Review*, Vol. 51, No. 4, pp. 464-481.
Staggenborg, Suzanne. 1986. "Coalition Work in the Pro-Choice Movement: Organizational and Environmental Opportunities and Obstacles." *Social Problems*, 33, pp. 374–389.
Strauss, Anselm L. 1947. "Research in Collective Behavior: Neglect and Need." *American Sociological Review*, 12, pp. 352–4.
Tarás, G. M. 1993. "The Legacy of Dissent." *Times Literary Supplement*, 14th May, pp. 14-19.
Tarrow, Sidney. 2011. *Power in Movement: Social Movements and Contentious Politics*, 3rd edition. New York, NY: Cambridge University Press.
Tilly, Charles. 1978. *From Mobilization to Revolution.* Reading, MA: Addison Wesley.
Tilly, Charles. 1984."Social Movements and National Politics." *State-making and Social Movements: Essays in History and Theory*, ed., by Charles Bright and Susan Harding. Ann Arbor, MI: University of Michigan Press.
Tökés, Rudolf L. 1974. "Dissent: The Politics for Change in the USSR." *Soviet Politics and Society in the 1970's*, ed., by Morton, Henry W.,

Tőkés, Rudolf L. and Hazard, J. N.. New York: The Free Press.
Tolbert, Pamela S. and Hiatt, Shon R.. 2009. "On Organization and Oligarchies: Michels in the Twenty-First Century." *The Oxford Handbook of Sociology and Organization Studies: Classical Foundations*, ed., by Paul Adler. DOI: 10.1093/oxfordhb/9780199535231.003.0008.
Turner, Ralph and Killian, Lewis. 1972. *Collective Behavior*, 2nd edition. Englewood Cliffs, NJ: Prentice-Hall.
Unger, Jonathan. 2007. "The Cultural Revolution at the Grass Roots." *The China Journal*, No. 57, pp. 109-137.
Unger, Jonathan. 2016. "Grassroots Factionalism in China's Cultural Revolution: Rethinking the Paradigms." *Notes from a roundtable at the Annual Meeting of the Association for Asian Studies, Seattle March 2016.*
Van Dyke, Nella. 2003. "Protest Cycles and Party Politics." *States, Parties, and Social Movements*, edited by J. Goldstone. New York: Cambridge University Press.
Voronov, M. 2014. "Toward a toolkit for emotionalizing institutional theory." *Research on Emotion in Organizations*, 10, pp. 167-196.
Walder, Andrew. 2006. "Factional Conflict at Beijing University, 1966-1968". China Quarterly, 188(I), pp. 1023-1047.
Walder, Andrew. 2009. *Fractured Rebellion: The Beijing Red Guard Movement*. MA: Cambridge, Harvard University Press.
Walder, Andrew. 2016. "Grassroots Factionalism in China's Cultural Revolution: Rethinking the Paradigms." *Notes from a roundtable at the Annual Meeting of the Association for Asian Studies, Seattle March 2016.*
Wellman, B. 1988. "Structural Analysis: From Method and Metaphor to Theory and Substance." *Social Structures a Network Approach*, edited by Barry Wellman & S.D. Berkowitz. Cambridge
White, Lynn T.. 1989. *Politics of Chaos: The Organizational Causes of Violence in China's Cultural Revolution*. Princeton, NJ: Princeton University Press.
Wilson, John. 1973. *Introduction to Social Movements*. New York: Basic Books Inc.
Yang, Guobin. 2009. *The Power of the Internet in China: Citizen Activism Online*. Columbia University Press.
Zhang, Joshua and Wright, James. 2018. *Violence, Periodization and Definition of the Cultural Revolution: A Case Study of the Two Deaths by the Red Guards*. Boston, MA: Brill.

阿陀。2016。"文革造反派头头评毛"。美国加州洛山儿《毛泽东遗产和当代中国：文化大革命五十周年国际研讨会》。
巴尚。2018。"文革中西藏的一九六九年尼木事件"。下载自《地方文革史交流网》。

白而强。2012。“我策划了冲击三军文艺演出”。《炎黄春秋》2 月期。
白磊。1999。“从夺权到军管——1967—1968 年陕西省武斗”。《二十一世纪》网络版第 52 期。
白磊。2018。“文革时期陕西各地区造反组织派别”。下载自《地方文革史交流网》。
卜伟华。2000。“文化大革命中北京‘天派’、‘地派’的一些特点”。《中共党史研究》，第 3 期。
卜伟华。2009。“关于文革史研究的几个问题”。《华夏文摘增刊》第 724、727 期。
陈益南。2006a。《青春无痕：一个造反派工人的十年文革》。香港：香港中文大学出版社。
陈益南。2006b。“文革中湖南‘省无联’问题概述”。香港中文大学中国服务中心网站。http://ww2.usc.cuhk.edu.hk/PaperCollection/Details.aspx?id=5095
陈益南。2015。“对‘造反派’含义的几点思考”。《昨天》第 60 期。
陈逸。2018。“《青海日报》六三社论发表前前后后”。下载自《地方文革史交流网》。
陈子明。2014。“文革：一场游戏一场梦——兼与‘人民文革’说商榷”。《昨天》第 28 期。
程惕洁。2007。“四十余年回首看内蒙文革”。《文化大革命：历史真相和集体记忆》。宋永毅主编。香港 ：田园书屋。
邓振新。2018。“贵州文革大事记”。下载自《文革地方史交流网》。
丁凯文。2018. “解放军与文化大革命”。《中外学者谈文革》。熊景明、宋永毅、余国良主编。香港：中文大学出版社。
丁抒。2002。“文革首次血案——青海‘二・二三事件’”。《文革大屠杀》。宋永毅主编。香港：开放杂志社。
董国强，Andew Walder。2012。“1974：南京的第二次文化大革命”。《昨天》第 12 期。
董国强。2008。“十四位南京大学师生口述文革历史”。《记忆》第 16、18 期。
董国强。2011a。“1967 年南京一三事件析”。《记忆》第 67 期。
董国强。2011b。“南京文革群众运动的起源和派性认同”。《记忆》第 73 期。
董国强。2012。“社会史视野下的‘文化大革命’研究”。《中共党史研究》2012 年第二期。
董国强。2015。“关于文革期间‘造反派’概念的几点思考”。《昨天》第 60 期。
董国强。2016。“派性身份、个人处境与政治抉择：从地方视角反思文化大革命”。《文革五十年：毛泽东遗产和当代中国》。宋永毅主编。纽约：明镜出版社。
杜钧福。2015。“文革十大武斗事件质疑”。下载自《地方文革史交流网》。
杜钧福。2018a。“天津文革中的三轮二社事件”。下载自《地方文革史交流网》。
杜钧福。2018b。“有关天津文革的一点纪事”。下载自《地方文革史交流网》。

杜钧福。2018c。“文革史研究中几个问题的探讨”。《华夏文摘增刊》第 1147、1148 期。
樊思清。2018。“我要忏悔”。《真话与忏悔：文革 50 周年清华校友讨论集》。孙怒涛主编。香港：中国文化传播出版社。
范雨臣。2018. “激情年代的激情故事”。《真话与忏悔：文革 50 周年清华校友讨论集》。孙怒涛主编。香港：中国文化传播出版社。
范正美。2018。《秋梦追思》。下载自《地方文革史交流网》。
冯敬兰、刘进、叶维丽、宋彬彬、于玲。2010。“卞仲耘之死的另一种陈述”。《炎黄春秋》第 8 期。
高皋、严家祺。1986 年。《文化大革命十年史：1966-1976》。天津：天津人民出版社。
高树华、陈铁军合著。2007。《内蒙文革风雷——一个造反派领袖的口述史》。纽约：明镜出版社。
韩钢。2018。“中共历史研究的若干难点热点问题”。《爱思想》。下载自 http://www.aisixiang.com/data/7247-2.html
何蜀。2005。“‘文革’时期重庆群众组织发展演变概述”。《华夏文摘增刊》第 449 期。
何蜀。2007。“论造反派”。《文化大革命：历史真相和集体记忆》。宋永毅主编。香港：田园书屋。
何蜀。2009。“四川省与重庆市革命委员会中的重庆两派群众组织代表名单”。《记忆》第 14 期。
何蜀。2013。“对‘文化大革命’历史分期的思考”。《爱思想》|《中国数字时代》11 月 1 日。
何蜀。2018。“文革时期重庆群众组织发展演变概述”。下载自《地方文革史交流网》。
胡平。2016a。“毛泽东为什么发动文化大革命”。《文革五十年：毛泽东遗产和当代中国》。宋永毅主编。纽约：明镜出版社。
胡平。2016b。“造反派为何闹分裂、打内战：写在文革 50 周年”。《中国人权双周刊》第 173、174 期。
黄河清。2006。“我是新疆文革造反派：文革人民线索的见证”。《地方文革史交流网》。
金春明。1995。《“文化大革命”史稿》。成都：四川人民出版社。
金春明。1998。“‘两个文革说’与‘文化大革命’的定性研究”。《中共党史研究》第 2 期。
蒯大富。2014a。“蒯大富的三十六条权经”。启之编著。《水木风雨：北京清华大学文革史》。台湾：独立作家出版社。
蒯大富。2014b。《清华文革“五十天”》。香港：中国文化传播出版社。
郎钧。2012。“伫视王晶垚－宋彬彬对簿历史的公堂——《宋彬彬谈话纪要》的解读及其它”。《华夏文摘增刊》第 862 期。
老田。2014。“老田谈造反派的派性斗争与大联合问题的经验教训——武汉水院张建成老师文革回忆录《岁月留痕》的读后感节录”。《地方文革史交流网》。
李彤。2016。“1967：荒唐惨烈的重庆‘八·八海战’”。
http://www.360doc.com/content/16/1025/16/2369606_601270195.shtml
李逊。2015。《革命造反年代》。香港：牛津大学出版社。
李逊。2018。“1967 年‘一月革命’”。《中外学者谈文革》。熊景明、宋永毅、余国良主编。香港：中文大学出版社。
林启予。2018。“林启予口述文革”。下载自《地方文革史交流网》。
刘国凯。1997。“三年文革与两条线索”。《中国之春》第 2 期。
刘国凯。2006a。《人民文革论》。香港：博大出版社。
刘国凯。2006b。“论人民文革——为文革四十周年而作”。《北京之春》第 152 期。
刘世秀。2014 。“河街居民遭遇八八海战”。《昨天》第 35 期。
刘仰。2011。“文革——一个还是两个，这是一个问题”。《华夏文摘增刊》第 825 期。
柳黎民、邓贤。2018。“云南知青三次暴动”。下载自《地方文革史交流网》。
龙升。2018。“新疆生产建设兵团”。下载自《地方文革史交流网》。
芦学舜。2010。“银川红卫兵运动述略”。《银川党史网》05-26。
鲁礼安。2005。《仰天长啸：一个单监十一年的红卫兵狱中呼天录》。香港：香港中文大学出版社。
陆小宝。2009。“复原清华百日武斗的真实面貌”。《倒下的英才》。唐金鹤。香港：华图书出版公司。
罗力。2018。“文革初期天津十六中（耀华中学）事件始末”。下载自《地方文革史交流网》。
马荣升。2018。“我所亲历的云大文革运动”。下载自《地方文革史交流网》。
木戈。2108。《文革风云映滇池》。下载自《地方文革史交流网》。
匿名。2018。“新疆文革奇人——吴巨轮”。下载自《地方文革史交流网》。
聂元梓。2005。《聂元梓口述自传》。香港：时代国际出版有限公司。
聂元梓。2018。《我在文革漩涡中》。香港：中国文革历史出版社。
齐晋华。2011。“齐鲁三年枭雄王”。《地方史文革交流网》。
启之。2009。“七二零事件的预演：内蒙古军区与保守派全力对付北京”。《记忆》第 40 期。
启之。2013。《故事不是历史：文革的纪实与书写》。要有光出版社。
乔晞华、张程。2014。《傲慢与偏差——66 个有趣的社会问题》。北京：新华出版社。
乔晞华。2015。《既非一个文革，也非两个文革：南外红卫兵打死工人王金事件个案分析》。台湾：博客思出版社。

乔晞华。2018。“乌合之众论的破产”。《记忆》第 211 期。
日吉秀松。2016.“毛泽东文革目的探析”。《文革五十年：毛泽东遗产和当代中国》。宋永毅主编。纽约：明镜出版社。
桑杰嘉。2018。“西藏红成事件”。下载自《地方文革史交流网》
沈如槐。2004。《清华大学文革纪事：一个红卫兵领袖的自述》。香港：时代艺术出版社。
石名岗。2018。“文革在山西”。下载自《地方史文革交流网》。
水陆洲。2018a。“吉林省革命委员会成立（第三十七节）”。下载自《地方文革史交流网》。
水陆洲。2018b。《文革简论》（第四十六节福建省革命委员会成立）。下载自《地方文革史交流网》。
水陆洲。2018c。《无产阶级文化大革命简论》（第十五节甘肃省革命委员会成立）。下载自《地方文革史交流网》。
水陆洲。2018d。《无产阶级文化大革命简论》（第十一节宁夏回族自治区革命委员会成立）。下载自《地方文革史交流网》。
宋永毅。2006。“造反派和‘三种人’——一个亟待深入研究的历史课题”。《动向》2 月刊。
宋永毅。2013。“血雨腥风中的广西文革真相”。《纵览中国》11 月 4 日。
宋永毅。2015。《从毛泽东的拥护者到他的反对派：文革中异端思潮文献档案》。国史出版社。
宋永毅。2016。“广西文革中的吃人狂潮”。《二十一世纪》双月刊，第 155 期。
宋永毅。2018。“湖南省无联：巴黎公社式民主的憧憬”。下载自《地方文革史交流网》。
孙怒涛。2013。《良知的拷问：一个清华文革头头的心路历程》。香港：中国文化传播出版社。
孙怒涛。2018。《真话与忏悔：文革 50 周年清华校友讨论集》。香港：中国文化传播出版社。
孙言诚。2009。“青海二.二三事件”。《炎黄春秋》2009 年第 10 期。
唐少杰。2000。“文化大革命初期群众组织取向的个案评析”。《中共党史研究》，第 1 期。
田玉振。2018。“文革狂潮（十五）西安造反派在夺权中分裂加剧”。下载自《田玉振的博客》。
王春南。2015。“张生不悔的一件事：文革中批判江苏的清查‘五一六’运动”。《昨天》第 47 期。
王芳。2008。《记忆中的底层文革：关于文革时期武汉“钢工总”的口述历史研究》。武汉理工大学硕士学位论文。
王芳。2016.“文革中的工人派系政治——以沪、汉两地为例（1966-1967）”。《文革五十年：毛泽东遗产和当代中国》。宋永毅主编。纽约：明镜出版社。

王复兴。2016。《抢救记忆：一个北大学生的文革回忆录》。美国：南方出版社。

王复兴。2018。《回顾暴风雨年代——北大文革亲历者文集（2）》。美国：南方出版社。

王复兴。2020。《回顾暴风雨年代——北大文革亲历者文集（3）》。美国：华忆出版社。

王辉。2018。"天津文革中的'二二一'事件"。下载自《地方文革史交流网》。

王克明、宋小明。2014。《我们忏悔》。中信出版社。

王力德。2018a。"记新疆大学'六.三'事件"。下载自《地方文革史交流网》。

王力德。2018b。"新疆第一次大规模'斗黑帮'"。下载自《地方文革史交流网》。

王林、王端阳。"父子日记"。2009。《记忆》第 33 期。

王年一。1988。《大动乱的年代》。郑州：河南人民出版社。

王年一。2001。"五一三事件：一场大有来头的小型武斗"。《华夏文摘增刊》第 255 期。

王锐。2012。"文革中成都'五·六'事件始末"。四川省社科院《当代史资料》第 1 期。

王绍光。1993。《理性与疯狂：文化大革命中的群众》。香港：牛津大学出版社

王希哲。1981。"毛泽东与文化大革命"。《七十年代月刊》2 月刊。

王小彬。2018。"文化大革命期间的西藏"。下载自《地方文革史交流网》。

桑杰嘉。2018。"西藏红成事件"。下载自《地方文革史交流网》。

王毅。2018。"为什么毛泽东要依靠'中央文革小组'发动与推进文革"。《文化大革命定性——学术研讨会专辑》文化大革命博物馆筹备委员会编。纽约：中国战略分析杂志社

王友琴。1988。"女性的野蛮"。《校园随笔》。北京出版社。

王友琴。1995。"1966：学生打老师的革命"。《 二十一世纪》1995 年 8 月。

王友琴。2004。《文革受难者：关于迫害、监禁和杀戮的寻访实录》（电子版）第 596 页。http://www.chinese-memorial.org/.

王友琴。2010。 "恐怖的红八月"。《炎黄春秋》2010 年第 10 期。

王友琴。2014。"回应宋彬彬等"。《共识网》（2014-3-25）。

唯色。2006。《西藏记忆：二十三位老者口述西藏文革》。大块文化。

唯色。2018a。"西藏文革疑案：1968 年六七大昭寺事件与 1969 年尼木、边坝事件"。下载自《地方文革史交流网》。

唯色。2018b。"对拉萨红卫兵主要组建人、'造总'总司令陶长松的采访"。下载自 "https://www.rfa.org/mandarin/zhuanlan/weiseblog/ws-08052016131139.html。

无名。2018a。"八枚湖南湘江风雷像章"。下载自《地方史文革交流网》。

无名。2018b。"江西'大联筹'与江西'联络总站'"。下载自《地方文革史交流网》。

无名。2018c。"文革纪实：宁夏派系斗争"。下载自《地方文革史交流网》。

吴迪。2002。"1967 年内蒙古'造反派'与内蒙古军区的冲突——'文革'中军

队向学生开的第一枪”。《当代中国研究》总第 78 期。
吴迪。2010。“从前门饭店会议到两派之争”。《地方史文革交流网》。
吴过。2018。《红卫兵档案》。下载自 www.ebook99.com/lx_jswk_wsgc.htm。
武光。2000。《不是梦——对“文革”年代的回忆》。中共党史出版社。
武丽丽、赵鼎新。2007。“克里斯玛权威的困境：宁夏文革的兴起和发展”。《二十一世纪双月刊》总字第 101 期。
席宣、金春明。2005 年。《“文化大革命”简史》。北京：中共党史出版社。
喜东。1996 年。“‘十年文革’，还是两年文革？”《华夏文摘增刊》第 83/84 期。
夏瑛。2014。“从边缘到主流：集体行动框架与文化情境”。《社会》第 34 卷。
冼恒汉。2018。《风雨八十载》节选。下载自《中国文革研究网》。
http://www.wengewang.org/read.php?tid=8603
向前。2008。“湖南老知青在文革中造反”。《记忆》第 45 期。
向前。2012。“政治身份体系下的社会冲突：文革初期群众行为的社会根源”。《记忆》第 85、86、87 期。
徐贲。2010。“‘人民文革’和中国‘群众’”。《纵览中国》2 月 18 日。
徐海亮。2005。《东湖风云录——武汉文革的群众记忆》。香港：香港银河出版社。
徐景贤。2005。《十年一梦——前上海市委书记徐景贤回忆录》。香港：时代国际出版有限公司。
徐景贤。2013。《徐景贤最后回忆》。香港：星克尔出版公司。
徐永良。2016。《独立评论》
http://www.duping.net/XHC/show.php?bbs=11&post=1350752
徐友渔。1999a。《蓦然回首》。河南人民出版社。
徐友渔。1999b。《形形色色的造反——红卫兵精神素质的形成及演变》。香港中文大学出版社。
徐友渔。2000。《直面历史》。北京：中国文联出版社。
徐友渔。2018。“文化大革命是一场什么性质的政治运动？”《文化大革命定性——学术研讨会专辑》。文化大革命博物馆筹备委员会编。纽约：中国战略分析杂志社
徐志高。2016。《文革史稿：文革史料汇编（3）：无产阶级文化大革命（下）》。世界华语出版社。
许爱晶。2011。《清华蒯大富》。香港：中国文革历史出版社。
亚衣。1996。“工人造反派与中国人权运动——访上海‘工总司’负责人潘国平”。《北京之春》第 40 期。
阎阳生。2008。“清华附中红卫兵 100 天”。《炎黄春秋》第 12 期。
晏乐斌。2012。“广西文革纪略”。《炎黄春秋》第 11 期。
杨大庆。2006。“思想史视野中的‘新思潮’与‘省无联’。《地方文革史交流网》。

杨大庆。2014。“湖南文革中的工湘之争”。《昨天》第 43 期。
杨海英。2016。“乌兰夫与毛泽东的相克：大量屠杀蒙古人的理论背景”。《文革五十年：毛泽东遗产和当代中国》。宋永毅主编。纽约：明镜出版社。
杨海英。2018。（译者：刘老伯）“维吾尔人的文革：从既往研究与批判材料中分析维吾尔人的存在”。《纵览中国》2.2。
杨继绳。2016。《天地翻覆——中国文化大革命历史》。香港：天地图书。
杨里克。2012。“杀个人比杀只鸡还容易”。《昨天》第 3 期。
要宝钟。2013。“《洪流三部曲》之二：河北保定文革史略”。《地方史文革交流网》。
叶青。2004。“文革时期红卫兵组织之特征——以福建红卫兵组织为个案的分析”。福建师范大学学报（哲学社会科学版）第 4 期（总第 127 期）。
叶曙明。2018a。“广州红卫兵的诞生”。下载自《地方文革史交流网》。
叶曙明。2018b。“广州文革研究文章汇编”。下载自《地方文革史交流网》。
叶曙明。2018c。“造反派的末日”。下载自《地方文革史交流网》。
叶永烈。1995。《文革名人风云录》。西宁：青海人民出版社。
叶长青。2018。“文革中的群众组织之概况（湖南长沙篇）”。2018 年下载自 http://www.jznu.edu.cn/page/depart/lsx/wenge/difang/difang-htm/hunan007.htm。
一丁。2016。“试析河南省文革的几个特点”。《地方文革史交流网》。
佚名。2012。“文革最惨烈的十大武斗”。《华夏文摘增刊》第 859 期。
印红标。1992。“红卫兵运动的两大潮流”。《二十一世纪》１０月。
印红标。1997。“红卫兵运动的主要流派”。《青年研究》第 4 期。
印红标。2018。“1966 年的北京学生造反”。《中外学者谈文革》。熊景明、宋永毅、余国良主编。香港：中文大学出版社。
余汝信。2004。“文革旋涡中的三十八军”。网络杂志《枫华园》第 439、440 期。
余汝信。2008。“赵永夫事件浅析——冼恒汉回忆录补正”。《华夏文摘增刊》第 649 期。
余汝信。2018。“赵紫阳与广东文革”。下载自《地方文革史交流网》。
张光渝。2015。“定义‘造反派’”。《昨天》第 60 期。.
张显扬。2006。“生前防篡权，死后防鞭尸”。香港《开放》月刊 5 月号。
张震。2018。“我在文革初期的磨难”。下载自《华夏知青》。
章成。2001。“湖南道县大屠杀纪实”。香港《开放》第 7、8、9、12 期。
赵鼎新。2005。“西方社会运动与革命理论发展之述评——站在中国的角度思考”。《社会学研究》第 1 期。
郑义。1993。《历史的一部分——永远寄不出的十一封信》。台北：万象出版社。
郑义。1996。“两个文化大革命刍议”。《华夏文摘增刊》第 83 期。
郑仲兵、雷颐、韩钢、李郁。2004 年。“漫谈文革研究”。《往事》第 1 期。
周伦佐。2006。《文革造反派真相》。香港：田园书屋。
周伦佐。2015。“略谈‘造反派’定义”。《昨天》第 60 期。

周孜仁。2005。“谭甫仁 017 凶案”。《炎黄春秋》第 2 期。
周孜仁。2017。“云南‘摧资兵团’的申明和组织章程”。《昨天》第 98 期。
周孜仁。2020。《云南文革史》(上下册)。美国：华忆出版社。
朱嘉明。1996。“三十年后思考文化革命的几个问题”。《华夏文摘增刊》第 97 期。
朱培民、余习广。2018。“文革第一枪：新疆石河子一二六血案”。《华夏文摘增刊》第 1117 期。

“长春公社”“首都红卫兵”。1967。“一九六七年春城文化大革命简介 (1967.8)”。2018 年下载自《地方文革史交流网》。
“1966 年南京八三事件的若干档案资料”。《记忆》2013 年第 94 期。
“昆明地区无产阶级文化大革命大事记”。2018 年下载自《中国文革研究网》。
“文化大革命记实 (5) 成都的派性斗争”。2018 年下载自《360 个人图书馆》。
宁夏大学毛泽东思想红卫兵各战斗团联合指挥部东方红六盘山（《八．一三红卫兵》）1967。“六盘山下风雷激——宁夏无产阶级文化大革命简介”。2018 年下载自《地方文革史交流网》。
《人民前线报社》。2016。《军号嘹亮——人民前线报 68 年》。内部出版物。
《中国共产党章程(1956 年 9 月 26 日八大通过)》“第二章 党的组织机构和组织制度” 2018 年下载自《新华网》
中共南宁市委整党领导小组办公室。1987。“南宁市“文革”大事件”。2018 年下载自《文革地方史交流网》。

索 引

人名索引

主题索引

作者简介

James D. Wright，美国 University of Central Florida 荣誉退休教授，曾任该校社会和行为科学研究所主任，曾担任美国着名学刊 Social Science Research 的主编长达 36 年，著有 30 部论著，300 多篇学术论文。他是全美知名的社会学家，是贫穷问题、无家可归问题、婚姻问题、控枪问题的学术领头人。他的学术代表作包括：《国际百科全书社会和行为科学类》第 1–26 卷第 2 版（共 23,185 页）主编，《枪口之下：枪械、犯罪和暴力》，《社会问题：毒品》，《带枪且危险的》，《恶中之恶：城市贫穷》，《无址游民》，《契约婚姻》，《环境的受害者》，《在火线上：都市的少年、枪械和暴力》，《失落的灵魂：现代美国社会的礼貌和道德》等。

Philip F. Monte，美国 Tulane 大学社会学博士，Georgia 州立大学法学博士，研究领域：犯罪学，刑法学，法律社会学和社会心理学，宗教社会学，政治经济学，研究方法论和统计学。他在私营企业和政府部门担任律师和社会科学顾问。

乔晞华，美国 Tulane 大学社会学博士，得克萨斯州司法部研究人员，研究领域：社会运动学、犯罪学、研究方法论、统计学。论著有：《文革的暴力、分期和定义》（英文），《既非一个文革，也非两个文革》，《西方社会学面面观》，《总统制造：美国大选》，《傲慢与偏差：66 个有趣的社会问题》，《多棱镜下：中国电影与时装时尚》，《我的美国公务员之路》等。

www.ingramcontent.com/pod-product-compliance
Lightning Source LLC
LaVergne TN
LVHW050913080826
845145LV00001B/75

* 9 7 8 1 9 5 1 1 3 5 5 0 8 *